# 인식이란 무엇인가

# 인식이란 무엇인가

1판 1쇄 인쇄 2019. 6. 15.
1판 1쇄 발행 2019. 6. 25.

지은이 신용국

발행인 고세규
편집 김동현·김성태 | 디자인 조명이
발행처 김영사
등록 1979년 5월 17일(제406-2003-036호)
주소 경기도 파주시 문발로 197(문발동) 우편번호 10881
전화 마케팅부 031)955-3100, 편집부 031)955-3200 | 팩스 031)955-3111

값은 뒤표지에 있습니다.
ISBN 978-89-349-9614-9 03220

홈페이지 www.gimmyoung.com 블로그 blog.naver.com/gybook
페이스북 facebook.com/gybooks 이메일 bestbook@gimmyoung.com

좋은 독자가 좋은 책을 만듭니다.
김영사는 독자 여러분의 의견에 항상 귀 기울이고 있습니다.

이 도서의 국립중앙도서관 출판시도서목록(CIP)은 서지정보유통지원시스템 홈페이지
(http://seoji.nl.go.kr)와 국가자료공동목록시스템(http://www.nl.go.kr/kolisnet)에서
이용하실 수 있습니다.(CIP제어번호 : CIP2019020490)

# 인식이란 무엇인가

**연기법, 세상의 '자아 없음'을 말하다**

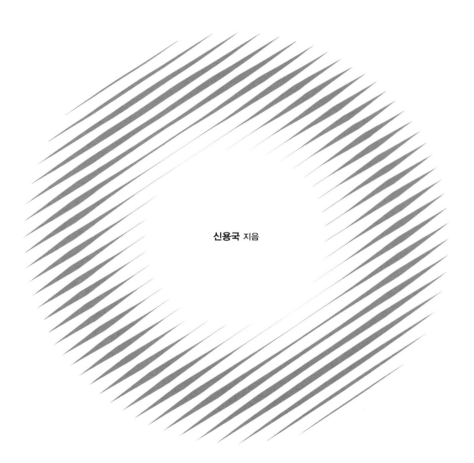

신용국 지음

김영사

### 1. 책을 쉽게 읽는 방법

이 책은 세세히 정독하는 것보다 먼저 전체를 한번 통독하는 것이 좋다. 여러 가지 다양한 사례를 통해 반복적으로 핵심 내용을 설명하기 때문에, 앞에서 이해하지 못했어도 계속 읽는 동안 앞과 뒤의 내용을 더불어 이해할 수 있다. 그러므로 먼저 통독하기를 권한다.

### 2. 인식이란 무엇인가?

존재와 세상은 인식에서 시작된다. 우리는 존재를 알고 세상을 안다고 생각한다. 그런데 인식에 대해서도 아는가? 우리가 관습적으로 아는 인식은 육근六根(눈, 귀, 코, 혀, 몸, 의식)이 육경六境(형색, 소리, 향, 맛, 감촉, 의意)을 지각하는 것이다. 그런데 붓다는 이런 인식(지각하는 인식, 오온五蘊의 인식)은 인식이 아니라고 말씀하신다. 만일 우리가 아는 인식이 인식이 아니라면 우리가 아는 것은 아는 것이 아니다. 인식은 앎의 시작이고, 따라서 앎을 주장하려면 인식이 무엇인지 말할 수 있어야 한다. 우리는 인식을 아는가?

## 3. 인식자 없는 인식

연기법은 현상의 자아 없음을 말한다. 자아 없음은 현상에서 '작용(존재값)을 작용하는 자(존재)가 없다'는 뜻이다. 나가르주나Nāgārjuna[1]의 《중론中論》은 〈관거래품觀去來品〉과 〈관본주품觀本住品〉 등에서 '~하는 자의 없음'을 여러 가지로 논증·설명한다.

'작용하는 자 없는 작용'은 필연적으로 '인식자 없는 인식'의 문제로 이어진다. 인식은 모든 개념과 행위에 선행하는 작용이고 삶은 개념과 행위의 총합이기에, '인식자 없는 인식'의 문제는 삶의 실상을 규명하는 본질적 문제일 수밖에 없다.

'인식자 없는 인식'의 문제를 가늠하려면 우선 기존의 '인식자 있는 인식'이라는 관념부터 폐기할 수 있어야 한다. 마치 처음 대하는 낯선 문제처럼 인식의 문제에 접근할 수 있어야 한다. 그래야만 '인식자 없는 인식'이 어떤 것인지를 올바르게 살펴볼 수 있다.

## 4. 주의할 점

이 책은 기존의 불교용어들을 재해석한다. 재해석을 넘어 용어까지 변경한 것은 무아無我다. 책에서는 무아를 무자아無自我로 대체한다.

관습적으로 쓰는 용어를 버리고 새로운 용어를 대입하여 논하는 것은 어색하고 부담스러운 일이다. 하지만 잘못된 것을 관습이라는 이유로 계속 사용하는 것은 더욱 이상한 일이라고 생각하였다. 새로운 용어에 대한 독자의 인내와 이해를 구한다.

---

1    나가르주나Nāgārjuna (150?~250?): 제2의 붓다로 칭송받는 인도의 승려. 주요 저서인 《중론》에서 연기緣起 = 공空 = 가假 = 중中의 중관中觀을 확립함. 한자로 '용수龍樹'이며, '용수보살'이라고 부르기도 함.

- **무아에 대한 불만** 무아를 표현한 붓다의 언어는 '아나따anatta(not-self, egoless), 즉 '자아 없음'이다. 이 '자아 없음'이 중국에 이르러 '무아無我'로 번역되었다. 그런데 이 번역에 동의할 수 있을까?

경전을 살펴보면 '자아 없음'은 '자성 없음'을 설명한다. 즉 붓다의 설법에서 자아自我는 자성自性이다. 이로부터 붓다가 설법하신 '자아 없음'은 '자신의 고유성·개별성으로 존재하는 것이 없음'이라는 뜻임을 확인할 수 있다.

그런데 통용되는 무아의 문자적 해석은 '아我의 없음'이다. '자아 없음'과 '아 없음'은 뜻이 다르다. 자아 없음이 '자성 없음'이라는 뜻이라면, 아 없음은 '실체 없음'이라는 뜻이다. 자아 없음이 '고유한 개별성의 내가 있음'을 부정하는 뜻이라면, 아 없음은 '나 자체의 있음'을 부정하는 뜻이다.

뜻을 왜곡하는 번역은 오역이다. 아나따의 뜻인 '자성 없음'을 바르게 전달하는 한자 번역은 무아無我가 아니라 무자아無自我이어야 한다. 무자아는 '내'가 없다는 뜻이 아니라 '자성自性으로서 존재하는 내'가 없다는 뜻이다. 관습적으로 유통되는 무아를 굳이 무자아로 대체하는 것은 이 뜻을 분명히 세우기 위함이다.

## 5. 경전을 인용하면서

니까야 경전의 역자는 ① 오온五蘊의 색, 수, 상, 행, 식을 물질(육체), 느낌, 지각(인식), 형성, 의식으로 의역하고, ② 사띠sati를 새김, 마음챙김 등으로 의역하였으나, 필자는 이에 따르지 않고 색, 수, 상, 행, 식과 사띠를 그대로 표기하였으며 의미는 별도로 설명하였다.

차례

# 4부.
# 수행의 연기법

비결정론의 세상은 '결정되어 있는 세상'이 아니라 '형성 중인 세상'입니다. 세상이 형성 중이라는 것은 세상에 있는 모든 것들이 '의존하여 함께 형성 중'이라는 뜻입니다. 붓다의 연기법은 '관계의존적 형성 중의 세상'을 설명한 가르침입니다.

'관계의존적 형성 중의 세상'에서 '자체로 결정되어 있는 것(존재)'은 없습니다. 있는 것은 '관계에 의존하여 형성 중인 것(연기법緣起法)'이며, 따라서 관계의존적 형성 중의 세상(연기법계)에서 인식하는 것, 인식되는 것은 '존재'가 아니라 '연기'입니다.

결정론의 세상은 존재의 세상이고, 존재의 세상에서 형색, 존재성, 인과는 존재가 위치하는 시공간에서 현상합니다. 그렇다면 연기법계에서 형색, 존재성, 인과는 어디에서 현상하는 것일까요? 인식에서 현상합니다. 왜냐하면 인식하는 것(육근), 인식되는 것(육경)이 인식의 인연因緣에서 서로에 의존하여 함께 형성되는(연기하는) 까닭입니다. 붓다는 형색, 존재성, 인과가 인식에서 비로소 현상하는 연기법계를 《우다나》 〈8-1. 열반의 경〉에서 다음과 같이 설명합니다.

> "땅의 존재(유有)도 없고, 물의 존재도 없고, 불의 존재도 없고, 바람의 존재도 없고, 공간의 존재도 없고, 의식의 존재도 없고, 무無의 존재도 없고, 지각하는 세계도 없고, 지각하지 않는 세계도 없고, 이 세상도 없고, 저 세상도 없고, 태양이라는 존재도 없고, 달이라는 존재도 없으니, 이렇게 진실을 아는 것이 바로 괴로움의 종식이다."

연기법계에는 '존재하고 있는 것'이 없습니다. 연기법계에서 있는 것은 '서로에 의존하여 더불어 형성 중인 것들'입니다. 마치 갈대 다발이 서로에 기대어 비로소 서있는 것처럼 나와 세상은 서로에 의존하여 형성 중입니다. 이는 지금 내가 마주하는 이 세상이 나와 더불어 지금 형성 중인 세상이라는 뜻입니다.

1부

# 존재에 대한 연기론

# 1

·

붓다를 이해하기

## 고품를 완전히 알기 위해서

붓다는 제자들에게 당신이 설한 법의 의의를 말씀하셨다. 경전에 기록된 붓다와 제자들의 대화를 통해 확인해보자.

> 세존께서 싸밧티시에 계실 때 많은 수행승들이 세존께 찾아가서 이렇게 말씀드렸다.
>
> "세존이시여, 세상의 이교도 유행자들이 저희들에게 '벗들이여, 수행자 고따마 아래에서 무엇을 위해 청정한 삶을 사는가?'라고 질문했습니다. 이와 같은 질문을 받고 저희는 이교도 유행승들에게 '벗들이여, 세존 아래에서 괴로움을 완전히 알기 위해 청정한 삶을 산다'라고 대답했습니다. 세존이시여, 저희들이 이렇게 설명하면 세존께서 말씀하신 대로 말한 것이고, 가르침에 일치하도록 설명한 것이고, 저희들의 말이 비판의 근거를 제공하지 않는 것입니까?"
>
> "수행승들이여, 진실로 그렇게 설명했다면 내가 말한 대로 말한 것이고, 가르침에 일치하도록 말한 것이고, 그대들이 말한 것이 비판의 근거를 제공하는 것이 아니다."
>
> 《상윳따 니까야》 〈무엇을 위하여〉 (S45:5)

'고품를 완전히 아는 것'은 고의 본질을 아는 것이고, 고의 본질을 아는 것은 고를 겪는 존재의 본질을 아는 것이다. 고는 어떤 것인가? 간단히 말하면 내 맘대로 되지 않으니까 고품다. 나의 의도, 소망과 달리 사고(재난)를 당하고, 병들고, 늙고, 죽고, 이별하고, 얻지 못하고, 그래서 나에게 원한, 억울함, 슬픔, 비탄, 근심, 절망이 생기니까 고다.

그렇다면 왜 나에게 나의 의도, 소망을 배반하는 고苦가 생기는 것일까? 내가 자신으로서 존재하는 나가 아니라 관계맺음(인연)에서 관계의존적으로 형성되는(연기하는) 나이기 때문이다. '자신으로서 존재하는 나(자아 있는 나)'라면 나는 나의 의도, 소망으로서 항상恒常할 것이나, '관계의존적으로 형성되는 나(자아 없는 나)'이기에 나는 나의 의도, 소망에도 불구하고 무상하게 형성되어져야 하는 고苦다.

그런데 고는 절대적인 것이 아니다. 의존적 형성이 고인 것은 의존적 형성을 고라고 여기는 자 때문이다. 의존적 형성을 고라고 여기는 자는 자신의 존재를 의도하고 소망하는 자다. 하지만 자신의 존재(자아自我)는 무명이다. 즉 의존적 형성의 존재함을 알지 못하고 자신의 존재함을 주장하는 무명이 고의 원인(조건)인 것이다. 이런 이유로 붓다는 십이연기의 첫 번째 조건을 무명으로 설하셨고, 네 가지 성스러운 가르침(사성제)의 첫 번째를 고를 아는 고성제라 설하셨다.

## 가르침에 접근하는 방법

16. "수행승들이여, 세상에 어떤 어리석은 사람들은 가르침을 두루 배우지만, 배운 가르침에 관해 지혜로써 그 의미를 규명하지 않고, 지혜로써 그 의미를 규명하지 않아서 성찰을 얻지 못하고, 남을 비난하기 위하여 가르침을 두루 배우고, 논쟁에서 이기기 위하여 가르침을 두루 배우므로 참다운 의미를 경험하지 못한다. 그들이 잘못 파악한 가르침은 자신들에게 오랜 세월 불이익과 고통이 될 것이다.

수행승들이여, 그것은 무슨 까닭인가? 가르침에 관해 잘못 파악했기 때문이다. 예를 들어 어떤 사람이 뱀을 원하고 뱀을 구하러 뱀을 찾아가는데, 큰 뱀을 보고 그 몸통이나 꼬리를 잡으면 그 뱀은 몸을 돌려 그 사람의 손이나 팔이나 다른 사지를 물 것이고, 그 때문에 그는 죽거나 죽음에 이를 정도의 고통을 맛볼 것이다. 그것은 무슨 까닭인가? 수행승들이여, 뱀을 잘못 붙잡 았기 때문이다."

17. "수행승들이여, 세상에 어떤 훌륭한 사람들은 가르침을 두루 배우고, 배운 가르침에 관해 지혜로써 그 의미를 규명하고, 지혜로써 의미를 규명하기에 성찰을 얻고, 남을 비난하기 위하여 가르침을 배우지 않고, 논쟁에서 이기기 위하여 가르침을 배우지 않으므로 그 참다운 의미를 경험한다. 그들이 잘 파악한 가르침은 자신들에게 오랜 세월 이익과 행복이 될 것이다.

수행승들이여, 그것은 무슨 까닭인가? 수행승들이여, 가르침에 관해 잘 파악했기 때문이다. 예를 들어 한 사람이 뱀을 원하고 뱀을 구하러 뱀을 찾아가는데, 큰 뱀을 보고 그 머리를 염소 발같이 생긴 몽둥이집게로 붙잡으면, 그 뱀은 몸을 돌려 그 사람의 손이나 팔이나 다른 사지를 물지 못할 것이고, 그 때문에 그는 죽거나 죽음에 이를 정도의 고통을 맛보지 않을 것이다. 그 것은 무슨 까닭인가? 수행승들이여, 뱀을 잘 붙잡았기 때문이다."

《맛지마 니까야》〈뱀에 대한 비유의 경〉(M022)


붓다는 당신의 가르침을 잘못 접근하면 오히려 해를 입을 수도 있는 뱀에 비유하셨다. 남을 비난하거나 논쟁에서 이기기 위해 배우는 사람은 경전의 말을 빌려 '내가 맞고 당신은 틀렸다'고 하는 식이어서 당연히 경전의 문자에 집착할 것이다. 하지만 그런 배움은 뱀의 꼬리나 몸통을 잡는 것처럼 위험하고 해로운 일이다. 그렇다면 어떻게 가르침에 접근해야 하는가? 염소 발로 뱀의 머리를 잡듯이 신중하게 ① 여러 종류의 가르침을 두루 배우고 ② 지혜로써 의미를 규명하며 ③ 규명한 의미들을 성찰하여야 한다.

'손으로 잡지 말고 염소 발로 잡으라'는 말은 설법을 문자 그대로 취하지 말고 지혜와 성찰로 현명하게 취하라는 뜻이다. '두루 배우라'는 말은 특정한 문구나 의미에 집착하지 말라는 뜻이고, '의미를 규명하라'는 말은 여러 가지로 사유하여 그 말이 뜻하는 참된 의미를 알아야 한다는 뜻이며, '성찰을 얻으라'는 말은 의미들을 종합적으로 사유하여 전체적으로 이해할 수 있어야 한다는 뜻이다. 즉, 위의 경經은 붓다의 가르침이 강을 건너기 위한 뗏목(파사破邪를 위한 방편법문方便法門)으로 설해진 것이니 문자에 걸리지 말고 두루 종합하여 사유하여야 한다는 뜻을 말한 것이다.

---

## 종교와 철학

세상의 종교들은 '믿음'을 바탕으로 건설되었다고 말할 수 있다. 증명될 수 없는 경전의 기록이라도 믿으면 믿는 만큼 보인다는 것이 종교인들의 주장이다. 그런데 '믿음의 전제'를 거부하는 종교가 있다. 바로 불교다. 대대로 전승되어 왔다고 해서, 경전에 씌어 있다고 해서, 많은 사람들이 믿는다고 해서, 유명한 사람이 말했다고 해서, 스승의 말이라고 해서 따르는(믿는) 것이 아니라 스스로 납득하여 알게 되면 그때 받아들여야 하는 것이라고 설법하신 붓다의 불교다.

> "법은 스스로 보아 알 수 있고, 시간이 걸리지 않고, 와서 보라는 것이고, 향상으로 인도하는 것이고, 지자智者들이 각자 알아야 하는 것이다."
>
> 《앙굿따라 니까야》〈스스로 보아 알 수 있음 경〉(A6:48)

"세존이시여, 스스로 보아서 알 수 있는 법이란 어떤 것이고 어떻게 아는 것입니까?"

"우빠와나여, 이렇게 형색, 소리, 냄새, 맛, 감촉, 법의 육경에 탐욕이 있거나 없음을 꿰뚫어 스스로 아는 것을 두고 '법을 스스로 보아 알 수 있다'고 말하는 것이다."

《상윳따 니까야》〈우빠와나 경〉(S35:70)


"법을 보는 자는 여래를 보고 여래를 보는 자는 법을 본다."

《디가 니까야》〈완전한 열반의 큰 경〉(D16)


"법을 귀의처로 삼고 법을 섬으로 삼으라."

《상윳따 니까야》〈쭌다 경〉(S47:13)


여래如來[2]요, 귀의처인 붓다의 법은 지금 확인할 수 있는 '경험적 사실'의 법이고, 따라서 스스로 알고 보는 '지혜로운 믿음'으로 수행해야 할 법이다. 붓다의 법을 수행하는 지자智者라면 현실에서 경험할 수 없고 이해할 수 없는 믿음 따위는 추종하지 말아야 할 일이다.

하지만 시중의 불교는 '앎의 믿음'에 그리 호의적이지 않다. 법을 토론하는 자리에서조차 "차나 한잔 마시게" "생각들 내려놓고 수행이나 하시게" 등의 정확한 개념 추구를 무색하게 하는 발언들이 마치 우월한 근기根機의 표현처럼 행해지고 있다. 토론이 있어야 공부도 할 것이고 무엇이 잘못된

---

2　'이와 같다'는 뜻으로, '자아 없는 연기緣起'를 지칭하는 말. 《금강경》〈구경무아분〉 참조.

앎이었는지 고민도 할 터인데 그런 게 없으니 그저 '닥치고 수행'뿐이다. 이는 아마도 선종禪宗이 주창主唱하는 '불립문자不立文字'의 영향인 듯하다.

불립문자란, 문자로는 깨달음에 다가설 수 없다는 뜻이다. 선종의 조사祖師들이 고함을 지르고 뺨을 때리는 등의 행동언어를 사용했던 것도 '불립문자' 사상이 지배하던 시대적 풍조 때문이었을 것이다. 하지만 이 불립문자를 경계의 의미가 아니라 문자를 배격하는 절대적 지침으로 받아들이는 것은 곤란하다. 나가르주나도 《중론》에서 "속제俗諦[3]에 의하지 않는다면 어떻게 진제眞諦[4]를 알 수 있겠는가"라고 말하지 않는가?

언어를 도외시하는 풍토, 그래서 불법佛法(연기법緣起法)에 대한 열린 토론을 경시하는 풍토에서 사람들의 법에 대한 이해는 제각각일 수밖에 없다. 개요를 넘어 깊이 들어가면 연기론적 관점이 아니라 무명한 존재론적 관점으로 연기법을 곡해하는 자칭 '깨달은 자'들이 곳곳에 있다. 그들의 문제와 오류를 지적하기라도 하면 그들은 한결같이 "불교는 철학이 아니라 종교"라고 주장한다.

그런데 철학과 종교에 무슨 근본적인 차이가 있는 것일까? 둘 다 존재와 세상에 대한 진실을 추구한다. 다른 점은 이치의 추구가 철학의 본질이라면 종교의 본질은 이치(믿음)가 수행(실천)으로 이어지는 것이다. 앎에 대한 붓다의 당부를 받들자면 공부는 철학으로부터 종교로 이어지는 것이어야 합당하다. 붓다는 "와서 믿으라, 그러면 보이리라"라는 말씀을 결코 하신 적이 없다. 붓다가 거듭 하신 말씀은 "와서 보라, 그리고 믿으라"는 것이다. 이 말씀의 뜻이 "와서 이해하라, 그리고 이해한 것에 굳건한 믿음(의지)을

---

3  세상에 대한 인간의 언어, 관념.
4  세상의 진실, 연기법.

가지고 실천(수행)하라"라는 뜻이라는데 의문의 여지가 없다.

---

## 신비주의

사람들은 무언가를 체계적으로 설명할 수 없을 때 신비주의로 도피한다. 설명할 수 없는 것들을 뭉뚱그려 심오한 것으로 변용하는 것이다. 놀랍게도 사람들은 이런 '신비주의적 설치設置'에 쉽게 감응한다.

하지만 신비주의는 다만 설명 중지·판단 중지·사유 중지에 지나지 않는다. 사유 중지의 심오함은 지극히 개인적이다. '심오한 것'에 대한 이해와 주장은 개인적 믿음에 근거할 수밖에 없고, 그래서 신비주의적 종교에 대한 이해와 주장 역시 사람들마다 다를 수밖에 없다.

신비주의적 종교에서 보편성은 성립하지 않는다. "와서 믿으라, 그러면 보이리라"라고 말하는 종교 가운데 보편적 이치를 말할 수 있는 것은 없다. 믿는 사람이 10억 명이면 10억 명 각자의 종교적 이치가 있을 테고, 그들이 공유하는 것은 단지 종교의 이름일 뿐이다. 종교(진리)가 진실로 보편성을 가질 수 있으려면 신비주의의 탈부터 벗어야 한다. 세상을 대하여 "와서 보라, 그리고 믿으라"라고 말할 수 있어야 하는 것이다.

# 2

·

# 붓다의 연기법, 용어 해설

## 호칭에 대하여

- **붓다** 존재의 실상(연기법)을 깨달은 이. 역사 속의 고타마 붓다Gautama Buddha.
- **중생** 존재의 실상을 깨닫지 못한 뭇 삶.
- **보살** 존재의 실상을 이치적으로 깨달은 이. 붓다의 설법을 듣고 이해한 사람.
- **부처, 여래** 존재의 실상을 깨닫고 팔정도八正道를 수행하여 존재의 고苦로부터 해탈한 이.

<br>

용 어  해 설  1

## 현상, 존재값, 존재

- **인식의 현상** 감각을 통해 경험하는 현상.
- **존재값** 현상하는 값, 형색, 존재성, 인과.
- **존재** 현상하는 존재값을 발현하는 실체, 현상의 자아自我.

## 자아와 존재

경전에서 가장 많이 언급되는 붓다의 설법은 '법(현상)의 자아 없음을 보라'는 말씀이다. 자아는 현상하는 값을 내는 실체, 즉 '존재값을 내는 존재'라는 뜻이므로 붓다의 말씀을 다음과 같이 정리할 수 있다.

- 법의 자아 없음을 보라 = 현상의 자아 없음을 보라 = 현상에 존재값을 내는 존재가 없음을 보라.

## 연기법의 육근, 육경[5]

    연기법 공부의 시작에서 유념해야 할 것은 우리가 인식하는 현상(육근, 육경)[6]이 물자체物自體의 사실[7]이 아니라 인식에서 형성된 사실이라는 점이다. 우리는 외부의 사실을 마치 사진처럼 인식한다고 믿는다. 그러나 우리가 인식하는 현상의 실제는 감각 말단에서 전송된 신호를 해석·편집한 뇌 신경망이 그려내는 인상印象의 상想[8]이다. 감각조건에 의존한 상想의 현상이기에, 현상을 육근의 육경, 즉 눈이 보는 색(형상), 귀가 듣는 성(소리), 코가 맡는 향, 혀가 맛보는 미, 몸이 느끼는 촉(감촉), 식이 분별하는 법(존재성, 인과)[9]의 6가지로 말한다.

    우선 육경 중의 촉을 살펴보자. 나무의 딱딱함을 감촉할 때, 이 딱딱함의 현상은 나무에서 오는 것일까, 아니면 손가락에서 오는 것일까? 남자와 여자가 서로를 감촉할 때, 그 부드러운 느낌은 남자에게서 오는 것일까, 아니

---

5  안眼, 이耳, 비鼻, 설舌, 신身, 마노(식識)의 육근六根(여섯 가지 감각)과 색色, 성聲, 향香, 미味, 촉觸, 의意(존재성, 인과)의 육경六境(여섯 가지 대상)이다. 안식眼識, 이식耳識, 설식舌識, 향식香識, 미식味識, 촉식觸食, 의식意識의 육식六識(여섯 가지 알음알이)을 더하여 삼사三事라고 말하기도 한다.

6  육근, 육경을 논할 때, 육경은 물론 육근 또한 경험하는 현상이라는 사실을 명심하여야 한다. 육근은 경험하지 않아도 아는 것이 아니다. 경험함으로써 비로소 알게 되는 것이다.

7  존재하는 물체 자체의 사실(존재의 사실).

8  사람의 감각과 개념에 근거한 인상(모습).

9  법 = 세상의 사실 = 현상의 사실 = 현상의 존재성(인과) = 인식대상의 존재성(인과).

면 여자에게서 오는 것일까?

붓다의 연기법에서 육근과 육경은 각자로 실재하는 것이 아니라 접촉에서 상의적相依的으로 형성된 것이다. 눈이 보는 형상, 몸이 느끼는 감촉이라고 말하듯이 접촉에서 육경은 육근에 의존하고, 형상을 보는 눈, 감촉을 느끼는 몸이라고 말하듯이 육근은 육경에 의존한다. 육근이 아니고는 육경을 말할 수 없고, 육경이 아니고는 육근을 말할 수가 없다.

하지만 일상에서 우리는 육근과 육경의 상의성相依性을 생각하지 않는다. 여기에 있는(존재하는) 안, 이, 비, 설, 신, 의식으로써 저기에 있는(존재하는) 색, 성, 향, 미, 촉, 법을 지각한다고 믿는다. 즉 육근과 육경이 제각각으로 존재한다고 믿는 믿음이다. 사람들의 이런 일상적 믿음을 붓다는 무명이라고 지적하시며 "이것이 일어나니 저것이 일어나고 저것이 사라지니 이것이 사라진다"는 연기법을 설법하셨다.

---

용 어 해 설 2 　　　　**존재론 vs 연기론**

존재론存在論이란 존재가 실재한다고 주장하는 이론이다. 세상의 백과사전이 존재를 어떻게 정의하는지 살펴보자. "존재存在(existence)는 현실에 실재하는 것을 가리키는 말이다." 무슨 뜻인지 애매하다. 현실에 실재하고 있는 것이라… 다시 실재에 대한 정의를 찾아보자. "실재實在(reality)란 인식주체에서 독립해 객관으로 존재한다고 여겨지는 것을 가리킨다." 즉 '존재'는 '인식주체에서 독립해 객관으로 현실에 실재하는 것'이며, 이것이 바로 존재론의 기본 개념이다.

그런데 존재가 실재한다는 사실을 우리는 어떻게 알까, 아니, 알 수나 있는 것일까? 답은 '알 수 없다'이다. 인식의 현상現象에서 비로소 세상을 정의하는 인간은 현상을 있게 하는 객관客觀의 존재가 실재하는지를 결코 알수 없다. 실재할 것이라고 추론할 뿐이다. 경험이 아니라 추론의 결과라는점에서 '존재'는 분명히 형이상학의 영역이다.

그렇다면 인식의 현상과 존재는 무슨 관계일까? 현상은 갖은 정보로 가득 차 있다. 형색, 의미(존재성. 인과), 느낌, 감정 등, 이것들을 '값'이라고 부르도록 하자. 현상의 값이자 동시에 인식의 값이다. 그런데 이 값들은 어디에 있는 것일까? 사람들은 현상의 값을 '인식주체에서 독립해 객관으로 있는 값'이라고 생각하고, 이렇게 생각하는 사람들은 현상의 값을 제공하는 '존재'가 현상에 실재한다고 추론한다. '존재론적 관념'은 이런 생각들의통칭이다.

그런데 존재론적 관념과는 전혀 다른 관점으로 생각할 수도 있다. 현상은 '인식주체가 참여한 관계맺음의 값'이라는 관점이다. 이 경우, 현상의값을 '인식주체(의식 및 감각기관)+인식대상+인식환경'의 산물이라고 정의할 수 있다. 이들을 통틀어 '인식의 조건들'이라고 부르도록 하자. 즉 현상의 값은 어떤 개별 존재에 의한 값이 아니라 '조건들의 관계맺음'에 의한값이라는 것이다. 이는 제3세대 인지과학[10]이 정의하는 바이면서 동시에연기론이 현상을 해석하는 관점이기도 하다. 그렇다면 이 경우에 형색, 느낌, 의미 등의 값은 인식자, 인식대상 중 어떤 것을 표상表象[11]하는 것일까?답은 이들의 관계맺음의 값이므로 특정 존재만을 표상할 수는 없다는 것

---

10 1세대 인지과학이 입력, 연산, 출력으로 이어지는 선형적 정보처리의 관점, 2세대가 뇌신경망의 연결주의적 관점이라면, 3세대는 뇌(인식자)−신체(감각)−환경(세계. 인식대상)의 통합적이고 동역학적 관점에서인식을 정의한다.

11 지각知覺에 의하여 의식에 나타나는 외계 대상의 상像.

이다. 다시 의문이 생긴다. 현상에서 인식자 혹은 인식대상에 자신의 값이 있기는 한 것인가?

현실에서 우리가 경험하는 인식은 인식자와 인식대상이 서로 의존하며 연속하는 존재성, 인과因果다. 말하는 내가 있으면 듣는 당신이 있고 듣는 당신이 있으면 듣는 당신을 설득하려는 내가 있다. 이렇게 나와 당신 사이에 의존하며 연속하는 존재성, 인과가 있기에 나와 대상 사이의 인식이 현실現實일 수 있다. 그런데 인식자, 인식대상이 자신의 값(존재성, 인과)을 가지고 있더라도 이런 현실이 성립할 수 있을까?

먼저 인식자와 인식대상 각자가 자신의 값을 가지고 있으나 인식에서는 서로에게 의존적인 값(관계맺음한 값)을 갖는 상황을 가정해보자.[12] 이 경우에 인식자와 인식대상은 현실에서 서로에게 의존적인 값과 원래 자신이 갖고 있던 고유한 값을 동시에 가지는 꼴, 다시 말해 하나의 현실에서 두 가지 존재값을 가지는 꼴이 된다. 그러나 하나의 현실에서 존재값이 두 가지일 수는 없다. 둘 가운데 하나는 거짓이어야 한다.

그렇다면 관계의존적 값과 고유한 값 가운데 어떤 값이 거짓이어야 하는가? 만일 고유한 값이 진실로 있는 것이라면, 고유한 값은 절대적인 값이기에 어떤 경우에도 거짓일 수 없어야 할 것이다. 하지만 우리는 인식자와 인식대상에게서 관계의존적 값(존재성, 인과)이 연속하는 '현실'을 경험한다. 현실(관계의존적 값)이 현실일 수 있으려면, 우리는 애초에 설정한 가정, 즉 인식자와 인식대상에게 자신의 고유한 값이 있다는 가정이 잘못되었다는 결론에 이를 수밖에 없다.

---

12 이 상황은 사람들 대부분의 '현실인식'이다. 인식하는 현상은 인식하는 각자의 관계의존성(주관)이지만 인식대상은 자신의 값(객관)으로서 실재하는 존재라는 '현실인식'이다.

관계의존적 값(존재성, 인과)이 연속하는 현실이 성립하려면, 인식자, 인식대상은 관계의존적 값(현실)과 충돌할 고유한 값이 없어야 함[13]은 물론이고, 관계의존적 값은 인식자와 인식대상 중 누구에게도 속하지 않는 값이어야 할 것이다.[14] 즉 인식자와 인식대상이 서로에 의존하여 관계맺음하는 사실이 현실일 수 있기 위해서는, 이들 인식자, 인식대상은 자신의 고유한 값(자성自性) 혹은 자신에게 속한 값이 없는 무자아無自我이어야 하는 것이다. 이 사실을 《중론》은 다음과 같이 설명한다.

> 14. 공空한 이치(무자아의 이치)가 있기 때문에 모든 존재함(현상)도 성립할 수 있다. 만일 공한 이치가 없다면 어떤 현상도 성립하지 않는다.
> 19. 연기하지 않은(의존적으로 형성되지 않은) 존재함(현상)은 그 무엇도 존재하지 않는다. 그러므로 공하지 않은 존재는 그 무엇도 결코 존재하지 않는다.
>
> 《중론》〈관사제품觀四諦品〉

---

## 그림으로 이해하는 존재론, 연기론

존재론은 현상의 사실(존재성, 인과)이 존재로부터 기인한다는 이론이다. 이 이론에서 인식의 현상은 대상의 존재를 지각한 값이고 따라서 현상은 대상 자체의 사실, 즉 '물자체의 사실'이다.

---

13 그것에 고유한 값이 없어야 한다는 것은 그것에 자성自性이 없어야 한다는 뜻이다.
14 어떤 것에 속한 값은 그것의 고유한 값이기 때문이다.

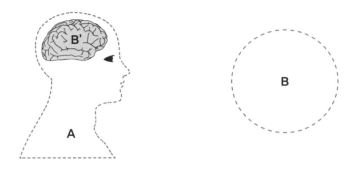

A: 인식자, B: 인식대상, B′: 인상印象의 상想

연기론은 현상의 사실이 관계에서 기인한다는 이론이다. 이 이론에서 인식의 현상은 조건들의 관계맺음에서 형성되는 것이고 따라서 현상은 관계의존성의 사실, 즉 '인식의존적 사실'이다.

- **존재론** A와 B는 각각 자신의 값(형색, 성질)을 가진 존재이고 따라서 B′는 B를 표상하는 값이라는 관점. 즉 인식은 대상의 지각이고 현상은 물자체의 사실이라는 관점.
- **연기론** A와 B는 공히 자신의 값(확정된 값)이 없는 불확정성의 무자아無自我이고 따라서 B′는 조건들의 관계맺음(인연)에서 형성된(연기한) 값이라는 관점. 즉 인식은 관계의존적 형성(연기)이고 현상은 관계의존성의 사실이라는 관점.

## 존재와 물자체

사람들은 존재와 현상을 동일시하며 '현상 = 존재 = 감각적(형이하학적) ·

경험적 실재'라는 등식을 주장한다. 하지만 이는 틀린 주장이다. 존재는 감각으로 경험하는 현상이 아니라 경험하는 현상에서 추론되는 관념이다. 즉 존재야말로 형이상학인 것이다.

사람들은 물자체와 현상을 동일시하며 '현상 = 물자체 = 감각적(형이하학적)·경험적 실재'라는 등식을 주장한다. 하지만 이는 틀린 주장이다. 물자체는 감각으로 경험하는 현상이 아니라 경험하는 현상에서 추론되는 관념이다. 즉 물자체야말로 형이상학인 것이다.

---

### 자아 있음 vs 자아 없음

---

- **자아 있음** 현상에 존재값을 내는 존재가 있음 = 현상이 존재의 사실임 = 현상이 물자체의 사실임 = 항상[15]한 현상.
- **자아 없음** 현상에 존재값을 내는 존재가 없음 = 현상이 관계의존성의 사실임 = 현상이 인식의존적 사실임 = 무상한 현상.

---

용 어 해 설 3 　　**일어남에 이은 일어남, 붓다의 깨달음**

---

"비구들이여, 나에게는 '일어남에 이은 일어남'이라고 하는, 전에 들어보지 못한 법들에 대한 눈이 생겼다. 지혜가 생겼다. 통찰지가 생겼다. 명지가 생

---

15 현상이 존재에 의한 값이므로 존재가 존재하는 한 현상은 항상한 값이어야 함.

겼다. 광명(밝은 깨달음)이 생겨났다.

비구들이여, 나에게는 '소멸에 이은 소멸'이라는 전에 들어보지 못한 법들에 대한 눈이 생겼다. 지혜가 생겼다. 통찰지가 생겼다. 명지가 생겼다. 광명이 생겼다."

《상윳따 니까야》〈사까무니 고따마 경〉(S12:10), 〈도시 경〉(S12:65), 각묵 역

 붓다가 선언하신 깨달음은 연생緣生, 연멸緣滅로, 아함부 경전에서는 이를 "이것이 있으니 저것이 있고[此有故彼有], 이것이 일어나니 저것이 일어나며[此起故彼起], 이것이 없으니 저것이 없고[此無故彼無], 이것이 사라지니 저것이 사라진다[此滅故彼滅]"라고 설명한다.

 위 설명에서 이것은 저것이 생겨나는(사라지는) 조건이고, 저것은 이것이 생겨나는(사라지는) 조건이다. 즉 이것은 저것이라는 조건에 의존하는 조건의존성이고, 저것은 이것이라는 조건에 의존하는 조건의존성이다. 따라서 위 문장은 "이것, 저것으로 칭할 수 있는 모든 것(현상)이 조건의존성이다"라고도 표현할 수 있다.

 현상이 조건의존성이라는 것은 현상이 조건의존적 존재값이라는 뜻이고, 이는 현상에 존재값을 내는 존재(자아)가 없다는 뜻이다. 붓다의 깨달음은 일상의 인식에서도 확인(경험)할 수 있다. 인식에서 인식자와 인식대상은 서로에 의존하여 있다. 인식자의 존재값은 인식대상에 조건하여(의존하여) 있고 인식대상의 존재값은 인식자에 조건하여(의존하여) 있는 것이다. 서로에 의존하는 존재값의 인식자, 인식대상에게 존재값을 내는 존재(자아)는 없다. 그러므로 '일어남에 이은 일어남'이라는 붓다의 깨달음을 이렇게 말할 수 있다. "제법諸法이 자성自性이 없는 무자아無自我다."

**무자아와 자아 없음**

자아 없음은 용用[16]을 정의한 것으로 현상에 존재값을 내는 존재(자아)가 없다는 뜻이며, 무자아는 체體[17]를 정의한 것으로 현상에 자성自性(자신의 고유한 존재값)을 소유한 체가 없다는 뜻이다.

조건의존성의 이것과 저것을 체體와 용用, 두 가지로 말할 수 있다. 존재론에서 용은 체로부터 나타나는 값이다. 즉 존재론에서 체는 존재값을 자신에게서 내는 존재(자아)[18]의 개념이다. 그러나 연기론에서 용은 관계맺음에서 나타나는 값, 즉 자아 없는 값이다. 용이 자아自我 없는 값이니 체는 자성自性 없는 체[19]이어야 한다. 존재론은 체와 용을 존재와 존재의 존재값으로 구분하지만, 연기론은 체와 용을 무자아無自我(공성suññatā)와 자아 없음(공·suñña)으로 구분한다.[20] 즉 '무자아의 체'가 맺는 인연(관계맺음)에서 '자아 없는 용(현상)'이 연기하는 것이다.

---

16 현상(형상).

17 현상의 영역체(형상의 형태).

18 확정성의 체. 영역에서 존재값(존재성)을 확정하여 있는 체(외부에 닫힌 영역체).

19 불확정성의 체. 영역에서 존재값(존재성)을 확정하여 있지 않는 체(외부에 선택적으로 열린 영역체).

20 니까야 경전들에서 suññatā(공성)와 suñña(공)의 용법은 다르다. suññatā는 명사이고 suñña는 형용사인데, suññatā가 공성(자성 없음)의 무자아를 지칭한다면, suñña는 공한(자아 없는) 현상을 지칭하는 것이다.

## 항상恒常(자아 있음) vs 무상無常(자아 없음)

- **항상恒常** 자신의 값으로서 실재하는 존재에 의한 현상.
- **무상無常** 자신의 값으로서 실재하는 존재가 없는 현상.

불교에서 사람들이 오해하는 대표적 경우 중의 하나가 자아 없음과 무상의 관계다. 대부분은 '무상하니까 자아가 없다'라고 이해하고 말한다. 그러나 이는 거꾸로 아는 것이다. 무상은 자아 없음의 원인이 아니라 결과다. 무상을 자아 없음의 원인으로 말하는 사람은 붓다가 현상의 무상을 깨닫고 현상의 자아(존재) 없음을 설하셨다고 생각한다. 그러나 붓다가 깨달은 사실은 무상이 아니라 '일어남에 이은 일어남(연생)'이다. 붓다는 현상의 연생을 깨달으시고, 연생의 조건의존적 일어남에서 자아 없음을 깨달으시고, 연생하는 현상의 자아 없음을 설법하기 위해 무상을 말씀하셨다. 그러므로 '무상하니까 자아가 없다'라고 말하지 말고 '자아가 없으니까 무상하다'라고 말해야 한다.

전자와 후자에 어떤 차이가 있는가? '무상하니까 자아가 없다'라고 말하는 사람은 자아 없음을 '현상을 항상하게 지키는 존재의 없음'이라는 뜻으로 이해하고 말한다. 이렇게 말하는 사람은 동의同意를 반복하여 말하는 것이다. 즉 '~하니까'라고 말하고 있으나 사실은 무의미한 것이다. 그래서 이렇게 말하는 사람은 왜 무상한지의 이유를 별도로 찾아야 한다. 이와 달리, '자아가 없으니까 무상하다'라고 말하는 사람은 '자아 없음'을 연생(일어남에 이은 일어남)을 설명하는 자아 없음, 즉 '현상에 존재값을 내는 존재(자신의 값으로 실재하는 존재)의 없음'이라는 뜻으로 이해하고 말한다. 이렇게 말하는 것은 무상의 원인으로 '존재값을 내는 존재의 부재'를 적시하여 말하는 것이기에 따로 무상의 원인을 찾을 필요가 없다.

　'무상하니까 자아(현상을 항상하게 하는 존재)가 없다'라고 말하는 것은 무상이 물자체物自體의 사실이며 자신은 물자체의 사실(무상)을 지각한다고 생각한 결과다. 그러나 물자체를 지각한다고 생각하는 것은 대상(물자체)에 지각할 자아가 있다고 주장하는 것이고, 대상에 자아가 있다고 주장하는 것은 대상이 무상한 것이 아니라 항상한 것이라고 주장하는 꼴이다. 즉 '무상하니까 자아가 없다'라는 명제는 '~하니까'를 자신의 주장이 참임을 주장하는 용도가 아니라 거짓임을 주장하는 용도로 사용한 모순율矛盾律의 명제인 것이다. 더구나 무상을 물자체의 사실로 정의하다 보니 왜 물자체가 무상한지(존재가 없는지)에 대한 납득할만한 이론을 제시하여야 한다. 남방 아비담마불교의 원소론이나 북방 견성불교의 불성론은 이런 필요에서 강구講究된 이론이다.[21]

　이와 달리 '자아(존재값을 내는 존재)가 없으니까 무상하다'라고 말하는 것은 현상을 관계의존적 사실(인식의존적 사실)로 정의하는 경우다. 현상을 관계의존성(인식의존성)으로 정의하는 것은 '현상에 존재값을 내는 존재가 없기에 현상이 무상하다'라고 말하는 것이므로 그 정의에서 잘못된 것이 없으며 붓다가 연기(연생)를 설명하신 뜻에도 부합한다. 나아가 존재값을 내는 존재가 없는 연생의 이치(연기법)로써 무상을 설명하는 정의이기에 무상의 원인을 따로 설명할 필요도 없다. 즉 현상이 연생의 연기법이기에 현상에 자아(존재값을 내는 존재)가 없고, 현상에 자아가 없기에 현상이 무상한 것이다.

---

21　원소론은 현상이 미세한 원소들의 가합이기에 현상의 존재가 없다는 이론이고 불성론은 현상이 궁극적 실체인 불성의 환영이기에 현상의 존재가 없다는 이론이다. 두 이론 공히 붓다가 설한 이론이 아니라 부파불교들에서 무아, 무상을 설명하기 위해 창안된 이론들이다.

# 자아: 존재값을 내는 존재

① 연생한(형성된) 것 → 자아 없음 → 무상
② 무상 → 자아 없음

①과 같이 아는 것이 법을 바르게 아는 것이요, ②와 같이 아는 것은 법을 잘못 아는 것이다. ②와 같이 아는 사람들은 자아 없음을 '항상성의 부재'라고 설명한다. 시중의 불교에서 흔히 예로 드는 것은 몸이다. 무수하게 세포들이 교체되는 몸에서 항상성의 존재는 없으며, 이것이 바로 붓다가 말씀하신 자아 없음의 뜻이라는 것이다.

그러나 이런 설명은 붓다가 설법하신 바가 아니다. 붓다는 자아 없음을 항상성의 부재라는 방식으로 설명하시지 않았다. 《상윳따 니까야》〈말룽까뿟따 경〉(S35:95)에서 붓다는 육경六境의 형상, 소리, 냄새, 맛, 감촉, 법(존재성, 인과)에서 '그것'이나 '거기에'가 없음을 알아야 한다고 설법하신다. 즉 인식의 현상에서 존재값을 내는 존재(자아)의 없음을 알아야 한다고 설명하신 것이다. 《상윳따 니까야》〈무아의 특징 경〉(S22:59)에서 붓다는 색(육체)에 대해서 "색(육체)은 자아가 없다. 만일 육체가 나라면 육체는 고통이 없어야 할 것이며, 육체에 대해서 '나는 이와 같이 되기를 혹은 이와 같이 되지 않기를'이라고 하면 그대로 될 수 있어야 할 것이다. 그러나 색(육체)은 이와 같지 않다. 오온의 나머지 수(접촉), 상(인상印象), 행(개념), 식(분별)도 마찬가지다"라고 설법하신다. [22]

---

22 설법에서 붓다가 나, 자아, 존재를 같은 용도의 개념으로 사용하시는 것을 볼 수 있다.

이 설법에서도 붓다는 내가 육체라는 존재값을 내는 존재(자아)가 아니기에 육체에서 고통 등의 존재값이 발생한다는 뜻을 설명하신다.《맛지마니까야》〈교리문답의 작은 경〉(M044)에서도 같은 뜻의 설법을 볼 수 있다. 담마딘나[23]는 자아에 대해 묻는 비싸카에게 '색, 수, 상, 행, 식을 나(자아)로 간주하는 것, 혹은 나를 색, 수, 상, 행, 식을 지닌 자로 간주하는 것, 혹은 색, 수, 상, 행, 식에 내가 있는 것으로 간주하는 것'이라고 대답한다. 즉 자아를 '색, 수, 상, 행, 식이라는 존재값을 내는(소유한) 존재'의 뜻으로 설명한 것이다.

자아가 '존재값을 내는 존재'의 뜻이라면, 어제의 몸과 오늘의 몸이 같지 않다는 식으로 자아 없음을 설명하는 것은 명백히 잘못된 것이다. 자아 없음은 '항상성의 부재'가 아니라 '존재값을 내는 존재의 부재'라고 설명되어야 하는 것이다. 즉 몸이 무상하기 때문에 자아가 없다는 설명이 아니라 몸(색)에 몸(색)이라는 존재값을 내는 존재가 없기에 몸(색)에 자아가 없다는 설명이어야 하는 것이다. 앞에서 지적했듯이, 무상하기에 자아가 없다고 말하는 것은 동의同意를 반복하는 것이고, 스스로를 부정하는 모순율이고, 자아 없음(존재값을 내는 존재의 부재)을 무상의 원인으로 적시하지 못하는 것이고, 결과적으로는 붓다의 설법에서 붓다의 깨달음인 연생緣生의 가르침을 결여缺如하는 것이다. 시중의 불교가 연기법을 생략하는 풍조에는 '자아 없음'에 대한 바른 이해가 없는 연유緣由도 있는 것이다.

---

23 담마딘나는 붓다가 '가르침의 해설에서 최상'이라고 칭찬하신 비구니다.

## 삼법인에 대한 오해

　제행무상, 제법무자아, 일체개고의 삼법인은 붓다의 깨달음을 세 가지로 정리한 가르침이다. '무상하기에 자아가 없다'고 말하는 이들은 현상이 무상(제행무상)하기에 현상을 항상하게 하는 존재가 없다(제법무자아)는 식으로 삼법인을 해석한다. 즉 이들은 동의同意 반복으로 제행무상과 제법무자아를 이해하는 것이다.

　하지만 붓다는 같은 말을 반복하시지 않았다. 제행무상이 존재값을 내는 존재가 없는 현상(용用, 자아 없음)을 적시한 가르침이라면, 제법무자아는 존재값을 내는 존재가 없는 현상의 영역체(체體, 자성 없음)를 적시한 가르침이다. 이렇게 이해하는 사람은 '현상이 무상하기에 자아(현상을 항상하게 하는 존재)가 없다'라고 말하지 않고 '현상에 자아(존재값을 내는 존재)가 없기에 무상하다'라고 말한다.

용 어 해 설 5　　　**조건의존성과 관계의존성**

　'조건의존성의 연생'을 이해하려면 '조건'의 개념부터 명확히 할 필요가 있다. 조건을 어떤 개념으로 이해하느냐에 따라 조건의존성은 전혀 다른 뜻으로 해석될 수도 있기 때문이다. 예를 들어, 조건을 자아 있는 조건, 즉 자체로 존재하는 조건으로 이해하여 연기법을 조건의 존재들이 이합집산하는 인연법으로 해석하는 경우가 있다. 이는 조건을 잘못 이해하여 연기법까지 왜곡하는 경우다.

　자아(존재) 없는 현상을 바르게 이해하려면 현상을 있게 하는 조건의 '자아 없음'에도 철저하여야 한다. A라는 현상을 있게 하는 조건(원인)의 실체를 파악하기 위해 소급溯及한 모든 조건이 자아 없는 조건, 즉 '조건에 의존한 조건(연생의 조건)'이라는 결론에 이르렀다고 하자. 이 결론에서 조건은 '존재하는 조건'이 아니라 A의 '자아 없음'을 말하기 위한 방편으로 시설施設된 조건이다. 방편이기에 '조건들의 관계맺음(인연)'이라는 말에서 조건을 삭제할 수 있다. 조건을 삭제하면 남는 것은 '관계맺음'이다. 즉 붓다가 설하신 조건의존성의 실제는 관계의존성인 것이다.

그렇다면 왜 붓다는 애초에 관계의존성이라고 설하지 않으셨을까? 관계의존성이라고 말하면 사람들은 반드시 무엇과 무엇의 관계인지를 따져 물었을 것이다. 이는 결국 '조건'을 설정한 '조건의존성'이라는 개념으로 다시 설명해야 하는 상황이다. 무의미하게 반복하는 설명 대신 붓다가 채택한 설법 방식은 조건의존성으로서 연기를 설명하고 그 조건들의 자아 없음을 천명闡明하는 방식이었다.[24]

## 조건의존성에 대한 잘못된 이해 vs 올바른 이해

현상의 조건의존성을 바르게 이해하지 못하면 현상의 자아 없음도 바르게 이해할 수 없다. 조건의존성에 대한 잘못된 이해와 올바른 이해를 비교해 살펴보자.

---

24 '이것과 저것이 서로를 조건하여 일어나고 사라진다'는 상의성相依性의 설법에서 이것, 저것은 '자아 없는 조건', 즉 이것, 저것이라는 가명의 조건이다.

- **잘못된 이해** 가죽끈, 바퀴, 축, 나무판 등으로 이루어진 수레가 있다고 하자. 수레는 이 조건들의 집합이기에 수레를 항상하게 하는 존재는 없다. 즉 수레의 자아가 없는 것이다.

위와 같은 이해는 '자아 없음'의 의의意義[25]를 잘못 이해한 것이다. 이런 이해는 '가합假合한 수레는 자아가 없어도 집합한 부품(조건)들은 자아가 있다'는 식의 오해를 불러일으킬 수 있다. 이렇게 오해하는 이들이 바로 '무상하기에 자아(항상하는 존재)가 없다'라고 동의 반복으로 말하면서 이합집산하는 원소(구경법)들의 인연법[26]으로 무상을 설명하려는 이들이다.

- **올바른 이해** 가죽끈, 바퀴, 축, 나무판 등으로 이루어진 수레가 있다고 하자. 수레가 조건에 의존하듯이 수레의 조건인 가죽끈, 바퀴, 축, 나무판 등도 조건에 의존한다. 나아가 가죽끈, 바퀴, 축, 나무판을 있게 하는 조건들 또한 '조건에 의존한 조건'이다. 수레라는 현상을 있게 하는 조건을 아무리 소급해보아도 여전히 조건은 '조건에 의존한 조건'이다. '조건'은 수레(현상)에 존재값을 내는 존재가 없다는 사실을 말하기 위한 방편의 조건, 즉 현상의 자아 없음을 말하기 위한 가명假名의 조건인 것이다.

이와 같이 이해하는 것이 붓다가 설하신 '자아 없음'의 의의를 바르게

---

25 '존재값을 내는 존재의 없음'이라는 의의를 '항상하게 지키는 존재의 없음'이라는 의의로 잘못 이해한 것이다.

26 아비담마불교는 구경법이라는 궁극적 실재(원소)들이 이합집산하는 인연법으로 연기법을 설명한다.

이해한 것이다. 이렇게 바르게 이해하는 이들은 '항상하는 존재가 없기에 무상하다'라고 말하지 않고 '존재값을 내는 존재가 없기에 무상하다'라고 말한다.

---

## 조건의 소멸에 대해 설하신 말씀

"비구들이여, 성스러운 제자가 이와 같이 조건을 꿰뚫어 알고, 이와 같이 조건의 일어남을 꿰뚫어 알고, 이와 같이 조건의 소멸을 꿰뚫어 알고, 이와 같이 조건의 소멸로 인도하는 도 닦음을 꿰뚫어 알면 이를 일러 성스러운 제자는 견해를 구족具足했다고도 하고, 정법을 보았다고도 하고, 명지明智를 구족했다고도 한다."

《상윳따 니까야》 〈조건 경〉(S12:27), 각묵 역

연기법은 조건(원인)에 의한 현상(결과)을 말하는 인과법이라고 아는 사람들은 위 경을 반드시 보아야 한다. 경에서 붓다는 조건은 현상의 원인으로 새겨야 할 것이 아니라 있다는 생각을 소멸해야 할 것이라고 말씀하신다. 있다는 생각을 소멸해야 할 조건은? 현상의 자아 없음을 논하기 위하여 시설된 자아 없는 조건(방편의 조건)이다.

연기법을 인과법으로 아는 것은 방편의 조건을 실재의 조건으로 오해한 것이다. 즉 조건(원인)과 조건에 의한 현상(결과)을 각각의 실재로 간주함으로써 조건과 현상을 실재의 원인과 결과로 연결한 것이다. 그러나 연기법은 인과법이 아니다. 자아 없는 관계의존적 형성을 말하는 법이다. 즉 인과를 아는 것이 아니라 현상은 물론 현상을 있게 하는 조건마저도 자아 없음

을 아는 것이 연기법의 의의意義다.

　위의 〈조건 경〉은 앞의 일어남을 조건으로 뒤의 일어남이 연생緣生하는 열두 항목(조건)의 연기, 즉 유전문[27]의 십이연기[28]를 설한 법문이다. 설법에서 붓다는 열두 조건들에 대해 '이와 같이 꿰뚫어 알아야 한다'고 말씀하신다. 어떻게 아는 것이 '이와 같이 꿰뚫어 아는 것'인가?

### 1) 조건을 꿰뚫어 알다 – 중생의 고苦를 알기

: 십이연기의 열두 항목들은 앞의 것을 조건으로 뒤의 것이 일어나는 모습으로 유전流轉[29]하는 연생(일어남에 이은 일어남)의 조건들이다. 열두 항목들이 '존재의 조건'이 아니라 '자아 없는 연생의 조건'임을 아는 것이 열두 항목들을 꿰뚫어 아는 것이다. 십이연기의 유전문은 중생–고苦를 설명한 법문이니, 십이연기의 열두 조건들을 꿰뚫어 아는 것은 중생–고苦의 정체가 무엇인지를 꿰뚫어 아는 것이다. 즉 사성제의 고성제苦聖諦다.

### 2) 조건의 일어남을 꿰뚫어 알다 – 중생(고苦)의 집集을 알기

: 조건이 일어난다는 것은 자아 없는 조건을 자아 있는 실재의 조건으로 아는 무명 망상이 일어난다는 뜻이다. (조건의) 일어남에 이은 (조건의) 일어남은 조건의 쌓임이고, 조건의 쌓임은 무명 망상의 쌓임이고, 무명 망상의 쌓임은 중생의 쌓임, 즉 중생의 집集이다. 그러므로 조건의 일어남을 꿰뚫어 아는 것은 일어남에 이은 일어남을 꿰뚫어 아는 것이고, 조건(무명 망상)

---

27 중생의 유전流轉을 설명한 법문, 즉 무명 망상이 연속하는 연생緣生을 설한 법문.
28 무명, 행, 식, 명색, 육근, 촉, 수, 애, 취, 유, 생, 노사의 열두 항목의 연생을 설한 연기법문.
29 조건의존적으로 흘러 다님 혹은 돌고 돎(윤회함).

의 쌓임을 꿰뚫어 아는 것이고, 중생의 집集을 꿰뚫어 아는 것이고, 중생의 유전流轉을 꿰뚫어 아는 것이다. 즉 사성제의 집성제集聖諦다.

### 3) 조건의 소멸을 꿰뚫어 알다 – 중생(고苦)의 멸滅을 알기

: 조건이 일어나도록 한 무명 망상이 소멸하면 조건도 소멸한다. 즉 조건의 소멸을 꿰뚫어 아는 것은 조건의 존재함을 주장하는 무명 망상의 소멸을 꿰뚫어 아는 것이다. 조건의 존재함을 주장하는 무명 망상이 소멸하면 그 존재함에 의존하던 다른 망상(조건)도 소멸한다. 이는 조건(무명 망상)의 소멸함에 이은 조건(무명 망상)의 소멸함이다. 소멸에 이은 소멸을 꿰뚫어 앎으로써 중생의 유전문이 소멸함을 꿰뚫어 안다. 즉 사성제의 멸성제滅聖諦다.

### 4) 조건의 소멸(해탈)로 인도하는 도 닦음을 꿰뚫어 알다 – 중생(고苦)의 해탈을 알기

: 멸성제를 수행하는 도 닦음은 팔정도八正道다. 팔정도의 수행은 꿰뚫어 아는 수행이다. 의식의 망상과 습성을 소멸하는 수행인 팔정도의 정정진(사마타samatha), 정념(위빠사나vipassanā), 정정(사마디samadhi)은 의식에 의한 수행이 아니라 수행자의 식識인 사띠sati[30]에 의한 수행이다. 사띠는 꿰뚫어 안다. 무명습성의 조건들을 꿰뚫어 알고 조건들의 소멸로 인도하는 수행의 진행, 성취를 꿰뚫어 아는 사띠이기에 해탈(조건의 소멸)과 열반(조건 없는 공空)으로 인도하는 도道가 수습修習[31]될 수 있다. 즉 사성제의 도성제道聖諦다.

---

30  사띠sati: 존재론적 관념의 의식으로부터 벗어나 자아 없음을 수행하는 식識. 팔정도의 사마타, 위빠사나, 사마디를 수행하는 식識.

31  배우고 닦는 수행이라는 뜻으로, 파사현정破邪顯正의 수행을 의미한다.

# 취착

취착取著은 불교에서 유래한 용어로, '생각(욕망)이 생각(욕망)하는 내용(대상)을 취하여 접착한다'는 의미로 쓰인다. 취착하는 생각(욕망)은 취착하는 대상을 외부에 실재하는 존재로 간주하는 무명한 생각(욕망)이다. 취착은 연이은 취착, 즉 연생緣生을 초래한다. 그러므로 취착은 중생이 쌓이는 집集의 연유緣由를 설명하는 개념이라고 정의할 수 있다. 붓다는 '존재'라는 관념(중생상衆生相)이 발생하는 조건으로 취착을 적시하셨다.

> "도반들이여, '존재는 취착이 그 근원이며, 취착으로부터 일어나고, 취착으로부터 생기며, 취착으로부터 발생합니다'라고 이렇게 설명하겠습니다."
>
> 《상윳따 니까야》〈깔라라 경〉(S12:32)

# 연생, 연멸

- **연생緣生** 일어남에 이은 일어남이다. 즉 뒤에 일어나는 현상이 앞에 일어난 현상을 조건하여 일어난다는 뜻이다. 뒤의 일어남이 앞의 일어남을 조건한다는 것은? 뒤의 일어남이 앞의 일어남을 '자아 있는 조건'으로 간주한 일어남이라는 뜻이다. 즉 원래 자아 없는 앞의 일어남을 자아 있는 것으로 착각한 무명 망상이 앞의 일어남을 존재함의 조건으로 삼아서 일어난 것이 뒤의 일어남이라는 뜻이다.
- **연멸緣滅** 소멸함에 이은 소멸함이다. 조건에 의존하는 조건들의 연속에서 이 조건의 자아(존재)가 없어지면(자아가 있다는 망상이 소멸하면) 이

조건에 의존하는 저 조건의 자아도 없어지는(자아가 있다는 망상이 소멸하는) 것이 소멸함에 이은 소멸함, 즉 연멸이다.

　연생한 것이 무명 망상이니 연멸하는 것도 무명 망상이어야 한다. 연생이 무명 망상(일어남)에 이은 무명 망상(일어남)의 집集(사성제의 집성제)이라면, 연멸은 무명 망상을 부수어 마침내 집集으로부터 벗어나도록 하는 멸滅(사성제의 멸성제)이다. 니까야 경전[32]들에서 붓다가 제자들에게 설하시는 '~이 일어나니(생겨나니) ~이 일어나고(생겨나고)', '~이 사라지니(소멸하니) ~이 사라지고(소멸하고)' 하는 말씀들이 바로 연생(유전문), 연멸(환멸문)을 설한 연기법문이다. 대표적인 법문이 오온연기, 육육연기, 십이연기다.

---

### 연기법: 연생으로부터 연멸로 나아가야 하는 법

① **연기법** 현상이 일어남에 이은 일어남(연생緣生)의 집集(쌓임)이라는 사실을 꿰뚫어 봄 → 일어남을 있게 하는 조건의 자아 없음을 꿰뚫어 봄 → 조건의 소멸함에 이은 소멸함(연멸緣滅)을 수행함 → 무명습성의 집集(중생의 무더기)을 소멸(해탈)함.
② **연기법** 중생의 고苦가 자아 없음을 자아 있음으로 아는 무명의 고라는 사실을 꿰뚫어 봄 → 무명이 연생의 집集이라는 사실을 꿰뚫어 봄 → 연생을 멸하는 연멸을 수행함 → 고로부터 해탈함.

---

32 붓다의 설법을 기록한 빨리어 경전으로 상윳따 니까야, 맛지마 니까야, 앙굿따라 니까야, 디가 니까야, 쿳다까 니까야의 5부 니까야가 있다.

붓다가 설한 연기법을 간략히 도식화하면 위와 같다. ①이 연기緣起(인식의 현상)의 관점에서 도식화한 것이라면 ②는 사성제(고苦의 발생과 소멸)의 관점에서 도식화한 것이다.

붓다는 인식의 현상이 조건의존적 형성에 이은 조건의존적 형성이라는 사실을 깨달으시고, 조건에 존재(자아)가 없다는 사실을 꿰뚫어 아시고, 고苦가 자아 없음을 자아 있음으로 알아서 취착하는 무명에 기인한 고라는 사실을 꿰뚫어 아셨다. 세상의 법dharma(현상의 이치)을 꿰뚫어 아신 붓다가 설하신 것은 무명한 고苦로부터 벗어나는 법, 즉 일어남에 이은 일어남(연생緣生)의 집集을 소멸함에 이은 소멸함(연멸緣滅)으로 이끄는 연기법이다.

## 연기법 공부: 연생과 연멸을 이해하는 것

연기법 공부는 연생과 연멸이 무명 망상의 생과 멸이고 사성제의 집과 멸이라는 사실을 이해하는 것이다. 이를 이해하지 못하는 자들은 연생, 연멸을 연기의 생멸로 잘못 안다. 연생, 연멸을 연기의 생멸로 잘못 알기에 십이연기 등의 연기법문을 전생, 현생, 내생의 삼세 윤회법으로 잘못 해석하고, 해탈을 현 존재로부터의 해탈로 잘못 해석하고, 열반을 존재로부터 벗어난 경지, 성품으로 잘못 해석하는 잘못된 불교가 생겨난다.

시중의 불교가 해석하는 연생은 인연이 생겨나면서 일어나는 인과이고 연멸은 인연이 소멸하면서 사라지는 인과이다. 이런 이해에서 연기는 인연의 인과이고, 연기법은 인연이 생멸하는 인과법칙이고, 해탈은 인과법칙인 연기법으로부터 벗어나는 것이다. 시중의 불교를 안다고 자처하는 사람들의 생각이 대부분 이러하다.

그러나 연기는 인연의 인과가 아니며 연기법은 인연의 인과법칙이 아니다. 연기는 무자아의 우주가 현상하는 이치, 즉 이것과 저것의 무자아가 인연에서 상의적相依的 존재값을 형성하는(현상하는) 이치를 지칭하는 이름이고 연기법은 그런 이치의 현상을 지칭하는 이름이다. 붓다가 연기법을 여래(깨달음, 해탈)와 무관하게 우주에 상주하는 진리[33]라고 말씀하신 까닭도 붓다의 설법을 이해하지 못한 자들이 연기법을 중생이 해탈해야 하는 인과법칙 정도로 잘못 이해할 것을 염려하셨기 때문이다.

관계에 의존함으로써 비로소 존재값(존재성, 인과)을 현상하는 우주는 존재값을 현상하는 존재가 없는 우주, 즉 현상하는 인과를 담당할 존재가 없는 우주다. 현상에 인과를 담당할 존재가 없는데 어떻게 현상에 존재나 인과의 생멸이 있겠는가?[34] 그러므로 연생, 연멸을 존재나 인과의 생멸로 알면 안 된다. 존재나 인과의 생멸이 있다고 생각하는 무명 망상의 생멸이라고 알아야 한다. 이렇게 알아야 연기법을 바르게 공부하는 것이다.

---

## 붓다의 법: 연기법

**연기법이 무엇입니까?**
— 연기하는 이치, 현상을 일컬어 연기법이라고 말합니다.

---

33 연기법은 해탈과 무관하게 우주에 상주하는 법이라는 뜻.
34 우리가 사는 세상은 관계의존적 인과의 세상이다. 관계의존적 인과는 자아 없는 인과다. 이에 대해서는 따로 상세히 설명하겠다.

**연기는 무엇입니까?**

— 연생과 연멸을 아울러 연기라고 말합니다.

**연기에 이미 일어남의 뜻이 있는데 왜 굳이 연생이라는 개념을 더하는가요?**

— 그렇게 질문하는 까닭은 연생을 연기가 생겨나는 것이라고 잘못 이해하기 때문입니다. 그러나 연생과 연기는 같은 것이 아닙니다. 연기paṭicca-samuppāda가 의존적 형성(의존하여 함께 형성됨)을 설명하는 개념이라면, 연생paticca-samuppānna은 조건을 자아 있는 것으로 아는 무명 망상의 발생을 특정하는 개념이지요. 연생의 형성이 무명 망상의 발생이라면, 연멸의 형성은 무명 망상의 소멸입니다. 즉 망상의 생겨남도 의존하여 함께 형성되는 것(연기)이고 망상의 소멸도 의존하여 함께 형성되는 것(연기)입니다. 따라서 연생도 연기이고 연멸도 연기라고 알아야 합니다.

**소멸의 연멸을 어찌 형성이라고 말하는가요?**

— 그렇게 묻는 것은 연멸을 연기의 소멸이라고 잘못 알기 때문입니다. 연멸은 연기의 소멸이 아니라 무명 망상의 소멸입니다. 연緣하여 무명 망상이 발생하는 연생도 형성(연기)이지만 연緣하여 무명 망상이 소멸하는 연멸도 형성(연기)입니다. 무명 망상의 소멸도 '인연에서 형성되는 일'인 까닭입니다. 이렇게 알아야 연기를 바르게 아는 것입니다.

- **연기** ① 무자아와 무자아가 관계맺음(인연)에서 서로에 의존하여 함께 형성되는 현상. 함께 '존재'로 형성되는 연기가 연생이고 함께 '공空'으로 형성되는 연기가 연멸임. ② 연기=연생(집集의 유전문流轉門)+연멸(멸의 환멸문還滅門). ③ 경전은 서로에 기대어 있는 갈대 다발로 연기를 설

명함.

- **연생** ① 존재(자아)가 없는 관계의존적 현상(연기한 현상)을 존재의 현상(자아 있는 현상)으로 아는 망상(무명)의 발생(형성). ② 현상을 있게 하는 조건(인연)을 자아 있는 조건(존재의 조건)으로 아는 망상의 발생. ③ 연기는 '상의적 형성'으로 설명하지만 연생은 '조건으로부터의 발생'으로 설명함. 예를 들면 조건으로부터의 발생을 설명한 십이연기 유전문이 연생을 설명한 법문임. ④ 경전은 조건을 자아 있는 조건으로 아는 망상의 쌓임[集]으로 연생을 설명함.

- **연멸** ① 관계의존적 현상을 존재의 현상으로 아는 망상(연생)의 소멸. ② 현상을 있게 하는 조건의 자아 없음을 꿰뚫어 봄으로써 망상의 연생을 멸함. ③ 경전은 쌓임[集]을 허물어 나감으로 연멸을 설명함.

---

## 연기법과 사성제

**《중론》〈관사제품〉에서 "연기를 보는 자, 그는 고, 집, 멸, 도를 본다"라고 말합니다. 이 말은 무슨 뜻입니까?**

— 연기법이 사성제이고 사성제가 연기법이라는 사실을 말하는 것입니다. 사성제는 고苦(무명-고), 집集(연생), 멸滅(연멸), 도道(팔정도)의 네 가지 고귀한 가르침[성제聖諦]입니다. 고성제苦聖諦는 자아 없는 법(연기한 현상)을 자아 있는 법(존재의 현상)으로 착각하여 취착함으로써 고苦가 연생함을 설명하는 가르침이고, 집성제集聖諦는 자아 없는 조건을 자아 있는 조건으로 취착하여 망상의 조건들을 쌓음[集]으로써 고를 겪는 중생이 생겨나는 연기(집集의 연생)를 설명한 가르침이고, 멸성제滅聖諦는 현상을 있게 하는 조건들

의 자아 없음을 꿰뚫어 봄으로써 중생의 집集을 허물어 나가는 연기(멸滅의 연멸)을 설명한 가르침이고, 도성제道聖諦는 무명한 습성의 중생 - 고苦로부터 완전히 벗어남을 수습修習하는(배우고 닦는) 팔정도八正道 연기[35]를 설명한 가르침입니다.

사성제의 가르침은 붓다의 깨달은 법이 연기법이라는 사실을 천명闡明합니다. 따라서 불교는 연기법을 수습修習하는 종교이어야 합니다. 그러나 시중의 불교(견성불교[36])는 마음, 불성, 진아, 청정자성 등의 형이상학적 실재를 불법佛法(붓다의 법)으로 칭하며 이 불법을 수행해야 한다고 말합니다. 그러나 그런 불법은 불법이 아닙니다. 연기법을 수습하는 불법이라야 참된 불법입니다.

## 무명 vs 사성제(연기법)

무명은 불교에서 가장 흔히 쓰이는 말 가운데 하나다. '앎이 없다'는 뜻의 무명을 붓다는 《상윳따 니까야》〈분별의 경〉(S12:2)에서 '고苦, 집集, 멸滅, 도道의 네 가지를 알지 못하는 것'이라고 정의하셨다. 즉 사성제(연기법)를 알지 못하는 것이 무명이라는 말씀이다.[37]

---

35 도道의 빨리어Pali는 mārga로 실천 수행을 말한다. 즉 사성제의 도道는 수행자가 수행하는 연기를 말하는 것이다.

36 마음의 본래 성품(불성佛性)이 붓다의 법이라고 말하는 불교. 마음의 성품만이 진실한 실재이며 세상은 마음이 지어낸 허상이기에 성품을 봄(견성見性)으로써 고苦의 해탈에 이른다고 주장한다.

37 시중의 불교는 불성佛性의 존재를 모르는 것이 무명이라고 주장하지만 경전에서 붓다는 연기법을 모르는 것이 무명이라고 분명하게 정의하신다.

① 무명의 첫 번째는 고苦를 알지 못하는 것, 즉 '고는 연생緣生'이라는 사실을 알지 못하는 것이다. 붓다가 깨달으신 것은 생生, 노老, 사死 등의 인간사人間事의 모든 고苦가 연생이라는 사실이었다. 붓다의 설법을 접했던 이들이 전에 들어보지 못한 희유한 법문이라며 찬탄했던 것도 붓다의 설법이 '고는 연생'이라는 사실을 적시하였기 때문이다.

사람들이 생각하는 고는 '존재의 고'다. 존재의 고는 존재를 극복하거나 초월하여야 극복하거나 초월될 수 있는 고다. 붓다 당시에 수행자들이 육체를 괴롭히는 수행에 몰두하였던 것도 육체의 존재를 초월함으로써 육체가 생멸하는 인과因果로부터 벗어나기를 소망하였기 때문이다. 그러나 붓다는 고에 존재는 없으며, 고의 실상實狀은 자아 없는 현상을 자아의 존재로 잘못 인식한 망상들의 연생(일어남에 이은 일어남)이라고 설법하셨다. 즉 고로부터 해탈하는 길은 존재의 극복이나 초월에 있는 것이 아니라 '존재라고 잘못 알고 있는 망상으로부터 벗어나는 지혜의 계발에 있는 것'이라고 설법하신 것이다.

② 무명의 두 번째는 고의 일어남(집集)을 알지 못하는 것이다. 고가 연생이니 고의 일어남은 현상을 자아(존재) 있는 것으로 알아서 취착하는 망상(연생)의 쌓임(집集)이어야 한다.

③ 무명의 세 번째는 고의 소멸(멸滅)을 알지 못하는 것이다. 고의 일어남이 연생의 집集이니 고의 소멸은 집을 멸하는 것이어야 한다.

④ 무명의 네 번째는 멸을 위한 수행(도道)을 알지 못하는 것이다. 멸이 연생의 집을 멸하는 것이니 멸의 도는 연생하는 망상과 망상에 취착하는 습성을 멸하는 수행이어야 한다.

사성제를 알지 못하는 무명은 연기법을 알지 못하는 무명, 즉 일체의 현상이 자아 없는 연기(관계의존적 형성)라는 사실을 알지 못하는 무명이다. 붓다는《상윳따 니까야》〈일체 경〉(S35:23)에서 육근, 육경이 일체[38]라고 말씀하시고,《상윳따 니까야》〈버림 경〉(S35:24)에서 육근, 육경을 지혜롭게 알아서 버려야 한다고 말씀하신다. 즉 현상의 모든 것인 육근, 육경에 자아가 없음을 잘(지혜롭게) 알아서 육근, 육경에 자아가 있다고 주장하는 존재론적 느낌, 관념들을 버릴 수 있어야 한다는 말씀이다. 붓다의 말씀을 종합하면, '무명 = 사성제를 모르는 것 = 연기법을 모르는 것 = 육근, 육경에 자아 없음을 알지 못하는 것'이라고 간략히 정의할 수 있다.

---

용 어  해 설 8                        **상의성**

---

앞에서 연생緣生을 '뒤의 일어남이 앞의 일어남을 조건으로 일어나는 것'이라고 정의하였으나 연생에는 선후先後가 없다. 왜냐하면 앞이나 뒤나 공히 자아 없는 의존적 형성, 즉 상의적相依的 형성인 까닭이다. 즉 앞, 뒤는 상의적 형성을 설명하기 위한 방편인 것이다. 왜 굳이 앞, 뒤라는 방편으로 설명하는가? 연생이 자아(존재)가 있다는 망상의 일어남이기 때문이다. 존재론적 망상의 일어남에 이은 일어남이기에 그 일어남에 앞, 뒤라는 존재론적 방편을 붙여 설명하는 것이다.

상의성相依性은 연생이 아니라 연기로 설명하여야 한다. 자아 없는 조건들이 서로에 대해 인과 연이 되기 위해서는 인은 연에 의해 인이, 연은 인

---

38 어떤 이는 육근, 육경, 육식의 세 가지(삼사三事)를 일체로 말하나 육식은 육근의 식識에서 연장된 개념이라는 점에서 육근, 육경을 일체로 정의하는 것이 타당하다. 경전의 설명도 이와 같다.

에 의해 연이 되어야 한다. 조건들이 서로에 의존하여 형성되는 것이 상의성의 연기고, 조건들이 인연의 인과 연으로 형성되는 것이 연생이다. 즉 조건이 인과 연으로 형성되는 모습이 연기라면, 인(육근)과 연(육경)이 서로를 서로에 대한 인과 연으로 알아서(육근에 대한 육경으로 알고 육경에 대한 육근으로 알아서) 인연으로 결합(접촉)하는 모습이 연생이다. 육근과 육경의 인연(접촉)에서 존재와 존재의 세상이 연생한다.[39] 육근, 육경이 존재와 존재의 세상을 연생하는 인연일 수 있는 것은 육근, 육경이 서로를 '존재하는 것(조건)'으로 간주하는 망상이기 때문이다. 붓다가 《상윳따 니까야》〈버림경〉(S35:24)에서 육근, 육경을 버려야 할 것이라고 말씀하신 까닭도 육근, 육경이 서로에 의존하여 형성된 것임에도 불구하고 인연에서 서로를 각자 존재하는 것으로 여기는 망상이기 때문이다.

　육근, 육경을 버리는 방법은 육근, 육경이 연기한 육근, 육경이라는 사실을 바르게 알고 이를 실천하는 것이다. 붓다는 상의성의 연기를 '이것이 일어나니 저것이 일어나고 저것이 사라지니 이것이 사라진다'는 말씀으로 간략히 설명하셨다. 살펴보면 세상에서 서로 작용하는 모든 것들이 서로에 의존하여 성립하는 상의성이라는 사실을 확인할 수 있다. 인식자와 인식대상, 나와 너, 부분과 전체, 유有와 무無, 생生과 사死, 젊음과 늙음 등은 개념의 상의성이고, 눈과 눈으로 봄, 눈으로 봄과 눈으로 보는 대상, 눈으로 보는 대상과 눈 등은 작용의 상의성이다. 이들 의존하여 비로소 있는 것들은 자아가 없고, 자아 없는 이름들은 가명假名이다. 비록 이름으로 칭하지만 이름의 존재가 없으니 이름을 가명이라 말하는 것이다. 가명을 존

---

39 육근, 육경에서 감각접촉, 느낌(인상), 갈애(개념), 취착(존재)의 연생을 설명한 것이 육육연기의 법문이다.

재의 이름이라고 믿고 취착하는 것이 연생의 연기고, 가명을 가명이라고
바르게 알아서 이름에의 취착을 여의는(떠나는) 것이 연멸의 연기다.

---

## 세상의 행과 이름名

행위자는 행위에 연緣하여 생기고, 행위는 행위자에 연緣하여 생긴다. 우리
는 그것들(행위자와 행위)을 확립할 다른 방법을 알지 못한다.
《중론》〈관작작자품〉

게송에 의하면 보는 자, 듣는 자, 하는 자, 오는 자, 가는 자 등의 행위자
와 봄, 들음, 함, 옴, 감 등의 행위는 서로에 의존하여 생겨나는 것이다. 서
로에 의존하여 생겨나는 것이기에 행위도 가명假名이고 행위자도 가명이
다. 가명의 실제는? 연생의 연기緣起다. 세상의 모든 행위(작용)와 행위자(작
용을 짓는 자者)를 이렇게 알아야 한다.

그런데 시중의 불교에서는 위와 다르게 말하는 사람들도 있다. 그들은
이렇게 말한다. "업業은 있으나 업을 짓는 자는 없다." "작용은 있으나 작용
하는 자는 없다." 이렇게 말하는 사람은 행위자가 행위에 의존하여 생겨난
가명인 사실은 알지만 행위가 행위자에 의존하여 생겨난 가명인 사실은
알지 못하는 사람이다.

# 가명

가명이라는 개념은 나가르주나의 《중론》에서 본격적으로 등장했다. 《중론》의 〈관사제품〉에는 "인연으로 생긴 모든 법, 나는 이것을 공空이라 한다. 이것은 또한 가명假名이며 또한 중도中道의 뜻이다"라는 말이 있다. 즉 인연에서 생긴(형성된) 법(연기)이 곧 공이고 가명이고 중도이며, 이를 줄여 말한 것이 공空 - 가假 - 중中이다. 공 - 가 - 중은 연기, 즉 '자아 없음'으로써 이해해야 한다. 자아 없기에 공이고, 자아 없기에 가명이고, 자아 없기에 존재론적 유무有無 관념[40]의 양단兩端을 떠난 중도라는 뜻이다.

## 현상과 가명

존재론적 관념에서 인식의 현상은 물자체의 사실이다. 즉 현상하는 값의 '그것'이 '그곳'에 존재한다는 관념으로 현상을 인식하는 것이다. 이런 존재론적 관념의 인식에서 현상은 그곳에 있는 그것을 인식한 값이고, 따라서 현상은 그곳에 있는 그것(이름)을 설명, 서술, 수식하는 용도로 인식된다. 즉 존재론적 관념의 인식은 '그것'이나 '그곳'을 위한 인식인 것이다.

그러나 현상을 관계의존성의 상相으로 파악하는 연기론에서 현상을 소유한 '그것'이나 현상이 있는 '그곳'은 없다. '그것(존재)'이나 '그곳(처處)'이 없기에 이들을 지칭하는 이름도 다만 논하기 위해 방편으로 붙인 이름, 즉

---

[40] 존재론은 존재의 유무로써만 현상을 분별한다. 그러나 자아 없는 연기론의 관점에서 존재의 유무 분별은 모두 망상이다. 유무가 모두 망상이기에 유무의 양단을 여의는 중中을 말하는 것이다.

가명假名일 뿐이다.

**연기법의 법法**

"비구들이여, 무엇이 쌍인가? 눈과 형색, 귀와 소리, 코와 냄새, 혀와 맛, 몸
과 감촉, 식과 법이 있다. 이를 일러 쌍이라 한다. 어떤 사람이 말하기를, '나
는 이런 쌍을 버리고 다른 쌍을 천명할 것이다'라고 한다면 그것은 단지 말
로만 떠벌리는 것일 뿐이다. 만일 질문을 받으면 대답하지 못할 뿐만 아니
라 나아가서 더 큰 곤경에 처하게 될 것이다. 그것은 무슨 이유 때문인가?
비구들이여, 그것은 그들의 영역(경계)을 벗어났기 때문이다."

《상윳따 니까야》〈쌍雙 경1〉(S35:92), 각묵 역

　　육근과 육경은 인간의 영역(인식의 현상)이다. 그러므로 육근과 육경의 쌍
을 버리고 다른 것을 말하는 것은 인간의 영역(경험)을 넘어선 관념적 유
희, 즉 자신도 이해하지 못하는 형이상학적 관념으로써 형이상학적 관념
을 논하려는 말장난(희론戱論41)일 뿐이다.
　　짝으로 함께 있다는 뜻의 쌍은 '상의적相依的 있음'을 말하는 개념이다.
'상의적 있음'은 서로에 의존하여 형성된 것, 즉 연기다. 육근과 육경이 연
기한 법이니 육근과 육경을 조건한 모든 현상(희로애락의 느낌과 존재, 세상, 신

---

41 예를 들어 '죽음에 항거하는 정신의 자유의지'라는 논제를 논한다고 하자. 이런 논제는 희론이다. 논제
　를 구성하는 죽음, 정신, 자유의지 등의 단어들이 정의되지 않는 개념들이기 때문이다. 각자의 해석에
　의존해야 하는 개념들의 논제는 논할 것이 없는 희론이다.

등의 생각)도 연기한 법으로 알아야 한다.

　연기한 현상을 굳이 '법法'이라 지칭하는 데는 두 가지 이유가 있다. 첫 번째 이유는 연기한 현상에 '존재'를 지시하는 명사나 대명사를 사용할 수 없기 때문이다. 두 번째 이유는 현상과 현상을 존재하게 하는 법칙(인과법칙), 즉 사事와 이理가 별개가 아니기 때문이다. 사(현상)와 이(인과법)가 다르지 않기에 사가 곧 이고 이가 곧 사다. 즉 현상이 곧 법이고 법이 곧 현상인 것이다. 육경에서 존재성, 인과를 법法이라는 이름으로 통칭統稱하는 이유다.

## 연기법: 존재성과 인과가 둘이 아닌 법

　인식자는 인식대상에 대한 의존적 존재성으로서 있고 인식대상은 인식자에 대한 의존적 존재성으로서 있다. 즉 인식자, 인식대상은 서로를 있게 하는 상의적 존재성이다. 이렇게 서로를 있게 하는 상의적 존재성의 의의意義는 상의적 인과의 의의이기도 하다.[42]

　존재가 실재하는 존재론에서 존재성은 존재에 의하고 인과는 존재를 규율하는 인과법칙에 의한다. 하지만 존재가 없는 연기법에서 인과와 존재성은 별개로 분리되지 않는다. 왜 그러한가? 존재성이나 인과의 실제가 공히 연기緣起이기 때문이다. 즉 존재성이나 인과는 연기의 가명인 것이다.

　사실 존재성이나 인과라는 분별, 개념 자체가 존재의 실재를 주장하는

---

42  예를 들어, 내가 어떤 사람을 미워하는 존재성으로 형성되면 나와 그의 인과 역시 '미움에 기인한 인과'로 형성될 것이다.

존재론적 관념을 위한 것이다. 즉 존재를 말하기 위한 존재성이고 인과인 것이다. 만일 존재가 없다면? 존재를 위한 존재성이나 인과의 개념도 불필요한 것이다. 연기법에는 존재가 없고 존재를 규율 할 인과법칙도 없다. 존재나 법칙이 없는 연기법에서 존재성이나 인과는 존재론적 언어로 생(연생), 멸(연멸)을 논하기 위한 방편일 뿐이다.

존재성이나 인과의 생멸이 연생, 연멸의 연기이기에, 연생, 연멸의 연기를 설명하는 연기법을 존재성과 인과가 둘이 아닌 법이라고 말한다. 둘이 아닌 법이면 하나인 법인가? 아니다. 하나의 법이라 말할 수 있으려면 실재하는 '하나'가 있어야 한다. 그러나 존재성이건 인과이건, 자신으로서 실재하는 것은 아예 없는 연기법에 '하나'라고 할 것이 있을 리 없다. 그래서 붓다는 말씀하셨다. "나는 한 법도 설하지 않았다. 내가 설한 법이 있다고 생각한다면 그는 나의 법을 이해하지 못한 것이다"라고.

## 방편법문

방편법문方便法問은 붓다가 연기법을 설하신 방식이다. 왜 방편을 사용하실 수밖에 없었을까? 연기법에 존재나 법칙이 없는 반면에 인간의 언어는 존재나 법칙을 전제하는 존재론적 관념의 언어이기 때문이다.

인간의 언어에서 주어, 목적어, 동사, 형용사, 대명사, 명사 등은 '존재' 혹은 '법칙'을 지칭, 서술하기 위한 것이나, 연기법에서 이들 지칭, 서술은 '자아 없는 것'을 '자아 있는 것'으로 주장하는 허구에 지나지 않는 것들이다. 그럼에도 붓다는 언어로 소통할 수밖에 없었고, 소통하는 방법은 제자들이 사용하는 존재론적 관념의 이름들을 가설, 이 가명들의 '자아 없음'을 깨우치도록 설명하는 방식이었다.

붓다는 깨달음 이후 어떻게 법을 설해야 할지 고민하셨다고 한다. 그럴 수밖에 없는 일이다. 개별 실재의 유무有無만을 주장하고 논하는 인간의 존재론적 언어로는 서술할 수 없는 비실재론의 법, 무자아의 법(연기법)을 어떤 방법으로 가르칠 수 있겠는가? 결국 방편법문밖에는 없는 것이다.

붓다의 법을 전하는 경전들은 예외 없이 '여시아문如是我聞(나는 이렇게 들었다)'의 방식, 즉 붓다가 설하신 방편법문을 가감 없이 문자로 옮긴 방식이다. 그러므로 경전을 바르게 이해하기 위해서는 방편으로 시설된 문자들에 사로잡히지 않는 사유, 붓다가 설하신 모든 말씀을 두루 모아 그것들이 연계하는 뜻을 종합적으로 성찰하는 사유가 절대적으로 필요하다. 그래야만 붓다가 방편으로 설하실 수밖에 없었던 설법들의 상세한 의미를 파악할 수 있다.

## 대기법문

붓다는 중생의 근기根機에 따라 법문을 설하셨다. 어떤 이에게는 공空을, 어떤 이에게는 유전流轉하는 인과因果를, 어떤 이에게는 하늘부터 땅에 이르는 만법萬法의 무자아를, 어떤 이에게는 하늘의 천신天神들과 유정, 무정의 뭇 삶들을 설하셨다. 이렇게 근기와 상황에 따라 차등하여 방편법문을 설하신 것이 대기법문對機法問이다.

대기법문 중에 법法을 직설한 말씀이 있다고 주장하는 사람들이 있다. 근기가 수승殊勝한 이들에게 한 대기법문은 법을 직설한 법문이요, 근기가 낮은 이들에게 한 대기법문은 방편을 쓴 법문이라는 주장이다. 하지만 붓다의 설법 중에서 법을 직설한 법문은 없다. 어떤 법도 없는 법에 직설할 법이 어디 있겠는가? 수행 제자 아난다의 질문에도 붓다는 '한 법도 설한 바가 없다'고 답하시지 않았는가? 붓다의 설법은 모두가 방편법문이다. 대기법문 중에 방편법문이 있는 것이 아니라 방편법문 중에 대기법문이 있는 것이다.

## 방편법문을 설명하는 《금강경》

다음의 《금강경》 구절들은 붓다의 법문이 이름을 가설한 방편법문임을 제자들이 깨우치도록 배려하신 설법들이다.

"법상法相에도 걸리지 말고 비법상非法相에도 걸리지 말아야 하나니, 그러기에 여래가 항상 말하기를 '너희는 나의 말을 뗏목과 같이 여기라' 하였느니라."
"이렇게 한량없이 많은 중생들을 다 제도하지만 실로 한 중생도 제도된 바가 없느니라."
"이른바 불법이라고 하는 것은 곧 불법이 아니니라."
"부처가 반야바라밀이라고 말한 것은 곧 반야바라밀이 아니기에 그 이름을 반야바라밀이라고 부르는 것이니라."
붓다께서 수보리에게 물으셨다. "수보리야, 여래가 법을 말한 것이 있느냐?"
수보리가 대답하였다. "세존이시여, 여래께서는 법을 설하신 것이 없습니다."

**파사현정破邪顯正**

붓다가 설하신 법法은 파사현정의 도道다. 고苦는 육근과 육경에 자아 없음을 알지 못하는 무명으로부터 비롯한 것이니, 육근과 육경에 자아가 있다고 주장하는 무명습성의 멸滅(파사破邪)이 곧 고苦의 해탈이자 오염 없는 청정한 연기의 현현(현정顯正)이다. 즉 사실을 왜곡하는 무명습성을 부숨으로써 올바른 사실事實(연기)이 오염 없이 있는 그대로 드러나도록 하는 파사현정의 도道가 연기법이고 사성제인 것이다.

따라서 연기법에서 논하는 실實은 실實 그 자체가 아니라 허虛가 허虛임을 말함으로써 이를 파사破邪할 수 있도록 하는 방편의 실實이라고 알아야 한다. 이를 알지 못하고 실實을 실實 자체를 말하는 것으로 알면 경지, 성품 등의 궁극적 실재를 주장하는 힌두교가 된다. 진아眞我, 불성, 청정자성, 본래면목, 주인공, 마음 등의 갖가지 이름들의 실재를 주장하며 그 실재에 계합, 견성하려는 불교는 모조리 힌두교로 묶어야 하는 것들이다. 이 문제는 연기론이 논하려는 핵심 주제이기에 앞으로도 반복하여 다룰 것이다.

---

### 파사破邪의 해탈

[존자 또데이야] "모든 감각적 쾌락의 욕망을 여의고, 갈애가 없어 온갖 의혹을 뛰어넘은 님이 있다면, 그는 어떤 해탈을 구하면 좋겠습니까?"

[세존] "또데이야여, 모든 감각적 쾌락의 욕망을 여의고, 갈애가 없어 온갖 의혹을 뛰어넘은 님이 있다면, 그에게는 따로 해탈이 없습니다."

《숫타니파타》〈5-10. 학인 또데이야의 질문 경〉

무명습성의 파사破邪 외에 다른 해탈을 구하거나, 혹은 궁극적인 해탈의 처處(경지)가 있을 것이라는 생각을 하지 말라는 말씀이다. 이는 당시 갖은 종류의 형이상학적 해탈과 열반을 주장하던 바라문이나 여타 사문들에 대한 강력한 반대의 말씀이기도 하다.

> "수행승들이여, 해탈에는 연유緣由(조건)가 있으며, 연유가 없는 것이 아니라고 나는 말한다. 수행승들이여, 해탈의 연유는 무엇인가? 갈애를 떠남이 그 대답일 것이다."
>
> 《상윳따 니까야》〈연유의 경〉(S12:23)

해탈도 조건의존적 발생(형성)이다. 경전의 말씀에도 불구하고 실재의 법을 구하는 실재론자들은 해탈의 처處(경지)를 주장한다. 이들은 해탈의 경지에 마음, 불성, 진아眞我, 본래자성 등의 갖가지 이름과 그 이름을 수식하는 미사여구를 붙여 사람들을 현혹한다.

하지만 한 법도 없는 연기법의 해탈은 자재自在로 있는 것이 아니라 조건하여 있는 것이다. 무엇을 조건하여 있는가? 갈애(취착)의 소멸이다. 조건하여 있는 것은 자아 없는 것이고, 자아 없는 것은 가명이다. 해탈이나 열반이 갈애의 소멸을 조건한 가명이라는 것은? 연기법이 파사破邪의 법이라는 뜻이다.

---

### 파사破邪로부터 현정顯正하는 연기법

아난다 존자는 세존께 이렇게 말씀드렸다.

"세존이시여, 이 조건적 발생의 법인 연기緣起는 얼마나 깊고, 얼마나 심오하게 출현하는지(드러나는지). 세존이시여, 아주 놀라운 일입니다. 예전에 없었던 일입니다. 그러나 저에게는 아주 명백한 것으로 보입니다."

"아난다여, 그렇게 말하지 말라. 이 연기는 깊고 심오하게 현현한다. 아난다여, 이 원리를 이해하지 못하고 꿰뚫어 보지 못하면, 이와 같이 뭇 삶들은 실타래에 묶인 것과 같이, 문자풀에 엉킨 것과 같이 괴로운 곳, 나쁜 곳, 비참한 윤회를 벗어날 수 없다."

《디가 니까야》〈대인연경〉(D15)


위 대화에서 붓다가 부정하신 것은 '명백하게 보인다'는 아난다의 말이다. 오염 없는 청정한 연기(공한 연기)는 명백하게 보이는 것이 아니다. 아난다는 '한 법도 설하지 않았다'는 붓다의 말씀을 이해하지 못하였다. 파사破邪로부터 현정顯正하는 연기는 분명하게 보이는 것이 아니라 심오하게 현현顯現하는 것이다. 무명습성을 청소하는 팔정도 수행에서도 사띠의 깊은 사마디samadhi(팔정도의 정정正定)에서 '보이는 것'이 아니라 '경험하는 것'으로 심오하게 현현하는 것이 청정한 연기다. 즉 자아 없는 공(사띠)이 자아 없는 공(청정한 연기)을 경험하는 지난하고 깊은 수습修習(닦고 배움)의 끝에서야 비로소 무명습성을 온전히 청소한 '청정한 연기(반야 지혜)'를 기대할 수 있는 것이다.

사람들은 자신의 의식意識에서 이해한 교敎로 '연기를 본다'고 말한다. 하지만 의식적으로 보는 연기는 청정한 연기가 아니다. 비록 교를 이해하더라도 중생의 인식은 존재론적 관념과 습성에 물든 것이기에 그가 보는 것은 여전히 무명한 망상의 생각과 습성으로 오염된 연기(연생의 연기)다. 오염 없는 청정한 연기(연멸의 연기, 공空)의 경험은 오염 없는 식識이 오염 없는 공에 바르게 머무르는 것[43]이어야 한다. 즉 사띠가 파사破邪를 수행하는 깊은 사마디에서 비로소 현정顯正의 연기를 경험하는 것이다.

파사에서 현정하는 연기법이기에 붓다의 설법은 파사를 위한 방편(뗏목)이어야 한다. 붓다의 설법이 파사破邪를 위한 법문이라는 사실을 이해하지 못한 이들(붓다의 설법을 현정顯正을 위한 법문으로 오해한 이들)은 설해진 방편의 법상法相을 실재의 법상으로 알아서 머리에 이고 다니고, 이렇게 이고 다니는 자들은 반드시 법상法相을 형상화한 형이상학적인 것을 법이라고 주장하는 실재론적(존재론적) 망상에 빠지고 만다. 그래서 붓다는 파사의 수행(팔정도 수행)으로써 법을 보지 못하고 언어적 알음알이로 법을 보았다고 하는 이들은 구슬처럼 얽히고, 베 짜는 사람들의 실타래처럼 헝클어지고, 문자 풀처럼 엉키게 되리라고 말씀하신 것이다.

---

용 어 해 설 1 2 　　　　**진제와 속제**

⋯⋯⋯⋯⋯⋯⋯⋯⋯⋯⋯⋯⋯⋯⋯⋯⋯⋯⋯⋯⋯⋯⋯⋯⋯⋯⋯⋯⋯⋯⋯⋯⋯⋯⋯⋯⋯⋯⋯⋯⋯⋯⋯⋯

모든 부처님은 이제二諦에 의하여 설법하신다. 첫째는 속제俗諦(세속제世俗諦)이고 둘째는 진제眞諦(승의제勝義諦)이다. 이 이제의 구별을 모르는 사람들은 부처님의 가르침에 담긴 심오한 이치를 알 수가 없다.

《중론》〈관사제품〉

개별 존재를 수식, 서술, 형용하는 용도의 존재론적 언어, 사유는 자아

---

43 팔정도의 정정正定.

없는 연기법을 직설直說, 직해直解할 수 없다. 그래서 붓다는 사람들이 소지하고 주장하는 잘못된 관념(무명)들을 드러내어 부숨으로써 바른 법(연기법)이 절로 드러나도록 하는 파사현정破邪顯正의 가르침을 펼치셨다.

불교를 안다는 사람들마다 진제와 속제에 대한 해석이 천차만별이다. 그러나 진제, 속제의 뜻을 복잡하게 만들 필요는 없다. 속제가 존재론적 언어로 무명의 파사破邪를 논하는 연기론이라면, 진제는 하나의 존재, 하나의 법칙도 없는 연기법 그 자체, 즉 지금 현상하고 있는 사실(자아 없는 연기) 그 자체다.

---

용 어 해 설 1 3       **법상과 비법상**

----------------------------------------

"법상法相을 취하더라도 비법상非法相을 취하더라도 아상, 인상, 중생상, 수자상에 집착하게 되느니라. 법상에도 걸리지 말고 비법상에도 걸리지 말아야 하나니."

《금강경》〈정신희유분〉

● **법상法相** 연기를 설함.

'법상의 가르침(교敎)'은 연기에 대한 가르침이다. 무자아無自我, 무상無常, 공空, 중도中道 등이 대표적인 법상이다. 법상法相은 법의 모습이란 뜻이다. 그런데 한 법도 없는 연기법에 법의 모습이 있을 리 없다. 법의 모습이 없는데 왜 연기의 법상法相이 설하여지는가?

연기법은 자아 없음을 가르치는 법, 즉 법의 모습이 없음을 가르치는 법이다. 법의 모습이 없음을 어떻게 가르치는가? 법의 모습이 있다고 주장하는 존재론적 관념을 부수는 법상으로써 가르친다. 즉 자아 없음의 법상은 자아 있음을 주장하는 관념을 부수는 파사破邪의 법상이라고 알아야 한다.

무자아, 무상, 공, 중도, 모두가 파사의 법상이다. 무자아는 현상에 존재가 있다는 존재론적 관념을 부수는 법상法相이고, 무상은 항상하는 존재성이 있다는 존재론적 관념[44]을 부수는 법상이고, 공은 존재의 유무有無로 분별하는 존재론적 관념을 부수는 법상이고, 중도 역시 유무有無, 상단常斷, 생멸生滅로 분별하는 존재론적 관념을 부수는 법상이다. 이들 법상의 의의意義는 공히 존재를 주장하는 존재론적 관념을 부수는 파사破邪에 있는 것이다.

파사할 수 있으려면 사邪(비법상)가 무엇인지를 분명하게 알아야 한다. 비법상이 왜 비법상인지를 알려면 법상이 무엇인지 알아야 한다. 첫 번째 (비법상)로 말미암아 두 번째(법상)가 성립하고 두 번째로 말미암아 첫 번째가 성립한다. 즉 법상과 비법상 역시 서로에 의존하는 상의성相依性인 것이다. 의존하여 있는 것은 자아 없는 것이고 자아 없는 것은 가설된 이름, 즉 방편이다. 방편의 법상을 취하려 하면 안 된다. 비법상은 물론이거니와, 법상이라도 취하게 되면 부수어야 할 관념에 오히려 걸리는 꼴이다. 대표적인 것이 공空을 법으로 취한 공실재론자들이다.

- **비법상**非法相 연생을 설함.

자아 없는 이름(가명)을 자아 있는 이름(실재의 이름)으로 아는 망상이 비법상이다. 즉 이름의 존재성, 인과因果를 실재의 유무有無로 분별하는 중생상衆生相이 비법상인 것이다.

---

44 세상에서 영속하는 존재성, 인과가 존재한다는 관념. 혹은 영속하는 존재성, 인과의 내가 존재한다는 관념.

법상이 연기緣起를 설명한 교教(가르침)라면, 비법상은 연생緣生을 설명한 교教이다. 그러므로 중생상衆生相의 연생을 설명한 집성제의 연기법문들을 비법상의 법문이라고 정의할 수 있다. 비법상의 법문으로는 열두 가지 무명이 연생하는 유전문(십이연기), 다섯 가지의 취착하는 오온이 연생하는 유전문(오온연기), 중생의 여섯의 여섯 가지가 연생하는 유전문(육육연기)이 있다.

언급한 연생의 유전문들에서 설하여진 열두 가지, 다섯 가지, 여섯의 여섯 가지 비법상들은 붓다가 가설假設하신 것들이다. 비법상을 가설하신 까닭을 두 가지로 살펴볼 수 있다. 첫 번째는 제자들이 관습적으로 믿고 의지하는 존재론적 관념들이 사실은 싫어하여 떠나야 할 비법상임을 깨우쳐주기 위함이며, 두 번째는 제자들의 수행에서 필요한 파사破邪의 지침을 확립해주기 위함이다. 파사의 수행에는 잘못된 것을 구체적으로 명시하는 지침이 필요하다. 비법상의 법문을 설하신 뒤에 붓다는 반드시 설한 법들의 '자아 없음'을 보아야 한다는 말씀으로 마무리하셨다. 만일 붓다의 설법이 비법상의 교教인지를 확인하고 싶다면 설법 말미에 "설한 법들의 자아 없음을 보아야 한다"라는 말씀이 뒤따르는지를 확인하면 된다.

## 비법상의 십이처

"라훌라여, 이와 같이 보면서 고귀한 제자는 눈, 귀, 코, 혀, 몸, 식에 대해서 싫어하여 떠나고, 형색, 소리, 냄새, 맛, 촉감, 법에 대해서도 싫어하여 떠난다."

《맛지마 니까야》〈라훌라에 대한 가르침의 작은 경〉(M147)

육근과 육경의 십이처十二處는 비법상이다. 왜 비법상인가? 처處를 주장하기 때문이다. 이름에 처가 있다는 것은 그 이름에 자아(존재)가 있다는 뜻이고, 이름에 자아가 있다는 것은 그 이름이 독립적으로 실재한다는 뜻이다. 그러나 서로에 의존하여 성립하는 육근, 육경은 자아 없는 것들이다. 자아 없는 것을 십이처라 이름하여 각자 존재하는 듯이 말하니 이를 비법상이라 하는 것이다.

## 붓다가 차용하신 갖가지 이름들

붓다는 많은 이름들을 가설하여 설법하셨다. 붓다의 설법에는 하늘, 극락, 지옥 등의 이름, 과거세, 현세, 미래세 등의 이름, 욕계, 색계, 무색계 등의 이름, 천신, 야크샤Yaksa, 정령, 인간, 축생 등의 이름, 지, 수, 화, 풍 등의 이름이 있다. 이 이름들은 당시의 바라문婆羅門[45]과 사문沙門[46] 사이에서 유행하던 것들이었다. 바라문과 사문들에게 이 이름들은 '존재의 있음'을 말하기 위한 것이었지만, 붓다에게 이 이름들은 이름에 자아가 있다는 생각을 부수기 위해 차용한 이름, 즉 방편의 가명이었다.

붓다의 법이 파사破邪의 법이라는 사실을 알지 못하는 사람들은 붓다의 설법에 등장하는 이름이 가설된 방편이라는 사실도 알지 못한다. 설법의 이름이 방편임을 알지 못한 이들은 붓다의 법이 붓다가 설법한 이름들로 구성되는 것이라고 오해한다. 파사破邪를 위해 시설된 방편의 가명이 법을 직설하는 실재의 이름으로 왜곡된 것이다. 이런 왜곡에서 지수화풍이 실

---

45 베다를 신앙하는 바라문교. 힌두교의 전신.
46 바라문에 찬성하지 않았던 자유사상가들.

재의 이름이 되고, 천신, 인간, 축생이 실재의 이름이 되고, 욕계, 색계, 무색계[47]가 실재의 이름이 된다. 이들 이름들을 실재로 만든 불교에서 붓다의 법은 '자아 없음'이 아니라 이들 이름들로 구성된 갖가지 실재론적, 형이상학적 이론, 법칙들이다.

## 모든 것을 설하신 붓다

법 아닌 것(속제)으로 법(진제)을 설하다!

연기법은 현상의 자아 없음을 선언한 비실재론의 법이다. 비실재론의 법이지만 법은 비법(존재론적 개념)으로써 논하여 진다. 왜냐하면 인간은 존재론적 언어, 개념, 사유의 틀에서만 비로소 논할 수 있기 때문이다.

비법(존재)으로써 법法(자아 없음)을 설하는 것은 진실을 말함으로써 진실을 말하는 것이 아니라 거짓을 거짓이라고 말함으로써 진실을 말하는 것이다. 붓다가 설하신 공, 중도, 무자아, 무상 등의 법상法相은 이렇게 알아야 하는 것들이다. 당연히 이들 법상 중에서 구하여야 할 것은 아무것도 없다.

한 법도 없어 직설할 것이 없는 연기법이기에 연기법을 설하신 붓다의 법문은 한 법도 설하지 않음으로써 모든 것을 설한 법문이다. 만일 붓다가 법을 설한 것이 하나라도 있다면 붓다는 법을 설한 것이 하나도 없게 된

---

47 《상윳따 니까야》 〈세상 경〉(S1:70)에서 세계가 어떻게 생겨나는지를 묻는 질문에 붓다는 여섯 가지에서 생겨난다고 대답하신다. 즉 육근, 육경, 육식이다. 육근에서 생겨나는 세계가 색계, 육경에서 생겨나는 세계가 욕계, 육식에서 생겨나는 세계가 무색계다.

다. 연기법의 교敎는 그러한 것이다. 사邪(비법상)를 설하고 파사破邪(법상)를 설하는 것이 연기법의 교敎다. 그래서 붓다는 고苦를 집集하는 오온, 십이처, 십이연기 등의 비법상(집성제)과 고를 멸滅하는 공, 중도, 무상, 무자아 등의 법상(멸성제)을 설하셨다.

3
·

# 연기론

## 연기법과 연기론

연기론은 연기법을 설명하는 논論이다. 연기법이 자연의 법(자아 없는 법) 이라면 연기론은 자연의 법을 인간의 언어로 논하는 이론 혹은 철학이다.

세상의 철학자들은 철학이 논할 첫 번째 의제議題를 '존재being에 대한 질문'으로 설정한다. 즉 '있는 것은 정말 있는가?' 혹은 '무엇이 존재하는 가?'라는 질문이다. 그러나 연기론에서 이런 질문들은 첫 번째 의제가 아니다. 경험을 넘어선 '물자체의 문제들'이기 때문이다.

연기론에서 첫 번째 논할 의제는 '인식'이다. 인식이야말로 인간이 경험하는 것이기에, 연기론에서는 인식이 첫 번째 의제이며, 인식의 연기법을 논한다. 시중의 불교가 논하는 것은 존재의 연기법이다. 즉 존재의 형성을 논하고, 형성되는 존재의 인과를 논하고, 형성되는 존재의 생멸을 논하는 것이다. 그러나 연기론이 논하는 것은 인식의 연기법이다. 즉 인식의 형성을 논하고, 형성되는 인식의 인과를 논하고, 형성되는 인식(현상)의 생멸을 논하는 것이다. 인식의 형성을 논하는 연기론에서 논할 법dharma은 당연히 인식의 현상(존재성, 인과)이다.

## 연기론의 의의 1

붓다의 법을 말하는 키워드는 '무자아'와 '연기'다. '무자아'는 현상을 일으키는 존재(존재값을 내는 존재)의 없음을 말하고 '연기'는 현상이 인연(조건들의 관계맺음)에서 조건의존적으로 형성됨을 말하니, 이를 종합하면 붓다의 법은 현상이 존재로부터 발생하는 것이 아니라 관계에서 형성됨을 가르치는 법이라고 정의할 수 있다.

붓다는 당신의 법을 '지금 여기서 확인(경험)하는 사실'이라고 말씀하셨다. 법은 인식의 현상이고, 현상의 사실은 현상의 존재성, 인과이니, 법을 경험하는 것은 '현상의 존재성, 인과를 경험하는 것'이어야 한다. 인간이 현상을 '존재성'이라는 이름으로 기술하는 이유는 현상을 '존재의 사실'로 간주하기 때문이다. 인간에게 '존재'는 현상을 이해하는 지식의 토대와도 같은 것이다. 그런데 붓다의 법은 이 토대(존재)의 부정이다. 따라서 붓다의 법을 확인하는 것은 현상의 존재 없음을 확인하는 것, 즉 현상의 사실이 자아 없는 사실임을 확인하는 것이다. 어떻게 확인하는가? 현상의 사실 (존재성, 인과)이 개별의 독립적 사실이 아니라 일어남에 이은 일어남(연생)의 사실, 즉 조건의존적(관계의존적) 사실임을 확인하는 것이다.

붓다의 법이 현상의 존재성, 인과에서 확인되는 것이라면, 붓다의 법이 왜 무자아, 연기를 말하는 것인지도 현상에서 설명되어야만 할 일이다. 즉 붓다가 무자아, 연기를 세상의 진실로 깨달은 이론적 근거와 설명도 현상에서 모색되어야만 하는 것이다.[48] 그러나 시중의 불교는 붓다의 법에 대한 확인이나 설명을 현상에서 찾으려 하지 않는다. 오히려 법은 지금 여기서 확인하는 사실이라는 붓다의 말씀과는 배치背馳되게, 현상을 있게 하는 형이상학적 실재들에서 찾으려 한다.

시중의 불교가 무자아, 연기를 설명하기 위해 제시하는 이론은 크게 두 가지다. 하나는 현상은 미세한 원소들의 이합집산이기에 무상하고 따라서 붓다의 법을 확인하려면 이합집산하는 미세한 원소들을 관찰하여야 한

---

48 불교 논서論書들 중에 나가르주나의 《중론》은 이런 관점에 가장 충실한 논서라 할 수 있다.

다는 이론[49]이고, 다른 하나는 현상은 불성佛性이라는 본래本來 성품의 환상 혹은 화신化身이기에 무상하고 따라서 붓다의 법을 확인하려면 불성을 견성見性하여야 한다는 이론[50]이다. 당연히, 이들 이론에서 깨달아야 할 법 dharma은 현상이 아니라 현상을 있게 하는 원인인 형이상학적 실재(원소, 불성)다.

자아 없는 현상을 법法으로 삼는 '연기론'에서 법은 현상에서 경험하는 것이지만, 현상을 있게 하는 형이상학적 실재를 법法으로 삼는 '실재론적 이론들'에서 법은 경험하는 것이 아니라 믿어야 하는 것이다. 세계적 불교 학자 데이비드 깔루빠하나David J. Kalupahana[51]는 부파불교들로부터 주창主唱되고 전승되어 온 이들 형이상학적 실재론들을 '불교 이론의 진화라는 명목으로 법에 덧씌워져 법을 가리는 잡초'라고 비판하는데 이는 합당하고도 마땅한 비판이다.

연기론은 형이상학적 실재를 법으로 정의하는 어떤 불교 이론도 거부한다. 연기법을 붓다의 법으로 해석하는 연기론에서 '연기한(자아 없는) 현상' 외에 법이라고 이름할 것은 없다. 붓다가 당신의 깨달음을 설명한 '이것이 일어나니 저것이 일어나고 저것이 사라지니 이것이 사라지는' 상의성相依性의 설법 역시 자아 없는 현상을 설명한 것이다. 현상의 자아 없음은 '자신으로서 실재하는 존재의 부재'에서 파악되어야 할 일이지, 현상을 있게 하는 자기 원인(본래本來)의 형이상학적 실재[52]에서 파악되어야 할 일이 아

---

49 남방의 아비담마불교.

50 북방의 견성불교.

51 붓다의 법을 무아와 연기의 비실체론적 사상으로 설명하는 불교학자. 《나가르주나: 중도의 철학》, 《불교심리학의 원리》(1987), 《불교철학사: 연속과 불연속》(1992)의 저서가 있다.

52 현상을 있게 하는 제1원인은 본래 있는 것이고, 본래 있는 것은 자재하는 것(자기 원인으로 있는 것)이다.

니다. 자아 없는 현상을 있게 하는 원인으로 자기 원인의 실재를 말하는 것은, 자아 없는 법을 자아 있는 법으로 왜곡하는 일일 뿐이다.

## 연기론의 의의 2

《금강경》〈구경무아분〉은 '무아법(무자아법)에 통달한 사람이 참된 보살'이라 말하고, 니까야 경전들은 일관되게 '깨달음 – 상의성相依性 – 연기緣起 – 자아 없음'이라는 개요로써 붓다의 깨달음을 설명한다. 즉 붓다의 깨달음이 연기법이고 연기법이 무자아법인 것이다.

붓다가 '법을 설하였으되 설한 법이 없다'고 말씀하신 까닭도 붓다가 설하신 법이 실재론의 법이 아니라 무자아의 법(비실재론의 법)이기 때문이다. 그래서 연기론은 법을 이해하기 위해 '현상의 자아 없는 사실(존재성, 인과)'을 해석한다. 현상의 자아 없는 사실을 해석·논증함으로써 붓다의 법을 확인(경험)하고, 나아가 왜 붓다가 무자아, 연기를 세상의 진실(법法)로 선언하셨는지에 대한 이론적 설명도 확립한다.

## 가명으로 설명하는 연기론

연기법을 설명하는 연기론은 논리적(인과적)이어야 하고, 인과적인 연기론은 원인과 결과를 적시할 수 있어야 한다. 하지만 연기법은 자아(존재) 없는 인과다. 자아 없는 인과를 논하려면 인과를 담당할 이름을 가설하여야 한다. 연기론의 모든 이름이 자아 없는 이름, 즉 가명일 수밖에 없는 이유다.

## 연기론의 원칙들

### 1) 인식 기제機制 상의성相依性

현상(인식대상)은 인식(인식자)에 의하고 인식은 현상에 의한다. 인식자와 인식대상이 독립적으로 실재하지 않는 연기론에서 인식이나 현상은 서로에 의존하는 이름이고, 서로에 의존하는 이름은 자아 없는 이름, 즉 가명이다.

### 2) 제법무자아 현상의 아我[53] – 무자아無自我 – 자성 없음 – 불확정성(공성)

무자아는 없음과 있음을 함께 말한다. 어떤 없음과 어떤 있음인가? 자성 없는 있음이다. 자성 없음은 존재값의 불확정성이니, 무자아는 불확정성의 있음을 말하는 것이다.

### 3) 제행무상 현상 – 관계의존적 존재값 – 자아 없음 – 공

자성 없는 무자아의 존재값은 인연에서 형성되는 관계의존적 존재값이다. 관계의존적 존재값은 자아 없는 것이고, 무상한 것이고, 유무有無의 양변을 떠나는 것(공한 것)이다.

## 연기론에서 논하는 상相과 상想 그리고 상像

연기론은 현상을 상相과 상想 그리고 상像의 세 가지로 구분하여 논한

---

53 현상에 자아는 없지만 무자아는 있다. 이렇게 알아야 있음[有]과 없음[無]의 양변을 떠난 중도中道를 이해하는 것이다.

다. 상像은 '자신으로서 실재하는 형상'이라는 개념, 즉 형상에 자아가 있음을 주장하는 개념이다. 즉 연기론에서 상像은 허구의 존재론적 관념(무명)을 상징하는 개념이다.

상想과 상相은 각각 오온연기五蘊緣起[54]의 상온想蘊, 행온行蘊에 대응한다. 상想은 육경六境의 다섯 가지 감각적 인상印象, 즉 색(형색), 성(소리), 향(냄새), 미(맛), 촉(감촉)의 인상을 말하는데, 특히 개념화 이전의 인상(느낌적 상태의 인상)이라고 정의할 수 있다. 상相은 육경六境의 법法에 해당한다. 법法은 육근六根의 식識에 대응하는 것으로, 다섯 가지 감각적 인상이 인식대상의 사실(존재성, 인과)로 개념화한 것이다. 다르게 말하면, 상相은 상想의 행行이 형성된 것, 즉 상想이 세계와 관계하는 행(관계성)의 개념(존재성, 인과)이 형성된 것이라고 정의할 수 있다. 이 개념적 상相에 이르러 우리는 대상을 하나의 분별 가능한 존재로 인식하게 된다.

연기론에서 위의 세 가지 상을 구분하여 논하는 이유는 인간이 인식하는 현상이 인간의 감각조건, 개념조건에 의존하는 '인간적 현상'이기 때문이다. 인간은 외부를 있는 그대로 인식(지각)하는 것이 아니라 인간에 의존한 인간적 현상으로 형성하여 인식한다. 인간이 역사에서 생산한 갖가지 철학이 인식과 관련한 것도 인간이 인간적 현상으로써 외부(세계)를 인식하는 까닭이다.

존재의 실재를 주장하는 존재론은 인간이 인식하는 현상이 비록 인간적 현상일지라도 그 현상은 외부에 실재하는 존재의 표상表象이라고 주장한다. 즉 존재론에서 색, 성, 향, 미, 촉, 법(존재성, 인과)은 외부에 자신의 값으

---

54 색色, 수受, 상想, 행行, 식識의 다섯 가지 온蘊(무더기)의 연생을 설명한 연기법문.

로서 실재하는 상像(존재가 내는 존재값)이어야 하는 것이다. 그러나 붓다는 이런 상像을 반대하셨다.[55] 연기론에서 인간이 인식하는 현상은 존재의 사실이 아니라 관계의존성의 상想(색, 성, 향, 미, 촉), 상相(법)이다. 관계의존성의 상想, 상相에서 '표상하는 존재'나 '자신의 존재값으로서 실재하는 존재' 같은 것은 없다. 그런 것은 현실의 관계의존성을 부정하는 허구의 형이상학적 관념일 뿐이다.

---

### 그림으로 이해하는 상像, 상想, 상相

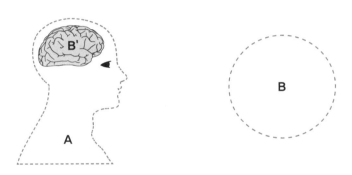

A: 인식자, B: 인식대상, B´: 인상印象의 상想

- **상像** A, B는 자신의 값(형색, 성질)을 소유한 자성自性의 존재이고, 따라서 B´는 B를 원인하는(표상하는) 상像.

- **상想** A, B는 자성이 없는 무자아이고 따라서 B´는 관계맺음(인연)에

---

55 《상윳따 니까야》〈말룽까뿟따 경〉(S35:95)에서 붓다는 올바른 색, 성, 향, 미, 촉은 '그것(존재)'이 없고 '거기에(존재의 처處)'가 없는 색, 성, 향, 미, 촉이어야 한다고 말씀하신다.

서 형성된(연기한) 인상(형색)+느낌의 상想.

• **상**相 A, B는 자성이 없는 무자아이고 따라서 B´는 관계맺음(인연)에
서 형성된(연기한) 인상(형색)+느낌+존재성+인과의 상相.

---

## 붓다가 설명하는 현상

"그대가 보고 듣고 감촉하고 알아야 하는 법들에 대해서 볼 때는 단지 봄만
이 있을 것이고, 들을 때는 단지 들음만이 있을 것이고, 감촉할 때는 단지
감촉함만이 있을 것이고, 알 때는 단지 앎만이 있을 것이면, 그대에게는 '그
것에 의함'이란 것이 있지 않다. '그것에 의함'이 있지 않으면 그대에게는
'거기에'라는 것이 있지 않다. 그대에게 '거기에'가 있지 않으면 그대에게는
여기(이것의 거기)도 없고 저기(저것의 거기)도 없고 이 둘의 가운데도 없다.
이것이 바로 괴로움의 끝이다."

《상윳따 니까야》〈말룽까뿟따 경〉(S35:95)

인식의 현상은 색, 성, 향, 미, 촉, 법의 육경이고 안, 이, 비, 설, 신, 식의 육
근이다. 사람들은 육근은 '현상'이 아니라 '나'라고 말하지만 그렇지 않다.
육경과 마찬가지로 육근도 인식에서 경험하는 현상이다. 육경, 육근의 현상
에 대해 붓다는 위와 같이 설명하신다. 육경을 있게 하는 '그것(존재)'의 '거
기(존재의 처處)'[56], 육근을 있게 하는 '그것'의 '거기'[57]는 없다는 말씀이다.

---

56 형색의 형색, 소리의 소리, 냄새의 냄새, 맛의 맛, 감촉의 감촉, 법(존재성, 인과)의 법.
57 눈의 눈, 귀의 귀, 코의 코, 혀의 혀, 몸의 몸, 의식의 의식.

"이것이 일어나니 저것이 일어난다." 이는 붓다가 연생緣生하는 현상을 설명하신 말씀이다. 이 말씀의 뜻을 분명히 이해하려면 이것, 저것에 육경, 육근을 대입한 다음 위 법문과 비교하여보면 된다. 육경(육근)의 현상이 생겨나는 것일까? 아니다. 현상이 생겨나는 것이 아니라 육경(육근)의 현상이 존재한다는 존재론적 분별이 생겨난다. 즉 이것이 여기에 존재한다는 분별, 저것이 저기에 존재한다는 분별이 생겨나는 것이다.

"이것이 사라지니 저것이 사라진다." 이는 붓다가 연멸緣滅하는 현상을 설명하신 말씀이다. 육경(육근)의 현상이 사라지는 것일까? 아니다. 현상이 사라지는 것이 아니라 육경(육근)의 현상이 존재한다는 존재론적 분별이 사라지는 것이다. 즉 이것이 여기에 존재한다는 분별, 저것이 저기에 존재한다는 분별이 사라지는 것이다.


## 배우지 못한 사람: 중생

"수행승들이여, 배우지 못한 일반 사람은 보여진 것을 보여진 것으로 여기고, 보여진 것을 보여진 것으로 여기고 나서 보여진 것을 생각하고, 보여진 것 가운데 생각하고, 보여진 것으로부터 생각하며 '보여진 것은 내 것이다'라고 생각하며 보여진 것에 대하여 즐거워한다. 그것은 무슨 까닭인가? '그는 그것을 알지 못하기 때문이다'라고 나는 말한다."

《맛지마 니까야》〈근본법문의 경〉(M001)


배우지 못한 사람은 앎이 없는 사람, 즉 무명한 중생이다. 중생의 첫 번째 인식 오류는 본 것(인식한 현상)을 보여진 것의 사실(물자체의 사실, 존재의 상像)로 여기는 것이다. 현상을 존재의 상像으로 여기기에 현상에 존재가 있다고 생각하고, 그 존재에 대해서 생각하고, 그 존재를 위해서 생각하고, 그 존재를 내 것이라고 생각(취착)하고, 그 존재에 대해 희로애락하는 인식 오류의 존재론적 망상이 연이어 발생한다.

그러나 현상은 존재의 상像이 아니라 관계의존성의 상想, 상相이다. 현상이 상想, 상相이라는 것은 현상에 자아(존재값을 내는 존재)가 없다는 뜻이고, 현상에 자체로 실재하는 것이 없다는 뜻이고, 현상에 개별의 독립 존재가 없다는 뜻이다. 법(연기법)을 잘 배운 사람은 인식의 현상에서 '그것'의 '거기'가 없다는 사실을 분명하게 알고, 사실을 분명하게 아는 그는 봄을 단지 봄이 있다고만 인식하고, 들음을 단지 들음이 있다고만 인식하고, 감촉함을 단지 감촉함이 있다고만 인식하고, 앎을 단지 앎이 있다고만 인식한다. 이렇게 인식하는 이에게 '그것'의 '거기'에 취착하는 일은 없다. 그러나 배우지 못한 뭇 삶(중생)은 '그것'의 '거기'에 취착하며 고苦를 경험한다. 이런 중생을 붓다는 '그것을 알지 못하는 자'라고 말씀하신다.

---

## 관계의존적 형성의 형상(현상): 연기하는 형상(현상)

우리가 경험하는 현실에서 다른 것과 무관한 독립적 존재성, 인과의 형상(현상)은 단 하나도 없다. '세계(우주)는 한 몸'이라는 명제는 이런 현실적 경험에서 나온 것이다.

그렇다면 세계를 한 몸이게 하는 기제機制(mechanism), 존재하는 모든 것(형상)들의 존재성, 인과를 서로에 연동하게 하는 기제는 무엇인가? 이는 세계의 작동방식을 탐구하는 과학의 궁극적 질문이기도 하다. 서로 다른 물리법칙들을 모두 설명하는 절대이론(통일장이론)이나 세상의 물리적 현상들을 모두 설명하는 근본입자이론 등은 질문의 해답을 모색하는 과학적 시도들이다.

그런데 이런 시도들은 형상을 물자체의 상像으로 간주하는 관점, 즉 형상을 개별 존재의 모습으로 간주하는 존재론적 관점을 전제한 시도들이다. 만일 형상을 무자아의 관계의존적 상相으로 이해한다면 어떨까? 다시 말해 형상을 개별 존재의 모습이 아니라 배경의 세상은 물론 인식하는 나와도 연동되어 있는 관계의존성으로서 이해한다면 어떨까? 형상(현상)들을 연동하게 하는 기제나 법칙을 찾는 일은 불필요할 것이다.

형상을 개별 존재의 상像으로 보는 존재론적 관점에서 형상은 개별 단위의 존재성, 인과로 규정되는 것이고, 개별 단위의 존재성, 인과를 연동하려면 연동하게 하는 법칙이나 기제機制가 설명되어야 한다. 그러나 형상을 무자아의 관계의존적 상相으로 파악히는 연기론의 관점에서 이미 형상은 연유緣由(조건)를 확정할 수 없는, 무한히 연동하는 관계의존성으로 해석된다.

## 인연으로부터 vs 인연에서

세상의 백과사전에서 연기를 어떻게 설명하는지 살펴보자. 위키백과는 연기법을 '연기의 법칙, 즉 연기법緣起法은 존재가 원인[因]과 조건[緣]으로부터 생겨남을 설명하는 인과법因果法'이라고 설명한다. 이런 설명은 시중의 불교도 마찬가지다. 하지만 이 설명은 틀렸다. 연기는 '존재가 생겨나는 인과법'을 말하는 것이 아니라 '자아 없는 인과의 의존적 형성'을 말하는 것이다. 따라서 원인(인연)으로부터 결과(연기)가 생겨난다고 말해서는 안된다. 인因과 연緣의 인연에서 인과 연이 상의적相依的으로 형성(연기)된다고 말해야 한다.

존재론적 인과법에서 인과는 존재의 원인으로부터 존재의 결과가 발생하는 작용을 설명하는 개념이다. 따라서 존재론적 인과因果는 '~으로부터'로 연결된다. 그러나 자아 없는 연기법에서 인과는 존재를 설명하는 개념이 아니라 연생을 설명하는 개념이다. 즉 자아 없는 인因과 연緣이 접촉에서 서로에 의존하는 인과 연으로 형성되는(연생하는) 것이다. 인연(접촉)에서의 상의적 형성(연생하는 연기)이기에 인연(원인)과 연기(결과)를 연결하는 개념은 '~으로부터'가 아니라 '~에서'여야 한다.

## '자아 없음'을 이해하는 사람과 이해하지 못하는 사람

'몸은 자아가 없다'라는 명제가 있다고 하자. 불교에는 이 명제를 이해하는 두 가지 다른 해석이 있다. '자아 없음'을 이해하지 못하는 사람의 해석과 '자아 없음'을 이해하는 사람의 해석이다.

① 현상이 무상하기에 자아가 없다고 아는 사람은 '몸→변멸함→무상함→자아 없음[58]'으로 해석한다. 즉 몸이 변멸하기에 무상하고, 무상하기에 자아가 없다고 해석하는 것이다. 이렇게 해석하는 사람은

---

[58] 현상에 '항상하는 존재가 없다'고 이해하는 '자아 없음'이다. 이렇게 아는 '자아 없음'은 무상함을 반복할 뿐이어서 무상함의 원인을 따로 찾아야 한다.

'자아 없음'을 이해하지 못한 사람이다.

② 현상이 연생緣生(일어남에 이은 일어남)이라서 자아가 없다고 아는 사람은 '몸→연생→조건의존성의 상想, 상相→자아 없음[59]→무상함'으로 해석한다. 즉 몸이 조건의존성(관계의존성)의 상想, 상相이기에 몸에 자아가 없고, 몸에 자아가 없기에 몸(현상)이 무상하다고 해석하는 것이다. 이렇게 해석하는 사람은 '자아 없음'을 바르게 이해한 사람이다.

　원소론적 개념은 ①과 같이 이해하는 사람들이 무상함의 원인으로 궁구하는 생각이다. 즉 몸의 실제는 원소들의 이합집산이기에 몸이라는 현상이 무상하다는 생각이다.[60] 이는 연생의 자아 없음을 원소론적 자아 없음으로 잘못 이해한 생각이다. 잘못된 생각은 연이은 오류로 이어진다. 원소론적 자아 없음으로 현상을 이해하려는 사람에게 현상은 '비록 찰나적 이합집산이나 외부에 실재하는 것'이고 따라서 인식은 '실재하는 현상을 지각하는 것'이다. 하지만 '그곳에 있는 그것을 인식한다'는 개념의 '지각'은 붓다가 깨달으신 연생을 부정하는 잘못된 생각, 즉 존재론적 관념의 무명이다.

　연생의 연기緣起는 인연因緣에서의 의존적 형성이다. 따라서 몸이라는 현상은 인식과 무관하게 실재하는 것이 아니라 인식에 의존하는(인식을 조건하는) '인식의존적 사실'이어야 한다. 이는 육근이나 육경의 모든 현상에 해당한다. 즉 '눈의 눈'이나 '형색의 형색'이 아니라 '형색을 조건한 눈'이고

---

59　현상에 '존재값을 내는 존재가 없다'고 이해하는 '자아 없음'이다. 이렇게 아는 '자아 없음'은 '존재값을 내는 존재의 없음'을 무상함의 원인으로 적시한다.

60　이렇게 이해하는 사람에게 이합집산하는 원소는 '실재하는 것'이어야 한다. 현상을 있게 하는 미세한 원소들(구경법)의 실재를 주장하며 연기법을 원소론적 인연법으로 해석하는 아비담마불교가 바로 이렇게 이해하는 사람들이다.

'눈을 조건한 형색'이어야 하는 것이다. '귀의 귀'나 '소리의 소리'가 아니라 '소리를 조건한 귀'이고 '귀를 조건한 소리'이어야 하는 것이다. '코의 코'나 '냄새의 냄새'가 아니라 '냄새를 조건한 코'이고 '코를 조건한 냄새'이어야 하는 것이다. '혀의 혀'나 '맛의 맛'이 아니라 '맛을 조건한 혀'이고 '혀를 조건한 맛'이어야 하는 것이다. '몸의 몸'이나 '감촉의 감촉'이 아니라 '감촉을 조건한 몸'이고 '몸을 조건한 감촉'이어야 하는 것이다. '법法(사실)[61]의 법'이나 '식의 식'이 아니라 '법을 조건한 식'이고 '식을 조건한 법'이어야 하는 것이다. ①은 틀렸고 ②는 옳다고 말하는 이유가 이것이다. 우리가 인식하는 몸, 세상은 자신(존재)으로서 있는 상像이 아니라 관계의존성(인식의존성)의 상想, 상相이어야 하는 것이다.

## 의존적 형성의 연기

연緣은 인연, 조건, 관계맺음, 접촉이고, 기起가 형성이다. 즉 연기 = 접촉 의존적 형성이다. 연기를 바르게 이해하려면 구조(영역체)와 모습(영역체의 현상)을 함께 이해하여야 한다. 연기는 자아(존재값을 내는 존재) 없는 일이니 이해해야 할 구조와 모습은 자아 없는 구조(물리적 사실)와 자아 없는 모습(인식적 사실)이다.

자아 없는 구조는 존재의 구조(결정된 구조)가 없는 구조라는 뜻이다. 결정된 구조가 없는 구조는 불확정성의 구조이고, 불확정성의 구조는 외부

---

61 존재성. 인과의 사실.

에 연동하는 구조, 즉 접촉(인연)에서 형성되는 접촉의존적 구조(존재상태)
다. 구조(존재상태)는 모습(현상)으로 인식된다. 구조(존재상태)가 접촉에서
형성되는 접촉의존적 구조(존재상태)이니 구조(존재상태)가 인식되는 모습
(현상) 역시 접촉에서 형성되는 접촉의존적 모습이어야 한다.

위 사실로부터 인식이 연기하는 과정을 추론할 수 있다. 존재성, 인과가
관계의존성인 세상은 서로에 연동하여 있는 세계이고, 서로에 연동하여
있는 세계는 '형성 중'의 세계다. '형성 중'의 세계는 결정된 구조(존재상태)
나 결정된 모습이 없다. 하지만 우리는 세상의 모습을 인식한다. '결정된
모습'이 없는 세계에서 우리가 인식하는 이 현상(세상의 모습)은 어떻게 있
는 것일까? '모습'이 인식되는 경우를 따져보면 다음과 같다.

| 구분 | 구조(존재상태) | 모습 | 실재의 개념 | 현상하는 성질 |
|---|---|---|---|---|
| 존재론 | 결정된 구조 | 자신의 모습(상像) | 존재 | 자성自性 |
| 연기론 | 접촉의존적 구조 | 접촉의존적 모습(상想) | 무자아 | 접촉의존성 |
| 연기론 | 접촉 이전의 구조[62] | 없음 | 없음 | 불확정성 |

'구조(존재상태)'가 모습으로서 인식된다는 것은 구조(존재상태)가 있어야
모습도 있다는 뜻이다. 구조(존재상태)는 두 가지 경우로 있을 수 있다. 자신
으로서 있는 상태의 구조(자성의 구조)와 인연(조건들의 접촉)에 의존하여 있
는 상태의 구조(접촉의존적 구조)다. 전자가 '자성自性의 결정된 구조'라면, 후
자는 '접촉(인연)에서 형성된 구조'다.

---

62 '접촉 이전'이라는 것은 개념일 뿐, 실제로는 없다. '접촉의존적 존재함(구조, 모습)'을 논하기 위해 '접촉
이전'을 구분하여 설명한 것이다. 이는 접촉의존적 무자아는 있어도 접촉 이전의 홀로 있는 무자아는
없다는 뜻이기도 하다.

'결정된 구조'나 '접촉에서 형성된 구조' 공히 모습이 있지만 모습의 성상性狀은 다르다. '결정된 구조의 모습'이 자신으로서 항상하는 상像이라면, '접촉에서 형성된 구조의 모습'은 접촉에 의존하는 무상한 상想이다. 즉 접촉의존적 형성의 구조(존재상태), 모습이기에 접촉에 의존하여 비로소 있는 구조(존재상태), 모습인 것이다.

접촉(인연)은 붓다의 연기법에서 대단히 중요한 개념이다. 붓다의 연기법문들[63]에서 존재와 세상의 연생緣生은 접촉을 조건하여 전개된다. 말하자면, 연기법에서 접촉은 존재와 세상의 토대와 같은 것이다. 접촉은 물리적 구조(존재상태)를 형성하는 구조적 접촉과 인식의 현상을 형성하는 인식적 접촉의 두 가지가 있다. 그런데 두 접촉은 두 가지이면서도 한 가지다. 구조적 접촉에서 형성된 접촉의존적 구조(존재상태)가 인식적 접촉에서 접촉의존적 모습으로 형성되는 까닭이다. 즉 몸과 세계의 접촉(구조적 접촉)에서 형성된 접촉의존적 구조(존재상태)의 정보가 뇌신경망의 접촉(인식적 접촉)에서 접촉의존적 모습으로 현상하는 것이다.

## 구조적 접촉과 인식적 접촉

우리의 몸을 살펴보자. 몸은 무수한 형태(영역체)들의 연결망이다. 미세하게는 세포로부터 거칠게는 장기, 근육, 뼈, 혈관, 피부조직에 이르는 갖가지 형태들의 연결망이다. 미세하고 거친 갖가지 형태들이 연결하여 '몸'을 구

---

63 육육연기, 오온연기, 십이연기.

성할 수 있는 것은 이들 형태들이 연접한 형태들과 관계의존성[64]으로서 성립하는 선택적으로 열린 영역체제이기 때문이다. 서로 연결하여 몸을 구성하는 형태들은 또한 기생충이나 균 등의 미생물과의 연결을 구성하기도 한다. 그런 경우 그 형태(장기, 세포)는 미생물의 환경(세상)이 된다.

이제 몸의 세포에 기생하는 미생물의 입장에서 생각해보자. 미생물이 몸의 세포에 기생하려면(미생물이 의존하여 살아갈 '미생물의 세상'을 형성하려면) 미생물은 몸의 세포와 구조적 연결을 갖추어야 한다. 미생물이 몸의 세포(미생물의 세상)와 구조적 연결을 갖추는 접촉이 구조적 접촉이다. 구조적 접촉에서 구조적 연결이 이루어지면(미생물의 세상이 형성되면), 그다음은 구조적 접촉에서의 구조적 연결을 지속하는 것, 즉 세상을 상대한 미생물의 존재함(미생물의 기생활동)을 지속하는 것이다. 구조적 접촉을 지속하려면 구조적 접촉의 정보를 통신(인식)하여야 한다. 미생물의 신경세포가 구조적 접촉의 정보를 통신하는 것. 이것이 바로 미생물이 세상(몸의 세포)을 인식하는 인식적 접촉이다.

이제 시각을 거시적 차원으로 옮겨 자연의 생태계에 기생하는 몸의 입장에서 생각해보자. 자연의 생태계에 기생하려면(몸이 의존하여 살아갈 '몸의 세상'을 형성하려면), 몸은 자연의 생태계와 구조적 연결을 갖추어야 한다. 몸이 자연의 생태계와 구조적 연결을 갖추는 접촉이 '몸의 구조적 접촉'이다. 구조적 접촉에서 구조적 연결이 이루어지면(몸의 세상이 형성되면) 그다음은 구조적 접촉에서의 구조적 연결을 지속하는 것, 즉 세상을 상대한 몸의 존재함(몸의 기생활동)을 지속하는 것이다. 구조적 접촉을 지속하려면 구조적

---

64 대사작용metabolism 및 에너지 교환.

접촉(안, 이, 비, 설, 신의 접촉)에서의 정보를 통신(인식)하여야 한다. 몸의 뇌신경망이 구조적 접촉의 정보를 통신하는 것, 이것이 바로 세상의 접촉의존적 모습(색, 성, 향, 미, 촉)을 인식하는 인식적 접촉이다.

## 세상이 접촉의존적 구조(존재상태)의 접촉의존적 모습임을 논증하다

세상이 '의존적 형성 중'이라는 것은 세상의 인과가 '의존적 형성 중'이라는 뜻이고, 인과가 '의존적 형성 중'이라는 것은 존재상태가 '의존적 형성 중'이라는 뜻이고, 존재상태가 '의존적 형성 중'이라는 것은 존재하는 구조, 모습(형색)이 '의존적 형성 중'이라는 뜻이다. 즉 나와 너는 '각자의 모습'으로 존재하는 것이 아니라 '서로의 접촉에 의존하여 형성 중인 모습'으로 존재하는 것이다.

'존재의 결정된 존재상태'를 세상의 실재로 간주하는 존재론적 지식에서, 모습은 물자체의 사실이다. 그러나 '의존적 형성 중의 존재상태'를 세상의 실재로 간주하는 연기론적 지식에서, 모습은 인식의존적 사실이다. 즉 '의존적 형성 중의 세계(무자아의 세계)'에서, 모습은 물리적 실재의 상像이 아니라 인식의 인연에서 형성된(연기한) 상想이어야 하는 것이다.

4

.

# 존재론의 철학적 고찰

## 어떻게 살 것인가?

　세상과 상의적相依的 존재성인 인간의 문제는 세상을 어떻게 이해하는가에 전적으로 의존한다. 세상을 이해하려면 세상이 어떤 식으로 존재하는지 알아야 한다. 그래야 세상이 작동하는 인과적 구조를 이해할 수 있고, 그 인과적 구조에서 '어떻게 살 것인가'에 대한 답을 구할 수 있다. 그러므로 세상의 존재 방식에 대한 탐구는 '어떻게 살 것인가'를 묻는 인간의 본질적 문제라고 할 수 있다.

## 경험, 해석, 추론

　우리는 경험으로부터 해석하고, 해석으로부터 추론한다. 만일 우리의 인식이 존재를 지각하는 것이라면 해석, 추론은 불필요할 것이다. 하지만 우리는 해석, 추론으로써 인식한다. 이는 우리의 인식이 존재하는 것을 지각하는 인식이 아니라 현상하는 것을 경험하는 인식임을 변증辨證하는 것이다.

　현상하는 것을 경험한다는 것은 인식하는 값을 경험한다는 뜻이다. 경험하는 인식에서 인식하는 값이 어디로부터 연유緣由하는지는 알 수 없다. 다만 경험으로부터 추론할 뿐이다. 문제는 추론하는 인식을 지각하는 인식인 것처럼 왜곡하는 기만이다. 해석, 추론하는 인식임에도 불구하고 마치 지각하는 듯이 기만하는 의식에서 현상은 습관적으로 수용된다. 습성의 꼭두각시가 되지 않으려면 인식에서 해야 할 일을 수행하여야 한다. 즉 현상을 지각한 것처럼 수용할 것이 아니라 현상의 연유를 바르게 해석, 추론하는 것이다.

## 버트런드 러셀의 질문

"Thus what we directly see and feel is merely 'appearance', which we believe to be a sign of some 'reality' behind. But if the reality is not what appears, have we any means of knowing whether there is any reality at all? And if so, have we any means of finding out what it is like?"

우리는 우리가 감각적으로 보고 느끼는 현상을 그 현상 배후에 있는 어떤 실재의 반영이라고 믿는다. 하지만 현상이 실재의 반영이 아니라면, 우리는 현상에서 어떤 실재가 과연 있기라도 한 것인지 알 수 있는 방법이 있을까? 만약 실재하는 것이 있다면, 우리는 그 실재가 어떤 것인지를 발견할 방법이 있을까?

버트런드 러셀,[65] 《철학의 문제들The problems of Philosophy》

## 존재와 존재값

어떤 것(현상)을 보고 그것이 있다고 말할 때, '보다'는 존재값(존재성, 인과)에 대한 것이고, '있다'는 존재에 대한 것이다. '보다'는 경험이고 '있다'는 추론이니, 존재값은 경험하는 현상이고 존재는 경험으로부터의 추론이다. 이것을 분명히 알아야 한다. 우리가 인식(경험)하는 것은 존재값이고 존재는 다만 관습적 산물이라는 것을.

---

65  버트런드 러셀Bertrand Russell: 영국의 논리철학자, 수학자, 사회사상가. 비트겐슈타인의 스승으로, 화이트헤드와 《수학 원리》를 공동 집필했다.

## 존재는 실재하는가?

'존재값을 자신으로부터 드러내는 것'이라는 의미의 '존재'는 붓다가 '자아'라는 이름으로 소개했던 바로 그 개념이다.《맛지마 니까야》〈뱀에 대한 비유의 경〉(M022)에서 붓다는 자아(존재)가 있는 존재값(현상)을 '항상하는 것이고, 견고하고 변하지 아니하며 영원토록 여여如如[66]하게 머무는 것'이라고 정의하신다.

존재의 존재값은 존재가 존재하는 한 변하지 않는(항상하는) 것이어야 한다. 존재값이 변하면 그것은 더 이상 존재일 수 없는 까닭이다. 그런데 이런 존재의 개념은 얼마나 비현실적인가? 사람들은 당연한 사실처럼 현상을 존재의 존재값으로 취급한다. 하지만 이 세상에서 존재는 허구다. 어떤 관계에도 불구하고 항상하는 현상(존재값)이 어떻게 이 관계의존성의 세상에서 성립하겠는가?

## 존재에 대한 서구 철학의 뿌리

### 1) '존재'에 대한 아리스토텔레스의 두 가지 관점

– 과학은 현상적 성질에 존재의 개념을 사용할 수 있다. 하지만 존재 자체의 탐구는 철학의 영역이며 철학의 제1과제다.

– 존재에 관해 탐구할 때는 '존재한다'는 말이 쓰이는 다양한 의미를 밝

---

66 항상하여 변함이 없음.

혀야 하고, 그 속에서 1차적 의미를 추출해야 한다.

**2) '존재'에 대한 파르메니데스의 관점**

– 존재는 유일하고 불변하며 영원하다. 우리가 지각하는 대상들은 다수이고 변화하며 일시적이므로 존재의 영역에 속하지 않는다.

**3) '존재'에 대한 플라톤의 관점**

– (인간에게 영혼과 자아가 있는 것처럼) 사물에는 속성과 대상이 있다. 속성은 존재의 영역이며 대상은 일시적인 영역이다. 존재는 참된 이데아idea[67]이며 불변한다. 변화하는 물리적 대상은 '존재'하는 것이 아니며 다만 이데아의 그림자[68]일 뿐이다.

---

## '존재'에 대한 붓다의 관점

《맛지마 니까야》〈교리문답의 작은 경〉(M044)의 내용을 간략히 정리하면 다음과 같다.

- **존재의 정의** '존재'는 오온[69]에 취착하는 상相, 즉 오취온五取蘊[70]의 상相.
- **존재의 발생** '존재의 상相'은 감각적 쾌락(육경)에 대한 갈애(욕계의 존재에 대한 갈애), 존재(육근)에 대한 갈애(색계의 존재에 대한 갈애), 비존재

---

67 모든 존재함의 본질.
68 플라톤은 '동굴의 비유'에서 세계를 실재계와 현상계로 이분한다. 실재계는 여여한 이데아의 세계이며 무상한 현상계는 이데아의 그림자다.
69 대상을 지각한다는 관념의 존재론적 인식을 색온, 수온, 상온, 행온, 식온의 다섯 가지 연생으로 설명한 법문.
70 오온을 존재의 사실로 알아서 취착하는 색취온, 수취온, 상취온, 행취온, 식취온의 오취온.

(육식)에 대한 갈애(무색계의 존재에 대한 갈애)의 취착으로부터 발생함.

• **존재의 소멸** '존재'의 발생 조건인 취착, 갈애를 소멸함으로써 '존재의 상相'을 소멸함.

> "존재에서 나는 두려움을 보고, 없는 것을 추구하려는 존재에 대하여 나는 그 존재를 긍정하지 않았고, (존재로부터의) 어떠한 환희에도 집착하지 않았네."
>
> 《맛지마 니까야》〈하느님의 초대에 대한 경〉(M049)

《상윳따 니까야》〈분석의 경〉(S12:2)에서 붓다는 십이연기의 열 번째 항목인 '존재(유有)'를 삼계三界의 존재, 즉 욕계, 색계, 무색계의 존재들이라고 설명하신다. 또한《맛지마 니까야》〈교리문답의 작은 경〉(M044)에서 수행자 담마딘나는 존재의 발생을 묻는 재가신자 비싸카에게 존재의 발생은 감각적 쾌락에 대한 갈애, (숨을 내쉬고 내뱉는) 형상 있는 존재에 대한 갈애, (느끼고 지각하는) 형상 없는 비존재에 대한 갈애에 연유緣由한 것이라고 대답한다.

두 경의 설법을 종합하면 욕계의 존재, 색계의 존재, 무색계의 존재는 갈애를 조건하여 생겨난 상相이다. 즉 욕계의 존재(감각적 대상의 존재)는 색, 성, 향, 미, 촉의 감각적 쾌락에 대한 갈애에서 생겨난 상相[71]이고, 색계의 존재(형상 있는 존재)는 숨을 내쉬고 내뱉는 몸에 대한 갈애에서 생겨난 상相[72]이고, 무색계의 존재(형상 없는 비존재)는 욕계와 색계의 존재를 느끼고 지각하는 의식, 정신, 영혼 등의 상相이다.[73] 그러나 이들 '존재의 상

---

71 육경을 존재로 간주하는 상相.
72 육근을 존재로 간주하는 상相.
73 육식을 존재로 간주하는 상相.

相'은 없는 것을 있다고 주장하는 허구다.

《맛지마 니까야》〈버리고 없애는 삶의 경〉(M008)〉에서 쭌다 존자는 자아(존재)와 세계를 주장하는 갖가지 이론, 견해들이 있는데 어떻게 해야 이런 견해들이 버려지는 것이냐고 붓다에게 묻는다. 쭌다 존자의 질문에 붓다는 '이것(욕계의 존재, 육경)은 나의 것이 아니고, 이것(색계의 존재, 육근)은 내가 아니고, 이것(무색계의 존재, 육식)은 나의 자아가 아니다'라고 바른 지혜로 보면 그런 견해들이 버려진다고 대답하신다.

붓다 재세 시에 이미 바라문, 자유사문들에는 물질의 세계, 몸(생명)의 세계, 윤회하는 영혼의 세계라는 삼계三界의 개념이 유행하였다. 삼계의 개념에는 당연히 삼계에 있는 존재들의 개념이 함께 할 터였다. 붓다는 세상에서 유행하는 삼계와 삼계에 있는 존재의 개념을 차용하면서 '이것은 나의 것이 아니고, 이것은 내가 아니고, 이것은 나의 자아가 아니다'라고 보아야 한다고 말씀하셨다. 이는 삼계의 존재(물질, 생명, 영혼)라고 말하여지는 것들을 자아 있는 것으로 알면 안 된다는 말씀, 즉 삼계의 존재를 자아 없는 상相이라고 알아야 한다는 말씀이다. 존재가 자아 없는 상相이면? 존재가 거주하는 삼계 역시 자아 없는 상相이다.[74]

---

## 존재의 처處

---

"헤아림을 버리고 망상을 부리지 않고 세상의 명색名色에 대한 탐착을 버렸

---

**74** 불교에서 중생의 특징을 오온, 십이처, 십팔계로 정의하는데, 십팔계는 욕계, 색계, 무색계의 삼계를 육경, 육근, 육식으로 세분한 것이다. 즉 일체의 존재론적 관념의 세계를 통칭한 것이 십팔계다.

으니, 하늘 사람들과 사람들이 이 세상과 저 세상, 하늘나라와 모든 처소에서 그를 찾아도 속박을 끊고 동요하지 않고, 소망을 여읜 그를 찾을 수 없으리."

《상윳따 니까야》 〈사밋디 경 (S1:20)〉, 〈있는 것이 아님 경 (S1:34)〉

왜 이 세상, 저 세상은 물론 하늘이나 모든 처소(세계)에서 존재를 찾을 수 없는 것일까? 애초에 '존재'라는 것은 없는 것이기 때문이다. 존재가 없으면 존재의 처處(세계) 역시 있을 수 없다. 존재도 없고 존재의 처(세계)도 없는데 어느 세계의 어느 처處에서 존재를 찾을 수 있겠는가?

위의 인용 외에도 어리석은 자, 악마, 천신들이 깨달은 붓다를 어디에서도 찾을 수도 볼 수도 없다는 내용이 경전 여기저기에 쓰여 있다. 이는 신통력 때문이 아니라 그들이 찾으려고 했던 '존재의 붓다'가 애초에 존재하지 않았기 때문이다. 더구나 붓다는 '존재의 상相'을 일으키는 느낌, 갈애, 무명, 탐진치貪瞋癡 습성들을 모조리 소멸시킨 분이다. 천신天神보다 더한 자라도 '존재하는 붓다'의 거처나 자취를 찾을 수는 없는 일이다.

---

## '존재'에 대한 나가르주나의 관점

생기지도 않고 멸하지도 않으며, 항상恒常하는 것도 아니고 단멸하는 것도 아니며, 같은 것도 아니고 다른 것도 아니며, 오는 것도 아니고 가는 것도 아니다.

《중론》 〈귀경게〉

〈귀경게〉에서 나가르주나는 생기거나 멸하는 작용, 오거나 가는 작용을 부정한다. 이들 작용이 실제일 수 있으려면 작용을 담당할 존재가 실재하여야 할 것이다. 하지만 존재를 부정하는 연기법에서 작용을 담당할 존재는 없다. 작용하는 자者가 없으니 이들 작용도 있을 수 없다.

나아가 항상하는 것도 아니고 단멸하는 것도 아니고 같은 것도 아니고 다른 것도 아니라고 말함으로써 현상의 아我를 존재론적 유무有無의 관념으로 분별(이해)하는 것을 경계한다. 상常, 단斷은 현상에 대한 설명이다. 현상이 상도 아니고 단도 아니라는 것은? 현상의 아我(체體)가 유有도 아니고 무無도 아니라는 뜻이다.[75] 같거나 다름은 현상과 현상의 아我(현상의 영역체)를 대비對比한 설명이다. 현상과 현상의 아我가 같지도, 다르지도 않다는 것은? 현상의 아我가 현상에 대한 가능태라는 뜻이다. 유, 무가 아니면서 현상에 대한 가능태인 아我는? 관계의존적으로 성상性狀이 규정되는 불확정성의 무자아無自我다.

---

## 관계의존성의 세상

만일 그대가 현상이 자성自性으로서 실재한다고 생각한다면, 그대는 현상을 인因과 연緣이 없는 것으로 보는 것이다. 그대는 현상의 결과와 원인, 행위의 발생과 작용, 소멸과 과보를 파괴한다.

《중론》〈관사제품〉

---

75 있지 않되 없지도 않는 것은 확정되어 있지 않는 불확정성이다.

현상이 자성으로(자신의 값으로) 실재하는 것(존재)이라면 현상을 있게 하는 조건 같은 것은 따로 없어야 한다. 현상을 있게 하는 조건이 따로 없다고 보는 것은 현상이 조건에 의존함 없이 존재한다고 보는 것이고, 현상이 조건에 의존함 없이 존재한다고 보는 것은 조건의존적 작용의 결과와 원인, 행위와 작용, 소멸과 과보까지도 모두 파괴하는 것이다.

이 세상이 우리가 경험하는 조건의존성(관계의존성)의 결과와 원인, 행위와 작용, 과보가 성립하는 세상이려면 자신의 고유한 값으로 현상하는 '존재'가 없는 세상이어야 한다. 존재가 없는 세상에서 현상하는 것은 존재의 상像이 아니라 관계의존성의 상相이다. 즉 너와 내가 서로에 의존적으로 경험하는 이 현상(존재성, 인과)은 상像이 아니라 상相이라고 알아야 하는 것이다.

---

## 세계론, 존재론

---

### 1) 뉴턴적 세계론

뉴턴의 세계에서 존재, 공간, 시간은 모두 독립적이다. 즉 현상하는 형상은 자신의 시공간 영역을 점유하면서 독립적·개별적으로 실재하는 '존재의 상像'이다. 이 세계에서 형상은 외부에 대해 닫힌 형태의 존재이고, 세계의 공간은 존재가 없는 영역이며, 세계는 공간에서 운동하는 존재들을 규정하는 이법理法(역학법칙, 인과법칙)으로써 작동한다.

### 2) 아인슈타인적 세계론

아인슈타인의 실재는 시공간을 점유하는 국소적 실재다. 즉 현상하는 형상은 시공간 영역을 점유하면서 독립적·개별적으로 실재하는 '존재의 상像'이다. 세계의 절대 공간을 주장한 뉴턴과 달리, 아인슈타인은 존재의 중력에 연동된 상대적 시공간의 개념을 적용함으로써 존재와 시공간이 상의성인 세계를 주장하였다.

### 3) 입자론적 세계론

입자론(원소론)에서 입자는 현상하는 형상을 구성하는 원소元素다. 원소(본질적 요소)의 입자는 말 그대로 자신의 값으로서 실재하는 '존재'다. 입자가 자신으로서 실재하는 존재이기에 입자들의 결합체인 형상 역시 형상의 모습으로서 실재하는 형상이어야 한다. 즉 입자론에서 형상은 인식자와 무관하게 독립적으로 실재하는 상像인 것이다. 입자론은 과학의 결정론적 세계관을 대변한다. 본질(원소)과 현상(원소들로부터 구축된 형상)이 공히 실재이기에 존재를 규정하는 역학법칙(인과법칙)만 알면 현재는 물론 미래까지도 예측할 수 있다.

### 4) 양자론적 세계론

양자론은 물리적 불확정성[76]으로 인한 확률적 결정론 혹은 비결정론으로 알려진 물리 이론이다. 현상을 물자체의 독립적인 값이 아니라 관찰(인식)에 의존한 값으로 전제한다는 점에서 연기론과 공통점이 있다. 이론의 정의에서 확률적 결정론 혹은 비결정론의 용어가 혼용되는 사실에서 보듯이, 아직은 현상에 대한 개념적 해석이 완성되지 않은 이론이기에 학문적으로는 미시적 현상으로만 통용되고 있다.

---

76 측정 기술이나 인간 지식의 한계 때문이 아니라 대상 자체로부터 기인하는 불확정성.

## 5) 유기체적 세계론

내적으로 순환적 기제機制이면서 외적으로는 선택적으로 열린 교환, 대사代謝 작용을 통해 외부에 대한 자기조직적(자기생성적) 영역체를 유지하는 것이 유기체의 특징이다. 외부에 선택적으로 열린 유기체는 관계의존성이고, 영역체 자체의 존재성은 불확정성이다. 그러므로 유기체론에서 굳이 '존재'라는 말을 사용해야 한다면 '불확정성의 존재' 혹은 '비결정론적 존재'라고 명시하는 것이 좋다.

가장 미세한 계界[77]에서 가장 거대한 계에 이르기까지, 우주의 모든 영역체는 선택적으로 열린 구조이기에 유기체론의 우주를 '한 몸의 우주'라고 정의할 수 있다. 존재론에서 우주는 외부에 닫힌 영역의 존재와 존재가 없는 영역의 공간으로 구성된다. 하지만 유기체론에서 공간이라는 개념은 성립하지 않는다. 유기체론에서 공간은 계와 계의 연동連動이 있는 에너지장場의 개념으로 대체된다.

## 6) 연기론적 세계론

다른 이론들이 '물자체物自體'의 관점으로 현상을 규정·설명하는 것에 반해 연기론은 '인식'의 관점으로 현상을 규정·설명한다. 따라서 연기론이야말로 가장 현실적이고 실증적인 이론이라고 정의할 수 있다. 인간의 세상(현상)이 성립하는 실질적 계기는 물자체가 아니라 인식이다. 그러므로 물자체에서 현상의 문제가 다루어지는 것이 아니라 인식에서 현상의 문제가 다루어지는 것이 옳다.

---

**77** 선택적으로 열린 영역체(영역범위)를 지칭하는 개념이다.

인식을 사유의 기본으로 채택한 연기론에서 일체는 육근(인식자)과 육경(인식대상)이고 이 일체에는 자아가 없다. 자아가 없는 인식자(인식)와 인식대상(현상)은 서로에 의존하여 비로소 성립하는 상의성相依性의 가명假名이다. 상의성의 가명이기에 인식[識]을 조건하여 현상[相]이 연기한다고 말해도 틀리지 않고, 현상을 조건하여 인식이 연기한다고 말해도 틀리지 않다. 연기론에서 식識 - 상相, 인식 - 현상, 인식자 - 인식대상 등의 상의적相依的 이름들은 논하기 위해 가설된 이름들인 까닭이다.

## 뉴턴, 아인슈타인, 입자론: 결정론적 세계관

뉴턴, 아인슈타인, 입자론의 세계는 존재가 자신의 영역을 점유하며 자신의 존재성으로서 실재하는 세계, 즉 현상하는 형상이 개별의 독립 존재로서 실재하는 세계다. 자신의 존재성을 각자가 확정하여 있는 존재의 세계이기에 결정론적(존재론적) 세계관으로 분류된다.

존재론적 관념 속의 우리는 영역(체體)과 존재성(용用)을 자신에게 갖춘 개별 존재를 당연한 개념처럼 받아들인다. 하지만 우리가 경험하는 관계의존성의 현실에서 '영역과 존재성을 자신에게 갖춘 존재(자아)'의 개념은 지극히 부자연스러운 것이다. 만일 현상하는 것에 자아가 있다면 우리가 지금 현실에서 경험하는 관계의존적 생, 변, 멸이라는 것은 있을 수 없는 일이어야 할 것이기 때문이다.

## 유기체론, 연기론: 비결정론적 세계관

유기체론과 연기론의 세계관은 본질적으로 동일하다. 유기체 우주론을 지원하는 대표적 물리 이론으로 양자론을 꼽을 수 있다.[78] 대상의 관측값은 관측(관측자)에 의존한다는 양자론의 관점은 현상의 관계의존성을 말하는 연기론과 다르지 않다.

구조적으로도 유기체 우주에서 인식자와 인식대상의 분리는 없다. 모든 부분들이 연동하여 전체를 이루는 '한 몸'의 구조인 유기체에서 독립적 존재, 존재값이라는 것은 성립하지 않는다. 육체의 예를 들어보자. 육체는 외부와의 관계에서 대사성[79], 자기조직성을 기능하는 영역계다. 그런데 육체의 영역계만으로 육체의 성질을 기능할 수 있을까? 불가능하다. 육체는 육체의 영역계가 작동할 수 있는 환경에서야 비로소 육체의 성질을 기능할 수 있다. 즉 육체는 환경과의 접촉에서 형성되는 접촉의존적 형성인 것이다. 의식의 뇌신경망도 다르지 않다. 감각기관을 통한 육체 및 외부와의 연동된 접촉에서 뇌신경망은 비로소 형성되고 또 기능할 수 있다.

외부에 연동하여 형성되고 기능하는 영역계의 존재값은 관계의존적 값이다. 현상하는 존재값이 독립된 값(자아가 있는 값)이 아니라 관계의존적 값(자아가 없는 값)이라는 점에서 유기체론과 연기론은 비결정론적 세계관으로 분류된다. 세상의 모든 값이 자아 없는 관계의존성이기에 세상은 관계의존적으로 예측될 수밖에 없는 비결정론의 세계인 것이다.

---

78 현대의 유기체론 철학자들이 유기체 우주론의 주요 근거로 제시하는 것이 물질파, 불확정성 원리, 비국소성, 관측의존성, 양자얽힘 등의 양자론적 현상이다.

79 섭취하고 배출하는 성질.

## 존재를 정의하는 법

- **기起** 어떤 것을 '존재'라고 정의할 수 있는가?
- **승承** 존재한다고 주장하는 것의 성질(존재성)을 규정할 수 있어야 한다. 그래야만 '~이 존재한다'라는 정의가 가능하다.
- **전轉** 성질을 존재로 규정하려면 그 성질의 영역을 한정할 수 있어야 한다.
- **결結** 영역이 한정되었다는 것은 그 영역이 외부에 대해 닫힌 구조라는 뜻이다. 즉 '존재'가 실재하려면 그 존재는 외부에 대해 닫힌 구조의 영역체이어야 하는 것이다.

## 형태의 문제

어떤 개체를 서술(정의)하는 일은 서술하는 것의 형태(영역체)를 배경에서 분리하는 구분 행위로부터 시작된다. 형태와 배경의 분리로부터 개체의 존재성이 서술되는 것이고, 따라서 우리가 존재성을 서술하는 개체에는 언제나 그것의 형태를 배경으로부터 분리하는 작업이 전제되어 있다.

일상적 인식에서 이런 분리는 '형태의 속성'으로 간주된다. 즉 의식은 세계를 가로·세로·깊이의 공간으로, 형태를 공간에서 분리된 독립 개체로 구분하면서 그런 구분의 분리를 형태로부터 주어진 '형태의 속성'으로 간주한 것이다. 하지만 이는 사실이 아니다. 형태가 외부에 대해 닫힌 영역체라면 형태와 배경의 분리가 형태로부터 비롯한다는 생각은 타당할 수 있다. 그러나 형태가 외부에 대해 선택적으로 열린 영역체라면 형태와 배경의 분리는 형태로부터 비롯하는 것이 아니다.

우리가 사는 세상에서 형태는 불변의 절대적 모습이 아니다. 세상의 모든 형태는 자신의 구조로서 항상하는 모습이 아니라 관계로부터 형성되는 관계의존성의 모습이다. 형태가 관계의존성이라는 것은 형태에 자아가 없다는 뜻이고, 형태에 자아가 없다는 것은 형태가 없다는 뜻이 아니라 있되 확정적으로 있는 것이 아니라 관계의존적으로 있다는 뜻이다.

형태가 관계에서 비롯하는 것이라면 형태와 배경을 구분하는 존재값(형상, 소리, 냄새, 맛, 촉감, 존재성, 인과) 역시 관계에서 비롯하는 것이어야 한다. 즉 형태(인식대상)의 모든 존재값(육경)은 형태에 속한 값이 아니라 형태(인식대상)와 세계(인식환경), 인식자의 관계맺음에서 비롯하는 값(자아 없는 상想, 상相)으로 인식되어야 하는 것이다.

---

## 현상하는 존재값(육경)에 대한 세 가지 견해

1) **상견**常見 현상하는 존재값(육경)에는 존재값을 내는 실체(닫힌 영역체)가 있다.[80]

2) **중도**中道 현상하는 존재값에는 존재값의 가능체可能體(선택적으로 열린 영역체)가 있다.

3) **단견**斷見 현상하는 존재값에는 어떤 체體도 없다.

---

80 현상을 입자의 이합집산으로 이해하는 입자론(원소론)도 상견에 해당한다. 입자가 존재의 개념인 까닭이다.

| 구분 | 체體의 유무 | 존재 방식 | 형상의 의미 |
|------|-----------|----------|------------|
| 상견 | 유有: 닫힌 영역체 | 자성自性 | 존재(자아)의 존재값 |
| 중도 | 공空: 선택적으로 열린 영역체 | 관계의존성 | 관계의존적 존재값 |
| 단견 | 무無: 어떤 영역체도 없음 | 환상, 꿈 | 환幻 |

## 형색으로 보는 세 가지 견해

형形이 형태라면, 색色은 형상이다. 형색形色으로 세 가지 견해를 살펴보자.

| 구분 | 형태 | 형상 |
|------|------|------|
| 상견 | 닫힌 체體 | 자성自性 |
| 중도 | 선택적으로 열린 체體 | 관계의존성 |
| 단견 | 열린 체體 | 환幻 |

## 선線, 형상, 존재

선이 실재하면 형상이 실재하고 형상이 실재하면 존재가 실재한다. 무슨 말인가? 외부에 대한 배타적 차별의 유有(존재)이려면 그 형상의 선線은 외부와 내부를 분리하는 실재의 경계선이어야 한다. 이런 이유로 실재의 선이 있기에 실재의 형상이 있고 실재의 형상이 있기에 실재의 존재가 있다고 말하는 것이다. 이를 거꾸로 말하면 실재의 선이 없으면 실재의 존재도 없는 것이다.

그리스 철학자 플라톤Platon은 무상한 현상의 본질을 이데아idea라고 이름하였다. 무상한 이 세상이 거짓의 선, 거짓의 형상, 거짓의 존재, 거짓의 개념(상대적 개념)으로 현상하는 세상이라면, 이데아의 세계는 진실의 선, 진실의 형상, 진실의 존재, 진실의 개념(절대적 개념)으로 실재하는 세계다. 모든 존재하는 것이 자신의 본질로서 영원히 머무르는 이데아의 세계는 모든 존재하는 것이 무상한 이 세상(동굴 속 세상)이 지향해야 할 이상적세계(동굴 밖 세계)다.[81]

그러나 이 세상이 무상한 까닭은 거짓의 환영이어서가 아니라 세상의 모든 존재하는 것들이 서로에게 연동된 세상이기 때문이다. 연동된 한 몸의 세상에서 이데아적인 것, 자기 자신인 것, 관계와 무관하게 상주부동常住不動인 것들은 이상적인 것이 아니라 부적절한 것, 그래서 관계의존성의 세상에서는 소멸되어야 할 암癌에 지나지 않는다.

---

## 세상의 실제 모습

일체(육근, 육경)의 모습이 인식의존적 현상이라면 인식 이전의 세상, 즉 세상 자체의 세상은 어떤 모습일까? 세상 자체의 세상은 없다. 정확히 말하면, '세상 자체의 모습으로서 있는 세상(절대적 모습의 세상)'이 없는 것이다.

자아(존재값을 내는 존재)가 있는 세계는 존재에 의해 구조와 모습이 결정되어 있는 세계, 즉 현존하는 상태가 결정되어 있는 세계이기에 모습의 세

---

81 플라톤이 그의 아카데미에서 "기하학을 모르는 자는 이 문에 들어서지 말라!"하며 선, 면, 형상의 기하학을 진실을 다루는 철학으로 취급한 이유다.

상이 있다. 그러나 자아 없는 세계(무자아의 세계)는 '형성 중의 세계'이고, 형성 중의 세계는 구조와 모습이 결정되어 있지 않는 세계, 즉 현존하는 상태가 없는 세계이기에 '모습의 세상'이 없다.

'형성 중'의 세계가 현존하는 상태의 세상(모습의 세상)으로서 형성되는 (현상하는) 계기는 접촉이다. 세상이 접촉에서 형성되는 까닭은 세상의 모든 것이 자성 없는 무자아無自我이기 때문이다. 무자아의 구조, 모습은 접촉의존적 구조, 접촉의존적 모습이고, 무자아와 무자아의 세상(환경)은 상의적相依的 형성이다. 상의적 형성이기에 인간의 인연에서는 인간과 인간의 세상이, 벌레의 인연에서는 벌레와 벌레의 세상이, 미생물의 인연에서는 미생물과 미생물의 세상이 현상한다.

우리는 형상(모습)을 '세상 자체의 물리적 실재'로 생각한다. 그러나 인식이 아니라면, 그리고 '현존現存하는 상태'가 아니라면, 세상의 모습은 있을 수 없고 있어서도 안 된다. 상의적 형성의 세상(관계의존성의 세상)은 '결정된 현존하는 상태'는 없지만, '형성된 현존하는 상태'는 있다. 그리고 그 현존하는 상태는 서로에 의존한 구조와 모습이다.[82] 그러므로 이렇게 말할 수 있다. "인식하는 생명의 접촉이 있기에 인식하는 생명에 의존하여 형성된 모습의 세상(우주)이 있다. 즉 '인식하는 생명'과 '모습의 세상(우주)'은 상의적相依的 형성(연기)인 것이다."

---

82 우리가 몸과 몸에 부딪히는 세상이 있다고 생각하는 연유緣由는 구조와 모습의 끊임없는 접촉의존적 형성이 있기 때문이다.

# 무자아와 불확정성

무자아는 자성自性이 없다는 뜻이고, 자성이 없다는 것은 자체의 확정된 성질이 없는 불확정성이라는 뜻이다. 따라서 무자아를 불확정성이라고 말할 수 있다.

성질이 불확정이라는 것은 영역(체體)의 성질이 있어도 영역 자체로는 그 성질을 확정할 수 없다는 뜻이다. 영역의 성질을 확정할 수 없는 까닭은 영역 자체가 불확정, 즉 외부에 선택적으로 열린 영역체인 까닭이다. 영역 자체가 불확정이니, 영역 자체로는 영역의 성질을 확정할 수 없다.

불확정성은 관계의존성으로서 현상한다. 즉 영역의 연동된 관계가 규정되면 영역의 성질 역시 규정되는 것이다. 그러므로 불확정성을 관계의존성의 가능성이라고 말할 수 있다. 다르게 말하면, 불확정성(무자아)의 가능태가 관계(인연)에서 관계의존성의 현실태로 형성되는(연기하는) 것이다.

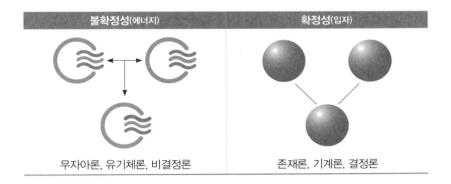

| 불확정성(에너지) | 확정성(입자) |
| --- | --- |
| 무자아론, 유기체론, 비결정론 | 존재론, 기계론, 결정론 |

## 비유비무非有非無

닫힌 영역은 경계선에서 안과 밖으로 분리되고, 밖으로부터 분리된 안은 밖에 대하여 '차별적 유有(존재)'가 된다. 무無는 유가 없는 것이다. 즉 안과 밖을 분리하는 경계가 없는 것, 그래서 차별적으로 있다고 할 것(존재)이 없는 것이다. 유무有無의 양변을 떠난 자아 없음(불확정성)은 경계가 있는 것도, 없는 것도 아니다. 있되 닫히지 않은, 즉 선택적으로 열린 경계다. 닫히지 않았기에 분리가 없다. 분리가 없기에 차별적 유有라고 할 것이 없다. 차별적 유라고 할 것이 없기에 차별적 유의 부재를 말하는 무無도 없다. 유와 무를 모두 부정하는 자아 없음이기에 이를 비유비무라 하고 혹은 중도中道라 하고 혹은 공空이라 한다.

## 무자아(현상의 당체)의 등식

- 무자아無自我 = 선택적으로 열린 영역체 = 자성自性의 없음 = 자아自我의 없음 = 존재값을 내는 존재의 없음 = 확정된 존재값의 없음 = 불확정성 = 가능태 = 비유비무非有非無 = 중도中道 = 공空.

## 연기(현상)의 등식

- 상相 = 무자아가 인연에서 형성하는 관계의존적 존재성 = 연기緣起 = 자아 없음 = 비유비무 = 중도 = 공空.

## 존재론과 연기론의 비교 정리

| 구분 | 존재론 | 연기론 |
|------|--------|--------|
| 존재의 구조 | 외부에 닫힌 구조[有自我] | 외부에 연동된 구조[無自我] |
| 존재값 | 자성自性 | 관계의존성 |
| 세계의 구조 | 기계론적 구조 | 유기체적 구조 |
| 세계의 인과율 | 자성의 결정론 | 불확정성의 비결정론 |
| 현상하는 세상 | 상像의 세상: 존재가 자신의 모습으로 현상하는 자성의 세상 | 상相의 세상: 무자아가 인연에서 현상하는 관계의존성의 세상 |
| 존재와 세상 | 존재는 세상 속의 티끌 | 존재와 세상은 상의성의 상相 |
| 인식 | 존재값의 지각 | 존재값의 관계의존적 형성 |

개 념 정 리 1 **연기하는 우주**(관계의존적 형성 중의 우주)

세상이 연기(관계의존적 형성)한다는 것은 색, 성, 향, 미, 촉, 법의 육경六境이 연기한다는 뜻이다. 세상(우주)이 연기함을 형상(현상)과 형태(영역)의 예를 통해 살펴보자. 만일 형태가 형상의 존재이려면 형태는 형상을 지속하는(항상恒常하는) 고유한 형태이어야 할 것이다. 그러나 현실에서 관계의존적 형태는 있어도 고유한 형태는 없다. 고유한 형태가 없다는 것은 다음 세 가지가 없다는 뜻이다.

1) 고유한 형태가 없으면 존재가 없다. 존재의 의의는 자신의 고유한 영역(형태)으로부터 자신의 고유한 값(형상)을 현상하는 것이다. 그러므로 고유한 형태가 없다면 고유한 값은 물론 고유한 값을 현상하는 존재도 없는 것이다.

**2)** 존재가 없으면 공간이 없다. 존재의 의의는 개별적, 독립적 유有를 말하기 위한 것이고 공간의 의의는 유有의 무無를 말하기 위한 것이다. 그러므로 '존재'라는 사실이 없다면 '공간'이라는 사실도 없는 것이다.

**3)** 존재와 공간이 없으면 법칙도 없다. 법칙의 의의는 공간에서 존재의 운동(인과)을 규정(규율)하는 것이다. 그러므로 존재와 공간이 없다면 법칙도 없는 것이다.

이 3무無의 관점에서 우리가 생각하는 우주를 다시 정의해보자. 인간의 존재론적 관념에서 우주는 별, 생명, 물질, 원소들이 낱낱의 개체(존재)로서 물리적 법칙 아래 존재하는 광막한 공간이다. 즉 우리의 존재론적 관념에서 별, 생명, 물질, 원소들은 '공간'에서 각자로 실재하는 '존재'들이며 이 존재들을 지배하는 것은 물리적 '법칙'이다. 그렇다면 이들 세 가지가 없는 우주는?

《우다나》[83] 〈8-1. 열반의 경〉에서 붓다는 땅, 물, 불, 바람, 태양, 달도 없고 공간도 없고 식識도 없고 아무 것도 없는 것(무無)도 없는 세계를 말하며 이를 '괴로움의 종식'이라고 설명하신다. 유有(존재)도 없고 유의 무無도 없고 공간도 없는 세계는? 연기법계, 즉 '형성 중의 세계'다.

'형성 중의 세계'에는 '결정된 것(결정적으로 존재하는 것)'이 없다. 땅, 물, 불, 바람, 태양, 달로 결정된 것이 없고, 공간으로 결정된 것이 없고, 의식으로 결정된 것이 없고, 무無로 결정된 것이 없다. 결정된 것이 없는 까닭은

---

83 《우다나》는 《숫다니파타》와 더불어 소부경전(쿳다까 니까야)에 속하는 경전이며, 주로 깨달음과 열반에 대한 감흥 어린 시구들로 구성되어 있다.

'형성 중의 세계'에는 '형성 중인 것'만 있기 때문이다. 어떻게 '형성 중'인가? 관계(접촉) 의존적 '형성 중'이다. 구조(형태)는 물론 모습(형상)도 '접촉 의존적 형성(연기)'이기에 '형성 중의 세계'에는 땅으로서 존재하는 땅, 물로서 존재하는 물, 불로서 존재하는 불, 바람으로서 존재하는 바람, 공간으로서 존재하는 공간, 태양으로서 존재하는 태양, 달로서 존재하는 달, 의식으로 존재하는 의식, 무로서 존재하는 무 같은 것이 있을 수 없다. 즉 '형성 중의 세계'에서 땅, 물, 불, 바람, 태양, 달, 공간, 의식이라는 것들은 자신의 결정된 모습(상像)이 아니라 관계의존적 형성의 모습(상想, 상相)이어야 하는 것이다.

## 모두가 각자의 세상을 경험하는 삶

이 세상이 (결정적으로) 존재하는 세상이 아니라 (관계의존적으로) 형성되는 세상이기에 모든 생명이 각자의 세상을 인식(경험)할 수 있다. 이 세상이 존재하는 세상(자아 있는 세상)이 아니라 관계의존적 형성의 세상(자아 없는 세상)이기에 세상의 경험에서 참(실實)과 거짓(허虛)이 별개로 있지 않고, 세상의 경험에서 참과 거짓이 별개로 있지 않기에 각자가 경험하는 각자의 세상에서 각자의 인과因果가 연속할 수 있다.

만일 이 세상이 존재하는 세상이라면 모든 생명이 각자의 세상을 경험하는 삶은 없을 것이다. 왜냐하면 존재하는 세상에서 모든 생명은 경험이 참이 될 수 있는 삶, 즉 존재하는 세상을 똑같이 지각하는 삶만을 살아야 하는 까닭이다.

《중론》의 "일체 법이 공空하지 않다면 생멸이 없다. 공하기에 생멸이 있다"는 말에서 생멸하는 것은 현상이고, 현상은 관계의존적 존재성, 즉 상相이다. 불교를 안다는 사람들 중에도 연기법의 생멸을 존재의 생멸로 이해하는 이들이 적지 않다. 그러나 존재는 생, 변, 멸이 없다. 존재는 자성自性이고, 자성의 존재는 존재하거나(유有) 존재하지 않거나(무無)만 있을 뿐이다.

우리가 현상을 보고 '그것이 생멸한다'고 말할 때, '그것'에는 '그것으로서 존재하는 것'이라는 생각이 전제되어 있다. 그러나 현상은 '그것'이 아니라 '연기한 것'이다. 즉 현상은 존재의 상像이 아니라 관계의존성의 상相이다. 현상이 상相이기에 현상의 생겨나고 사라짐을 존재의 생멸이라고 말해서는 안 된다. 거기에 있는 그것의 생멸이라고 말해서도 안 된다. 연기한 관계의존적 존재성이 의존적으로 일어나고 스러지는 것이라고 말해야 한다. 경전을 읽을 때에도 마찬가지다. "태어났고 존재했고 형성된 것은 모두 부서지기 마련인 법이거늘, 그런 것을 두고 부서지지 말라고 한다면 그런 것은 있을 수 없는 일이다"라는 설법을 읽는다면, '태어났고 존재했고 형성된 것'은 존재(상像)가 아니라 관계의존적 존재성(상相)이라고 이해해야 한다.

## 생멸 역시 가설된 이름

연기법의 생멸은 관계의존적 생멸이다. 그런데 존재에 의한 생멸이 아니라 관계에 의한 생멸이 생멸일 수 있을까? 생멸을 담당하는 존재가 없는 생멸이 실제 사실의 생멸일 수 있을까?

연기법에서 생멸의 실제는 연기다. 생멸은 연기를 존재론적 관념으로 소통하기 위해 가설된 개념(이름)인 것이다. 생멸이 연기의 가명임을 알면 생멸이 실제 사실의 생멸이 아니라는 것을 안다. 이를 말한 것이 《중론》의 제1송 〈불생不生 역亦 불멸不滅〉이다.

---

### 《중론》의 팔불八不

나지도 않고 멸하지도 않으며, 항상하지도 않고 단멸하지도 않으며, 하나도 아니고 다르지도 않으며, 오지도 않고 가지도 않는다.
이 인연을 설해서 능히 모든 희론戲論[84]을 멸하니 설법자 중에서 제일이신 부처님께 머리 숙여 예배하나이다.

《중론》 〈귀경게〉

---

《중론》의 〈관작작자품〉, 〈관거래품〉, 〈관본주품〉 등은 작용(행위)이나 작용하는 자(행위자)의 자아 없음을 설명하는 게송들이다. 특히 〈관작작자품〉은 작용과 작용자를 서로에 의해 알려지는 연생緣生(일어남에 이은 일어남)으로 설명한다. '생겨남(소멸함)'을 예로 들면, 생겨남(소멸함)은 생겨나는(소멸하는) 자에 의해 알려지고 생겨나는(소멸하는) 자는 생겨남(소멸함)에 의해 알려진다는 것이다.

---

84 개념을 위해 개념을 주장하는 무의미한 논설. 언어를 존재론적 관념으로 파악하신 붓다는 육근, 육경의 경험적 사실을 말하지 않고 언어적 개념만을 주장하는 논설은 모두 희론戲論으로 치부하셨다.

생멸을 다음의 세 경우로 살펴보자.

① 자기 원인: 작용은 작용하는 존재에 의한 것(자아 있음).

② 관계(인연) 원인: 작용은 조건(인연)에 의한 것(자아 없음).

③ 원인 없음(실체 없음): 작용이나 작용하는 존재라는 것은 환상임.

위 세 가지에서 우리가 관습적(존재론적 관념)으로 말하는 생멸은 ①이다. 그런데 ①의 경우에 생멸은 성립하지 않는다. 자성의 존재에게 자성으로부터 벗어나는 생멸의 작용은 없기 때문이다. 이는 나가르주나가 《중론》〈관삼상품〉에서 반복하여 설명하는 사실이다. 그 존재성으로 생겨나거나, 그 존재성으로 머무르거나, 그 존재성에서 변하거나 소멸하는 등의 작용(행위)들은 자성의 존재가 할 수 없는 일이다.

그렇다면 ②의 경우에 생멸이 성립하는가? 이 경우에 행위나 작용이라는 것은 조건의존적(관계의존적) 형성(연기)을 말하기 위한 가명이다. 가명에게 생멸은 없다. 그렇다면 ③의 경우에 생멸이 성립하는가? ②에서도 성립하지 않는데 하물며 ③에서 생멸이 성립하겠는가? 결국 생멸이라는 언어와 개념은 자신을 존재로 착각하는 망상에서 생겨난 '근거 없는 관념'일 뿐이라는 사실을 확인할 수 있다. 우리가 사는 이 세상은 '존재하는 것'이 없는 '관계의존적 형성(연기법)'의 세상이다. 연기법의 이 세상에서 생겨나고 멸하는 것이 도대체 어디에 있을 수 있겠는가?

## 십무기

"수행승들이여, 갈애란 무엇인가? 이러한 여섯 가지 갈애의 무리, 즉 형상에 대한 갈애, 소리에 대한 갈애, 냄새에 대한 갈애, 맛에 대한 갈애, 감촉에 대한 갈애, 사실에 대한 갈애다. 수행승들이여, 이것을 갈애라고 한다."

《상윳따 니까야》 〈분석의 경〉 (S12:2)

붓다는 갈애가 중생의 세상을 이끈다고 말씀하시며 여섯 가지 갈애를 설하셨다. 갈애하는 이유는 그것에 자아(존재)가 있다고 생각하여 취착하기 때문이다. 자아 없는 것을 자아 있는 것이라는 망상으로 취착하는 갈애는 결코 충족되지 않는 갈애다. 충족되지 않는 망상의 갈애는? 중생의 고苦다.

여섯 가지 갈애 중 사실에 대한 갈애란 어떤 것인가? '사실'은 현상의 존재성, 인과를 말하는 것이니 사실에 대한 갈애는 현상의 존재성, 인과에 대한 갈애라고 할 수 있다. 사람들은 존재성이나 인과의 사실을 두고 서로 논쟁하고 비방하고 무기를 들고 싸운다. 사람들이 싸우는 이유는 자신이 주장하는 사실을 존재의 사실(객관의 사실)이라고 집착하기 때문이다. 사실에 대한 갈애는 사실을 소유한 존재에 대한 갈애로, 존재에 대한 갈애는 비존재(형이상학적 존재)에 대한 갈애로 이어진다. 사실에서 존재를 갈망하지만 보이고 만져지는 물질적 존재나 경험하는 육체는 무상할 뿐이다. 그래서 존재에 대한 갈애는 영혼, 신神, 이데아 등의 비존재(형이상학적 존재)에 대한 갈애로 확장되는 것이다.

십무기十無記(avyākrta)의 열 가지 질문은 사람들의 '사실에 대한 갈애', '존재에 대한 갈애', '비존재에 대한 갈애'를 구체적으로 예시한 경우라고 할 수 있다. 십무기(혹은 십사무기) 사건이 어떤 것인지 내용을 들여다보자.

4. 존자 말룽끼야뿟따는 세존께 이와 같이 말씀드렸다.

"세존이시여, 세존께서는 세계는 영원하다든가, 세계는 영원하지 않다든가,

세계는 유한하다든가, 세계는 유한하지 않다든가, 영혼은 육체와 같다든가, 영혼은 육체와 다르다든가, 여래는 사후에 존재한다든가, 여래는 사후에 존재하지 않는다든가, 여래는 사후에 존재하기도 하고 존재하지 않기도 하다든가, 여래는 사후에 존재하는 것도 아니고 존재하지 않는 것도 아니라든가의 문제들에 대하여 말씀하지 않으셨습니다. 세존께서 설명하지 않으신다면, 나는 청정한 삶과 배움을 포기하고 세속으로 돌아가겠습니다."

10. "말룽끼야뿟따여, 내가 '그대에게 설명할 것이다'라고 말한 적이 있는가? 그대가 '(당신을 따르면) 그러한 것들에 대해서 설명해주십시오'라고 말한 적이 있는가?"

"세존이시여, 그렇지 않습니다."

12. "말룽끼야뿟따여, 내가 말한 적도 없고 그대가 말한 적도 없는데 누가 누구를 거절하겠는가? 어떤 사람이 (그런 문제들에 대해) '여래가 설명해야 비로소 여래 밑에서 청정한 삶을 영위할 것이다'라고 말한다면, 그는 여래에게서 대답을 못 들은 채 이러한 문제와 더불어 죽어갈 것이다."

《맛지마 니까야》 〈말룽끼야뿟따에 대한 작은 경〉 (M063)


이어지는 설법은 독화살의 비유다. 말룽끼야뿟따의 의문은 독화살을 맞았는데 화살을 뽑으려 하지도 않고 화살의 생김새나 출처만을 궁금해하는 것에 다르지 않다는 내용의 설법이다. 이 설법에서 독화살은 갖은 존재론적 관념들을, 독화살을 맞고 그 생김새나 출처를 궁금해 하는 것은 관념들을 붙들고 답을 구하려 고뇌하는 번민을 상징한다. 붓다가 보시기에 관념들은 무명이라서 답을 구할 것들이 아니라 아예 버려야 하는 것들이다. 버려야 하는 것임에도 오히려 말룽끼야뿟따는 붓다에게 답을 강요한다. 말룽끼야뿟따가 붓다에게 묻는 모양새는 거의 협박 수준이다. 그럼에도 붓다는 자상하게 답을 해주지 않는 이유를 더하여 설명해주신다.

22. "말룽끼야뿟따여, 내가 왜 그것을 설명하지 않았는가? 그것은 유익하지 않고, 청정한 삶과는 관계가 없으며, 멀리 여의고 사라지고 소멸하고 멈추고 삼매에 들고 올바로 원만히 깨닫고 열반에 이르는 데 도움이 되지 않기 때문이다. 그러한 이유로 그대에게 그것에 대하여 설명하지 않은 것이다. 그러므로 내가 설명하지 않은 것은 설명하지 않은 것으로 새기고 내가 설명한 것은 설명한 것으로 새기라."

《맛지마 니까야》〈말룽끼야뿟따에 대한 작은 경〉(M063)


붓다가 설명하지 않으신(무기無記하신) 이유는 명료하다. 이 세계, 영원, 공간, 유한, 무한, 영혼, 육체, 깨달은 자의 행방, 사후 등은 존재론적 관념(무명)을 추종하는 허망한 이름, 개념들일 뿐이다. 공연히 설명한다고 질문에서 언급한 이름들을 언급해보아야 그 이름들이 가명임을 이해하지 못하는 수행자들은 오히려 망상만 더 키울 것이 분명하다. 그래서 붓다는 "질문한 것들은 모두 허망한 것이어서 (무명을) 멀리 여의는 공부에 도움이 되지 못하는 것들이니 내가 설명한 것(연기, 자아 없음)들을 '나의 설법'으로 새기어 공부에 힘쓰라"고 답하신 것이다.

5
·

# 유기체 철학

## 현상을 해석하는 패러다임

절대 시공간의 개별 존재를 주장하는 결정론적(기계론적) 세계관과 그로부터 창출된 개인주의, 물질주의, 자본주의 등은 근대와 현대를 관통하는 지배적 패러다임[85]이다.

프리초프 카프라[86]는 잘못된 기계론적 세계관의 지배가 인간과 자연을 물질문명의 도구로 전락시키는 결과를 가져왔다고 지적하면서 생태론적 (유기체적) 세계관의 패러다임을 대안으로 제시하였다.

제임스 러브록[87]의 가이아 이론이나 장회익의 온생명이론 역시 생명, 존재, 우주의 패러다임을 물질적·기계적 관점에서 유기체적 관점으로 이동해야 한다고 역설한다.

양자론을 해석하는 현대의 과학철학자들에게는 현상의 본질을 유기체적 망網으로 정의하고 탐색하려는 공통점이 있다. 특히 화이트헤드는 세계를 존재의 정적靜的 형식으로 보고 존재의 존재함에 대한 규정이나 의미를 탐색하였던 이전의 과학철학들에서 벗어나 세계를 생성과 과정의 동적動的, 유기체적 기제機制로 보고 그 기제의 작동방식과 의미를 탐색하려 하였다.

---

85 패러다임paradigm: 원래는 토마스 쿤Thomas S. Kuhn이 저서 《과학혁명의 구조》에서 '과학적 발견, 연구를 이끄는 기본 원리'라는 개념으로 사용하였으나 이후 '세계를 이해하는 기본 지식'의 개념으로 사용되고 있다.

86 프리초프 카프라Fritjof Capra: 미국 물리학자. 1976년 양자물리학과 동양사상을 연결한 저서 《현대물리학과 동양사상》은 새로운 과학운동으로 이어져 서구 과학철학의 담론을 선도했다.

87 제임스 러브록James Ephraim Lovelock: 가이아 이론을 주창한 영국의 과학자. 1979년의 저서 《가이아: 지구상의 생명을 보는 새로운 관점》에서 지구를 하나의 유기체로 이해하는 가이아 이론을 발표하였다.

## 프리초프 카프라의 생태론적 우주론

카프라는 그의 저서 《현대물리학과 동양사상》에서 현대물리학을 이해하기 위해서는 '관찰자가 배제된 절대 시공간'에 대한 개념을 벗어버리고, 소립자의 파동/입자의 이중성, 물질파, 불확정성 원리 등의 특성을 종합하여 직관적으로 이해할 필요가 있다고 말한다.

카프라가 이해하는 세상은 낱낱의 개체들이 법칙에 의해 일률적으로 규정되는 기계론적 세상이 아니라 개체와 개체, 개체와 환경, 존재와 세계에서 관계맺음의 형성과 그로부터의 작용이 끊임없이 생성되는 생태적(유기체적) 세상이다. 카프라는 그가 이해한 세상의 체계를 '각자의 개체들이 따로 떨어져 기계적으로 조합되는 체계가 아니라 모든 것들의 상호 관계가 서로 얽혀 있는 채로 존재하는 거대하고 복잡한 그물망의 체계'라고 설명한다.

카프라가 그의 '생태론적 세계관'에서 전하는 메시지는 분명하다. 현대 문명의 병증인 물질만능주의, 개인주의, 경쟁지상주의, 자원독점주의 등은 기계론적 세계관에 기인한 잘못된 관점의 패러다임이므로 지속 가능한 문명을 위해서는 허상의 기계론적(결정론적) 세계관에서 실상의 생태론적(유기체적) 세계관으로 패러다임을 전환해야 한다는 것이다.

## 제임스 러브록의 가이아 이론

영국의 과학자 제임스 러브록은 1978년 《가이아: 지구상의 생명을 보는 새로운 관점Gaia: A New Look at Life on Earth》이라는 저서를 통해 지구 전체가 생물과 더불어 자기조직화하는 유기체라는 관점을 소개하였다. 러브록은 지구의 생물, 대기권, 대양, 토양을 망라하는 범지구적 조직화 체계를 대지의 여신 가이아에 비유하며, 지구는 생물이 살아가는 단순한 장소 개념이 아니라 생물과 상의적相依的으로 조직화와 균형을 지속하는 유기적 체계로 파악하여야 한다는 가이아 이론을 주창하였다.

## 장회익의 온생명 중심적 관점

물리학자 장회익은 생명을 '개체'로서 설명하는 기존의 '개체생명주의적 관점'은 수정되어야 한다고 말한다. 그에 의하면 생명은 의미 있는 동역학적 체계에서 이해되어야 하는 유기체이지 독립적으로 분리된 개체로서 정의될 수 있는 것이 아니다.

개체생명주의는 생명의 의의를 지니는 최종적 존재자인 개체생명에게 절대적 가치를 부여함으로써 개체생명 단위의 생존 투쟁을 생명의 본원적 양상으로 파악하는 적자생존, 약육강식의 잘못된 패러다임에 이를 수밖에 없도록 한다. 자연과학의 성과를 토대로, 장회익은 개체생명주의적 관점을 대체할 수 있는 '온생명주의적 관점'을 제시한다. 보이는 것만을 전부로 간주하기보다는 보이는 것을 나타나게 하는 실질적 작동 체제를 '생명의 실재'로 보아야 한다는 주장이다.

'온생명주의적 관점'은 의미 있는 기간 동안 임계 결집핵 형성 조건, 변이계열 형성 조건, 개체계열 형성 조건, 협동 호혜성 조건들을 충족하는 동적動的 현상을 '생명'으로 규정하며, 이러한 생명 현상을 가능케 할 최소한의 물리적 여건을 포함하는 하나의 체계, 즉 자족적 단위로서의 생명 체계를 온생명이라 지칭한다. 이 관점에 따르면 지속적인 에너지가 공급되는 우주적 네트워크가 '온생명Global Life'의 정의에 해당하는 것이다.

## 데이비드 봄의 우주론

'드브로이 – 봄 이론' '아로노프 – 봄 효과' 등으로 20세기의 주목할 이론 물리학자로 평가받는 데이비드 봄David J. Bohm은《전체와 접힌 질서》라는 저서에서 그가 이해하는 우주를 다음과 같이 말한다.

"원자론적 우주관이 오랫동안 현실을 매우 잘 설명하는 것으로 여겨져 왔다. 그러나 그 후 상대성 이론과 양자물리학이 등장하여 실재의 기본 차원이 그렇게 단순하지 않다는 것을 증명했다. 실제로 원자는 포착하기 어려운 작은 입자들의 복합체로 보기보다는 일종의 에너지로 보는 편이 더 적합하다. 원자는 독자적으로 존재하는 것이 아니라 관측자와 관측기구를 포함한 전체 환경에 따라 달라지는 '어렴풋한 구름 상태'와 흡사하다. 우리가 생각하는 원자의 개념은 실재가 아니라 실재의 단순화에 가까운 것이다. 즉 원자 등의 입자는 고정된 사물이 아니라 한 점의 에너지라 할 정도로 가변적인 '세계 통로world tube'로 볼 수 있는 것이다. 각각의 입자들은 공간의 장場에서 확대되고, 또 다른 영역의 장場들과 결합한다."

봄은 우주가 물질들이 위치하는 텅 빈 공간이 아니라 초양자의 에너지 장場이라는 초양자장이론을 제시한다. 당연히 봄의 우주는 모든 존재하는 것들이 초양자장의 바다에서 서로에게 연동된 우주이고 따라서 어디에도 단절이나 분할이 없는 우주다. 봄은 카펫의 무늬를 비유로 든다. "카펫 무늬의 도형이나 꽃을 카펫과 별개라고 말하는 사람은 없다. 그리고 이것이야말로 '전체'라고 말할 수 있는 것이다."

# 화이트헤드의 유기체 철학

《과정과 실재》의 저자이며 자신의 철학을 '유기체철학philosophy of organism'이라고 이름한 앨프리드 화이트헤드Alfred N. Whitehead는 물리학자, 수학자, 철학자로서 자연과학과 철학을 잇는 20세기 최고의 지성으로 평가받는다.

화이트헤드에게 과정과 실재는 세계의 동일한 두 측면이다. 기존 사상사의 관심이 존재를 파악하는데 있었다면, 화이트헤드의 관심은 '현실적 존재'는 어떤 과정으로 생성(형성)되는가에 있었다. 그에게 있어서 현상하는 실재(현실적 존재)는 세계(우주)와 연동된 구조에서 파악되는 것이며, 연속하고 중첩하는 관계맺음의 과정에서 생성되는 것이다.

화이트헤드 철학의 실질적 단위 존재이자 현실(세계)을 경험하는 실재인 '현실적 존재'는 현실에서 다른 현실적 존재, 세계를 자기화하는 과정으로서 존립한다. 화이트헤드에게 '현실적 존재'는 자신의 고유성으로서 실재하는 존재가 아니라 현실 세계를 자기화하는 과정으로서 실재하는 과정적 존재이자 관계적 존재인 것이다.

'경험'은 현실적 존재가 세계를 자기화하는 활동이다. 현실적 존재는 세계의 '현실적 계기'들을 경험하고 파악하며, 이 경험과 파악으로부터 현실적 존재와 현실적 세계의 합생合生이 발생한다. 합생은 타자와 자신, 세계와 자신을 상의성相依性으로 생성하는 메커니즘이다. 화이트헤드는 '합생'을 다음과 같이 정의한다.

"현실적 존재는 자신과 대상에 대한 '파악'의 과정을 통하여 '생성'에 이르는데, 세상의 모든 현실적 존재들은 서로가 서로에게 영향을 주는 연속된 관계 속에서 자신과 자신의 세계를 생성한다. '파악'은 대상으로 주어진 것을 자신 속으로 수용하는 작용이며, 현실적 존재자들은 그들 상호간의 파악을 통하여 하나의 현실적 존재자가 다른 현실적 존재자들의 창조를 돕는 방식으로 작용한다."

## 모든 이에 의한 모든 이의 세계

생물학적 인식론인 구성주의를 제창提唱한 신경생물학자 움베르토 마투라나Humberto R. Maturana는 구성주의적 인식을 "바깥에 있는 저 세계의 표상Repräsentation이 아니라 삶에서 어느 한 세계를 끊임없이 산출Her-vorbringen하는 과정"이라고 설명한다. 그의 동료인 프란시스코 바렐라Fran-cisco J. Varela 역시 "실재Realität는 생물이 환경을 인식하는 구조적 접촉에서 형성되는 것으로 이것이 존재함Ontieren의 실질적 의미"라고 설명한다.

'세상은 인식으로부터 시작한다'는 명제가 있다고 하자. 만일 이 세계가 모든 이들이 각자各自로서 실재하는 '존재의 세상'이라면 이 명제는 틀렸다. 세상이 아니라 단지 한 사람의 인식이 시작될 뿐이고, 존재의 세상은 인식과 무관하게 자신의 값으로서 실재하는 것이다. 하지만 세계가 모든 이들이 연동된 '한 몸의 유기체'라면 위의 명제는 옳다. 개별의 독립 존재가 없고, 그래서 개체의 존재값이라고 할 것이 없는 세계는 존재값의 가능태로 있다가 인식의 인연에서 관계의존적 현실태(관계의존적 존재값)의 세상으로 현상할 것이다. 분리가 없는 한 몸의 유기체적 세계에서 인식은 한 존재의 시작이 아니라 한 세상의 시작으로 기능하는 것이다.

모든 이들이 연동된 세계에서 세상은 인식자에 대한 상의적相依的 모습으로 현상한다. 만 명이 세계에 참여한다면 세상은 만 명의 관계의존성으로서 현상할 것이다. 내가 마주한 세상은 나에 대한 관계의존성이지만 또한 만 명에 대한 관계의존성이기도 하다. 모든 이들이 인과를 연속하는 관계의존성의 세상이 현상하는 것은 모든 이들이 자성이 없는 까닭이다. 모든 이의 자성이 없기에 모든 이의 관계의존적 현실이 성립하는 것이다.

하지만 사람들이 믿는 세상은 개별 존재들이 각자로서 실재하는 '존재의 세상'이다. 세상에 대한 이런 믿음은 자신을 '존재'라고 주장하는 믿음에 기인한 것이다. 이치로 따지면 '존재의 세상'은 우리가 사는 관계의존적 현실에서는 성립할 수 없는 비현실적 세상, 즉 개념으로만 상상할 수 있는 세상이다. 하지만 존재론적 관념으로 사는 사람들에게 세상은 이치를 불문하고 존재들이 각자의 모습으로 실재하는 '존재의 세상'이어야 한다. 이는 관습적 믿음의 문제이고 인식습성의 문제다. 그래서 비록 이치로는 분명하다 할지라도 소통하기는 쉽지 않은 문제다.

## 개인이 존재하지 않음의 증명

개인은 존재의 또 다른 이름이다. 과연 개인은 존재하는가? 만일 개인이 존재한다면 개인의 사실(존재성, 인과)도 존재하여야 할 터이다. 하지만 개인의 고유하고 독립적인 존재성, 인과는 없다. 사람들은 개인의 존재성, 인과를 추구하지만 현실의 모든 존재성, 인과는 의존적으로 연동된 존재성, 인과들뿐이다. 다른 사람들이나 사회, 자연, 세상에서 유리된 독립적 존재성, 인과라는 것은 애초에 없는 것이다. 개인의 사실(존재성, 인과)이 없음은 개인(개체의 존재)의 부존재에 대한 증명이다. 존재의 부존재, 즉 무자아에 대하여 나가르주나는《중론》에서 다음과 같이 논증하였다.

37. 공성空性(무자아)을 파괴하는(부정하는) 자에게는 작용할 그 어떤 대상도 없으며 작용이 시작함도 없으며 행위자는 어떠한 행위도 하지 않게 되리라.

38. 만일 자성(존재)이 있다면 세계는 갖가지 상태에서 생멸 변화 없이 상주 부동常住不動인 것이 되리라.

《중론》〈관사제품〉

# 6

**사실과 세상, 그리고 인식**

- 언어
- 과대망상증
- 세상의 사실: 구성되는 사실
- 왜 선적 사유인가?
- 과학
- 세상의 생멸
- 후설의 괄호치기
- 현상학적 환원: 판단 중지
- 무자아에게서 성립하는 인식
- 법(현상)의 발생처: 무자아(불확정성)

## 언어

언어의 습득 뒤에는 특정한 언어로 표현되는 개념들이 총체적인 인간 정신을 구성하고 변화시킨다. 언어가 표상하는 세계는 가상의 세계다. 언어를 배우는 순간, 지각이 언어에 물들어 가상의 세계에 갇히게 된다.

레프 비고츠키, 《사고와 언어》, 이병훈·이재혁·허승철 공역, 한길사, 2013

언어의 특징은 언어적 구분으로서 작업하는 이에게 주위 상황과 자기 자신을 기술할 수 있도록 해주는 데 있다. 이런 특징은 우리를 언어 안에서 작업하고 존재하게 함으로써 언어를 언어 안에 존재하기 위한 지속적인 과정으로 만들었다.

움베르토 마투라나·프란시스코 바렐라, 《앎의 나무》, 최호영 역, 갈무리, 2013

인간의 언어와 언어로 표현되는 개념들이 인간의 세상을 형성한다. 붓다는 무명의 행行(형성)을 신체적 형성, 언어적 형성, 지각적 형성의 세 가지로 말씀하셨는데, 신체적 형성은 몸에 대한 존재론적 관념의 형성(색계의 형성)을, 언어적 형성은 세상에 대한 존재론적 관념의 형성(욕계의 형성)을, 지각적 형성은 의식에 대한 존재론적 관념의 형성(무색계의 형성)을 말한다.

## 과대망상증

인간에게는 과대망상증이 있다. 우주를 종합적이고 객관적으로 파악할 수 있으며 인간의 이성은 우주의 보편적 이성에 접근할 수 있다는 믿음이다. 대표적인 것이 '헤겔Hegel의 정신'이다. 하지만 인간은 인간적 감각과 개념의 틀 속에 있다. 즉 인간이 인식하는 우주는 '우주의 우주'가 아니라 '인간의 우주'인 것이다. 인간이 인식하는 우주가 '인간의 우주'라면, 그런 우주를 인간과 절대적으로 분리하여 그것 자체의 값을 구하고 시비하려는 것은 어리석은 짓이다. 더구나 관계의존성의 세상에서 '우주의 우주(자아 있는 우주)'라는 것은 있지도 않다.

## 세상의 사실: 구성되는 사실

사람들은 세상의 사실에 집착한다. 집착하는 이유는 세상의 사실적 인과를 구성하기 위해서다. 세상의 사실적 인과를 구성할 수 있어야 자신의 사실적 존재성 또한 구축할 수 있다. 자신의 존재성 구축은 생존의 문제다. 세상에서 존재하기 위해서는 자신의 존재성이 필요하고, 자신의 존재성을 구축하기 위해서는 세상의 사실이 필요하다.

사실을 규정하기 위해 필요한 것은 사건의 구성이다. 사건은 사물과 사물의 연결이다. 어떤 사건에서도 사물의 존재성은 독립적으로 성립하지 않는다. 점적點的 사유가 사물의 존재성으로 사건을 규정하는 사유라면, 선적線的 사유는 연결된 사건에서 사물의 존재성을 규정하는 사유다. 들뢰즈-가타리의《천의 고원Mille Plateaux》을 해설한《노마디즘》에서 저자 이진경은 점적 사유와 선적 사유를 다음과 같이 비교한다.

"영화 〈모던 타임즈〉의 찰리는 트럭에서 흘리고 간 붉은 깃발을 찾아주기 위해 트럭을 따라간다. 트럭은 사라져버리고 붉은 깃발을 들고 가는 찰리의 뒤를 옆 골목에서 나타난 시위대가 따른다. 시위대의 앞에서 걷는 찰리는 결국 경찰에게 공산주의자라며 체포되고 만다.

이 사실은 여러 점적 사유의 연결에서 구성된 선적 사유로부터 생산된 사실이다. 그런데 선적 사유의 길이에 따라 점적 사유의 사실이 변질된다는 것을 알 수 있다. 찰리, 붉은 깃발, 트럭, 옆 골목, 시위대, 경찰 등의 일련의 점적 연결 과정에서 찰리는 부주의한 트럭에게 주의를 주려는 선한 시민에서 사람들을 선동하여 혁명을 기도하는 공산주의자로 변질되었다. 붉은 깃발 역시 마찬가지다. 주의를 뜻하는 깃발에서 공산주의를 뜻하는 적기로 그 의미가 변질되고 만 것이다."[88]

위 비교에서 말하는 것은 선적 사유의 시점과 종점의 설정에 따라 점적 사유의 내용, 즉 각 사물의 존재성이 규정된다는 것이다. 사실 우리가 대상을 이해하고 규정하는 방식은 전적으로 선적 사유다. 도로와 자동차, 주전자와 물, 신발과 발, 빛과 어둠, 남자와 여자 등과 같이 모든 사물은 비교 혹은 연결되는 항목들과 합성된 이미지로 이해되고 또 규정된다.

그러나 우리의 의식은 개별 대상에 너무나 밀착해 있기에 선적 사유에서 파생된 점적 사유를 마치 사물 자체의 점적 존재성인 듯 간주하는 잘못된 습성에 빠진다. 그 결과, 점적 사유로부터 파생된 선적 사유로 상황 전체를 전도顚倒하는 잘못된 인식을 강요하는 경우도 적지 않다. 이런 전도된 경우는 가정, 사회, 직장 등의 대인관계는 물론 사회적 현상에 대한 이해 방식에 이르기까지 광범위하다. 심지어 '저 사람은 원래 그래'라는 선입견을 바탕으로 사건 혹은 상황 전체를 특정인의 점적 사유에 기초하여 결론짓는 경우도 있다.

---

88  이진경, 《노마디즘》, 휴머니스트, 2002.

하지만 조금만 주의 깊게 관찰하면 우리가 형성하는 모든 점적 사유는 선적 사유에 기인하는 것들이라서 어떤 상황에서든 일관되게 적용할 점적 존재성(자성自性) 혹은 선적 사유를 이끌 점적 존재(자아自我)는 없다는 사실을 알 수 있다. 연기론적으로 말하자면, 점적인 것은 무자아無自我이기에 점적인 것의 존재성은 관계성의 종합적 사유(선적 사유)에 의존할 수밖에 없는 것이다.

그렇다면 선적 사유는 확실히 '사실' 혹은 '사실에 근접한 것'이라 볼 수 있을까? 선적 사유에서도 문제는 발생한다. 선적 사유의 시점과 종점을 어떻게 규정할 것이냐의 문제다. 어떤 선적 사유의 뭉치도 결국은 선적인 전개 속의 점적인 뭉치에 지나지 않는 것이고, 더구나 그것은 시점과 종점을 규정하는 해석자의 설정에 의존할 수밖에 없는 것이다. 더하여 지시적 파생성의 문제도 있다.

화이트헤드는 사물과 사건의 참, 거짓을 규정하는 명제는 자체로써 정의되는 것이 아니라 판단/해석 주체의 현실적 계기와 그로부터 파생하는 지시성에 의하는 것이라고 말한다. 화이트헤드에 의하면 어떤 명제든 판단/해석 주체의 지시성과 결합하기 전에는 의미적, 인과적 정체성이 확정되지 않은 '현실적 가능태'의 영역에 남아 있을 뿐이다. 선적 사유의 구성에 따라 선과 악은 전도顚倒될 수 있고, 구제될 수 없는 사악한 범죄도 동병상련의 정당방위 내지 사회의 제도적·구조적 문제로 바뀔 수 있다. 새옹지마塞翁之馬의 속담처럼, 심지어 재앙이 축복으로 전도될 수도 있는 것이다.

그렇다면 이렇게 판단/해석 주체의 선적 구성과 지시성에 의존하는 명제에 '객관의 사실'이라는 이름을 붙일 수 있을까? 불가不可하다. 인간이 생산하는 명제 중에서 사건의 범위와 개념의 지시성을 자체에 갖춘 명제, 즉 객관의 사실은 없다. 객관의 사실이 있는데 인간의 무지로 주관적 사실을 생산하는 것이 아니라 객관의 사실 자체가 아예 없는 것이다. 객관의 사실이 없으면 주관의 사실도 없다. 인식대상이 없는데 인식자 홀로 어찌 인식의 사실을 생산하겠는가? 하지만 우리는 인식대상과 인식자가 서로 의존적인 인식과 현실을 경험한다. 인식대상과 인식자가 모두 없으면서도 인식대상과 인식자가 서로 의존적인 인식, 그리고 그런 인식의 인과가 연속하는 현실은? '자아 없는 관계의존성의 현실, 즉 상相이다. 존재의 상像이 아니라 관계의존적 상相의 세상이기에 인간은 타인, 사물들과 함께 하는 세상에서 관계의존적 인과를 연속하는 '현실'을 경험할 수 있다.

---

## 왜 선적 사유인가?

---

사람들은 자신의 인식이 대상을 지각하는 것이라고 말한다. 만일 그렇다면 왜 대상에 대하여 선적線的 사유를 하는가? 대상을 인식(지각)하는 것으로 대상을 정의할 수 있는데 왜 굳이 선적 사유에서 대상을 정의하려는 것인가?

인간은 대상을 인식하지 않는다. 인간이 인식하는 것은 사건이다. 즉 사건에서 '사건 속의 대상(형상)'을 정의(해석)하는 것이 인간의 인식이다.[89] 지금 자신이 어떻게 인식하는지를 살펴보라. 형상을 인식하는 것이 아니

---

[89] 이것이 붓다가 설하신 오온연기의 행온의 의미다.

라 '사건 속의 형상'을 인식한다는 사실을 확인할 수 있다.

　사건 속의 형상을 인식하기에 형상에 대한 예측이 가능하다. 신호등 앞에 서있는 사람(형상)이 파란 불 신호가 오면 길을 건널 것이라고 예측하는 것은 사람(형상)을 신호등, 건널목과 연결된 사건에서 인식하기 때문이다. 버스 정류장에 서있는 사람(형상)을 보고 버스가 오면 탈 것이라고 예측하는 것은 사람(형상)을 버스 정류장과 연결된 사건에서 인식하기 때문이다. 그러므로 인식되는 형상의 존재성, 인과를 형상의 것이 아니라 연결된 사건에서의 존재성, 인과라고 알아야 한다. 즉 형상을 '존재의 상像'이 아니라 '관계의존성의 상相'으로 이해해야 하는 것이다. 이는 어리석을수록 형상을 형상 단위(점적 사유)로 이해하고 현명할수록 형상을 연결된 사건(선적 사유)에서 이해한다는 사실에서도 확인할 수 있다.

## 과학

　세상의 모든 사실이 상대적이고 의존적이라 할지라도 과학적 사실은 객관성을 담보하는 최후의 보루일 것이라고 사람들은 믿는다. 하지만 모든 과학적 사실과 명제는 조건에 의존한다. 가정과 전제 조건을 가지지 않는 절대적 사실은 과학에도 없다.

　특히 '과학적 관찰은 존재하는 물자체의 사실을 기술하는 것'이라는 관습적 가정(믿음)은 물리과학의 성립 기반이다. 하지만 이 관습적 믿음은 양자론의 '관찰은 관찰되는 실재를 생성한다'는 명제와 정면으로 충돌한다. 이에 대해 아인슈타인은 "실제 세계가 어떤 인식행위에 대해서도 독립적으로 존재한다는 전제는 물리학의 기본이다. 하지만 이제 우리는 이 전제가 옳은 것인지 알 수 없는 상황이다"라고 토로하였다.

---

## 세상의 생멸

"수행승들이여, 무엇이 세계의 발생(형성)인가? 눈, 귀, 코, 혀, 몸, 마노[識]와
형색, 소리, 냄새, 맛, 몸, 법[相]을 조건으로 안식, 이식, 비식, 설식, 신식, 의
식이 생겨난다. 이 세 가지가 화합하여 접촉이 생겨난다. 접촉을 조건으로
느낌이, 느낌을 조건으로 갈애가, 갈애를 조건으로 집착(취착)이, 집착을 조
건으로 존재가, 존재를 조건으로 태어남이, 태어남을 조건으로 늙음·죽음
과 슬픔, 비탄, 고통, 근심, 절망이 발생한다. 수행승들이여, 이것이 세계의
발생이다.

수행승들이여, 무엇이 세계의 소멸(사라짐)인가? (육근六根, 육경六境, 육식六識
이 화합하는) 접촉을 조건으로 느낌이 생겨나고 느낌을 조건으로 갈애가 생
겨난다. 이러한 갈애가 남김없이 소멸하면 집착이 소멸한다. 집착이 소멸하
면 존재가 소멸한다. 존재가 소멸하면 태어남이 소멸한다. 태어남이 소멸하
면 늙음·죽음과 슬픔, 비탄, 고통, 근심, 절망이 소멸한다. 이와 같이 이 모
든 괴로움의 소멸이 이루어진다. 수행승들이여, 이것이 세계의 소멸이다."

《상윳따 니까야》 〈세계의 경〉 (S12:44)

우리가 존재론적 관념으로 이해하는 세상은 나의 외부에 존재하는 모습
으로서의 세상이다. 하지만 연기론에서 이런 세상은 허구다. 세상은 존재
하는 것이 아니다. 육근, 육경의 인연에서 연생하는 세상, 즉 '인식적 접촉'
에서 형성되는 세상이다.

세상의 사라짐을 말하는 구절에서 주목할 것은 소멸하는 것들이다. 소멸하는 것들은 갈애, 취착의 습성과 그런 습성에 기인한 존재의 유有, 존재의 생生 등의 비법상非法相들이다. 붓다는 이런 관점에서 '세상의 사라짐'을 설명하신다. 즉 나의 외부에 있다고 주장하는 세상은 나의 존재를 주장하는 비법상에 의존한 비법상이기에 나의 존재를 주장하는 비법상을 소멸하면 함께 소멸하고 말 비법상이라는 말씀이다.

## 후설의 괄호치기

일상적 사유에서 사람들은 개개로서의 대상은 물론 총체로서의 세상 또한 외부에 실재한다고 생각한다. 사람들의 이러한 생각을 후설[90]은 '자연적 태도'라고 명명하였다. 일반인들만이 아니라 학문, 역사 등의 인문학은 물론 자연과학의 학문들 역시 기본적으로는 자연적 태도를 의심할 수 없는 진실인 것처럼 가정하고, 이런 가정의 전제 위에서 학문의 방향을 설정한다.

하지만 후설은 엄밀학嚴密學(Strenge Wissenschaft)으로서의 철학만은 기존의 자연적 태도에 동조하는 것을 중지하여야 하며, 현상이 '물자체의 현상'이 아니라 인식자와 인식대상이 하나로 묶인 '인식의존적 현상'이라는 사실을 인정하지 않으면 안 된다고 말한다. 이를 '철학적 태도'라고 명명한 후설은 철학적 태도의 방법으로써 현상에서 주관·객관의 분리를 중지하고 현상을 의식과 대상이 함께 묶인 '인식의존적 사실'로 정의하는 '괄호치

---

90 에드문트 후설Edmund Husserl: 독일의 철학자로 현상학의 창시자다.

기 방법'을 제안한다.

## 현상학적 환원: 판단 중지

수학자이며 철학자였던 후설은 엄밀학으로서의 철학을 자신의 철학적 과제로 삼았다. 그에게 최우선적 문제는 '인식은 실재를 지각 혹은 반영하는가?'라는 질문이었다. 엄밀학의 철학이라면 문제의 시작(인식)부터 문제 삼아야 할 것이기 때문이다.

후설에 의하면 경험, 지식은 의식의 외부에서 얻는 것이 아니라 의식과 대상의 종합에서 발생하는 것이고, 의식은 독립적 존재로서 대상을 마주하는 것이 아니라 항상 '무엇에 대한 의식'으로서만 존재하는 것이다. 대상과 관계되는 한에서만 존재함을 말할 수 있는 의식은 의식 자체로는 미완성의 모습이다.

후설은 미완성의 의식이 대상과 관계함으로써 어떤 모습으로 규정되는 계기, 과정을 '지향성', 의식과 대상이 지향성으로 한데 묶임으로써 생겨나는 사건을 '경험'이라고 정의하였다. 경험이 성립하는 과정을 나타내기 위해 후설은 지향성의 한쪽을 노에시스noēsis(x: 의식, 사유), 다른 한쪽을 노에마noēma(y: 대상, 사유된 것)라고 이름한다. '엄밀학'으로서의 철학을 진전시키려면 노에시스-노에마의 지향성이 분석되어야만 할 터이다. 지향성이란 어떤 원리이고, 그래서 노에시스와 노에마는 경험에서 각각 어떤 역할을 담당하는지가 논점의 시작일 수 있다.

하지만 후설은 여기서 현상학적 환원, 즉 '판단 중지'를 선언한다. x+y라는 근거 없는 자연적 태도를 (x+y)라는 철학적 태도로 정리하는 것이 인식의 주체나 객체에 대한 어떤 관념적 가정이나 전제도 거부한 '엄밀학'이 진행할 수 있는 한계라는 것이다. 의식과 대상을 하나의 '괄호치기'로 묶고, 이 괄호치기를 인식의 현상(경험)이라고 정의함으로써 후설은 주체의 의식 차원에서 현상을 정의하는 관념론적(유아론적唯我論的) 관점이나, 객체의 실재 차원에서 현상을 정의하는 유물론적(표상주의적表象主義的) 관점을 모두 지양하게 되었다. 후설의 판단 중지를 불교적으로 말하면 주객主客의 양변에서 떠나는 것이라 할 수 있겠다.

## 무자아에게서 성립하는 인식

(x+y)의 인식(경험)이 인식자, 인식대상에게서 성립하려면 (x+y)라는 값의 인과가 인식자, 인식대상에게서 연속할 수 있어야 한다. 어떤 값의 인과가 어떤 것에게서 연속한다는 것은 그 값이 그것의 존재값으로 기능한다는 의미다. 즉 (x+y)라는 값의 인과가 인식에서 연속한다는 것은 (x+y)라는 값이 인식자, 인식대상에게서 상의적相依的 존재값으로 기능한다는 뜻이다.

(x+y)가 x, y의 상의적 존재값으로 기능할 수 있는 이유는 x(인식자), y(인식대상)가 접촉(인식)에서 (x+y)라는 값을 취할 가능可能이 있는 가능태, 즉 자성이 없는 무자아이기 때문이다. (x+y)의 값이 무자아인 인식자[x]와 인식대상[y]의 의존적 존재값으로 기능하기에 인식자와 인식대상에게서 행위하고 작용하는 인식이 성립할 수 있다.

## 법(현상)의 발생처: 무자아(불확정성)

> 모든 법은 자기로부터 발생하는 것도 아니고 타자로부터 발생하는 것도 아니고 양자兩者로부터 발생하는 것도 아니고 양자로부터 발생하지 않는 것도 아니다.
>
> 《중론》〈관인연품〉

위는 현상의 발생처를 설명하는 게송이다. 게송을 "모든 법은 인因으로부터 발생하는 것도 아니고, 연緣으로부터 발생하는 것도 아니고, 인과 연 양자로부터 발생하는 것도 아니고, 인과 연 양자로부터 발생하지 않는 것도 아니다"라고 말해도 무방하다. 법을 인식의 현상으로, 자기와 타자를 인식자와 인식대상으로 적시하면 보다 명확하게 게송의 내용을 이해할 수 있다. 즉 현상은 인식자로부터 발생하는 것도 아니고, 인식대상으로부터 발생하는 것도 아니고, 인식자와 인식대상의 양자로부터 발생하는 것도 아니며, 인식자와 인식대상의 양자로부터 발생하지 않는 것도 아니라는 내용이다.

이렇게 부정을 반복하는 게송은 현상의 발생처가 있다는 생각, 즉 인식자와 인식대상 혹은 인식자나 인식대상이 어떤 식으로든 존재한다는 존재론적 관념을 폐기하라는 가르침이다. 어떻게 폐기하는가? 존재론적 유무有無(확정성)를 무자아(불확정성)로 대체하는 것이다. 불확정성(가능태)의 관점에서 볼 때 비로소 위의 네 가지 부정을 이해할 수 있다. 불확정성은 없는 것이 아니라 가능성(공성空性)의 있음이다. 확정되지 않은 가능성可能性이 있기에 관계에 의존하여 관계의존적 값을 현상할 수 있는 것이다.

7
.
무자아

## 무자아(현상의 당체)와 자아 없음(현상)

"이것이 일어나니(형성되니) 저것이 일어나고 이것이 사라지니(소멸하니) 저것이 사라진다."

위 설법에서 붓다의 두 가지 가르침을 확인할 수 있다. 첫 번째는 인식의 현상에 대한 가르침이다. 즉 이것과 저것은 인연에서 연생緣生한 관계의존적 현상(자아 없는 현상)이라는 가르침이다. 두 번째는 현상의 당체當體에 대한 가르침이다. 즉 인연에서 이것, 저것으로 현상하는 당체는 관계에 의존하여 이것, 저것의 존재성을 현상할 가능이 있는(자성이 없는) 무자아다. 이것과 저것의 당체가 가능태의 무자아이기에 인연에서 이것과 저것이라는 관계의존적 현실태로 현상할 수 있다. 따라서 위 법문의 의의를 다음과 같이 간략히 정의할 수 있다.

1) 연기 = 자아自我 없음 = 가능태의 관계의존적 현실태(현상).
2) 무자아無自我 = 자성自性 없음 = 불확정성의 가능태(현상의 당체).

## 무자아의 증거

① 성취욕, 탐욕, 집착, 소원, 꿈, 희망 등의 '인간적 특징'들은 인간이 무자아의 관계의존적 존재성이라는 사실의 실질적 증거다.
② 외로움, 고독 등의 '인간적 특징'들은 인간이 무자아의 관계의존적 존재성이라는 사실의 실질적 증거다.

③ 대상이나 세상에 대한 희로애락 등의 '인간적 특징'들은 인간이 무자아의 관계의존적 존재성이라는 사실의 실질적 증거다.

---

## 무자아에 대한 질문들

**내 생각과 내 의지로 움직이는데 그런 나를 어찌 없다고 하는가요?**

— 내 생각과 내 의지가 아니라 인연(조건)에서 생각이 생겨나고 욕망이 생겨나고 의지가 생겨나는 것입니다. 십이연기가 말하듯이, '나'라는 것은 그런 조건의존적 생각, 욕망, 의지의 쌓임[集]일 뿐입니다. '나'라는 것이 생각, 욕망, 의지의 주체라는 관념은 의식이 조작한 기만에 불과합니다.

**생각은 내가 만드는 것 아닌가요?**

— 아닙니다. 생각은 내가 만드는 것이 아닙니다. 오히려 내가 생각들로부터 만들어지는 것입니다.

**만일 욕망과 그로부터의 생각을 '나'라고 하면 무슨 문제가 있는가요?**

— 생각, 욕망, 의지는 인연에서 형성된 것이고, '나'는 생각, 욕망, 의지로부터 형성된 것입니다. 내가 생각, 욕망, 의지의 원인이라는 주장은 만들어진 요리가 요리를 만드는 재료들의 원인이라는 주장과 다르지 않습니다.

**형성하는 주체가 있다면 그것을 나라고 할 수 있지 않나요?**

— 내 생각으로 나를 형성한다는 말은 성립하지 않습니다. 이미 내가 존재하는데 왜 다시 나를 형성하겠습니까? 생각은 내 생각이 아니라 연기한 생

각이고, 연기한 생각들로 나를 형성하는 것은 무명한 욕망의 탐진치 습성입니다. 왜 무명한 욕망이냐면 자아가 없는데 이를 알지 못하고 기어코 자아의 존재로서 존재하려는 망상의 욕망이기 때문입니다. 탐진치 습성은 이 망상의 욕망이 삶에서 축적하는 버릇, 습관이라고 말할 수 있습니다. 욕망은 습관들이 갈애하는 생각들에 취착합니다. 취착은 또한 생각을 붙들고 놓아주지 않지요. 이 갈애와 취착으로부터 '나'라는 존재가 형성되는 것입니다.

**나를 의식의 기만이라고 하는 말은 정확히 어떤 의미인가요?**
— 사람들은 의식이 나의 정체성이고 내가 의식의 주체인 듯이 생각합니다. 하지만 의식은 욕망의 습성이 취착하는 생각의 무더기에 불과합니다. 붓다는 오온연기에서 생각의 무더기인 의식을 '식온識蘊'이라고 이름하셨지요. 생각들의 무상한 무더기에 불과한 줄 모르고 의식은 '나는 생각의 주체로서 원래부터 존재하는 것'이라는 생각(망상)에 빠져 있습니다. '나'라고 하는 관념은 그런 망상의 결과인 셈이지요. 그래서 '의식의 기만'이라고 하는 것입니다.

**정신적인 것이야 그렇다 하더라도 지금 여기 있는 이 몸이 생각, 욕망 등의 주체라는 것은 분명합니다. 그렇다면 이 몸을 '나'라고 할 수도 있는 것 아닌가요?**
— 만일 몸이 나라면 나에게 병(나 아닌 것)은 없어야 할 것입니다. 생긴다고 해도 금방 알 수 있어야 하겠지요. 그러나 나는 몸(나)을 알지 못하고 병이 생기는 것도 알지 못합니다. 나도 알지 못하고 나 아닌 것도 알지 못하는 나는 있을 수 없습니다. 몸이 내가 아니라는 사실은 몸이 '조건의존적 신경계'라는 사실만 보아도 알 수 있습니다. 그러므로 몸을 나라고 말해서는 안 되는 것입니다.

# 아我

무자아를 분명히 이해하려면 '아我'부터 정의하여야 한다. 현상을 체體와 용用으로 정의하는 동양철학의 관점에서 용은 체의 현상이고 체는 용의 아我다. 서양의 철학용어와 비교하면 '용 – 존재성', '체 – 존재'로 대치對置, 비교할 수 있다. 따라서 아我는 다음과 같이 정의할 수 있다.

- 아我 = 존재 = 실체 = 영역체領域體.

그런데 연기론의 무자아는 존재성을 소유한 자아自我가 없다는 뜻이지, 아我 자체가 없다는 뜻이 아니다. 즉 자아는 없지만 공空한(자아 없는) 아我는 있는 것이다. 연기론이 무자아 = 공을 말하는 이유가 바로 여기에 있다.

공한 있음에 대하여 살펴보자. 유有는 외부에 대해 완전히 차별적인(닫힌) 형태, 즉 외부에 대한 차별적 독립체의 상태고, 무無는 완전히 무차별적인(열린) 형태, 즉 외부에 대한 차별적 영역이 없는 상태다. 이런 유무의 양변을 떠난 공空은? 외부에 선택적으로 열린 관계의존적 상태의 영역체다. 그러므로 공한 있음을 다음의 특징들로 정의할 수 있다.

① 선택적으로 열린 형태는 자성이 없는 무자아다.
② 선택적으로 열린 형태는 유有 혹은 무無로 규정할 수 없는 불확정성이다.
③ 선택적으로 열린 형태는 관계맺음의 현실태로 현상할 수 있는 가능태다.
④ 선택적으로 열린 형태의 존재값은 관계의존적 존재값이다.

"수행승들이여, 태어나지 않고 생겨나지 않고 만들어지지 않고 형성되지 않은 것이 있다.

수행승들이여, 태어나지 않고 생겨나지 않고 만들어지지 않고 형성되지 않은 것이 없다면, 세상에서 태어나고 생겨나고 만들어지고 형성되는 것으로부터의 여읨이 알려질 수 없다.

그러나 수행승들이여, 태어나지 않고 생겨나지 않고 만들어지지 않고 형성되지 않은 것이 있으므로 세상에서 태어나고 생겨나고 만들어지고 형성되는 것으로부터의 여읨이 알려진다."

《우다나》〈8-3. 열반의 경〉

이 경을 바르게 해석하려면 '태어나고 생겨나고 만들어지고 형성되는 것'이라는 서술이 존재론적으로 인식을 형성하는 연생緣生에 대한 서술, 즉 현상을 '존재'로 인식하는 무명 망상에 대한 서술이라는 사실을 유념하여야 한다. 이 사실로부터 경에서 말하는 여읨이 무명 망상의 여읨, 즉 자신을 자아 있는 존재라고 주장하는 중생상衆生相의 여읨을 말한다는 것을 알 수 있다.

접촉(인연)에서 상相(관계의존적 존재성)을 연생하는 무자아는 상相의 모태母胎와 같다. 상의 모태인 무자아 자체는 형성되지 않은(태어나지 않고 생겨나지 않고 만들어지지 않은) 것이다. 즉 형성되지 않은 것(불확정성의 무자아)과 형성되지 않은 것(불확정성의 무자아)의 인연(접촉)에서 관계의존성의 상相이 형성된 것(연기한 것)이다. 그러므로 형성된 것(상相)에는 형성되지 않은 것(무자아)이 있다고 알아야 한다. 경의 첫 번째 구절은 이를 말한 것이다.

상相에 무자아가 있기에 상의 취함과 취함의 알려짐이 있을 수 있고, 상에 무자아가 있기에 상의 여읨과 여읨의 알려짐이 있을 수 있다. 상相을 존재값으로 취사取捨하는 무자아 없이 상만 있을 뿐이라면, 상(중생상)의 취함이나 취함의 알려짐, 상의 여읨이나 여읨의 알려짐이 어떻게 성립할 수 있겠는가?

사람들이 불교 이해에 어려움을 겪는 까닭은 법(현상)에 무자아가 있음을 알지 못하기 때문이다. '무아無我'를 '무자아無自我'라는 용어로 굳이 대체한 이유도 이것이다. 나름 불교를 안다고 자부하는 사람들도 무아(무자아)에 대해서는 '없다'는 이해에 치중하고 있어서 '있다'는 이치를 제대로 알지 못하는 경우가 대부분이다. 대표적 경우가 현상을 마음의 환幻이라고 말하는 견성불교다. 그들에게 현상은 단지 '실체 없는 것'일 뿐이다.

견성불교는 앞의 경을 다음과 같이 해석한다. "태어나지 않고 생겨나지 않고 만들어지지 않고 형성되지 않은 것이란 마음의 본래本來 청정한 본성本性을 말한다. 본래의 본성이 있기에 태어나고 생겨나고 만들어지고 형성되는 환幻의 여읨이 본성에게 알려질 수 있는 것이다." 그러나 이 해석은 자체의 모순이 있다. 본래 있는 본성이라면 그것은 언제나 자성이어야 한다.[91] 즉 본래 있는 청정한 자성은 청정한 성품으로 항상하여야 하는 것이다. 본래 청정한 성품이 오염된 중생상衆生相으로 있다가 그것으로부터의 여읨을 아는 그런 일은 없다. 이는 '그런 것'에 '그런 것이 아닌 것'이 함께 있다는 자기모순에 다름 아니다.

이에 대해 견성불교는 이렇게 말한다. "마음이 망념에 휩싸였다가 벗어

---

91 본래 있는 것은 자신으로서 자재自在하는 자성自性이어야 한다.

난 것이다." 이 말이 성립하려면 벗어난 것은 '본래 있는 것(자재의 자성으로서 있는 것)'이 아니라 '무자아(자성이 없는 것)'이어야 한다. 자성으로서 있는 것에 어찌 '아닌 것으로 있다가 그것으로부터의 벗어남'이라는 일이 있을 수 있겠는가? 존재값의 취사取捨는 자성이 없어야 비로소 가능한 일이다.

견성불교가 위와 같이 주장하는 연유는 견성불교가 무자아의 법(연기법)을 진아眞我, 불성佛性, 본성, 청정자성 등의 법으로 왜곡한 불교이기 때문이다. 무자아의 법(비실재론의 불교)을 형이상학적 실재의 법(실재론의 불교)으로 왜곡하는 실재론자들의 오류는 거의 동일하다. 자성 없는 무자아를 그들이 주장하는 본래의 실재, 즉 자재自在, 자성自性의 형이상학적 실재로 바꿔치기하고는 이를 법의 요체라고 주장하는 것이다.


## 형성된 것에는 형성되지 않은 것이 있다

《우다나》〈8-3. 열반의 경〉을 다음과 같이 표현할 수 있다.

"형성된 것(상相)에는 형성되지 않은 것(무자아無自我)이 있다.
형성되지 않은 것이 없다면 형성된 것으로부터의 여읨이 알려질 수 없다.
형성되지 않은 것이 있기에 형성된 것으로부터의 여읨이 알려질 수 있다."

무자아가 형성을 여읠 수 있는 것은 무자아가 형성된 값을 존재값으로 취하더라도 그 값에서 무자아로 있기 때문이다. 만일 무자아가 값을 취하여 '그 값의 그것'으로 되어버리면, 즉 무자아가 '어떤 값의 존재'가 되어버리면 그 값에서 벗어나는 일은 있을 수 없을 것이다. 그러나 무자아는 형성된 값을 취하더라도 그 값의 존재가 되지는 않는다. 무자아는 다만 그 값이 자신의 것이라는 망상에 사로잡혀 있을 뿐이다. 즉 무자아는 인연에서 형성된 관계의존적 값(상相)을 취하더라도 여전히 무자아인 것이다.

연기법이 성립할 수 있는 것도 형성된 것(상)에 형성되지 않은 것(무자아)이 있기 때문이다. 상相에 무자아가 있기에 상相에 취착하는 유전문流轉門(중생상衆生相의 연생)의 연기법이 성립하고, 상에 무자아가 있기에 상을 여의는 환멸문還滅門(중생상衆生相의 연멸)의 연기법이 성립한다.

---

## 올바른 견해: 중도

깟짜야나 존자가 세존에게 물었다.

"세존이시여, 어떠한 점에서 올바른 견해가 있는 것입니까?"

"깟짜야나여, '모든 것은 존재한다'고 하는 것은 하나의 극단이다. '모든 것은 존재하지 않는다'고 하는 것도 또 하나의 극단이다. 깟짜야나여, 여래는 그러한 양 극단을 떠나서 중도中道의 가르침을 설한다."

《상윳따 니까야》〈깟짜야나곳따-숫따〉(S12:15)

'의존하여 존재함'을 말할 수 있으려면 '존재함의 있음(유有)'과 '존재함의 없음(무無)'이라는 양변을 떠나야 한다. 인간의 존재함은 인식(경험)에 의존한 존재함이다. 경험하니까 나의 모습이 있고, 경험하니까 나의 몸이 있고, 경험하니까 나의 성별性別이 있고, 경험하니까 나의 존재성이 있고, 경험하니까 나의 인과가 있다.

만일 '존재함'이 존재의 것이라면, 존재에게 존재함의 사실들은 경험하는 앎이 아니라 선험적으로 갖추어진 앎이어야 할 것이다. 이 문제에 대해 붓다는 '경험하는 자는 자아가 있는 자(존재함을 소유한 자)가 아니라 자아가 없는 자(존재함을 소유하지 않은 자)'라고 말씀하셨다.

존재함을 소유한 자가 '존재'라면 존재함을 소유하지 않은 자는 '무자아'다. 존재함을 소유하지 않은 무자아이기에 그는 인연에서 조건의존적 존재함을 경험한다. 인연에서 조건의존적 일어남과 소멸함을 경험하는 무자아의 존재함, 즉 연생緣生, 연멸緣滅하는 무자아의 존재함이 바로 유무有無의 양변을 떠나는 중도中道다.

---

## 자아 없음과 연기

"수보리야, 만약 보살이 무아법無我法을 통달하였으면 여래는 그를 '참다운 보살'이라고 이름하느니라."
《금강경》〈구경무아분〉

붓다가 제자들에게 '보라'고 요청하신 것은 두 가지, 즉 자아 없음과 연기다. 자아 없음을 보는 것은 현상에서 관계의존성(연기緣起)을 보는 것이고, 연기를 보는 것은 현상에서 자아 없음을 보는 것이다. 그러므로 '자아 없음을 보라'는 말씀과 '연기를 보라'는 말씀은 서로를 설명한 것이라 할 수 있다. 즉 무자아법無自我法에 통달한 것이 연기법에 통달한 것이고, 연기법에 통달한 것이 무자아법에 통달한 것이다.

# 8

·

# 중도의 연기법

# 현실에서 경험하는 연기법

1. 유행하는 바라문이 세존에게 질문하였다. "고타마 존자시여, '법은 스스로 보아 알 수 있는 것이다'라고 말씀하셨습니다. 어떻게 얼마만큼 보아야 스스로 보아 알 수 있고, 시간이 걸리지 않고, 와서 보라는 것이고, 향상으로 인도하고, 지혜로운 자들이 각자 아는 것입니까?"

2~4. "바라문이여, 탐욕, 분노, 어리석음을 버렸을 때 그는 자기를 해치는 생각을 하지 않고 타인을 해치는 생각을 하지 않고 둘 모두를 해치는 생각을 하지 않는다.

바라문이여, 탐욕, 분노, 어리석음을 버렸을 때 그는 자기에게 이로운 것을 있는 그대로 꿰뚫어 알고 타인에게 이로운 것을 있는 그대로 꿰뚫어 알고 둘 모두에게 이로운 것을 있는 그대로 꿰뚫어 안다.

바라문이여, 이렇게 법은 스스로 보아 알 수 있고, 시간이 걸리지 않고, 와서 보라는 것이고, 향상으로 인도하고, 지혜로운 자들이 각자 알아야 하는 것이다."

《앙굿따라 니까야》 〈유행승 경〉(A3:54), 각묵 역

이 세상은 무자아가 인연에서 형성하는 관계의존적 형성(연기緣起)의 세상이지만 사람들은 이 사실을 알지 못한다. 사실(무자아)을 알지 못하기에 사실이 아닌 것(존재)에 탐욕, 분노, 어리석음으로 취착하고, 사실이 아닌 것에 취착하기에 자기에게 이로운 사실을 꿰뚫어 알지 못하고, 타인에게 이로운 사실을 꿰뚫어 알지 못하며, 자신과 타인 둘 모두에게 이로운 사실을 꿰뚫어 알지 못한다.

## 인연 연기

존재론적 관념으로 연기법을 이해하는 사람들은 인연과 연기를 원인과 결과로 분리하려 한다. 하지만 이는 잘못된 것이다. 상의적 형성의 연기는 원인의 인연과 결과의 연기를 모두 함축하는 말이다. 즉 연緣(paṭicca)은 인연을 말하는 것이고, 기起(samuppāda)는 연기를 말하는 것이다. 그러므로 인연과 연기를 분리하는 것은 옳지 않다.

인연과 연기를 분리하는 사람들은 인연으로부터 무엇이 발생하는 것을 연기라고 생각한다. 그러나 연기는 인연으로부터 생겨남을 말하는 것이 아니라 가능태의 인因과 연緣이 관계맺음의 인연(원인)에서 서로에 의존하여 관계의존적 현실태의 인因과 연緣으로 형성됨(결과)을 말하는 것이다. 인연을 설명하는 연기이고 연기를 설명하는 인연이니, 인연과 연기를 분리하는 것은 인연과 연기에 대한 이해를 그르치는 일이다.[92]

## 인연의 진제, 속제

**1)** 진제의 인연

연기법에서 현상은 존재에 기인하는 것이 아니라 조건들의 인연에 기인하고, 인연하는 조건 역시 존재에 기인하는 것이 아니라 조건들의 인연에 기인한다. 즉 현상은 물론 현상을 있게 하는 조건들이 모두 조건의존성

---

92 연기법의 인과가 '자아 없는 인과'라는 사실을 유념하면 인연(원인), 연기(결과)를 분리해서는 안 된다는 사실을 이해할 수 있다.

이다. 조건의존성의 조건은 조건의 자아 없음을 말하기 위한 가명假名이고, 속제의 인연은 가명의 조건을 가설한 인연이다. 속제를 떠나 진제로 인연을 설명할 방법은 없다. 굳이 언어로 말한다면 '관계맺음' 혹은 '접촉con-tact'이라 할 수 있다.

### 2) 속제의 인연

관계맺음의 조건들을 인因과 연緣으로 구분하고, 인과 연에 해당하는 것들의 이름, 내용, 범위를 가설假說함으로써 관계맺음의 내용을 정의한 것이 속제의 인연이다. 하지만 이런 구분과 정의는 어디까지나 방편이다. 사람들이 조건(인연)을 존재론적 개념으로 이해할 수 있도록 가설하여 정의하고 구분하는 것일 뿐이다. 방편으로 가설하여 논하고 소통하기에 속제라고 한다.

---

### 인연 1

---

- **인因** 안, 이, 비, 설, 신, 식識의 육근.
- **연緣** 색, 성, 향, 미, 촉, 법法의 육경.

붓다가 설법하신 육육연기, 오온연기, 십이연기의 연기법들은 육근과 육경의 인연에서 연생하는 연기법(유전문의 연기법)들이다. 때로 육근과 육경에 육식을 더하여 삼사三事를 설법하시기도 했으나, 육식은 육근과 육경의 인연에서 연생한 것이니 붓다가 설법하신 유전문 인연의 기본형은 육근, 육경의 십이처라고 정의할 수 있겠다.

《상윳따 니까야》〈일체 경〉(S35:23)에서 붓다는 육근, 육경이 존재와 세상을 일으키는 일체의 인연이자 인간이 인식하는 영역의 일체一切라고 설법하신다.[93] 이어지는 〈불타오름 경〉(S35:28)에서 '일체는 불타오른다'고 설법하시는데, 이는 육근(인식자), 육경(인식대상)에 자아가 있다고 주장하는 십이처의 무명으로부터 존재와 세상의 모든 고苦가 불붙어 타오른다는 뜻이다.[94] 삼법인의 일체개고一切皆苦는 붓다의 위의 설법들을 한마디로 정리한 것이라 할 수 있다. 즉 일체 = 십이처 = 무명이 고라는 뜻, 쉽게 말해 무지하니까 고苦라는 뜻이다.

---

## 인연 2

- **인因** 존재하려는 욕망 혹은 탐진치 욕망.
- **연緣** 세상.

앞에서는 인因을 육근이라고 하고서는 왜 다시 인을 욕망이라고 정의하는 것인가?

가명의 인과 연이기에 설법하는 이의 의도에 따라 인과 연의 개념, 이름이 특정적으로 가설될 수 있다. 붓다는 설법하신 연기법문 대부분에서 인연을 육근과 육경으로 특정하셨지만, 때로는 무명한 탐진치 욕망으로부터 중생상衆生相의 고苦가 연생하는 것이라고 설법하기도 하셨다.

사실 욕망이야말로 자아 없는 인식자를 서술할 실질적인 용어라고 할

---

93  〈세상 경〉(S12:44)에서 붓다는 육근과 육경을 조건하여 세상이 일어난다고 설법하신다.
94  〈나띠까 경〉(S12:45)에서 붓다는 육근, 육경을 조건하여 고품의 무더기가 생겨난다고 설법하신다.

수 있다. 현상은 인식자와 인식대상의 화합물이고, 그 현상에는 인식자의 욕망이 녹아들어 있다. 대상을 갈애하고 취착하는 욕망이야말로 가명의 인식자를 욕동欲動하는 실질적 주체라고 말할 수 있는 것이다.

## 존재하려는 욕망: 육근과 육경을 묶는 욕망

이런 문제가 있다. 만일 관계를 이끄는 동력이 없다면 관계맺음에서 의 지나 능동성을 발견할 수는 없을 것이다. 유사한 문제가 정신분석학 이론 들의 대립에서도 있었다. 신프로이트 학파는 프로이트가 주장한 욕동慾動 을 부정하고 관계를 정신적 현상의 동력으로 주장하는 대상관계이론 등에 대하여 "욕동이 없는 정신은 관계의 수동적 산물에 지나지 않는다. 그렇다 면 어떻게 능동적으로 관계를 선택하고 행위하는 일이 가능할 수 있겠는 가?"라고 비판하였다. 이는 옳은 비판이다. 관계를 이끄는 욕동이 없다면 관계를 선택하고 이끄는 현상도 일어날 수 없을 것이다.

《상윳따 니까야》〈꽃티따의 경〉(S35:232)에서 사리뿟따는 형상에게 눈이 묶인 것인지, 형상이 눈에 묶인 것인지를 묻는 꽃티따에게 형상이나 눈은 욕망에 묶인 것이라고 대답한다. 자아 없는 형상(육경)과 눈(육근)을 묶어 마치 이들이 각각 실재하는 것처럼(자아 있는 것처럼) 서로를 분별하게 하는 것은 욕망이라는 뜻이다.

탐貪(탐욕), 진嗔(증오, 분노), 치痴[95]는 욕망의 습성에 대한 붓다의 설명이

---

95    치痴는 분별적 사유 없이 느낌. 생각이 일어나는 대로 그것들에 업혀다니는 어리석음이다.

다. 니까야 경전들의 곳곳에서 '탐진치 습성에 물든 것이 번뇌–고苦'이며, 탐진치 습성을 뿌리 뽑지 못하면 번뇌–고苦를 벗어나는 길은 없다'라는 붓다의 설법을 확인할 수 있다. 그런데 탐진치는 상相을 조건하여 연생한 습성이다. 그렇다면 습성 이전의 욕동慾動, 즉 '무자아無自我의 인연을 이끄는 욕망'을 무엇이라 말할 수 있겠는가? 세상에서 무자아는 존재하려 한다. 육경(세상)과 육근(몸)의 인과因果를 부단히 분별하려는 이유도 존재하기 위해서다. 그러므로 육근과 육경의 인연을 이끌며 탐진치 습성의 상相을 연생하는 원초적 욕동慾動(무자아의 욕동)을 '존재하려는 욕망'이라고 정의할 수 있다.

## 욕망, 의지에 대한 정의

중생의 욕망은 존재하려는 욕망이 '존재하려는 분별(세상에서 자신의 존재성을 형성하려는 분별)'에서 길을 잃은 것이다. 길을 잃은 존재하려는 욕망은 상相에 취착하며 탐진치 습성을 축적하는데, 붓다는 이를 '경향傾向'[96]이라고 말씀하셨다.

중생과 부처를 나누는 것은 세상과 자신의 존재양식에 대한 정견正見, 즉 세상과 자신의 자아 없음을 바르게 아는 지혜다. 지혜 없는 자는 경향의 습성(탐진치)에 종속된 망상의 삶을 살 것이요, 지혜 있는 자는 경향의 습성을 이겨내고 바르게 존재하는 길을 모색할 것이다. 정견이 없는 '존재

---

[96] 후설이 현상학적 환원에서 말한 '지향성'과 유사한 개념이라 할 수 있다.

하려는 욕망'은 관성처럼 탐진치 습성으로서 유전流轉할 것이나, 정견이 있는 '존재하려는 욕망'은 바르게 존재하기 위한 '도 닦음(수행)'의 의지意志가 될 것이다.

생명의 욕망이 존재하려는 욕망이고, 존재하려는 욕망은 세상을 분별하는 자신의 존재값을 형성하려는 욕망이니, 이로부터 중생의 습성과 수행자의 의지를 다음과 같이 정의할 수 있다.

① 중생의 습성: 존재하려는 욕망[因]+무명[緣] = 존재에 취착하는 욕망
= 탐진치 습성의 욕망
② 수행자의 의지: 존재하려는 욕망[因]+정견[緣] = 파사破邪(수행)의 의지
= 자아 없음을 꿰뚫어 보는 수행의 의지.

---

## 연생과 연기

붓다는 연생을 깨닫고 연기를 생각하셨다. 연생이 사성제의 집集이라면 연기는 사성제의 고, 집, 멸, 도다. 즉 연생이 중생의 현상을 설명한 것이라면, 연기는 중생이 생겨나고 소멸하는 이치를 설명한 것이다.

집集은 조건을 실재하는 것으로 여기는 망상이 조건 위에 조건들을 쌓는 쌓임, 즉 존재론적 망상의 쌓임이다. 육근, 육경을 존재하는 것(자아 있는 것)으로 아는 생각을 조건하여(인연하여) 가지각색의 존재[97], 비존재[98]들의 쌓

---

97  형색 있는 존재. 세상에서 경험하는 이런 저런 이름들의 존재.
98  형색 없는 존재. 영혼, 정령, 신神 등의 초월적 존재.

임이 생겨나니, 이 쌓임[集]이 바로 중생이다.

연기는 중생[集]의 멸滅을 상의성의 이치로써 설명한 것이다. 즉 육근, 육경이 서로에 의존하여 비로소 육근, 육경인 상의성의 이치를 설명함으로써 육근, 육경의 자아 없음은 물론 육근, 육경의 인연에서 연생한 모든 존재, 세상의 자아 없음마저도 설명한 것이다.[99] 그러므로 연기는 의존적 형성이라는 관점에서 이해하여야 하고 연생은 의존적 형성의 쌓임이라는 관점에서 이해하여야 한다.

---

## 연기법문 읽어내기

"비구들이여, 나에게 이런 생각이 들었다. 무엇이 있을 때 늙음과 죽음이 있으며, 무엇을 조건하여 늙음과 죽음이 있는가? 나는 지혜롭게 마음을 집중하였고, 마침내 '일어남에 이은 일어남'이라는 통찰지[慧]를 발견하였다. 늙음과 죽음은 태어남을 조건하여 일어난다. 태어남은 존재를 조건하여 일어난다. 존재는 취착을 조건하여 일어난다. 취착은 갈애를 조건하여 일어난다. 갈애는 느낌을 조건하여 일어난다. 느낌은 접촉을 조건하여 일어난다. 접촉은 여섯 가지 감각처를 조건하여 일어난다. 여섯 가지 감각처는 명색을 조건하여 일어난다. 명색은 식을 조건하여 일어난다. 식은 행을 조건하여 일어난다. 행은 무명을 조건하여 일어난다."

《상윳따 니까야》 〈사꺄무니 고타마 경〉 (S12:10)  (필자가 경의 내용을 간략히 정리함.)

---

99  색(육근, 육경)이 공하기에 수, 상, 행, 식이 모두 공하다는 《반야심경》의 설법도 이를 설명한 것이다.

위 경은 붓다가 존재, 생生, 노사老死의 고苦를 꿰뚫는 통찰지를 발견하였다고 말씀하시며 십이연기를 설하신 법문이다. 시중의 불교는 십이연기를 전생, 현생, 내생의 삼생三生에 인과가 상속하는(윤회하는) 삼세양중인과설三世兩重因果說로 해석하면서 이 삼세양중인과가 바로 붓다가 발견한 통찰지라고 주장한다.

보여줘도 읽지 못하는 사람이 있다. 바로 시중의 불교가 그런 꼴이다. 붓다는 위 법문에서 당신이 발견하신 통찰지를 상세하게 설법하셨다. 즉 위 법문이 바로 통찰지의 내용이다. 법문에서 전생, 현생, 내생에서 인과가 상속한다는 내용은 없다. 있는 내용은 열두 가지가 존재로부터 일어난 것이 아니라 무명을 조건한 일어남의 일어남이라는 것이다. 즉 붓다는 열두 가지의 자아 없는 연생을 설법하신 것이다.

붓다가 연생을 설법하신 뜻은? 자아 없는 연생을 존재의 사실로 취착하는 중생의 무명을 부수려는 뜻이다. 그런데 시중의 불교는 이들 열두 가지들을 전생, 현생, 내생에 상속하는 실제 인과로 명심하여 새겨야 할 법이라고 주장한다. 이는 법문을 읽어내지 못하는 차원의 문제가 아니다. 법을 거꾸로 왜곡하는 전도망상의 문제다.

---

### 붓다가 연생을 설하기 위해 시설하신 연기법

- **육육연기六六緣起** 중생의 집集을 육근, 육경, 육식, 감각 접촉, 느낌, 갈애, 취착의 여섯의 여섯 가지 연생으로 설하심.
- **오온연기五蘊緣起** 존재론적 인식작용을 색온, 수온, 상온, 행온, 식온의 다섯 가지 연생으로 설하심.

- **십이연기**+二緣起 중생과 고苦의 발생을 무명, 행, 식, 명색, 육입, 촉, 수 (느낌), 애, 취, 유, 생, 노사의 열두 가지 연생으로 설하심.

니까야 경전에서 확인할 수 있는 '붓다의 연기법문'은 위의 세 가지다. 시중의 불교가 육육연기, 오온연기를 도외시하고 십이연기만을 '붓다의 연기법문'으로 언급하는 까닭을 다음 두 가지로 적시할 수 있다.

① 시중의 불교가 연기법을 윤회법으로, 십이연기를 전생, 현생, 내생의 삼세 윤회를 설명하는 법문으로 잘못 해석하기 때문이다.
② 육육연기와 오온연기에 대해서 무지하기 때문이다. 육육연기가 연생의 연기법문이라는 사실을 모르기에, 즉 여섯의 여섯 가지가 비법상을 설한 법문이라는 사실을 모르기에 육육연기를 그저 갈애가 생겨나는 인식 과정을 설명한 법문 정도로 이해하는 것이다.[100] 오온연기도 마찬가지다. 시중의 불교는 오온을 '나'를 구성하는 다섯 가지 요소 정도로 이해한다. 즉 오온이 비법상의 연생을 설한 연기법문이라는 사실을 모르는 것이다.

'붓다가 직접 설하신 연기법문'은 위에 적시한 세 가지 뿐이다. 이외에 시중의 불교에서 유통하는 구경법연기, 삼세양중연기, 업감연기, 아뢰야식연기, 진여연기, 여래장연기 등의 부파불교 기원의 연기법들이 있다. 이들 모두는 인과의 실재를 주장하기 위한 연기법들, 즉 부수어야 할 존재론적

---

100 육근, 육경이 비법상이라는 사실조차 모르는데 어떻게 육육연기가 연생의(비법상의) 연기법문이라는 사실을 알겠는가?

인과(무명)를 오히려 세상의 법으로 세우려는 가짜 연기법들이다. 이를 바로 알지 못하면 이들 이론들이 주장하는 '희론戲論의 미로迷路'에서 쓸데없이 헤매게 된다.

---

## 사성제

---

《디가 니까야》〈대념처경〉(D22)의 사성제에 대한 설명을 요약하면 다음과 같다.

- **고苦** 어떤 것이 고성제苦聖諦(고苦에 대한 성스러운 가르침)인가? 십이연기 유전문이 고苦다. 오취온五取蘊이 고다.
- **집集** 어떠한 것이 집성제集聖諦(집集에 대한 성스러운 가르침)인가? 육근, 육경, 육식, 접촉, 느낌, 갈애, 취착이 집(集, samudaya)이다.
- **멸滅** 어떠한 것이 멸성제滅聖諦(멸滅에 대한 성스러운 가르침)인가? 육근, 육경, 육식, 접촉, 느낌, 갈애, 취착의 소멸이 멸(滅, nirodha)이다.
- **도道** 어떠한 것이 도성제道聖諦(도道에 대한 성스러운 가르침)인가? 멸을 수행하는 길[道, magga]로써 정견, 정사유, 정어, 정업, 정명, 정정진, 정념, 정정의 팔정도다.

경전에서 설명하는 고, 집, 멸, 도의 사성제는 연기법문들과 연동하고 있다. 즉 고성제가 오온연기(오취온), 십이연기이고, 집성제가 유전문(연생)의 육육연기이고, 집성제가 환멸문(연멸)의 육육연기이고, 도성제가 팔정도다. 그런데 연기법문들은 모두 연생緣生의 유전流轉을 설하는 법문들이기에 반드시 위 경에서 말하는 것처럼 구분할 필요는 없다. 즉 고성제가 오온연기, 십이연기, 육육연기이고, 집성제가 유전문의 오온연기, 십이연기, 육육연기이고, 멸성제가 환멸문의 오온연기, 십이연기, 육육연기이고, 도성제가 팔정도라고 정의해도 무방하다. 위 경의 설법은 단지 연기법문 중의 일부를 예시하여 설명한 것일 뿐이다.

## 고苦의 문제

시작이 중요하다. 첫 단추를 잘못 꿰면 나머지 단추도 전부 잘못 꿰게 된다. 연기법 공부도 마찬가지다. 사성제四聖諦의 고苦를 엉터리로 해석하면 나머지 집集(유전문, 연생의 연기법), 멸滅(환멸문, 연멸의 연기법), 도道(수행)의 연기법 공부 전체가 엉터리가 될 수밖에 없다.

한국에는 '오직 마음'이라고 말하는 불교가 있다. 마음을 모든 것의 실체(본질)로 간주하는 '마음 실재론자들'에게 세상은 마음에서 생긴 실체 없는 환幻이다. 그러나 연기법에서 세상은 실체 없는 세상이 아니라 자아 없는 세상이다. 자아 없는 세상은 환幻이 아니라 함께 살아가는 모든 사람들의 인연에서 더불어 형성되는 관계의존성의 세상이다.

세상의 번뇌 – 고苦 역시 마찬가지다. 고는 실체가 없는 것이 아니다. 자아가 없는 것이다. 자아가 없는 고는 환의 고가 아니라 함께 살아가는 모든 사람들의 인연에서 형성되는 관계의존성의 고다. 환이 아니기에 고는 마음 한번 돌려먹는다고 해결되지 않는다. 조건들의 자아 없음을 꿰뚫어 보고, 조건들(육근, 육경)의 자아 있음을 주장하는 무명습성으로부터 이욕, 출리하는 도道(팔정도)를 수행할 때 비로소 고로부터 온전하게 해탈할 수 있다.

20) (외도에게 나가르주나가 설한다.) 만일 이 모든 것이 공空하지 않다면 고苦의 생겨남(연생, 사성제의 집集)이나 소멸함(연멸, 사성제의 멸滅)은 존재하지 않는다. 그대는 네 가지 성스러운 가르침(사성제)이 존재하지 않는다는 오류에 빠진다.

21) 연緣하지 않고 어떻게 고苦가 존재하겠는가? 왜냐하면 '무상無常한 것은 고다'라고 설해진 까닭은 모든 것에 자성自性이 존재하지 않기 때문이다.

22) (연하지 않는) 고[101]가 어떻게 생겨나겠는가? 그대가 공성空性(무자아)을 파괴한다면(부정한다면) 생겨남은 아예 없을 것이다.

23) (연하지 않는) 고가 어떻게 소멸하겠는가? 존재(자성)를 고집하는 그대는 고의 소멸을 파괴한다.

24) (연하지 않는) 고苦에 수도修道(도 닦음)는 성립하지 않는다. 그럼에도 그대가 도를 수습修習한다고 말한다면 (그대가 주장하는) 자성의 고(연하지 않는 고)는 존재하지 못한다.

《중론》〈관사제품〉

《중론》의 〈관사제품〉은 외도外道가 공성空性(무자아)을 부정하는 주장을 펴는 것으로부터 시작한다. 외도는 "공한 것에 어찌 생멸이 있겠는가? 그러므로 모든 것이 공하다는 당신의 주장은 당신이 믿는 사성제도 부정하는 것이고 해탈이나 지혜도 부정하는 것이며 나아가 불법승의 삼보도 부

---

101 자성自性의 고(존재의 고).

정하는 것이다"라고 공격한다. 즉 외도는 무엇인가 존재하는 것이 있어야 생멸이 있을 것이고, 생멸이 있어야 당신이 추종하는 붓다의 사성제도 성립하는 것 아니냐고 추궁하는 것이다.

이에 대해 나가르주나는 "당신은 거꾸로 알고 있다. 말을 타고 있으면서 말을 잊고 있는 것과 같이 그대는 그대 자신의 오류를 우리에게 전가한다. 만물이 공성이 아니라 자성으로 존재할 때 오히려 생멸의 인因과 연緣은 물론 생멸조차 없는 것이다. 당신이 그렇게 거꾸로 아는 이유는 당신이 공성(무자아無自我)의 효용과 의의에 대해서 무지하기 때문이다. 잘못 파악한 공성은 지혜가 열등한 자를 파괴한다. 마치 잘못 잡은 뱀이나 잘못 닦은 주술呪術과 같이"라고 답한다.

위에 인용한 20)~24) 게송은 그로부터 이어지는 내용이다. 자성自性의 고苦, 즉 존재의 고苦는 존재하거나(유有) 존재하지 않거나(무無)만 있을 뿐 생겨나거나 소멸하는 경우는 없다. 즉 고苦가 존재의 고이면 고가 생겨나는 집集(사성제의 집)도 없고 고가 소멸하는 멸滅(사성제의 멸)도 없는 것이다. 또한 존재의 고는 연생의 오염을 청소하는 연멸의 수습修習으로써 벗어날 수 있는 고가 아니기에 수습하는 도道(사성제의 도, 팔정도)도 없다.[102] 이렇게(외도가 주장하는 것처럼) 공성(자성 없음)을 부정하고 존재의 고苦를 세우려 한다면 오히려 사성제가 성립할 수 없는 것이다.

공성을 부정하는 외도에 대한 비판은 〈관사제품〉 24)~40)의 게송에서 다시 이어진다. 만일 외도가 주장하는 대로 존재가 있어야 하는 것이라면, 세상은 생기는 일, 멸하는 일, 짓는 일, 행위하는 일, 구하는 일, 번뇌하는 일

---

102 '존재의 고苦'는 존재를 강제하는 법칙의 고이기에 신神에 의해 구원받거나, 존재 혹은 존재의 세상을 초월해야만 벗어날 수 있는 고苦다.

도 없는 상주부동常住不動한 세상이고 말 것이다. 왜냐하면 자성의 존재에게 생하고, 멸하고, 행위하고, 구하고, 짓고, 번뇌하는 모습은 있을 수 없는 것들이기 때문이다. 세상이 이렇게 의존하여 생하고, 멸하고, 행위하고, 구하고, 짓고, 번뇌하는 무상한 모습이려면 그 모습의 것은 공성, 즉 자성이 없는 무자아無自我이어야 한다.[103] 자성이 없기에 관계에 의존하여 생하고, 멸하고, 행위하고, 구하고, 짓고, 번뇌하는 무상한 모습이 가능할 수 있다.

## 존재의 고, 집, 멸, 도를 주장하는 사람들

우리가 겪는 생노사生老死의 번뇌 – 고苦는 존재의 고가 아니라 조건의존성의 자아 없는 고, 즉 연생緣生의 고다. 붓다는 당신이 깨달은 연생의 법을 당시의 중생들에게 설하셨고, 고가 연생이라는 가르침을 들은 사람들은 이구동성으로 마치 넘어져 있던 자가 손을 짚고 일어선 것과 같다며 붓다를 찬탄했다.

그런데 시중의 불교는 이 가르침을 거부한다. 그들은 '연생의 고'라고 말하지 않고 '존재의 고'라고 말하고, '무명이 고'라고 말하지 않고 '세상이 고'라고 말하고, '연생의 연기법'이라고 말하지 않고 '삼세三世를 윤회하는 연기법'이라고 말한다.

존재의 고를 주장하는 이들에게는 고를 소멸하는 도道 또한 존재가 증

---

103 〈관사제품〉에서 말하는 공성空性은 자성 없는 무자아(현상의 당체)를 말하는 것이다. 이렇게 알아야 〈관사제품〉을 쉽게 해석할 수 있다.

득하는 도[104]이어야 한다. 즉 해탈(열반)은 연유緣由가 있는 것(조건의존적인 것)[105]이 아니라 자재自在의 경지, 성품[106]이어야 하는 것이다. 이렇게 존재의 고, 존재의 도를 주장하는 실재론자들에게 수행은 오염을 청소하는 도가 아니라 진아, 불성, 청정자성 등의 본래本來를 견성見性하기(증득하기) 위한 것이다.

고苦와 도道를 존재의 사실로 만든 실재론자들에게는 집集과 멸滅 또한 존재의 사실이어야 한다. 그래야 '존재의 사성제'가 완성될 것 아닌가? 집(중생)을 '존재의 사실'로 해석하는 실재론자들에게 유전문의 십이연기는 연생의 연기법이 아니라 '중생의 존재가 생멸하는 인과'의 유위법有爲法[107]이다. 유위법이 집集이니, 멸滅은 유위법이 적멸한 무위법[108]이어야 할 터이다.

이렇게 사성제를 존재의 사실로 구성한 실재론자들에게 고, 집, 멸, 도는 무명을 조건한 고, 고를 조건한 집, 집을 조건한 멸, 멸을 조건한 도가 아니라 고에서 지知하여야 하는 고, 집에서 단斷하여야 하는 집, 멸에서 증證하여야 하는 멸, 도에서 견見하여야 하는 도다. 하지만 이런 사성제는 붓다의 설하신 바가 아니다. 형이상학적 실재를 주장하는 힌두교나 도교의 사성제일 수는 있어도 비실재론의 불교가 말하는 사성제는 아니다.《반야심경》

---

104 자재自在하는 경지, 성품의 도道.

105 무명이 없으면 해탈이 없고, 해탈이 없으면 열반도 없다. 해탈, 열반도 자재하는 것이 아니라 무명을 조건하여 있는 것이다.

106 본래의 성품(불성), 진아, 주인공, 청정 자성 등의 도道.

107 존재의 생멸이 실제의 사실인 인과법. 즉 존재의 생生, 변變, 멸滅이 있는 인과법.

108 존재의 생멸 인과가 소멸한 인과법. 즉 존재의 여여함만 있는 적멸의 인과법.

이 '공중空中 무고집멸도無苦集滅道'[109]라며 굳이 고, 집, 멸, 도를 없다고 강조한 이유도 연생의 고, 집, 멸, 도를 존재의 사실로 취하려는 실재론자들의 무명을 경계警戒하려는 것이다.

---

109 "고, 집, 멸, 도는 무명의 연생, 연멸을 논하려 시설된 이름이니, 무명의 오염이 없는 공한(청정한) 연기법에는 고, 집, 멸, 도라는 이름도 없다"는 뜻.

9 · 공

- 공을 설하는 붓다
- 교의 공: 비유비무非有非無
- 수행의 공: 파사破邪의 공, 오염을 비우는 공
- 의상 vs 공상
- 공 실재설

## 공을 설하는 붓다

[존자 모가라자] "이렇듯 놀라운 통찰을 지닌 님께 묻고자 왔습니다. 어떻게 세상을 관찰해야 죽음의 왕이 보지 못합니까?"

[세존] "모가라자여, 항상 지혜의 사띠를 확립하고 실체(자아 있음)를 고집하는 편견을 버리고 세상을 공空으로 관찰하십시오. 그러면 죽음을 넘어설 수 있습니다. 이와 같이 세상을 관찰하는 님을 죽음의 왕은 보지 못합니다."

《숫타니파타》〈5-16. 학인 모가라자의 질문의 경〉

세상을 공空(자아 없음)으로 관찰하라는 붓다의 말씀에도 불구하고 다른 말을 하는 불교가 있다. 오직 마음뿐이기에 세상을 환幻(실체 없음)으로 보아야 한다는 유식唯識불교다. 유식불교에서 공은 무자아의 가명이 아니라 환幻(세상)을 일으키는 본래 성품의 이름이다. 따라서 유식에서 공을 보라는 말은 세상의 자아 없는 연생을 보라는 뜻이 아니라, 환의 세상으로부터 벗어나 본래 성품을 보라는 뜻이다. 상의성으로 이해해야 할 세상이 벗어나야 할 환으로 변질된 유식불교다.

## 교의 공: 비유비무非有非無

경전에서 공은 다양한 모습으로 설하여진다. 우선 연기론에서 공의 개념이 적용되는 경우를 정리해보자. 우리는 '존재함'을 세 가지 관점에서 해석한다. 첫째는 존재[體], 둘째는 존재성[用], 셋째는 인과因果다. 붓다의 설법이 사람들의 존재론적 관념을 차용한 방편설법이라는 사실을 고려하면,

설법에 사용된 공 또한 존재, 존재성, 인과의 세 가지 관점에서 혼용되는 개념으로 이해되어야 할 것이다. 세 경우가 각각 별개인 존재론에서 이런 혼용은 부적절하지만, 존재, 존재성, 인과가 공히 연기를 논하기 위한 가명인 연기론에서 이들 세 경우 모두를 공으로 설명하는 것은 합당하다. 다만 경우에 따라 공의 의미를 탄력적으로 해석할 필요는 있다.

먼저 존재의 공이다. 연기론에서 존재(현상의 체)는 불확정성의 무자아이고 따라서 유, 무 양변을 떠나는 공성suññatā으로 설명할 수 있다. 다음은 존재성(현상)의 공이다. 현상하는 존재성은 자아 없는 관계의존성이고 따라서 유, 무 양변을 떠나는 공suñña으로 설명할 수 있다. 마지막으로 인과因果의 공을 살펴보자. 현상은 조건에 의존한 현상이고 조건은 조건에 의존한 조건이다. 현상도 자아가 없고 현상을 있게 하는 조건도 자아가 없다. 이런 현상의 인과는 한정할 수 없다. 만일 조건 중에 자신으로서 존재하는 것이 하나라도 있다면 그 존재를 기점으로 현상의 인과를 규정할 수 있을 것이다. 그러나 모든 조건이 자아 없는 조건인 세상에서 현상의 인과는 무한히 확산, 수렴, 순환하는 것일 수밖에 없다. 이런 인과는 유, 무로 분별할 수 없는 인과이고 따라서 유, 무 양변을 떠나는 공suñña으로 설할 수 있다.

## 수행의 공: 파사破邪의 공, 오염을 비우는 공

교敎의 공이 존재론적 유有, 무無의 양변을 떠나는 비유비무非有非無의 공이라면, 수행의 공은 '비움emptiness의 공'이다. 파사현정破邪顯正의 연기법은 구함으로써 구현되는 것이 아니라 그릇된 것(무명습성)을 비움(청소함)으로써 구현된다. 특히 수행을 설하는 법문의 공은 무명습성을 청소하는 바른 지혜의 공이다. 경전에서 붓다가 공하게 보라는 말씀은 바른 지혜로서 무명(존재론적 관념)을 꿰뚫어 보라는 뜻이다. 무명을 꿰뚫어 보는 공, 즉 파사破邪를 수행하는 바른 지혜의 공은 취착하는 의식의 무명습성을 꿰뚫어 알아차리는 공상空相의 사띠sati다.

## 의상 vs 공상

세상을 환幻으로 말하는 사람들에게 해탈은 세상의 모든 형상(상想)과 개념(상相)으로부터 벗어나는 것이다. 그러나 생명과 세상의 접촉(인연)에서 연기한 상想에 허虛(무명)는 없다. 실實, 허虛의 문제가 생기는 것은 상相(분별)이다. 즉 연기법에서 벗어나야 할 것은 상想에 취착하는 존재론적 관념의 상相인 것이다.

《맛지마 니까야》〈마간디야의 경〉(M075)에서 붓다는 "마간디야여, 형상에 기뻐하고 즐거워하고 환희하는 시각이 있는데, 여래는 그것을 제어하고 지키고 수호하고 다스렸으며 그것을 다스릴 수 있는 가르침을 설한다"라고 설법하셨다. 제어하고 다스릴 대상은 형상 자체가 아니라 형상에 기뻐하고 환희하는 시각(견해)의 의상意相이라는 사실을 분명히 천명闡明하신 것이다. 《숫타니파타》〈5-14. 학인 우다야의 질문의 경〉에서 붓다는 "세상은 무엇에 속박되어 있습니까? 그것을 추진하는 것은 무엇입니까? 무엇을 끊어버린다면 열반이 있다고 말합니까?"라고 묻는 우다야의 질문에 "세상은 즐김에 얽매여 있고 생각[意]이 그것을 추진한다. 그러므로 (생각이 쫓는) 갈애를 완전히 끊어버리면 열반이 있다"라고 답하셨다. 세상을 속박하는 것이고 그래서 끊어버려야 할 것은 생각(존재론적 관념)과 그로부터의 얽매임(갈애)이라고 분명하게 답하신 것이다.

생각(개념)을 끊는 것은 상想에서 개념을 단절하는 것이 아니다. 상想을 자아 있는 것으로 알아서 취착하는 상相을 멈추는 것이다. 연기한 상想에서 취착할 처處(존재)는 없다. 그러므로 상想에 의처意處를 두는 의상意相은 허상이요, 상想에 의처意處를 두지 않는 공상空相은 실상이다.

## 공 실재설

공에 대한 관점의 차이는 남방불교와 북방불교의 경계라고도 볼 수 있다. 남방불교에서 공에 대한 개념은 희박하다. '공하다'는 말을 '자성自性이 없다'는 개념 이상으로 이해하지 않는다. 하지만 북방불교에서 공은 개념 이상의 실재다. 진여, 불성, 여래장, 진공眞空 등은 북방불교에서 실재로서의 공을 지칭한 이름들이다.

공空을 자성청정심自性清淨心으로 보는 여래장사상이 부파불교의 심성론心性論에서 기원했다면, 모든 중생에게 불성佛性이 있다는 불성사상은 유식, 여래장, 도교를 일체화한 중국 선종불교의 심성론[110]에서 기원했다. 《대승기신론》[111]은 여래장사상과 불성사상이 뒤섞인 일심一心사상을 본질(진여문)과 현상(생멸문)이라는 두 가지 측면에서 설명한다. 즉 무위의 여여한 마음(진여眞如 - 공空)이 본질이라면, 생멸하는 유위有爲한 세상은 진여 –

---

110 마음의 본래 성품은 항상하는 진여眞如로서 불생불멸不生不滅이나 마음이 망념으로 경계를 지어 분별하는 일체법은 생주변멸로 무상하다는 이론.

111 대승불교의 대표적 논서이며 한역본만 있다. 2세기에 인도인 아슈바고샤(Aśvaghoṣa, 마명)가 지은 경이라는 주장과, 5세기에 중국에서 제작되었다는 주장이 있다.

공의 환幻 혹은 망집妄執이라는 설명이다. 현상과 본질을 둘로 나누는 이런 이론들은 고대 그리스의 이데아론, 힌두교의 아뜨만설 등과 흡사한 것이다.

공과 연기를 본질과 현상으로 분리한 공실재론에서 공, 연기는 각각 생멸 없는 무위법, 생멸 있는 유위법으로 해석되고, 이런 실재론적 해석은 결국 수행의 방법론으로 이어진다. 마음의 무위한 성품(공空)을 관觀할 것을 주장하는 견성불교는 성품을 직관하는 법만 가르칠 뿐, 유위법으로 취급하는 연기에 대해서는 아예 언급조차 없다. 남방의 아비담마불교에서도 사정은 좋지 못하다. 연기법을 구경법의 인연법으로 해석하다 보니 상相의 자아 없음을 보는 대신 이합집산하는 구경법들의 무상을 보는 것으로 수행의 전 과정이 설정되어버렸다. 남방과 북방 어디에서도 연기법은 이름만 근근이 이어가는 안타까운 모습이다.

10
·
인과

# 진리

"아침에 도를 들으면 저녁에 죽어도 좋다"라는 말이 있다. 이때의 도道는 진리를 말하는 것이다. 진리에 대한 사람들의 갈망을 짐작할 수 있는 말이다. 그런데 진리란 무엇에 대한 앎일까? 영혼이나 신神 같은 형이상학적 존재에 관한 앎일까? 아니다. 천국이나 지옥 같은 다른 차원의 세계에 대한 앎일까? 아니다. 이런 것들은 제1의 진리가 될 수 없다. 왜냐하면 이런 것들은 현재를 건너뛰는 문제들이기 때문이다.

진리는 지금 이 자리의 문제를 해결하는 앎이어야 한다. 과거나 미래는 모두 관념적 구성의 문제들이고, 관념적 구성의 문제들은 '만약에'라는 전제를 필요로 한다. '만약에'라는 전제가 붙은 앎은 진리가 아니다. 진리란 아무런 전제 조건 없이 바로 지금 이 자리의 문제를 해결하는 앎, 즉 내가 지금 마주한 세상이 작동하는 이치를 설명할 수 있는 앎이어야 한다.

세상이 작동하는 이치란 세상이 작동하는 인과방식(인과법)을 말하는 것이다. 세상이 작동하는 인과방식(인과법)을 알면 세상을 마주한 나의 인과를 알고, 나의 인과를 알면 나의 현재는 물론 과거나 미래에 대한 의문도 모두 해결할 수 있다. 과거 – 현재 – 미래에 대해 아무런 의문도 없다면 어떤 번뇌도 일어날 수 없고, 삶은 명징明澄한 것이며, 자신은 물론 세상에 대한 완전한 통제권을 확보할 수 있다. 이렇게 '인과의 진리'는 삶의 문제를 해결하는 열쇠와 같은 것이다.

## 믿음의 엔진

'존재하려는 욕망'은 인과를 탐색한다. '존재하려는 욕망'에게 '존재할 수 있는 인과'가 없다는 것은 길 없는 혼돈이자 '존재하려 함'에 대한 직접적 위협이다. 그래서 인간은 필사적으로 인과를 찾는다. 이해되지 않으면 만들어서라도 인과를 구성한다.

이에 대해 영국의 생물학자 루이스 월퍼트Lewis Wolpert는 그의 저서 《믿음의 엔진》에서 "우리는 우리에게 영향을 끼치는 뜻밖의 현상들을 설명하고자 하는 강한 의지를 갖고 있다. 그것은 외적이든 내적이든 우리를 둘러싼 세상을 의식적으로 정리하고픈 뿌리 깊은 욕망이다. '믿음의 엔진'으로 불리는 이러한 의식의 명령은 생존에 꼭 필요하기 때문에 진화해왔을지도 모른다"라고 말한다.

믿음의 엔진으로 작동하는 인간은 세상의 인과를 자신이 이해하는 제각각의 방식으로 정의하고 욕동慾動한다. 모든 정신적·정신병적 현상들 그리고 광신적 믿음의 현상들은 이런 제각각의 인과와 믿음의 결과물이라고 말할 수 있다.

## 인과법칙

존재론에서 인과는 인과법칙의 유무에 따라 필연과 우연으로 나뉜다. 존재는 자신으로서 실재할 뿐이며 다른 존재와의 관계값(인과)은 존재의 운동을 규정하는 자연법칙(인과법칙)에 의해서만 설명될 수 있다. 법칙이 아니면 존재와 존재가 상호작용interaction하는 값을 설명할 수 있는 방법은 없다. 그래서 존재와 존재의 상호작용은 법칙이 있으면 필연, 법칙이 없거나 발견되지 않으면 우연이다.[112]

존재와 존재의 상호작용을 규정하는 것이 법칙의 지위이기에 모든 존재는 법칙에 예속된다. 즉 법칙은 존재를 규정하는 법dharma인 것이다. 힌두교 신자들에게는 윤회법칙이, 도교 신자들에게는 음양법칙이, 창조론 신자들에게는 창조신의 의지가, 물리학자들에게는 물리법칙이, 교통경찰에게는 교통규칙이 법dharma인 것처럼, 존재의 세계에서 인과법칙은 존재의 법dharma이다.

법칙이 있으면 그 법칙에 기준하는 것이고, 법칙이 없으면 지켜야 할 도道는 없다. 그렇다면 과연 법칙은 세상에서 실재하는가? 나가르주나는 《중론》에서 이렇게 말한다. 만일 어떤 것이 자성自性으로서 있는 것(자체로 실재하는 것)이라면 그것은 파악되는 것이 아니라 즉시 알려져야 하는 것이라고. 왜냐하면 그것으로서 존재하는 자성은 그것의 존재함에서 그것으로서 알려져야 하는 것이기 때문이다. 따라서 법칙이 법칙으로 실재한다면 우리는 법칙을 알려고 할 필요 없이 알아야 할 것이고, 어떻게 살아야 할지 고민할 필요 없이 살아야 할 것이다. 또한 물리학자들도 물리법칙을 알려고 고민할 필요 없이 알아야 할 것이다.

그런데 법칙의 실재 여부 이전에 먼저 확인해야 할 문제가 있다. 존재다. 존재가 없다면 존재를 규정하는 법칙의 실재 여부를 논할 필요조차 없다. 존재를 규정하는 것이 법칙의 의의이기에 존재가 없으면 당연히 법칙도 없는 것이다. 세상에서 존재는 실재하는가? 존재성, 인과가 관계의존성인

---

112 법칙을 발견 못할 시, 존재의 운동을 '자유의지'라는 개념으로 대신 설명하려는 경우도 있다.

세상에 자성의 존재는 없다. 있는 것은 자성 없는 무자아뿐이다.

## 존재론의 인과법

존재론의 인과법은 유有, 무無의 인과법, 즉 '~이 있기 때문에' 혹은 '~이 없기 때문에'의 형식으로 규정되는 인과법이다. 사실 인과라는 개념 자체가 존재를 전제할 수밖에 없는 개념이다. 원인과 결과를 기점基點할 수 있어야 인과因果가 성립하지 않겠는가? 존재가 없으면 기점할 수 없고, 기점할 수 없다면 인과를 말할 수 없다. 즉 인과라는 개념 자체가 존재론적 관념일 수밖에 없는 것이다.

## 결정론의 인과율 vs 비결정론의 인과율

결정론의 인과율이 절대적·확정적 인과율이라면, 비결정론의 인과율은 상대적·확률적 인과율이다. 과학의 역사에서 비결정론과 결정론이 대립했던 사건이 바로 양자론과 아인슈타인의 충돌이다. 양자론이 불확정성의 비결정론적 우주관을 암시하자, 아인슈타인은 "신神은 주사위 놀이를 하지 않는다"며 반발하였다.

인과율이 비결정적이라는 것은 존재하는 것의 존재성이 비결정적이라는 뜻이다. 존재성이 비결정적이라는 것은 그 존재성이 외부와 연동된 관계의존적 존재성이라는 뜻이다. 그것의 존재성이 관계의존적이라는 것은 자성의 존재가 부재하다는 것, 즉 그것이 자성이 없는 무자아無自我이고 따라서 그것 자체로는 불확정성이라는 뜻이다.

## 연기론의 인과: 관계의존적 인과

현실에서 세상의 인과를 분명히 아는 것은 불가능하다. 특히 재난이나 사고에서 나의 인과를 이해하는 것은 불가능하다.[113] 기껏해야 우연에 대한 억울함이나 정체 모를 필연에 대한 분노, 아니면 삶의 덧없음을 탄식할 수 있을 뿐이다.

그래서 사람들은 앎 대신 믿음을 선택한다. 세상은 내가 이해할 수 없는 인과라는 생각[114]이고, 내가 할 수 있는 최선은 내가 의지할 수 있는 최상의 믿음에 의탁하는 것이라는 생각이다. 당연히, 행위의 당위성은 앎의 정도가 아니라 믿음의 정도에 따라 달라진다.

믿음은 가지각색의 신(神)이나 하늘의 법칙(도道), 물리법칙 등으로 다양하다. 현대적 믿음의 대세는 과학이다. 사람들은 과학이 언젠가 세상을 필연으로 해석해줄 것이라 기대하며 과학의 말에 귀를 기울인다. 하지만 세상은 과학적 방식[115]으로 작동하지 않는다. 생명 하나의 생성과 소멸에도 자연에는 인과의 무수한 연결이 발생하고, 거시적으로 퍼져나가면서 동시에 가장 미시적인 계까지 침투하는 자연의 인과는 확산적이고 수렴적이고 순환적이다.

---

113  재해, 전쟁, 사고, 범죄 등으로 나의 의지와 무관하게 나의 존재가 훼손·손실되는 인과.

114  말하자면, 세상은 내가 이해할 수 없는 신神의 뜻이 지배하는 세상이라는 생각.

115  1:1로 설정된 정형적 모델의 방식.

인간의 사회도 자연과 다르지 않다. 모든 인간은 인류의 역사에 개입하고 또 역사를 만드는 계기가 된다. 어떤 외진 곳에서 일어난 이름 모를 이의 사건이라도, 그 사건은 마치 호수에 떨어진 물방울처럼 사회에 어떤 식으로든 파장을 일으키고, 그 파장은 사람들에게서 인식과 행위의 변용을 일으키는 방식으로 작용한다. 유기체론 철학자들의 한결같은 주장처럼, 세계는 모든 이들의 간섭과 관계에서 지속되고 형성되는 모습이다.

## 자아 없는 인과: 가명의 인과

연기법에는 존재가 없고, 존재가 없기에 사건의 원인과 결과에도 존재가 없다. 인과는 사건을 설명하기 위한 개념이다. 사건을 설명하는 원인과 결과에 존재가 없는 인과는 자아 없는 인과다. 자아 없는 인과는 인과가 없다는 뜻이 아니다. 있되 관계의존적으로 있다는 뜻이다. 즉 결정론적 인과가 아니라 비결정론적 인과라는 뜻이다.

비결정론의 관계의존적 인과는 우리가 쉽게 납득할 수 있는 인과가 아니다. 개념적으로는 어렵지 않으나, 결정론의 존재론적 인과에 세뇌되어 있는 우리의 의식에서 원인과 결과가 한정되지 않는 관계의존적 인과는 인과가 있는 것도 아니고 없는 것도 아니다.

있는 것도 아니고 없는 것도 아닌 자아 없는 인과이나, 세상의 삶에서 인과는 명시되어야 한다. 그래야만 '함께 더불어 사는 세상에서의 존재함'이 성립할 수 있고, 또한 진제(우주의 연기법)를 논하는 속제(인간의 연기론)도 가능할 수 있다.

그래서 연기론에는 세상의 인과가 있다. 하지만 연기론이 논하는 세상의 인과는 원인과 결과에 가명을 가설한 방편의 인과다. 방편이기에 분별을 위한 인과는 있어도 취착을 위한 인과는 없다. 인과에 취착하는 것은 존재에 취착하는 것이고, 존재에 취착하는 것은 없는 것에 취착하는 것이다. 없는 것에 취착하여 무상한 것을 항상한 것이라고 갈애하는 것이 바로 무명의 고苦다.

## 인과를 벗어나려는 자들

시중의 불교는 연기법의 인과를 존재의 인과로 안다. 이들은 연기법의 생사를 존재의 생사로 알고, 십이연기 유전문의 생사를 존재의 생사 인과가 생겨나는 것으로 알고, 십이연기 환멸문의 생사를 존재의 생사 인과가 소멸하는 것으로 안다. 이렇게 아는 이들에게 연기법은 존재가 나고 늙고 죽는 인과가 유전流轉하는 인과법(유위법)이고, 따라서 이들에게 연기법은 귀의해야 할 법이 아니라 벗어나야 할 법이다.[116] 즉 이들의 공부와 수행은 무명으로부터 벗어나기 위한 것이 아니라 인과로부터 벗어나기 위한 것이다. 연기법으로부터 벗어나려는 이들이 귀의하려는 곳은 생사 인과를 초월한 본래本來 무위의 경지, 성품이다. 이런 생각들로 자신만의 불교를 창작하면서 사람들을 미혹迷惑하는 자들이 바로 멸에서 멸을 증證하려 하고 도에서 도를 견見하려 하는 실재론자들이다.

그러나 위에 서술한 모든 것은 엉터리다. 연기법의 인과는 자아 없는 인

---

116 붓다의 제자라면, '법에 귀의해야 한다'고 유언으로까지 남기신 붓다를 존중할 줄 알아야 한다.

과이고, 자아 없는 인과에는 생겨나거나, 소멸할 인과가 없다. 가명으로 가설된 인과에서 생겨나는 것, 소멸하는 것이 어디 있겠는가? 가명의 인과 (연기론의 인과)는 더불어 살아가는 인간의 세상(중생의 세상)에서 방편으로 생멸을 분별할 뿐이다. 그러므로 연기법을 논하는 연기론에서 인과가 생한다거나 멸한다고 말해서는 안 된다. 특히 인과의 생멸로써 법을 유위와 무위로 구분, 이분법적으로 실재화하는 짓은 더더욱 해서는 안 된다.

---

## 불교의 인과법 정리

**1) 유위법** 생멸, 변화의 인과가 있는 무상한 현상.

**2) 무위법** 생멸, 변화의 인과가 없는 여여如如한 현상.

**3) 중도(연기법)** 유, 무의 양변을 떠난 자아 없는 인과, 현상.

현상에 존재가 있다고 생각하는 중생의 무명을 구제하기 위해 붓다는 존재의 이름을 가설하고 그 이름의 자아 없음을 가르치셨다. 인과 역시 마찬가지다. 현상에 생멸의 인과가 있다고 생각하는 중생의 무명을 구제하기 위하여 붓다는 생멸하는 유위법[117]을 가설하고 생멸의 자아 없음을 가르치셨다. 그러므로 붓다가 설하신 유위법(유전문의 연기법문)에서 우리가 보아야 하는 것은 인과의 법칙성이 아니라 생멸하는 인과의 자아 없음이다. 유위법이 가설된 방편이기에 유위법에 대치하는 무위법 또한 방편이

---

117 존재, 태어남, 늙음, 죽음 등의 유전을 설하는 유전문의 십이연기.

다. 이를 명심하여야 한다. 연기법에서 유위법, 무위법은 인과因果의 중도中道, 즉 자아 없는 인과를 말하기 위한 방편이라는 사실을.

## 생, 주, 멸과 존재 그리고 유위법과 무위법

> (지금) 생(주, 멸)하고 있는 것, (이미) 생(주, 멸)한 것, (아직) 생(주, 멸)하지 않는 것의 어느 것에서도 자아(존재)는 없다.[118]
> 존재에 생주멸生住滅이 성립하지 않기 때문에 유위有爲는 없다. 유위법이 성립하지 않는다면 어떻게 무위법無爲法이 성립하겠느냐?
>
> 《중론》〈관삼상품〉

사람들은 존재에게 생, 주, 멸의 행行이 있다고 생각하지만 사실은 그 반대다. 자성自性의 존재에게 생겨남, 머무름, 소멸함이라는 모습[行]은 과거, 현재, 미래의 삼시三時 어느 때에서도 성립하지 않는다.[119] 존재에게 생, 주, 멸의 행이 성립하지 않는다면, 존재가 생, 주, 멸하는 인과의 생겨남을 말하는 유위법은 물론 생, 주, 멸하는 인과의 소멸함을 말하는 무위법도 성립하지 않는다. 존재가 있는 인과에 유위법, 무위법이 성립하지 않는데 존재가 없는 자아 없는 인과에 어찌 유위법, 무위법이 성립하겠는가?

---

118 이미 간 것, 지금 가는 중인 것, 아직 가지 않은 것의 삼시三時에 '가는 것'이 없는 것처럼, 생, 주, 멸의 삼시에도 '생, 주, 멸하는 것'은 없다.
119 자성의 존재에게는 유, 무의 행만 있을 뿐, 생, 주, 멸의 행은 없다.

## 실재론 vs 연기론

| 구분 | 실재론의 불교 | 연기론의 불교 |
|---|---|---|
| 연기법 | 존재가 생멸하는 인과법 | 인因과 연緣의 상의적 형성 |
| 인과 | 존재의 원인과 결과 | 연기를 논하기 위한 가명 |
| 사성제의 집集 | 유위법의 세상 | 연생의 무더기 |
| 연생하는 것 | 존재의 인과 | 무명 망상[120] |
| 사성제의 멸滅 | 무위법의 적멸한 경지 | 연생의 연멸 |
| 연멸하는 것 | 존재의 인과 | 무명 망상 |

## 세계의 제1원인

힌두교 베단타 학파Vedāntravāda는 "우주 혹은 의식의 생멸에 제1원인이 없다는 것은 성립하지 않는다. 불교의 연기설은 제1원인을 제시하지 않거나 혹은 부정한다"라고 비판하며 불교를 공격했다.

연기법이 제1원인을 제시하지 않거나 부정한다는 베단타의 지적은 타당하다. 하지만 연기법은 존재나 세계의 생성에 제1원인을 필요로 하지 않는다. 아니, 필요로 하지 않는 것이 아니라 부정한다고 말하는 것이 옳다. 존재의 실재를 주장하는 종교에서 자재自在하는 제1원인의 존재를 주장하는 것이 당연한 것처럼, 존재의 실재를 부정하는 불교에서 자재하는 제1원인의 존재를 부정하는 것은 당연하다.

---

120 자아 없는 현상을 자아 있는 것으로 알아서 취착하는 망상.

불교를 불교이게 하는 것은 무자아無自我의 교리다. 무자아에게 자기원인성이 성립하지 않는다면 무자아의 제1원인 역시 자기원인성이 성립하지 않아야 한다. 자기원인성이 없는 제1원인은? 제1원인일 수 없다. 즉 무자아에게 제1원인은 성립할 수도, 허용될 수도 없는 것이다. 제1원인이 성립하지 않기에 제1원인을 말하기 위한 본질, 본성, 본래, 자재, 궁극 등의 개념도 성립하지 않는다. 무자아에게는 그런 것들이 필요 없다. 아니, 부정되어야 옳다.

힌두교의 브라만brahman은 모습도 성질도 규정할 수 없는 미현자未顯者이지만 힌두교가 그것을 '본래本來 있는 것' '자신으로서 자재自在하는 것'이라고 상정하는 한, 그리고 힌두교가 개인의 존재와 법칙(윤회법칙)을 유有로 설정하고 브라만을 유有의 제1원인으로 상정하는 한, 브라만은 '제1원인의 존재'로 분류되어야만 하는 개념이다. 그러나 불교의 연기법에는 규정할 수 있거나 규정할 수 없거나 혹은 무엇이든지 간에 제1원인이라는 것은 있을 수 없다. 세상의 모든 존재함은 조건(인연)에서 연생할 뿐이고, 아무리 조건을 소급해보아야 조건은 조건에 의존한 조건(자아 없는 조건)일 뿐이다. 현상하는 모든 존재함과 그 조건들의 자아 없음을 천명하는 연기법에서 궁극이든 현상이든 '본래 있는 것'이 어찌 허용될 수 있겠는가?

11

·

중도

## 〈초전법륜 경〉의 중도

"수행자들이여, 출가자는 두 가지 극단을 섬기지 않는다. 두 가지란 무엇인가? 감각적 쾌락의 욕망에 탐착을 일삼는 것은 저열하고 비속하고 배우지 못한 일반 사람의 소행으로 성현의 가르침이 아니며 무익한 것이다. 또한 스스로 고행을 일삼는 것도 괴로운 것이며 성현의 가르침이 아닌 것으로 무익한 것이다. 여래[121]는 이 두 가지 극단을 떠나 중도를 깨달았다. 이것은 눈을 생기게 하고 앎을 생기게 하며 궁극적 고요, 앎, 깨달음, 열반으로 이끈다."

《상윳따 니까야》〈초전법륜 경〉(S56:11)

성도하신 뒤, 사람들이 중도中道의 비실재론적 이치를 이해할 수 있을까 염려하신 붓다가 전법을 위해 찾았던 사람들은, 함께 수행했던 수행자들이었다. 부다가야에서 사르나트에 이르기까지 약 250킬로미터의 길을 걸어 다섯 수행자들을 만나신 붓다가 설하신 것은 중도였다.

감각적 충족에 몰두하는 것이 육체 등의 형이하학적 존재를 진실이라고 추종하는 유물론적 견해라면, 신체적 고행에 몰두하는 것은 정신 등의 형이상학적 존재를 진실이라고 추종하는 관념론적 견해다. 당시 다섯 수행자들이 집중하던 수행은 후자였다.

다섯 수행자들의 수행이 무용한 것이라고 지적하신 붓다는 이어서 중도의 구체적 내용으로 사성제를 설하셨다. 인간의 모든 번뇌 – 고苦는 육체나 정신의 문제가 아니라 현상을 잘못 인식하는 오류, 즉 자아 없음을 자아

---

121 '여기 이렇게 온(연기한)이'라는 뜻.

있음으로 알아서 취착하는 무명의 쌓임(연생의 집集)에 기인한 문제라는 요지의 설법이었다.

---

## 상의성의 중도

---

깟짜나곳따 존자가 세존께 이렇게 여쭈었다.

"세존이시여, 올바른 견해(正見, sammaditthi)는 어떻게 있게 됩니까?"

"깟짜나여, '있다'는 이것이 하나의 극단이고 '없다'는 이것이 두 번째 극단이다. 깟짜나여, 이러한 양극단을 의지하지 않고 중간[中, majjhena]에 의해서 여래는 법을 설한다."

《상윳따 니까야》 〈깟짜나곳따 경〉(S12:15), 각묵 역

'상의성相依性의 중도'는 이것과 저것의 양단을 여의는(떠나는) 중도다. 붓다가 설법하신 고락苦樂 중도, 유무有無 중도, 상단常斷 중도, 생멸生滅 중도 등의 여러 가지 중도를 포괄하여 한 마디로 정의한 것이 상의성의 중도다.

상의성의 중도는 상의성을 이해하는 공식과도 같다. 상의성을 이해하려면 이것과 저것에 자신이 생각할 수 있는 상대의존적 개념들을 집어넣으면 된다. 즉 인식자와 인식대상, 육근과 육경, 생과 사, 시작과 끝, 무명과 지혜, 있음과 없음, 육체와 정신 등을 상의적相依的 양단兩端으로 배치하는 것이다. 상의성의 중도는 이렇게 배치한 양단을 여의는 것이다. 어떻게 여의는가? 양단에 '실재하는 것'이 있다는 생각을 떠나는 것이다.

## 방편의 중도

연기를 논하는 방편의 공이 존재(현상의 당체), 존재성(현상), 인과에 두루 쓰이듯이, 연기를 논하는 방편의 중도 역시 존재, 존재성, 인과에 두루 쓰일 수 있다.

- **존재의 중도** 실체의 유무有無 양변을 떠난 아我, 즉 불확정성의 무자아無自我.
- **존재성의 중도** 존재성의 상단常斷 양변을 떠난 상相, 즉 관계의존성의 상相.
- **인과의 중도** 상단, 유무의 양변을 떠난 인과因果, 즉 자아 없는 인과.

## 니까야 경전의 중도 사상

| 구분 | 중도中道 |
|---|---|
| 유무有無 중도 | [존재, 체體] 있음과 없음의 양변을 떠나야 한다는 뜻. |
| 상단常斷 중도 | [존재성, 용用] 항상과 단멸의 양변을 떠나야 한다는 뜻. |
| 자타自他 중도 | [고품의 원인] 자自 혹은 타他의 양변을 떠나야 한다는 뜻. |
| 일이一二 중도¹²² | [체體와 용用] 같은 하나라거나 다른 둘이라는 양변을 떠나야 한다는 뜻. |
| 고락苦樂 중도 | [수행] 고행이나 쾌락의 양변을 떠나야 한다는 뜻. |
| 거래去來 중도 | [현상의 행行: 인과] 오고 감의 존재가 있다거나 없다는 양변을 떠나야 한다는 뜻. |
| 생멸生滅 중도 | [현상의 행行: 인과] 생하거나 멸하는 존재가 있다거나 없다는 양변을 떠나야 한다는 뜻. |

---

122 동이同異 중도라고도 한다. 존재(체)와 존재성(용)이 같은 것(자성의 존재)도 아니고 서로 다른 별개의 것도 아니라는 뜻이다.

위와 같이 설하여진 여러 가지 중도를 '자아 없음'이라는 한마디로 정의할 수 있다.

즉, 연기 = 공 = 중도 = 가명 = 자아 없음이다.

## 중中과 정正, 중도와 팔정도

"수행승들이여, 여래는 두 가지 극단을 떠나 중도를 깨달았다. 이것은 눈을 생기게 하고 앎을 생기게 하며 궁극적인 고요, 올바른 깨달음, 열반으로 이끈다. 그 중도란 무엇인가? 그것은 바로 팔정도八正道이다. 곧, 올바른 견해, 올바른 사유, 올바른 말, 올바른 행위, 올바른 삶, 올바른 수행(사마타), 올바른 알아차림(위빠사나), 올바른 머무름(사마디)이다."

《상윳따 니까야》 〈초전법륜 경〉 (S56:11)

위 경은 중中의 도道를 고요, 깨달음, 열반으로 이끄는 수행의 길로 소개하는데, 중도의 구체적 내용은 팔정도, 즉 여덟 가지 정正을 실천하는 수행이다. 이 법문에서 우리는 붓다가 중中과 정正을 한 가지로 사용하셨다는 사실을 확인할 수 있다. 즉 붓다의 설법에서 중과 정은 서로를 설명하는 가명인 것이다. 무엇을 말하기 위한 가명인가? 중이 자아 없음을 말하는 것이니, 정 역시 자아 없음을 말하는 것이어야 한다. 즉 중中이 곧 정正이고, 정이 곧 자아 없음이다. 아무리 팔정도를 머리에 이고 다녀도 정正의 뜻을 모르면 팔정도를 수행할 수 없는 법이다.

# 팔정도

붓다는 첫 번째 설법에서 수행자의 길로 팔정도(八正道, ariya aṭṭhaṅgika mārga[123])를 설하셨으며, 마지막 설법에서 팔정도가 없는 곳에는 어떤 수행자도 없음을 천명하셨다. 팔정도는 멸滅을 수행하는 도道, 즉 연생의 연멸을 수행하는 실천 수행법이다.

'멸을 위한 도'라는 말에서 팔정도가 파사破邪의 수행법이라는 사실을 확인할 수 있다. 팔정도의 의의가 파사破邪에 있다는 사실을 분명하게 알아야 팔정도의 명상 수행, 즉 정정진, 정념, 정정 수행의 개념이나 의의까지도 바르게 이해할 수 있다. '정正 – 중中 – 자아 없음'의 관점에서《디가 니까야》〈대념처경〉(D22)에서 설명하는 팔정도를 살펴보자.

- **정견**正見(sammā-diṭṭhi) 고와 고의 소멸에 이르는 길을 알기. 고[苦] – 무명의 쌓임[集] – 쌓임의 소멸[滅] – 도[道]의 사성제를 알기.
- **정사유**正思惟(sammā-saṅkappa) 감각욕망에서 벗어나려는 생각, 취착 없는 생각.
- **정어**正語(sammā-vācā) 거짓말, 중상모략, 이간질, 거친 말, 불필요한 말을 삼가함.
- **정업**正業(sammā-kammanto) 살생, 도둑질, 잘못된 음행을 삼가함.
- **정명**正命(sammā-ājīvo) 다른 생명 또는 사람을 해치거나 착취하는 생계를 포기하고 나와 남을 이롭게 하는 수단으로 생계를 유지함.

---

123 mārga는 도道의 빨리어Pali로 실천 수행을 뜻한다. 수행하는 팔정도 역시 연기법이다. 즉 팔정도의 혜慧(정견, 정사유), 계戒(정어, 정업, 정명), 정定(정정진, 정념, 정정) 또한 '의존적 형성의 법'이라고 알아야 하는 것이다.

- **정정진**正精進(sammā-vayama) ① 사악하고 불건전한 마음 상태가 생겨나지 않도록 하고 ② 이미 일어난 사악하고 불건전한 마음 상태를 제거하고 ③ 아직 일어나지 않은 선하고 건전한 마음 상태를 일으키거나 일어나도록 노력함. 이는 유위有為로 조작하는 의식을 폐기하고 자아 없음을 새기는 사띠sati를 확립하는 사마타samatha 수행을 말하는 것이다.

- **정념**正念(sammā-sati) 확립된 사띠의 바른 새김[空相]으로서 몸(색온, 수온), 느낌(상온), 법(행온), 마음(식온)의 사념처四念處에서 느낌, 생각에 갈애하고 취착하는 불선법不善法과 느낌, 생각이 무상하게 생멸함을 알아차리는 선법善法을 통찰함. 이는 일어나고 사라지는 느낌, 생각들을 바른 지혜로 통찰하는 위빠사나vipassana 수행을 말하는 것이다.

- **정정**正定(sammā-samādhi) 사띠의 깊은 사마디(선정禪定)에서 사띠의 힘으로 이욕, 출리하는 수행이다. 오염의 없음이 청정이기에 오염으로부터의 이욕, 출리가 곧 청정에의 머무름(정정)이다. 청정한 연기(공空)의 현현을 경험하는 사띠에게 해탈지, 즉 해탈했다는 앎이 생겨난다. 더 이상 어떤 무명습성도 일어나지 않음을 스스로 분명하게 알고 본다. 해야 할 일을 성취[124]하였으며, 다시는 '존재'로 돌아오는 일이 없음을 분명하게 안다.

---

124 청정범행(육근, 육경을 공호하게 보는 행)의 성취, 오온개공五蘊皆空의 성취.

2부

# 붓다가 설하신 연기법문

# 12
·
## 《금강경》, 실상과 허상

## 법法의 진실

　법(현상)의 진실은 '자아 없음'이다. '자아 없음'은 자아(존재값을 내는 존재)의 없음을 설명하는 것이기에 보려 해야 볼 것이 없다. 따라서 자아 없는 현상에서 보아야 할 것은 자아 있음을 주장하는 허구의 비법상이다.

　비법상非法相은 자아 없는 상想을 자아 있음으로(존재의 사실로) 분별하는 의상意相이고, 법상法相은 자아 없는 상想을 자아 없음으로 분별하는 공상空相(사띠sati)이다. 그런데 '분별하는 공상'은 습성에 오염된 의식으로 분별하는 방편의 법상이다. 방편의 법이 아닌 진실한 법(오염 없이 청정한 연기)을 보려면 사띠를 수행하여야 한다. 사마타로 공상의 사띠를 확립하고, 위빠사나로 사띠의 알아차림을 확립하고, 사띠의 사마디로 이욕과 출리의 머무름을 수행한다. 사띠의 수행에서 비로소 '오염된 의식으로 분별하는 자아 없음(방편의 법상)'이 아닌 '오염 없이 청정한 자아 없음(진실한 법상)'을 경험할 수 있다.


## 일체유위법 여몽환포영

　"일체유위법 여몽환포영一切有爲法 如夢幻泡影"은 《금강경》〈응화비진분〉에 나오는 구절로, '생, 주, 변, 멸하는 모든 유위법은 꿈, 환상, 거품, 그림자와 같다'는 뜻이다. 법은 상相(존재성, 인과)이니, 위 문장은 '유위한 상相은 꿈, 환상, 그림자와 같다'라고 고쳐 쓸 수 있다. 상세히 풀어보면, '세상의 생멸 변화를 실재하는 존재의 생멸 변화라고 보는 유위한(존재론적) 의상意相은 꿈, 환상, 거품, 그림자와 다르지 않다'는 뜻이다. 즉 위의 구절은 자아 없는 현상을 자아 있는 현상으로 보는 인식 오류(무명)를 경고하는 것이다.

그런데 무명을 벗어나는 해탈이 아닌 견성하는 해탈을 주장하는 견성불교의 해석은 다르다. 위 구절에 대한 견성불교의 해석은 무명을 경고하는 것이 아니라 '세상(연기법) = 생멸의 유위법 = 꿈, 그림자, 환幻'으로 정의하는 해석이다. 견성불교의 해석에 의하면 수행자는 세상을 떠나야 한다. 세상(유위법)을 떠나는 수행자가 찾아서 머물러야 할 곳은 불성, 청정자성, 진여 등의 이름으로 불리는 형이상학적 실재(무위법)다. 즉 연기법의 세상을 벗어나 형이상학적 실재를 견성하고 그것에 머무르는 것이 견성불교의 목적이다. 귀의해야 할 연기법은 버리고 떠나야 할 것으로 치부하고 버리고 떠나야 할 형이상학적 실재는 견성해서 귀의해야 할 것으로 주장하는 견성불교에는 연기법이 없다. 연기법이 없으면 붓다도 없다.

## 《금강경》에서 말하는 사구게

사구게四句偈는 《금강경》이 말하고자 하는 내용을 요약한 네 가지 게송이다. 산스크리트어 《금강경》의 사구게를 정리·해석하면 다음과 같다.

1. 대상이 상을 갖추었다고 인식하는 만큼 허망한 것이요, 상을 갖추지 않았다고 인식하는 만큼 허망하지 않으니, 상相-비상非相을 통해 여래를 보아야 하리라.

: 대상이 상相을 갖추지 않았다고 보아야 한다는 뜻이다. 즉 인식하는 형상을 존재의 상像이 아니라 자아 없는 상相으로 보아야 한다는 뜻이다.

**2.** 만약 형상으로 여래를 보려 하거나 음성으로 여래를 찾는다면 이 사람은 삿된 길을 가는 것이니 여래를 볼 수 없으리라.

: 형상이나 음성으로 여래를 분별하는 자는 형상이나 음성의 처處(자아)에 붙들리는 자이니 자아 없음을 법으로 하는 여래를 볼 수 없다는 뜻이다.

**3-1.** 법에서 여래를 보아야 하리라. 여래는 법으로 나타나기 때문이네.

: 여래(진실, 자아 없음)는 연기한 법(자아 없는 현상)이기에 현상에서 진실을 보아야 한다는 말씀이다. 즉 현상을 초월하거나 현상 이외의 형이상학적인 것에서 진실을 찾으려 해서는 안 된다는 뜻이다.

**3-2.** 법의 성품은 인식될 수 없으니 또한 아무도 파악할 수 없으리.

: 연기법은 자성이 없는 법이다. 성품이 없는데 어떻게, 누가 성품을 파악할 수 있겠는가? 즉 연기법은 자성(자아)의 없음을 보는 법(자아가 있다고 주장하는 무명을 청소하는 법)이지, 성품을 보는 법(견성하는 법)이 아니라는 뜻이다.

**4.** 형성된 것(오취온)은 참으로 이와 같이 보아야 하나니, 별, 눈의 가물거림, 등불과도 같고 환영, 이슬, 물거품과도 같으며 꿈, 번개, 구름과도 같다고.

: 이름, 개념들로 형성된 존재론적 상相은 별빛, 눈의 가물거림, 등불, 환영, 이슬, 물거품, 꿈, 번개, 구름과도 같이 조건에 의존하여 보이고 사라지는 무상한 것들이라고 보아야 한다는 뜻이다.

## 《금강경》에서 말하는 여래

"수보리여, 여래라 하는 것은 '참되고 그러함'을 두고 하는 말이기 때문이다.
수보리여, 여래라 하는 것은 '생겨남이 없음'을 두고 하는 말이기 때문이다.
그것은 무슨 이유에서인가? 수보리여, 생겨남이 없음, 그것이 곧 최상의 이
치이기 때문이다." [125]

산스크리트어 《금강경》은 여래如來(Tatha-gata)를 '참되고 그러함'이라
고 말한다. 연기법의 참되고 그러한 모습은 존재의 상像이 아니라 연기한
상相이다. 연기한 상에는 존재가 없다. 생겨남을 담당할 존재가 없기에 생
겨남도 없다.[126] 즉 생겨남이 없는 참되고 그러한(연기한) 이치가 곧 자아
없는 이치고, 자아 없는 이치가 곧 최상의 이치라는 뜻이다. 따라서 위 구
절은 '여래 = 연기법 = 자아 없음 = 최상의 이치(지혜)'를 선언하는 내용이
라고 볼 수 있다.

이어지는 구절들, 아뇩다라삼먁삼보리가 아뇩다라삼먁삼보리가 아니
고, 일체법이 일체법이 아니고, 몸이 몸이 아니고, 중생이 중생이 아니고,
보살이 보살이 아니고, 장엄이 장엄이 아니라고 말하는 구절들은 한 법도
없는 연기법의 이치, 연기한 상에 어떤 자아(존재)도 없는 이치, 그래서 존
재하는(현상하는) 모습의 이름을 가명으로 가설하는 연기법의 이치를 설명
한 것이다.

---

125  한역漢譯 《금강경》에는 소개되지 않은 부분이다.
126  연기한 상은 의존적으로 형성된 상이지 생겨난 상이 아니다.

"수보리여! 어느 누구라도 '여래가 가거나, 오거나, 서서 있거나, 앉아 있거나, 누웠거나, 말하거나' 라고 말한다면, 그 사람은 나에 의해 설하여진 의미를 모르는 것이다.

수보리여, 그것은 어떤 까닭인가? 여래는 오는 일도 없고 가는 일도 없는 연유로 여래如來이며 아라한이며 '완전히 깨달은 자[正覺者, sambuddha]'라고 하는 것이다."

《금강경》〈위의적정분〉

이 경에서 붓다는 여래의 행行이 어떤 것인지 말씀하신다. 여래가 가거나, 오거나, 서 있거나, 앉아 있거나, 누웠거나, 말하거나 하더라도 여래에게는 그런 행行이 없다. 왜냐하면 여래의 행은 연기[127], 즉 자아 없는 행이기 때문이다.

위의威儀는 여래(자아 없는 행)를 닦는 수행자의 모습을 말한 것이고, 적정寂靜은 고요함을 말한 것이다. 행에 자아(행위자)가 없는 행은 어떤 행이겠는가? 행이 없는 가명의 행, 즉 적정한(고요한) 행이다. 그러므로 제목의 '위의적정'은 행하여도 행하는 자가 없는 여래(연기)를 수행하는 수행자의 모습을 설명한 것이라고 정의할 수 있다. 그렇다면 위의적정의 구체적 모습은 어떤 것인가? 자아 없음을 천명闡明하는 사띠를 확립하여 몸, 느낌, 법, 마음의 사념처에서 연생하는 느낌, 생각들을 올바르게 알아차리는 수행의

---

127 여래如來 = 이와 같이 있음 = 존재 없이 있음 = 자아 없이 있음 = 연기緣起.

모습이다.

실재론자들은 '오는 일, 가는 일이 없다'는 구절을 '여래는 법계에 상주常
住함을 말하는 것'이라고 해석하기도 한다. 하지만 이런 해석은 붓다의 뜻
을 거꾸로 뒤집는 것이다. '존재의 부재'를 뜻하는 여래를 '상주하는 여래'
라고 주장하는 것은 자아 없음을 말하는 법문을 자아 있음을 말하는 법문
이라고 주장하는 것이다. 이 어찌 전도망상이 아니겠는가?

---

## 삼십이상

세상의 사전은 삼십이상三十二相을 '부처(깨달은 자)의 서른두 가지 신체
적 특징'이라고 정의한다. 그런데《금강경》의 〈여법수지분〉, 〈법신비상분〉
은 삼십이상으로 부처를 볼 수 없다고 설법한다.《금강경》의 설법과 사전
의 정의는 왜 서로 다를까?

시중의 불교는《금강경》의 설법을 '부처는 대상화할 수 없는 미현자未顯者
이기에 세상에서 나타나는 삼십이상의 모습으로만 판단해서는 안 된다'라고
해석한다. 이 해석에서 삼십이상은 어쨌든 부처가 세상에 나타나는 모습이
며 따라서 시중의 불교에서 삼십이상으로 조성된 불상佛像에 경배하는 것은
당연한 일이다. 하지만《금강경》〈법신비상분〉은 모습이나 소리로 부처를 구
하는 것은 '그릇된 길', 즉 어리석은 무명無明이라고 명시하지 않는가?

붓다의 설법은 세상의 견해를 차용하고 이를 파사破邪하는 방식이다.
따라서《금강경》에서 말하는 삼십이상 역시 '세상의 견해'라는 관점에서
파악해야 할 일이다.《맛지마 니까야》〈브라흐마유경〉(M091)은 브라흐마
유Brahmāyu라는 120세의 바라문이 붓다를 친견했다가 가르침을 듣고 귀

의하는 일화를 소개한다. 당시 전승되던 만뜨라[128]중에는 세상에 전륜성
왕[129]이 출현하면 그를 알아볼 수 있는 특징으로 삼십이三十二 대인상大人
像을 기술한 만뜨라가 있었다고 한다. 명성이 자자한 붓다가 그 삼십이상
을 갖추었는지를 확인하러 왔던 이 브라만에게, 붓다는 32상의 증거 외에
도 여러 질문들에 막힘없이 답하고 설법하여 마침내 브라흐마유가 귀의
하게 되었다는 이야기이다.

이 일화에서 알 수 있는 것은 경전에서 설하는 삼십이상이 붓다의 가르
침이 아니라 '세상(바라문교)으로부터 차용된 견해'라는 사실이다. 차용된
견해는 파사破邪의 대상이다. 삼십이상이 파사해야 할 견해라면, 삼십이
상으로 부처를 볼 수 없다는《금강경》의 설법을 어떻게 해석해야 하는지
는 자명하다. 부처가 대상화할 수 없는 미현자이기에 형색에서 부처를 찾
을 수 없는 것이 아니라, 형색에 자아가 없기에 형색에서 부처라는 존재를
찾으려 해서는 안 되는 것이다. 그러나 시중의 불교에서 삼십이상은 파사
해야 할 바라문의 견해가 아니라 '경전에 기록된 붓다의 설법'이다. 불교의
사전은 물론 세상의 사전들에서 삼십이상을 부처의 신체적 특징으로 정의
하는 까닭도 시중의 불교가 삼십이상을 '붓다의 설법'이라고 주장하기 때
문이다.

---

128 바라문교의 제사의식에서 신神, 조상에게 보내는 공문, 또는 그런 성스러운 말씀을 엮은 '성전聖典(베
다)'을 의미.
129 세상을 하늘의 법으로 통치하는 왕.

## 연기의 법상法相

세존께서 수보리에게 물으셨다. "수보리야, 내가 한 법이라도 설한 것이 있느냐?"

수보리가 답했다. "세존이시여, (제가 알기로는) 세존께서는 한 법도 설하신 바가 없습니다."

세존께서 말씀하셨다. "그렇다. 나는 한 법도 설한 것이 없느니라. '여래가 법을 설한 바 있다'고 말하지 말고 그런 생각도 내지 마라. 만약 어떤 사람이 '여래가 법을 설한 바 있다'고 말한다면 그것은 곧 부처를 비방하는 일이다. 이는 내가 설한 바를 잘 이해하지 못하였기 때문이다. 수보리야, 법을 설한다고 하는 것은 설할 법이 없으되 다만 그 이름을 설한다고 말할 뿐이니라."

《금강경》〈비설소설분〉

집集의 멸滅에서 도道가 수습修習되는 연기법은 세우기 위한 법이 아니라 부수어 사라지게 하기 위한 법, 즉 파사破邪의 법이다. 파사를 위한 법이기에 설하였으되 설한 법이 없다. 비록 법상法相을 설하여도 파破하기 위한 방편으로 설한 법상이기에 설한 법이 없는 것이다.

## 실상론 vs 연기론

인도와 중국의 부파불교들에서 '이것이 일어나니 저것이 일어난다'는 연기법문을 선후先後가 있는 인과법으로 해석하는 일이 있었다. 이는 '이것'과 '저것'을 자아 없음을 설하는 가명이 아니라 생멸하는 존재를 지칭하는 이름으로 간주한 전도망상顚倒妄想의 병病이었다.

연기법문을 존재의 생멸 인과에 대한 설법으로 해석했던 이들은 생멸의 인과가 생겨나는 연기는 허상의 유위법으로, 생멸의 인과가 소멸한 해탈은 실상의 무위법이라는 이름으로 구분하였고, 이런 이분법적 구분은 무위법의 실상(열반)이 실재한다는 실상론實相論으로 이어졌다.

이후 불교에서 연기론과 실상론은 별개의 교학으로 구분되었다. 연기론이 생멸이 있는 중생세계를 설명하는 것임에 반해 실상론은 생멸이 없는 실상의 세계를 직접 기술한다는 것이 실상론자들의 주장이었으며, 그들이 실상의 구체적 명칭으로 거론한 것은 진여, 청정자성, 본래 주인공, 공, 불성 등이었다.

연기론의 입장에서 우선 지적할 것은 실상론의 연기법 이해가 오류투성이라는 것이다. 연기법문의 '이것', '저것'은 존재를 지칭하는 이름이 아니라 자아 없음을 설하기 위한 이름, 즉 그 이름에 존재가 있다는 생각을 부수기 위해 가설된 이름이다. 가설된 이름을 생멸하는 존재를 지칭하는 이름으로 오해한 실상론은 연기법의 생멸 인과에 대하여 여러 가지 이론들(업감연기, 아뢰야연기, 진여연기, 여래장연기, 6대연기 등)을 주장하기도 했다. 이런 이론들은 연기법을 생멸의 인과법으로 만들어버린 실상론자들이 연기법의 상相(모습, 내용)으로 제시하기 위하여 창안한 이론들이었다.

하지만 연기법의 상相을 주장하는 것은 뗏목을 머리에 이고 강을 건너려는 짓에 다름 아니다. 붓다는 한 법도 설한 법이 없음을 알아야 법을 이해한 것이라고 말씀하셨다. 설한 법이 없는 연기법에 취할 법상法相이 있을 수 없다. 취할 상相이 없는 연기법에 이론적 상相을 시설하는 것, 특히 생멸이 없는 인과를 생멸이 있는 인과라고 왜곡하며 그 생멸 인과의 법칙을 이렇다, 저렇다 주장하는 것이 어찌 뗏목을 머리에 이고 다니는 짓이 아니겠는가?

# 13

·

# 육육연기

# 육육연기

육근과 육경을 조건하여 육식이, 육근, 육경, 육식의 묶임을 조건하여 감각접촉이, 감각접촉을 조건하여 느낌이, 느낌을 조건하여 갈애가 연생緣生한다는 설법이 육육연기의 법문이다. 여섯의 여섯 가지가 연생하기에 육육연기이며, 6×6 = 36번뇌의 폭류暴流[130]라고도 말한다.

경전에 따라서는 갈애를 조건하여 취착(존재)이 연생하는 육육연기를 설하는데, 십이연기와 함께일 때는 육육연기와 십이연기를 혼재한 법문으로 설하여진다. 즉 육근과 육경 – 육식 – 감각접촉 – 느낌 – 갈애 – 취착(존재) – 생 – 노사의 연생을 설하는 법문이다. 오온연기와 함께일 때는 서로를 설명하는 법문으로 설하여진다. 즉 색色 – 육근, 육경, 수受 – 육식, 감각접촉, 상想 – 느낌(대상에 대한 인상印象), 행行 – 갈애(대상에 대한 분별), 식識 – 취착(대상을 갈애하는 존재)으로 설명하는 법문이다.

---

# 처와 온

- **처**處 그것이 존재하는 장소가 있다는 뜻, 그것이 존재로서 실재한다는 뜻, 그것의 자아가 있다는 뜻.
- **온**蘊 그것이 '쌓인 무더기'라는 뜻, 그것이 '임시적으로 쌓인 무상한 것'이라는 뜻, 그것의 자아가 없다는 뜻.

---

130  서른여섯 가지에 탐진치 또는 과거, 현재, 미래를 곱하여 108번뇌라고 한다.

처處와 온蘊의 용법을 이해하면 십이처와 오온을 이해하는 데 도움이 된다.

## 육근, 육경: 일체 십이처

세존께서는 이와 같이 말씀하셨다.

"비구들이여, 그대들에게 일체—切(sabba)를 설하리라. 이제 그것을 잘 새겨 들어라. 무엇이 일체인가? 눈과 형색, 귀와 소리, 코와 냄새, 혀와 맛, 몸과 감촉, 식識(인식자)과 법(인식대상), 이를 일러 일체라 한다. 비구들이여, 어떤 사람이 말하기를 '나는 이런 일체를 버리고 다른 일체를 천명할 것이다'라고 한다면 그것은 단지 말로만(형이상학적 관념으로만) 떠벌리는 것일 뿐이다. 만일 질문을 받으면 대답하지 못할 뿐만 아니라 더 큰 곤경에 처하게 될 것이다. 그것은 무슨 이유 때문인가? 비구들이여, 그것은 그들의 영역을 벗어났기 때문이다." [131]

《상윳따 니까야》〈일체 경〉(S35:23), 각묵 역

위 경은 앞서 연기법의 법法을 설명하며 살펴본 〈쌍雙 경1〉(S35:92)과 내용이 같다. 다른 부분은 '쌍'이 '일체'로 바뀐 것이다. 즉 붓다의 법에서 육근과 육경의 쌍이 곧 일체인 것이다.

육근과 육경의 쌍이 왜 일체인가? 눈, 귀, 코, 혀, 몸, 식識의 육근六根은 인식에 참여하는 인식자의 모든 것이고, 형색, 소리, 냄새, 맛, 감촉, 대상의

---

131 경험의 사실을 말하지 않고 경험 밖의 문제, 즉 형이상학적 문제를 주장하는 것.

사실(존재성, 인과)의 육경六境은 인식에 참여하는 인식대상의 모든 것이다. 인식자와 인식대상의 조건들을 총칭하였으니 이를 '일체'라 이름한다.

육근과 육경 이외에 무엇이라도 더하여 일체를 언급한다면, 예를 들어 형이상학적 실재나 경지, 세계, 차원, 혹은 원소, 물질, 정신 등의 이름들을 더하여 주장한다면, 그것은 희론戲論의 형이상학적 개념만 더하는 것이고 그런 개념들에 기인하는 의문[132]만 더욱 커지게 하는 것이다. 붓다가 얼마나 형이상학적(실재론적) 관념의 희론을 경계하셨는지 여실히 드러나는 설법이라 할 수 있다.

다음에 나오는 〈버림 경〉(S35:24, S35:25)에서 붓다는 육근, 육경, 육식을 최상의 지혜로 잘 알아서 버려야 한다고 말씀하신다.

그다음의 〈철저하게 앎의 경〉(S35:26, S35:27)에서는 육근, 육경, 육식을 철저하게 알아서 버리지 못하면 괴로움을 소멸할 수 없고, 철저하게 알아서 버리면 괴로움을 소멸할 수 있다고 말씀하신다.

그다음의 〈불타오름 경〉(S35:28)에서는 "일체는 불타오르고 있다"고 말씀하시며, 육근, 육경, 육식이 탐욕, 성냄, 어리석음으로 불타오르고, 태어남, 늙음, 죽음, 우울, 슬픔, 고통, 불쾌, 절망의 고苦로 불타오른다고 말씀하신다. 즉 무명無明의 상相(육근, 육경, 육식)들이 탐진치의 습성과 그로부터의 번뇌 - 고苦로 불타오르고(허덕이고) 있다는 뜻이다. 이렇게 불타오르기에 잘 배운 성스러운 제자는 육근, 육경, 육식과 이로부터 발생하는 느낌, 갈애, 취착들을 염오하여 이들로부터 떠나야 한다고 말씀하신다.

---

132 십무기+無記와 같은 의문들.

## 육근의 마노와 육경의 법

육근의 마노mano와 육경의 법法은 여러 가지로 해석이 분분하다. 하지만 복잡하게 생각할 필요는 없다. 마노는 알음알이하는(분별하는) 식識(인식자)을 말하며, 법은 알음알이 하는 식識의 대상인 상相(인식대상)을 말한다. 색, 성, 향, 미, 촉의 감각적 상想에 존재성, 인과의 의意(분별)가 덧붙은 것이 의상意相이다. 육경을 통합하여 인식함으로써 인식자는 인식대상을 정의하게 된다.

법에는 감각적 상想을 분별하는 현재의 상相도 있지만 과거와 미래의 상相도 있다. 우리가 기억 혹은 상상이라고 부르는 것들이다. 이들은 감각적 상想과 마찬가지로 식識에 대응, 접촉하여 의상意相을 연생하는 역할을 한다. 말하자면, 형색, 소리, 냄새, 맛, 촉감이 감각적 인식대상(현재)이라면 기억과 상상은 관념적 인식대상(과거, 미래)이라 말할 수 있다.

관념적 인식대상의 관점을 확장하면 마노의 식識에게는 의식, 자의식 역시 인식대상이라는 사실을 알 수 있다. 서양철학이나 심리학의 경우, 의식, 자의식에 대하여 '자신'이라는 개념을 적용함으로써 마치 인간이 자신을 인식하는 존재인 양 이론을 전개하기도 한다. 하지만 연기법에서 '자신(자아)'이라는 것은 없다. 우리가 자신이라고 믿는 의식, 자의식 역시 식識에게는 바른 지혜로써 분별해야 할 대상이다.

실로 보는 작용은 보는 자신을 보지 못한다. 자기 자신을 보지 못하는 것,
그것이 어떻게 다른 것을 보겠는가?

《중론》〈관육정품〉

자신을 보지 못하는 보는 작용은 성립하지 못한다. 보는 작용이 성립하지
못하면 보는 자도 성립할 수 없다. 작용(존재성)이 없으면 작용하는 자(존재)
도 없는 까닭이다. 보는 자가 실재하지 않는다면 타他를 보는 작용도 실재
할 수 없다. 작용하는 자가 없는 작용이 실재의 작용일 수 없는 까닭이다.

보는 자도 실재하지 않고 보는 작용도 실재하지 않는 것이라면? 자自도
보지 못하고 타他도 보지 못하는 것이라면? 생각할 수 있는 답은 우리가
'본다'는 개념을 제대로 이해하지 못하고 있다는 것이다.

## 작용과 존재

봄, 들음이나 느낌의 작용에 선행하는 자(인식작용의 주체, 인식자)가 있다면
그는 어떻게 알려지는 것일까? 만약 그가 봄 없이도 존재하는 것이라면, 의
심할 여지없이 봄도 그 없이 존재하리라.

행위자는 행위에 의해 알려지게 된다. 행위는 행위자에 의해 알려지게 된
다. 어떻게 행위 없이 행위자가 존재할 수 있으며, 행위자 없이 행위가 존
재할 수 있겠는가? 만약 봄, 들음 등의 작용에 선행하는 자가 존재하지
않는다면, 어떻게 봄, 들음 등의 작용에 앞서 존재하는 것이 있을 수 있겠

는가?

《중론》〈관본주품〉


인식작용(존재성)을 사용하는 인식자(존재)가 존재하는 것이라면 인식자는 인식작용 이전에 존재하여야 하고, 인식자가 인식작용 이전에 존재하는 것이라면 인식작용 또한 인식자 이전에 존재하여야 한다(존재성이 있어야 존재가 존재할 수 있다).

서로에 선행하여야 하는 것이나 서로에 선행할 수 없는 인식자, 인식작용은 서로에 의존해서 비로소 알려진다. 인식작용에 의해 비로소 알려지는 인식자, 인식자에 의해서 비로소 알려지는 인식작용은 홀로는 성립할 수 없는 상의적相依的 이름, 즉 자아 없는 이름(가명)이다.


## 아는 식識 또한 조건의존적 형성의 무더기

어부의 아들 샷티 비구에게 '내가 세존(붓다)께서 설하신 법을 알기로는, 다름 아닌 바로 이 식識(알음알이)이 계속되고 윤회한다'라는 아주 나쁜 견해가 생겼다. 세존께서 이를 알고 샷티를 부르셨다.

"샷티여, 그대에게 '이 식識이 계속되고 윤회한다'라는 견해가 생겼다는 것이 사실인가?"

"세존이시여, 세존께서 설하신 법을 제가 알기로는 이 식識이 계속되고 윤회합니다."

"샷티여, 그러면 어떤 것이 식識인가?"

"세존이시여, 그것은 말하고 느끼고 여기저기서 선행과 악행의 과보를 경험하는 것입니다."

"샷티여, 도대체 내가 누구에게 그런 법을 설했다고 그대는 이해하고 있는가? 참으로 나는 여러 가지 방편으로 식識은 조건 따라 일어난다고 설했고, 조건이 없어지면 식識도 일어나지 않는다고 하지 않았던가? 그대는 그대 스스로 잘못 파악하여 승가를 비난하고 자신을 망치고 많은 허물을 쌓는구나."

《맛지마 니까야》〈갈애 멸진의 긴 경〉(M038) (필자가 경의 내용을 간략히 정리함)


육근의 눈, 귀, 코, 혀, 몸이라는 이름들이 개념에 불과할지라도 이들이 개념임을 아는 식識은 실재한다고 주장하는 이들이 있다. '아는 자'가 있어야 인식도 있는 것 아니냐는 주장이다. 하지만 붓다는 식도 조건의존적 형성, 즉 연생이라고 말씀하신다.

우리는 안다고 생각하지만 우리가 아는 것은 아는 것이 아니다. 기존의 지식 체계에 편입하여 그 체계를 이해하는 것이다. 그리고 기존의 지식 체계라는 것은 관습적으로 전승된 이름. 개념들의 무더기(온蘊)다. 그러므로 우리가 '아는 식識'이라고 주장하는 것 또한 개념의 무더기라는 사실을 알아야 한다. 개념의 무더기는 존재하는 것이 아니다. 조건에 의존하여 생겨나 이리저리 흘러 다니다가 사라지는 것이다.


## 〈꿀덩어리의 경〉

붓다의 가르침을 이해하지 못한 수행승들이 마하깟짜나 존자를 찾아가 상세한 설명을 부탁했다. 수행승들이 깟짜나 존자의 설명을 듣고 이를 붓다에게 다시 확인하자 붓다는 "수행승들이여, 깟짜나는 위대한 지혜를 지녔다.

수행승들이여, 그대들이 나에게 그 의미를 질문하여도 나 또한 깟짜나가 설명한 것처럼 대답할 것이다. 그것이 바로 그 의미다. 그와 같이 잘 새겨라"라고 답하시며 이 법문을 '꿀덩어리의 경'이라고 새기도록 아난다 존자에게 말씀하셨다. 아래는 깟짜나 존자가 동료 수행승들에게 설명한 내용이다.

"도반들이여, 세존께서 '수행승이여, 어떤 것을 원인으로 사람에게 분별이 함께 한 인식의 무더기가 일어나는데, 그것에 대해 환영과 집착이 없으면 그것이 바로 탐욕의, 적의의, 어리석음의, 무명의 잠재성향들의 끝이요, 무기를 들고 싸우고 거짓말하는 것의 끝이니, 여기서 이런 해로운 법들이 남김없이 소멸한다'라고 간략하게 설했을 뿐 그 가르침의 상세한 의미를 설명하지 않은 것에 대해, 나는 이와 같이 그 의미를 이해하고 설명합니다.

도반들이여, 육근과 육경(색취온色取蘊)을 조건으로 육식이 일어납니다. 이 셋의 화합이 감각 접촉(수취온受取蘊)입니다. 감각 접촉을 조건으로 느낌이 있습니다. 느낀 것을 인식(상취온想取蘊)하고 인식한 것을 분별(행취온行取蘊)하고 분별한 것을 원인으로 하여 과거와 현재와 미래의 마음으로 알아지는 법들에 대해 분별이 함께한 인식의 무더기(식취온識取蘊)가 사람에게 일어납니다.

도반들이여, 육근이 있을 때 육경[색色]을, 육경이 있을 때 육식을, 육식이 있을 때 감각접촉[수受]을, 감각접촉이 있을 때 느낌을, 느낌이 있을 때 인식[상想]을, 인식이 있을 때 분별[행行]을, 분별이 있을 때 분별이 함께 한 인식의 무더기[식識]를 설명하는 일이 가능하고, 육근이 없을 때 육경을, 육경이 없을 때 육식을, 육식이 없을 때 감각접촉을, 감각접촉이 없을 때 느낌을, 느낌이 없을 때 인식을, 인식이 없을 때 분별을, 분별이 없을 때 분별이 함께 한 인식의 무더기를 설명하는 일은 불가능합니다. 도반들이여, 세존께서 간략하게 설하신 가르침을 나는 이와 같이 이해하고 상세하게 그 의미를 설명합니다."

《맛지마 니까야》 〈꿀덩어리의 경〉 (M018) (필자가 경의 내용을 간략히 정리함)

위 경에서 붓다의 설법은 '어떤 것을 원인(조건)으로 분별이 함께 한 인식의 무더기가 발생하는데, 그것에 대한 환영과 집착이 없으면 모든 해로운 잠재성향은 물론 해로운 법이 남김없이 소멸한다'는 것이고, 깟짜나 존자에게 묻는 수행승들의 질문은 그 '어떤 것'이 대체 무엇이냐는 것이다.

붓다의 설법에서 '분별이 함께 한 인식의 무더기'는 오온을 존재의 사실로 취착, 분별하는 오취온五取蘊의 식취온이다. 존자는 오취온을 육근, 육경, 육식, 감각접촉, 느낌, 갈애(분별)의 육육연기의 형식으로 설명한다. 육근과 육경의 십이처(색취온)를 조건하여 감각 접촉(수취온)이, 감각접촉을 조건하여 느낌(상취온)이, 느낌을 조건하여 분별(행취온)이, 분별을 조건하여 분별이 함께한 인식의 무더기(식취온)가 생겨난다면서 만일 육근, 육경을 실재의 사실(존재의 사실)로 주장하는 십이처(색취온)의 조건이 없다면 식취온도 생겨나지 않을 것이라고 설명한다. 그러므로 수행승들에게 깟짜나존자가 답한 '그것', 즉 붓다가 '나에게 물었으면 나도 그렇게 답했을 것'이라고 한 '그것'은 '육근, 육경에 자아(존재)가 있다는 생각(십이처)'이라고 정리할 수 있다.[133]

---

[133] 위 설법의 의의와 《반야심경》의 '색즉시공 공즉시색 수상행식 역부여시'라는 법문의 의의는 같다고 할 수 있다. 즉 '조견 오온개공'의 의의인 것이다.

## ⟨육육경⟩, 육육연기의 경

《맛지마 니까야》⟨여섯씩 여섯 경⟩(M148)은 여섯의 여섯 가지 발생을 다음과 같이 설명한다.

**1~4)** 여섯의 여섯 가지 법을 설함.

"제따 숲에 머무시던 세존께서 비구들을 부르셨다. "비구들이여, 나는 그대들에게 법(연생의 연기법)을 설하리라. 여섯 가지 안의 감각 장소(육근)들을 알아야 한다. 여섯 가지 밖의 감각 장소(육경)를 알아야 한다. 여섯 가지 알음알이의 무리(육식)를 알아야 한다. 여섯 가지 감각 접촉의 무리를 알아야 한다. 여섯 가지 느낌의 무리를 알아야 한다. 여섯 가지 갈애의 무리를 알아야 한다."

이 여섯의 여섯 가지 설법에서 육근, 육경은 존재론적 인식을 일으키는 존재론적 조건들을, 육식과 여섯 가지 감각 접촉은 존재론적 인식의 형성을, 여섯 가지 느낌은 인식대상의 존재론적 상想(인상印象, 느낌)이 형성되는 것을, 여섯 가지 갈애는 대상의 존재론적 상相(존재성, 인과)이 형성되는 것을 뜻한다. 그러므로 붓다가 ⟨육육경⟩ 서두에서 설하신 것은 존재론적 인식의 조건과 그로부터 연생하는 존재론적 인식들에 대한 설명이라고 정리할 수 있다.

**5~10)** 여섯의 여섯 가지 법은 자아가 아님을 설함.

"'여섯의 여섯 가지 법들, 즉 육근, 육경, 육식, 감각 접촉, 느낌, 갈애들은 자아다'라고 말하는 것은 옳지 않다. 이들 여섯 가지 법들이 일어나고 사라지는 것을 꿰뚫어 알 수 있다. 일어남과 사라짐을 꿰뚫어 알 수 있기 때문에 이 경우에 나의 자아는 일어나고 사라지는 것이 되어버린다. 따라서 '여섯

가지 법들은 자아다'라고 말하는 것은 옳지 않다. 그러므로 이렇게 알아야
한다. '육근은 자아가 아니다. 육경은 자아가 아니다. 육식은 자아가 아니다.
감각 접촉은 자아가 아니다. 느낌은 자아가 아니다. 갈애는 자아가 아니다.'"

사람들은 여섯 가지 법들, 즉 육근, 육경, 육식, 감각 접촉, 느낌, 갈애를
자아(존재)의 사실이라고 생각한다. 그러나 꿰뚫어 관찰하면 이들의 일어
나고 사라지는 무상함을 알 수 있다. 만일 이들을 '나의 것'이라고 주장하
려면 이들을 소유한 '나' 역시도 무상하여야 할 것이다. 그러나 '무상한 나
(존재)'는 성립하지 않는다. 그러므로 여섯의 여섯 가지들을 자아(존재) 혹
은 나(존재)의 것이라고 생각하는 것은 옳지 않다.

**11)** 유신견으로 인도하는 길에 대해서 설함.
"비구들이여, 이것이 유신견으로 인도하는 길이다. 여섯의 여섯 가지 법들
을 두고 '이것은 나의 것이다. 나는 이것이다. 이것이 나의 자아다'라고 관찰
한다."

유신견有身見은 자신이 몸, 정신의 개별 존재로 실재한다는 생각이다. 유
신견은 여섯의 여섯 가지 법들을 자신의 소유, 혹은 자신(육체), 혹은 자신
의 자아(의식, 정신, 영혼)라는 생각으로 관찰(인식)함으로써 발생한다.

**12)** 유신견의 소멸로 인도하는 길에 대해서 설함.
"비구들이여, 이것이 유신견의 소멸로 인도하는 길이다. 여섯의 여섯 가지
법들을 두고 '이것은 나의 것이 아니다. 나는 이것이 아니다. 이것이 나의 자
아가 아니다'라고 관찰한다."

여섯의 여섯 가지 법들을 자신의 소유(육경)가 아니고, 자신(육근)이 아니고, 자신의 자아(육식)가 아니라는 생각으로 관찰[134]함으로써 여섯의 여섯 가지 법들이 실재하는 것이라는 생각은 물론 '내'가 존재한다는 유신견까지도 소멸한다.

**13)** 고苦의 집集에 대하여 설함.

"비구들이여, 육근과 육경을 조건하여 육식이 일어난다. 이 셋의 만남이 감각 접촉이다. 감각 접촉을 조건하여 즐겁거나 괴롭거나 괴롭지도 즐겁지도 않은 느낌이 일어난다. 즐거운 느낌에 닿아서 묶여 있는 그에게 탐욕의 잠재성향이 잠재해 있다. 괴로운 느낌에 닿아서 가슴을 치고 광란하는 그에게 적의의 잠재성향이 잠재해 있다. 괴롭지도 즐겁지도 않은 느낌에 닿아서 달콤함과 위험함을 있는 그대로 알지 못하는 그에게 무지의 잠재성향이 잠재해 있다. 비구들이여, 그가 탐하는 잠재성향, 적대하는 잠재성향, 무지한 잠재성향을 뿌리 뽑지 못하고 무명을 버리지 못하고 영지靈知[135]를 일으키지 못하고 '지금 여기서 고苦의 끝을 만들 것이다'라는 그런 경우는 있지 않다."

고苦는 탐욕과 적대와 무지의 잠재성향(습성)과 잠재성향이 취착하는 무명을 조건하여 일어난다. 그러므로 습성을 뿌리 뽑지 못하고 무명을 버리지 못하고 명지明知[136]를 일으키지 못하고 고苦로부터 해탈하는 경우는 없다.

사람들은 즉시 효과를 거둘 수 있는 신비로운 해결책을 원한다. 단박에

---

134  육경, 육근, 육식을 '자아 없는 것'이라는 생각으로 관찰한다는 뜻.

135  빨리어 'vijja'의 번역어로, '명지明知'라고 번역하는 이도 있다.

136  모든 법이 자아 없는 연생緣生임을 통찰하는 지혜.

성불하고 해탈한다는 최상승의 도道와 같은 해괴한 주장들은 사람들의 이런 심리에 기인한 것이다. 하지만 붓다는 단호하고 명료하게 설법하신다. 잠재성향(습성)을 뿌리 뽑지 못하면서 고苦로부터 해탈하는 일은 있을 수 없는 것이라고.

**14)** 고苦의 멸滅에 대하여 설함.

"비구들이여, 그가 즐거운 느낌에 탐욕하는 잠재성향을 버리고 괴로운 느낌에 분노하는 잠재성향을 없애버리고 괴롭지도 즐겁지도 않은 느낌에 무지한 잠재성향을 뿌리 뽑고 무명을 버리고 명지를 일으키고 '지금 여기서 고의 끝을 만들 것이다'라는 그런 경우는 있다."

잠재성향(습성)은 '존재함의 근거'와도 같다. 생각하는 습성, 행동하는 습성, 희로애락하는 습성은 그를 있게 하는 조건이다. 붓다가 말씀하신 조건의 소멸은 존재함의 근거(습성)를 뿌리 뽑으라는 말씀에 다름 아니다. 조건의 소멸이 없으면 고의 끝도 없다. 습성으로부터 벗어나는 수행은 결코 만만한 것이 아니다. 자신을 청소하는 지난한 인내를 감수하지 않으면 안 되는 수행이어야 하는 것이다.

**15)** 염오하여 이욕하는 해탈에 대해서 설함.

"비구들이여, 이와 같이 잘 배운 성스러운 제자는 육근에 대해서 염오하고 육경에 대해서 염오하고 육식에 대해서 염오하고 이들 셋의 묶임인 감각 접촉에 대해서 염오하고 감각 접촉을 조건으로 한 느낌에 대해서 염오하고 느낌을 조건으로 한 갈애에 대해서 염오한다."

"그는 염오하여 이욕한다. 이욕 때문에 해탈한다. 해탈하면서 해탈했다는 지혜가 있다. '태어남은 다했다. 청정한 범행梵行[137]은 성취되었다. 할 일을 다해 마쳤으며, 다시는 어떤 존재로도 돌아오지 않을 것이다'라고 그는 분명하게 꿰뚫어 안다."

염오의 사전적 의미는 싫어하거나 미워한다는 뜻이다. 미워하는 잠재성향은 뿌리 뽑아야 하는 것인데 왜 새삼 염오해야 한다고 말씀하는 것일까? 붓다가 말씀하신 염오는 무명한 의식(의상意相)의 염오가 아니라 사띠sati(공상空相)의 염오다. 육근, 육경, 육식의 무명을 조건하는 접촉, 느낌, 갈애는 고苦를 일으키는 망상의 습성이고, 망상의 습성을 염오하는 것은 무명한 의식의 어리석은 분별이 아니라 사띠의 지혜로운 분별이다.

무명한 잠재성향(습성)의 욕망에 대한 염오는 이욕으로, 이욕은 그런 욕망으로부터의 출리(해탈)로 이어질 것이다. 해탈한 이는 그가 무명한 습성에서 벗어났음을 스스로 안다. 육근과 육경에서 취착하는 습성의 느낌, 분별이 사라진 것을 알고, 설혹 느낌, 분별이 일어나더라도 그것들의 위험함과 무상함을 꿰뚫어 알아서 출리하기 때문이다. 오염(무명습성)에서 출리한 그는 오염되지 않은 청정한 공(연기)을 본다. 청정한 범행凡行, 즉 육근과 육경에서 자아 없음을 보는 공상空相의 행行이 마침내 성취된 것이다.

**16)** 제자들이 설법을 취하다.

세존께서는 이와 같이 설하셨다. 비구들은 설법을 듣고 마음이 흡족했다. 이 설법이 설해졌을 때 60여 명 비구들의 마음은 취착하지 않음을 통해서

---

137 범은 일체고, 일체는 육근, 육경이니, 청정한 범행은 육근, 육경을 공하게 보는 행이라는 뜻.

번뇌들에서 해탈했다.

〈육육경〉의 끝부분은 제자들이 붓다의 설법을 받들어 지니는 모습이다. 이 모습에도 간과할 수 없는 내용이 있다. '마음이 취착하지 않음을 통해서 번뇌들로부터 해탈한다'는 것이다. 생각(분별)을 단멸함으로써 번뇌에서 해탈하는 것이 아니다.[138] 번뇌가 생겨도 그것이 번뇌일 수 없도록 하는 것, 즉 취착하지 않음으로써 번뇌에서 해탈하는 것이다. 이것이 바로 상常과 단斷의 양변을 여의는 중도中道의 이치다.

연기법의 수행은 취착하는 습성을 청소하는 파사破邪의 실천이다. 생각의 단멸을 주장하는 것은 생각에 취착하는 습성의 발동을 억압함으로써 그것들의 발동을 알아차려야 할 수행(위빠사나)을 오히려 방해하는 짓이다. 붓다는 파사의 수행을 '칼로 해로운 것을 파내듯이 하는 수행'이라고 말씀하셨다. 마치 숨어 있는 암세포를 추적하여 파괴하듯이, 붓다의 수행은 무명과 습성을 세세히 알아차려 그것을 칼로 파내듯이 청소하는 수행이어야 하는 것이다.

---

### 마음의 청정을 말하는 자들

'마음이 곧 불성'이라고 말하는 자들 중에는 내적 정화에 의한 '육근의

---

[138] 인도 대승불교와 중국 선불교의 교리논쟁으로 알려진 삼예논쟁에서 중국 승려 마하연은 불사불관不思不觀(생각도 관찰도 끊어진 경지)이 해탈이라고 주장하였으나, 만일 그대의 말대로라면 일체법의 무자성을 인식하는 반야 지혜가 무슨 소용이 있겠느냐는 인도 승려 까말라실라의 지적에 대답하지 못하고 쫓겨난 일이 있다.

청정'을 말하는 자들이 있다. 이들은 마음을 청정히 하는 것이 육근을 청정히 하는 것이고, 육근을 청정히 하는 것이야말로 육근을 염오하라고 말씀하신 붓다의 뜻이라고 주장한다.

하지만 붓다는 육근에 자아가 있다는 생각을 염오하라고 하셨지 마음이나 육근을 청정히 하라는 말씀은 하시지 않았다. 마음을 말하는 이들은 이렇게 모든 문제를 마음의 문제로 몰고 간다. 그러다 보니 결국 모든 문제가 불명확해지고 만다. 구체적이고 실증적으로 해결해야 할 문제들이 형이상학적 마음 혹은 불성의 문제로 귀결되고 마는 것이다.


## 구경법의 관찰을 말하는 자들

구경법(원소)의 인연설을 주장하는 아비담마불교의 수행법은 구경법의 무자아, 무상, 고를 관찰하는 것이다. 이들은 육근, 육경, 육식에서 이합집산하는 구경법들을 관찰함으로써 붓다가 가르치신 무자아, 무상, 고苦를 확인할 수 있다고 주장한다. 하지만 붓다가 말씀하신 것은 육근, 육경, 육식의 인연(접촉)에서 발생하는 느낌과 생각(갈애)에 취착하는 탐진치 습성을 알아차리는 것이지, 구경법이라는 형이상학적 실재들을 찾아내어 그것들의 무자아, 무상, 고를 알아차리는 것이 아니다.

〈육육경〉에서 붓다가 설법하신 수행은 알아차림 - 염오 - 이욕 - 출리 - 해탈이다. 붓다의 설법과 아비담마의 수행이론을 비교하면 아비담마는 염오와 이욕의 과정, 즉 파사破邪의 과정을 생략하고 있음을 알 수 있다. 게다가 아비담마에게는 이미 무자아, 무상, 고를 보았는데 왜 다시 염오하고 이욕해야만 하는가를 설명해야 할 문제도 있다. 문제가 생긴 까닭은 아비담마

의 구경법 이론이 '관찰해야 할 대상 = 염오할 대상 = 무명의 망상, 습성'
이라는 요지를 위배하고 있기 때문이다.

## 일상생활에서 풀어보는 〈육육경〉

사람들은 맛에 탐착한다. 음식의 본질은 몸을 위한 것인데 사람들은 맛
이 음식의 본질이라고 생각한다. 맛을 쫓다보니 건강보다 맛이 우선이고,
맛을 내려다보니 식재료도 너무 많이 들어간다. 한두 가지로만 요리해도
충분할 것을 맛을 위해 수십 가지가 넘는 식재료들을 쉽게 낭비한다. 맛에
탐착하지 않는다면 간결한 식재료로 적당히 먹는 건강한 삶, 몸을 괴롭히
지 않는 삶이 가능하지 않겠는가?

〈육육경〉은 맛에 탐착하지 않으려면 맛에 대한 갈애를 염오할 수 있어
야 한다고 말한다. 먼저 맛이라는 상想(느낌)의 '자아 없음'과, 자아 없는
상想에 취착하는 잠재성향을 꿰뚫어 본다. 탐욕의 잠재성향은 맛의 소유
가 행복이라고 유혹하지만, 맛은 무상한 것이며 무상한 것에의 집착은 마
침내 고苦로 연결되기 마련이다. 그러므로 맛을 즐기고 환영하는 잠재성
향은 결코 이로운 것이 아님을 알아서 떠나려 해야 한다. 맛은 음식에 붙
어 있는 것이 아니라 탐욕의 습성을 조건으로 한 갈애에 묶여 있다. 습성
의 갈애에 집착하면 그 습성의 노예가 될 뿐이다.

## 꽂티따와 사리뿟따의 대화

"벗이여, 사리뿟따여, 눈이 형상들에게 묶인 것입니까? 형상들이 눈에 묶인 것입니까?"

"벗이여, 꽂티따여, 눈이 형상들에 묶인 것도 아니고 형상들이 눈에 묶인 것도 아닙니다. 그 양자를 조건으로 생겨난 욕망(습성)이 있는데, 그것들이 거기에 묶여 있는 것입니다. 벗이여, 예를 들어 검은 소와 흰 소가 하나의 밧줄에 묶여 있는데, 이를 검은 소가 흰 소를 묶고 있다든지 혹은 흰 소가 검은 소를 묶고 있다고 말하는 것은 옳지 않은 것과 같습니다."

《상윳따 니까야》〈꽂티따의 경〉(S35:232)

자아가 없는, 그래서 서로에 의존해서 비로소 성립하는 눈이나 형상이 서로에 묶임을 즐기고 환영하는 까닭은 서로를 실재하는 것으로 알고 취착하는 욕탐 때문이다. 욕탐은 자아 없는 가명을 자아 있는 실재로 아는 무명의 욕탐이기에 실재(눈)로 아는 무명이 실재(형상)로 아는 무명에 얽매여 속박되도록 한다.

다른 방식으로 설명해보자. 눈이 형상에 묶여 있다면 형상은 객관(인식대상)의 사실일 것이고, 형상이 눈에 묶여 있다면 형상은 주관(인식자)의 사실일 것이다. 인식의 실제를 묻는 꽂티까의 질문에 사리뿟따는 객관과 주관의 양변을 모두 부정하면서 형상과 눈은 이들을 실재로 알아서 취착하는 욕탐에 묶여 있다고 대답한다. 즉 육근과 육경에 취착하는 존재론적 인식의 실체는 인식자나 인식대상이 아니라 육근과 육경을 실재로 알아서 취착하는 망상의 욕탐(욕망의 습성)이라는 것이다. 사리뿟따의 대답은 소리 – 귀, 냄새 – 코, 맛 – 혀, 감촉 – 몸에 대해서도 유효하다.

〈육육경〉은 접촉에서 발생하는 즐거운 느낌, 괴로운 느낌, 즐겁지도 괴롭지도 않은 느낌이 탐욕의 잠재성향, 분노(적대)의 잠재성향, 무지의 잠재성향에 기인한다고 설명한다. 붓다의 설법에서 탐진치 삼독三毒은 이 잠재성향들을 총칭하는 것이다.

삼독 중에서도 압도적인 성향은 치痴, 즉 무지의 성향이다. 무지의 성향이란 구체적으로 어떤 것인가? 경에서는 '알아차리지 못함'을 무지로 정의한다. 즉 갈애에 닿아서 갈애의 일어남과 사라짐과 달콤함과 위험함과 벗어남을 있는 그대로 알지 못하는 무지다. 무지한 자는 갈애의 욕망을 알아차리지 않는다. 욕망을 충족하는 것에만 급급하다. 현명한 자는 욕망에서 위험을 알아차리고 벗어남을 생각하지만, 무지한 자는 욕망에 업혀 욕망이 충동하는 대로 생각할 뿐이다.

14

·

# 오온연기

# 오온연기

색色(육근, 육경)을 조건하여 수受(감각접촉)가, 수를 조건하여 상想(대상의 인상印象)이, 상을 조건하여 행行(대상의 존재성, 인과의 상相)이, 행을 조건하여 식識(대상을 분별하는 식識의 상相)이 연생함을 설한 법문이 오온연기다.[139]

색, 수, 상, 행, 식의 오온연기는 니까야 경전에서도 가장 많이 언급되는 연기법문이다. 가장 많이 언급되었다는 것은 그만큼 중요하다는 뜻이다. 필자의 견해에도 붓다가 설하신 여섯의 여섯 가지 연생(육육연기), 다섯 가지 연생(오온연기), 열두 가지 연생(십이연기)의 연기법문들 중에서 가장 대표적인 연기법문은 단연 오온연기다.《반야심경》도 시작에서부터 '조견오온개공 도일체고액'이라고 설법하지 않는가?

특히 '오온은 중생상衆生相을 생겨나게 하는 음식(자양분)'이라는 구절은 붓다가 설법에서 상용常用하셨던 말씀이다. 중생상을 생겨나게 하는 자양분이란 일어남에 이은 일어남(연생)의 집集이 생겨나게 하는 자양분이란 뜻이다. 연생의 집集은 무엇을 조건하는가? 자아(존재)가 있다고 생각하는 인식습성, 즉 대상을 존재론적으로 인식하는 습성의 인식작용으로부터 생겨난다. 그러므로 오온연기를 중생의 인식습성(인식작용)을 설명하는 설법이라고 정의할 수 있다.

---

139 니까야 경전의 역자는 색, 수, 상, 행, 식을 물질, 느낌, 지각, 형성, 의식이라고 해석하였으나 필자는 이에 따르지 않고 별도로 해석하였다.

## 연기론이 설명하는 오온연기

자아 없음이 '존재값을 내는 존재의 없음'이고 일체 인연이 '육근과 육경'이기에, 붓다의 연기법문은 '인식의 사실'이라는 관점에서 해석되어야 한다. 십이처 인연이 중생의 존재론적 인식 기제機制를 설명한 것이라면 육육연기는 존재론적 인식의 진행을, 오온연기는 존재론적 인식작용의 과정을, 십이연기는 존재론적 인식의 내용을 설명한 법문으로 정리할 수 있다. 이는 십이처, 육육연기, 오온연기, 십이연기의 법문들 모두가 중생상衆生相의 집集을 설명하는 집성제의 법문이라는 뜻이다. 집성제는 멸성제로 이어져야 한다. 즉 집성제의 법문들에 설해진 이름들의 '자아 없음'을 보고 그것들의 존재론적 관념(자아가 있다는 생각)과 습성을 부수는 멸성제로 나아가야 (실천해야, 수행해야) 하는 것이 연기법문의 의의다.

붓다는 집성제만 설법하셨는가? 아니다. 멸성제도 설법하셨다. '자아 없음을 보라' '공함을 보라' '연기를 보라'는 설법들은 멸성제로 분류할 수 있는 법문들이다. 집성제와 멸성제의 법문을 비교하면 다음과 같다.

| 구분 | 집성제<br>(의상意相 − 중생상衆生相) | 멸성제<br>(공상空相 − 해탈상解脫相) |
|---|---|---|
| 존재론적 인식 기제 | 육근, 육경의 십이처 | 상의적 형성(연생) |
| 존재론적 인식의 진행 | 육육연기 | 공空(자아 없음) |
| 존재론적 인식작용의 과정 | 오온연기 | 공空(자아 없음) |
| 존재론적 인식의 내용 | 십이연기 | 공空(자아 없음) |

## 시중의 불교가 주장하는 오온설

오온연기는 붓다의 법문 중에서도 가장 잘못 알려져 있는 법문이다. 세상의 백과사전이 정의하는 오온五蘊은 '인간을 구성하는 다섯 요소들'인데, 이는 시중의 불교가 주장하는 오온설을 따른 것이다.

오온설은 색을 물질(육체)로, 수, 상, 행, 식을 감각, 인식, 심리현상, 의식의 네 가지 정신적 요소들로 정의하면서 '나'는 이 다섯 요소들로 구성되는 '가합적假合的 존재'라고 설명하는 이론이다. 그러나 오온설은 붓다의 설법하신 바가 아니다. 만일 오온이 나를 구성하는 육체, 감각, 인식, 심리, 의식의 다섯 요소들이라면, 붓다가《상윳따 니까야》〈무상의 경〉(S22:12) 등에서 오온을 싫어하여 떠나라고 하신 설법은 몸, 감각, 인식 등을 싫어하여 떠나라고 하신 것이 된다. 그러나 붓다의 설법에서 자아 없음을 자아 있음으로 취착하는 무명을 싫어하여 떠나라는 말씀은 있어도 몸이나 감각, 인식 자체를 싫어하여 떠나라는 말씀은 없다.

《상윳따 니까야》〈무아의 특징 경〉(S22:59)[140]에서 붓다는 "비구들이여, 어떠한 색, 수, 상, 행, 식이라도 이것은 나의 것이 아니요, 이것은 나가 아니며, 이것은 나의 자아가 아니라고 보아야 한다"라고 설법하신다. 설법에서 "이것은 나의 것이 아니요, 이것은 나가 아니며, 이것은 나의 자아가 아니라고 보아야 한다"는 구절은 붓다가 '법(현상)의 자아 없음'을 가르치기 위하여 연기법문에서 사용하시는 상용구常用句다. 상용구에서 '이것은 나의 것이 아니요'의 이것은 육경을, '이것은 나가 아니요'의 이것은 육근을,

---

140 이 경은 붓다의 성도 후 〈초전법륜 경〉에 이어 두 번째로 설해진 경으로, 〈다섯 수행자의 경〉이라는 이름으로도 알려져 있다.

'이것은 나의 자아가 아니요'의 이것은 육식을 말한다. 즉 상용구는 육경, 육근, 육식의 자아 없음을 설명하는 용도의 상용구다. 이로부터 위 〈무아의 특징 경〉이 색, 수, 상, 행, 식과 육경, 육근, 육식을 한 가지로 설명한다는 사실을 알 수 있다. 앞에 살펴보았던 〈꿀덩어리의 경〉(M018)도 오온과 여섯의 여섯 가지(육육연기)를 한가지로 설명한다. 〈꿀덩어리의 경〉에서 설법하는 것은 육근, 육경(색)과 육식(수, 상, 행, 식)을 자아 있는 사실(존재의 사실)로 취하면 안 된다는 것이다. 〈무아의 특징 경〉이 설법하는 것도 오온(육근, 육경, 육식)을 자아 있는 사실(존재의 사실)로 취하면 안 된다는 것이다.

붓다가 오온과 육육연기를 한 가지로 설하시는 까닭은 오온이 육경, 육근, 육식의 존재를 주장하는 존재론적 인식작용의 색, 수, 상, 행, 식이기 때문이다. 붓다가 오온을 설법하신 뜻을 따르면, 우리가 오온의 가르침에서 공부하여야 할 것은 존재론적 인식작용의 색, 수, 상, 행, 식에 존재가 없음을 깨닫고 수행하는 것, 즉 색, 수, 상, 행, 식이 공함(자아 없음)을 수습修習하는 것이다. 그러나 오온을 '나를 구성하는 다섯 요소'라고 주장하는 시중의 오온설에서 오온에 대한 이해는 항상하는 나(존재)의 없음을 아는 것으로 끝이다. 이런 뜻의 오온설('존재값을 내는 존재의 부재'를 말하는 대신 '항상하는 존재의 부재'를 말할 뿐인 오온설)은 왜 오온의 육체, 감각, 인식, 심리현상, 의식이 무상한지(항상하지 않는지)에 대한 별도의 설명을 제시하여야 한다. 시중의 불교가 연기법은 제쳐두고 부파불교 기원의 원소론이나 불성론 등의 형이상학적 이론들을 불교의 교학이라고 섬기는 것은 이런 이유다.

## 오온에 대한 시중의 해석 vs 연기론의 해석

세상은 색, 수, 상, 행, 식을 존재의 사실이라고 말한다.[141] 그러나 붓다는 색, 수, 상, 행, 식이 존재의 사실이 아니라 자아 없는 연생, 즉 연기법이라는 사실을 깨달으셨다.

| 구분 | 시중의 해석 | 연기론의 해석[142] |
|---|---|---|
| 이름 | 오온설 | 오온연기 |
| 이론의 개요 | '나'의 구성요소를 다섯 가지로 설함 | 존재론적 인식작용을 다섯 가지 연생으로 설함 |
| 설법의 목적 | '나'의 공함을 설하기 위함 | 존재론적 인식작용의 공함을 설하기 위함 |
| 색色 | 육체, 물질 | 육근, 육경 |
| 수受 | 감각 | 감각 접촉 |
| 상想 | 인식 | 인식대상의 상想(인상印象) |
| 행行 | 심리 | 인식대상의 상相(존재성, 인과) |
| 식識 | 의식 | 인식자(자의식)의 상相 |

## 오온이 연기법임을 밝히다

"색色은 이와 같고 색의 일어남은 이와 같으며 색의 사라짐은 이와 같다.

---

141 칸트Kant는 시공간적 직관(감각적 인식, 상온), 개념(개념적 인식, 행온), 이성(지성적 인식, 식온)으로써 구성되는 인식을 '선험적 인식형식'으로 정의한다. 칸트에게 오온은 존재의 본질적 존재형식, 즉 인식의 본질은 지각이라는 것(인식되는 것은 외부에 실재한다는 것)이다.

142 이 해석은 《상윳따 니까야》〈삼켜버림 경〉(S22:79)에서 붓다가 색, 수, 상, 행, 식을 정의하신 말씀을 그대로 옮긴 것이다.

수受는 이와 같고 수의 일어남은 이와 같으며 수의 사라짐은 이와 같다.

상想은 이와 같고 상의 일어남은 이와 같으며 상의 사라짐은 이와 같다.

행行은 이와 같고 행의 일어남은 이와 같으며 행의 사라짐은 이와 같다.

식識은 이와 같다. 식의 일어남은 이와 같으며 식의 사라짐은 이와 같다.

이것이 있을 때 저것이 있다. 이것이 일어날 때 저것이 일어난다.

이것이 없을 때 저것이 없다. 이것이 소멸할 때 저것이 소멸한다."

《상윳따 니까야》〈열 가지 힘의 경〉(S12:22), 각묵 역

'이와 같다'는 무엇을 말하는가? '이렇게 온 이'라는 뜻의 여래如來가 연기를 말한 것처럼, 위 설법의 '이와 같다' 역시 연기緣起를 말한 것이다. 오온이 연생緣生의 연기임을 분명히 나타내기 위하여 붓다는 법문의 뒷부분에 이것과 저것이 서로를 조건하는 '상의성의 법문'을 덧붙이셨다. 그러므로 위 설법은 오온이 요소의 오온설이 아니라 연생의 오온연기로 파악되어야 함을 증거하는 '붓다의 말씀'이라 하겠다.

이 외에도 니까야 경전의 곳곳에서 색, 수, 상, 행, 식의 연생(조건의존적 형성)을 설명하는 붓다의 법문을 확인할 수 있다. 예를 들면, 《상윳따 니까야》〈원인 경1〉(S22:18)은 색을 조건한 수, 수를 조건한 상, 상을 조건한 행, 행을 조건한 식의 연생(일어남에 이은 일어남)을 설명하면서, 자아 없는 연생이기에 무상한 것이고 무상한 것이기에 그것에 취착하는 생각을 싫어하여 떠날 수 있어야 한다고 설명한다. 《반야심경》에서 색의 설명으로 나머지 수, 상, 행, 식에 대한 설명을 대신하는 이유도 색을 조건하여 수가, 수를 조건하여 상이, 상을 조건하여 행이, 행을 조건하여 식이 연생하는 까닭이다.

## 오온과 오취온의 구분

"비구들이여, 무엇이 있을 때, 그것을 탐착하여 '이것은 내 것이다. 이것은 나다. 이것은 나의 자아다'라는 견해를 일으키는가? 비구들이여, 오온이 있을 때, 오온을 탐착하여 '이것(육경)은 내 것이다. 이것(육근)은 나다. 이것(육식)은 나의 자아다'라는 견해(오취온)를 일으킨다."

《상윳따 니까야》 〈이것은 나의 것 경〉 (S24:46)

"비구들이여, 이미 존재하는 중생(오취온)들을 유지하게 하고 생겨나는 중생(오취온)들을 도와주는 네 가지 자양분이 있다. 거칠거나 미세한 덩어리진 먹는 자양분(색온)이 첫 번째요, 감각접촉에 의한 자양분(수온, 상온)이 두 번째요, 마음의 의도에 의한 자양분(행온)이 세 번째요, 의식에 의한 자양분(식온)이 네 번째이다."

《상윳따 니까야》 〈음식(자양분) 경〉 (S12:11)

색취온, 수취온, 상취온, 행취온, 식취온의 오취온은 색, 수, 상, 행, 식의 오온을 존재의 사실로 알아서 취착하는 망상(중생상衆生相)이다. 붓다는 오온을 '중생을 생겨나게 하고 유지하게 하는 음식(자양분)'이라고 설명하셨는데, 이는 오온을 조건한 오취온의 연생을 말한 것이다. 그러므로 오온과 오취온을 이렇게 구분할 수 있다. "오온이 중생상衆生相이 생겨나는 존재론적 인식습성이라면 오취온은 존재론적 인식습성에 탐착하는 중생상이다." 혹은 이렇게도 말할 수 있다. "오온이 중생의 인식작용이라면, 오취온은 중생의 인식작용에 탐착하는 중생상이다."

우리는 오온을 경험하지 못한다. 우리가 현실에서 경험하는 것은 오온을 존재의 사실(자아 있는 사실)로 포섭한(오온에 취착한) 오취온이다. 따라서 우리가 경험하는 현상은 오온의 연생이 아니라 '오취온의 연생'이라고 말하는 것이 정확하다.

오취온이 오온의 포섭이기에 니까야 경전에는 오온과 오취온을 혼용하는 경우가 많다.《상윳따 니까야》〈무더기 경〉(S22:48)에서는 오온과 오취온을 구분하지만, 다른 법문들에서는 오온과 오취온을 특별히 구분하지 않는다. 따라서 법문 속의 색, 수, 상, 행, 식이 오온을 말하는 것인지 혹은 오취온을 말하는 것인지는 읽는 이가 앞뒤 문맥을 고려해 판단해야 할 문제다.

---

## 오온 vs 오취온

---

"수행승들이여, 색色, 수受, 상想, 행行, 식識은 무상한 것이다. 잘 배운 고귀한 제자는 이와 같이 보아서 색(색취온)에서도, 수(수취온), 상(상취온)에서도, 행(행취온), 식(식취온)에서 싫어하여 떠난다."

《상윳따 니까야》〈무상의 경〉(S22:12)

오온은 자아 없는 연생이고 따라서 무상한 것이다. 무상한 연생의 색, 수, 상, 행, 식이면서도 마치 존재의 색, 수, 상, 행, 식인 양 조작하는 색취온, 수취온, 상취온, 행취온, 식취온은 싫어하여 떠나야 할 것들이다. 오취온을 싫어하여 떠나기 위해서는 오온이 공하다는 사실(색, 수, 상, 행, 식에 자아가 없다는 사실)을 꿰뚫어 알아야 한다.

중생(의식)은 인식에서 존재(오취온)를 관찰하는 것이 일이지만, 수행자(사띠)는 인식에서 느낌, 생각, 취착의 무더기(오온)를 관찰하는 것이 일이다. 사념처 위빠사나는 사띠가 오취온의 자양분인 오온이 일어나고 사라지는 있는 그대로를 관찰하는 수행이다. 오온의 공함을 관찰함으로써 오온에 취착하는 오취온을 소멸하는 것이 사념처 위빠사나의 의의다.

## 오온의 집集: 오취온, 중생

"악마여, 그대는 왜 중생에 집착하는가? 그것은 단순히 형성의 집集이니, 거기서 중생을 찾지 못한다. 마치 모든 부속이 모여서 수레라는 명칭이 있듯이, 이와 같이 존재의 무더기(오취온)에 의해 중생이라는 거짓 이름이 있다."
《상윳따 니까야》 〈바지라의 경〉 (S5:10)

위는 악마가 수행자 바지라를 찾아와 "누가 뭇 삶(중생)을 만들었는가? 중생은 어디에서 생겨나고 어디로 사라지는가?"라는 질문으로 시험하자, 바지라가 적법한 대답으로 악마를 물리치는 장면이다.

바지라는 중생의 행방을 묻는 악마에게 중생은 실재의 존재가 아니라 거짓 이름(가명假名)이라고 말한다. 바지라가 정의하는 중생은 형성의 집集(쌓임)이다. 형성[行]의 집集은 오온에 취착하여 오온을 쌓아 올린 오취온이니, 중생에 집착하는 것은 오취온, 즉 중생상衆生相에 집착하는 것이다. 중생상에 아무리 집착하더라도 존재의 중생을 찾을 수는 없는 일이다. 존재가 없는 상相에서 어떻게 존재를 찾겠는가?[143]

---

143 불교를 안다는 사람들 중에도 중생이 존재(상像)가 아니라 연생(상相)이라는 사실조차 모르는 이들이 대부분이다.

위 경의 해석에서 집集은 특히 주의해야 할 개념이다. 기존의 대부분의 이해는 이합집산의 개념이다. 즉 개개의 부속(원소)들이 집합하여 수레(존재)가 된다는 뜻의 집集이다.[144] 그러나 붓다가 설법하신 집集(사성제의 집集)은 '집합의 집集'이 아니라 '쌓임의 집集'이다. '집합'이 원소들의 이합집산을 말하는 개념이라면 '쌓임'은 자아 없는 조건을 자아 있는 조건으로 잘못 아는 연생緣生을 말하는 개념이다.

연기법의 집集을 이합집산의 집集으로 잘못 이해하는 오류는 연기법을 찰나 생멸의 법으로 잘못 이해하는 오류로 이어진다. 실제로 시중의 불교들에서 설명하는 연기법은 이런 오류 연속의 연기법이다. 그러나 관계의 존적 형성의 연기법은 찰나라도 생멸이 없는 법이다. 의존하여 형성되는 법에 어찌 찰나의 생멸이라도 있겠는가?

연기법의 생生, 즉 연생緣生은 조건들(인연)을 실재로 아는 망상의 일어남(형성)이다. 따라서 오온의 쌓임(오취온)은 다섯 가지의 집합에 의한 생명의 발생이 아니라 망상의 연생(쌓임, 집集)으로 이해되어야 한다. 대상이 대상으로서 존재한다고 주장하는 색취온, 수취온, 상취온, 행취온, 그리고 나는 나로서 존재한다고 주장하는 식취온의 쌓임이 오취온이다. 이런 오취온에서 중생과 중생의 고苦가 쌓이는(연생하는) 것이다.

---

144 집集에 대한 시중의 이해는 대부분 이런 식이다. 즉 사과의 인연은 농부의 땀, 흙, 공기, 빛, 태양, 물, 바람, 영양분 등의 집합이라는 식의 이해다.

# 오취온, 중생상의 발생

[비싸카] "존귀한 여인이여, 개체가 있다는 견해는 어떤 것입니까?"

[담마딘나] "벗이여, 세상의 배우지 못한 사람은 참사람의 가르침에 이끌리지 않습니다. 그는 색色을 자아(존재)로 여기고, 색을 가진 것을 자아로 여기고, 색에게 자아가 있다고 여기고, 자아에게 색이 있다고 여깁니다. 그는 상想을 자아(존재)로 여기고, 상을 가진 것을 자아로 여기고, 상에게 자아가 있다고 여기고, 자아에게 상이 있다고 여깁니다. 그는 행行을 자아(존재)로 여기고, 행을 가진 것을 자아로 여기고, 행에게 자아가 있다고 여기고, 자아에게 행이 있다고 여깁니다. 그는 식識을 자아(존재)로 여기고, 식을 가진 것을 자아로 여기고, 식에게 자아가 있다고 여기고, 자아에게 식이 있다고 여깁니다. 벗이여, 비싸카여, 개체가 있다는 견해는 이러한 것입니다."

《맛지마 니까야》〈교리문답의 작은 경〉(M044) (필자가 경의 내용을 간략히 정리함)

참사람(붓다)의 가르침에 이끌리지 않는 그는 개체(개별 존재)가 있다는 상相을 일으키는 자다. 색色을 취한 그는 감각 접촉하는 것을 존재라고 여기고, 수受를 취한 그는 존재에서 느낌을 받는 것이라고 여기고, 상想을 취한 그는 존재의 인상을 지각하는 것이라고 여기고, 행行을 취한 그는 존재의 존재성을 지각하는 것이라고 여기고, 식識을 취한 그는 존재를 상대하는 자신 역시 존재로서 존재하는 것이라고 여긴다.

이렇게 오온을 취한 오취온五取蘊으로써 중생상衆生相을 일으킨 자를 담마딘나는 '개체가 있다는 견해를 가진 자'라고 설명한다. 담마딘나의 설명은 다음과 같이 요약할 수 있다.

- 자아 = 개체 = 개별 존재(존재값을 내는 존재) = 존재에 취착하는 망상 = 오취온.

## 오취온에 대한 사리뿟따의 설명

"벗들이여, 안으로 시각능력(눈)이 완전하더라도 밖에서 형상이 눈의 영역에 들어오지 않고 그것에 주의를 기울이지 않으면 그것에 일치하는 의식은 나타나지 않습니다. 안으로 눈이 완전하고 밖에서 형상이 눈의 영역에 들어오더라도 그것에 주의를 기울이지 않으면 그것에 일치하는 의식은 나타나지 않습니다. 안으로 눈이 완전하고 밖에서 형색이 눈의 영역에 들어오고 그것에 주의를 기울이면 그것에 일치하는 의식이 나타납니다.

이와 같은 상태에서 색色은 색취온에, 수受는 수취온에, 상은 상취온에, 행은 행취온에, 식은 식취온에 포섭됩니다. 그는 '이러한 방식으로 이러한 것들(눈, 형상, 안식, 의식)은 다섯 가지 집착무더기(오취온)에 포섭되고, 집합되고, 결합된다'라고 압니다. 그런데 세존께서는 "연기緣起를 보는 자는 법을 보고, 법을 보는 자는 연기를 본다"라고 말씀하셨습니다. 이 오취온은 연기한 것입니다. 이러한 오취온에 욕망하고 집착하고 경향을 갖고 탐착하는 것은 괴로움의 발생입니다. 이러한 오취온에서 욕망과 탐욕을 제거하고 버리는 것이 괴로움의 소멸입니다. 벗들이여, 이렇게 되면 그 수행승에게는 많은 것이 성취된 것입니다."

《맛지마 니까야》〈코끼리 발자취에 비유한 큰 경〉(M028)

위 경에서 사리뿟따 존자는 오취온(중생상)으로 포섭되는 오온에 대해 설명한다. 첫 번째 단락에서 존자가 설명하는 것은 인식에 대한 우리의 일반적 지식(존재론적 관념)이다. 존자의 설명을 풀어서 서술하면, "우리가 존재론적 관념으로 이해하는 인식 메커니즘은 눈(육근)에 문제가 없고(눈이 눈으로 있고) 눈 밖에서 형색(육경)이 들어오고(형색이 형색으로서 들어오고) 그것에 주의를 기울이면(안식眼識이 형색에 주의를 기울이면) 그것에 대한 알음알이의 의식意識(들어온 형색을 지각하는 의식)이 나타난다"는 것이다.

그런데 이렇게 아는 것은 색(눈, 형상)은 색취온(눈, 형상이 존재의 사실이라는 생각)에, 수(안식, 접촉)는 수취온(안식, 접촉이 존재의 사실이라는 생각)에, 상(느낌, 인상)은 상취온(느낌, 인상이 존재의 사실이라는 생각)에, 행(인상의 존재성, 인과)은 행취온(인상의 존재성, 인과가 존재의 사실이라는 생각)에, 식(인식하는 의식)은 식취온(인식하는 의식은 존재의 사실이라는 생각)에 포섭되고, 집합되고, 결합된 결과다. 존자의 설명은 우리 일상에서도 확인할 수 있다. 우리는 일상에서 색(눈, 형상), 수(접촉), 상(느낌), 행(존재성), 식(의식)을 '존재의 사실(오취온)'로서 인식한다. 즉 우리는 일상에서 눈, 형상, 접촉, 느낌, 존재성(인과), 의식 등을 존재의 사실로써 포섭하고, 집합하고, 결합하는 것이다.

그런데 '존재의 사실'은 '연생(일어남에 이은 일어남)의 사실'을 착각한 망상(오취온)이다. 법(현상)이 연생의 연기라는 사실을 보는 자는 무상한 연생에 취착하는 오취온이 괴로움의 발생이라는 사실을 안다. 괴로움을 멈추려면 오취온을 멈추어야 한다. 오취온의 연생을 멈추는 것은 오취온을 연멸하는 것이고, 오취온을 연멸하는 것은 괴로움을 소멸하는 것이다. 사리뿟다 존자는 우리의 존재론적 인식이 오취온이라는 사실을 지적하면서 오취온의 연생[集]이 괴로움의 발생이고 오취온의 연멸[滅]이 괴로움의 소멸이라는 사실을 설명한 것이다.

## 오취온을 경계하는 붓다의 말씀

"즐거움에 뿌리박은 존재[有]를 멸진해버렸고, 인식작용(행취온)과 의식작용(식취온)을 모두 부수었고, 느낌(상취온)들을 가라앉혀버렸노라. 벗이여, 그러므로 나는 이제 아노니, 중생들의 해탈과 벗어남과 떨쳐버림을."

《상윳따 니까야》〈벗어남 경〉(S1:2), 각묵 역

존재(인식대상)를 인식한다는 생각을 부수고, 인식하는 존재(인식자)가 있다는 생각을 부수고, 존재를 감각한다는 생각을 가라앉혔기에 중생의 해탈이 무엇인지를 말할 수 있다는 말씀이다.

"다섯 가지를 끊고, 다섯 가지를 제거하고. 다섯 가지를 더 닦아야 합니다. 다섯 가지 속박을 모두 다 벗어나야 그를 일러 폭류를 건넌 비구라 합니다."

《상윳따 니까야》〈얼마나 끊음 경〉(S1:5), 각묵 역

오취온의 무명을 끊고, 오취온의 습성을 제거하고, 오온이 공함(자아 없음)을 닦아서(수행하여) 오온의 속박에서 벗어난 자를 일러 여섯의 여섯 가지 폭류, 즉 서른여섯 가지 무명습성의 폭류를 건넌 자라 할 수 있다는 말씀이다.

"깨어 있을 때 다섯 가지가 잠들어 있고, 잠잘 때 다섯 가지가 깨어 있습니다. 다섯 가지에 의해 사람이 먼지를 뒤집어쓰고 있고 다섯 가지에 의해 사람이 청정하게 됩니다."

《상윳따 니까야》〈깨어 있음 경〉(S1:6), 각묵 역

깨어 있는 자(지혜로운 자, 사띠)에게 오온은 공한 것이나 잠들어 있는 자(미혹한 자, 의식)에게 오온은 실재하는 것이다. 오온을 취하면 오염을 뒤집어쓰는 것(오취온)이지만, 오온을 공하게 보면 청정하게 된다.

## 고苦: 오취온

"수행승들이여, 괴로움의 거룩한 진리는 이와 같다. 태어남도 괴로움이고, 늙는 것, 병드는 것, 죽는 것도 괴로움이고, (이로 인한) 슬픔, 비탄, 근심, 절망도 괴로움이다. 사랑하지 않는 사람과 만나는 것도 괴로움(원증회고)이고 사랑하는 사람과 헤어지는 것도 괴로움(애별리고)이고 원하는 것을 얻지 못하는 것도 괴로움(구부득고)이다. 줄여서 말하면, 다섯 가지의 집착다발(오취온)이 모두 괴로움이다."

《상윳따 니까야》 〈초전법륜 경〉 (S56:11)

성도 후 다섯 수행자들을 만나 세상에서 처음으로 법을 전하시면서 붓다는 고苦가 무엇인지를 예를 들어 설명하셨다. 붓다가 예로 든 고는 생로병사고, 원증회고, 애별리고, 구부득고 등이다. 그리고 설법의 끝에서 이들 고를 오취온이라는 한마디로 정의하신다.

하지만 시중의 불교는 이렇게 설명하지 않는다. 그들은 '태어남이 고'라고 말한다. 즉 태어남 자체가 고이기에 태어나지 않는 것이 최선이라는 말이다. 이 얼마나 비불교적인 설명인가? 붓다는 태어남을 자아 있는 사실로 알고 취착하는[145] 중생상衆生相(오취온)을 고라고 말씀하셨지 태어남 자체를 고라고 말씀하신 적이 없다.

나가르주나가 《중론》에서 생도 멸도 없다고 천명한 것처럼, 존재가 없는 연기법에는 존재의 태어남이나 존재의 죽음이라는 사실도 없다. '존재'라는 무명에 취착하는 중생이 존재의 태어남, 존재의 죽음이라는 거짓 상相에 취착할 뿐이다. 붓다는 거짓 상相(오취온)에 취착하는 괴로움의 소멸을 법으로 알려주셨건만, 후대의 제자라는 사람들은 오히려 거짓 상相을 실제의 사실인 양 오도하며 이를 붓다의 법인 양 세상에 전파한다. 이런 자들은 붓다의 제자가 아니라 전도망상을 세상에 퍼뜨리는 외도外道들이다.

## 출가: 오취온에서 떠나는 것

할릿디까니 장자가 마하깟짜야나 존자를 찾아와 물었다.

"존자시여, 세존께서는 《숫타니파타》〈마간디야에 대한 설법의 경〉에서 이렇게 말씀하셨습니다. '집loka을 버리고 거처 없이 유행하며 성자의 삶을 사는 이는 감각적 쾌락의 욕망을 떠나 무엇도 기대하지 않으며 사람들과 다투는 말을 하지 않노라' 존자시여, 이처럼 세존께서 간략하게 설하신 뜻을 저희는 어떻게 세세하게 알아야 합니까?"

마하깟짜야나 존자가 말했다.

"장자여, 집을 버리지 않고 집에서 유행하는 것이란 무엇이겠습니까? 색온

---

145 태어남에 존재가 있는 것으로 알고 그 존재에 취착하는.

色蘊을, 수온受蘊을, 상온想蘊을, 행온行蘊을, 식온識蘊을 알음알이의 집loka이라 하고, 이 온蘊들에 대한 탐욕에 묶이는 것을 알음알이의 집에서 유행하는 것이라 합니다. 장자여, 이것이 집을 버리지 않고 집에서 유행하는 것입니다. 장자여, 그렇다면 집을 버리고 유행하는 것이란 무엇이겠습니까? 여래께서는 이들 다섯 가지 온蘊들에 대한 마음의 경향과 잠재적 성향의 욕구, 탐욕, 즐김과 갈애, 여러 가지 집착을 버리고 남김없이 제거하셨습니다. 그 뿌리를 몽땅 잘라 줄기만 남은 야자수처럼 만드셨고 존재하지 않게 하셨고 미래에 다시는 일어나지 않게 하셨습니다. 그러므로 여래는 집을 버리고 유행하신다고 말합니다."

《상윳따 니까야》〈할릿디까니 경〉(S22:3) (필자가 경의 내용을 간략히 정리함)

이것, 저것을 존재론적 의意로써 분별하는 의식意識을 오온의 집[家, loka]이라 하고, 의식의 의에 탐착하여 이것, 저것으로 유행하는 것을 집에 머물면서 유행하는 오취온(중생)이라 한다. 집을 버리고 유행하는 것(출가)은 의식의 존재론적 의意를 버리는 것이다. 의를 버리는 것은 의를 단멸하는 것이 아니라 의에 취착함이 없도록 하는 것이니, 그래서 경은 오온에의 취착을 일으키는 경향, 욕구, 탐욕, 즐김, 갈애, 집착들을 남김없이 제거하는 것을 집을 버리고 유행하는 것, 즉 출가라고 설명한다.

붓다가 오온을 설명하기 위해 사용하신 비유는 ① 중생의 음식(자양분)이라는 비유와 ② 중생의 집家이라는 두 가지 비유다. 오온을 중생의 집으로 비유하신 이유는 생명이 생명으로 상속하는 인식습성이 오온이기 때문이다. 그런데 이 인식습성은 생명이 세상에서 생존하기 위하여 조작한 것이다. 조작한 인식습성(오온)에서 생명의 유전문(오취온)이 연생한다. 그러므로 노사老死 등의 유전문으로부터 해탈하려면 생명의 집(인식습성)에서 나와야 한다.[146] 붓다가 오온에 머물지 않는 것을 수행자의 출가라고 말씀하신 이유다.

## 출가수행

"도반 사리뿟따여, 저의 제자가 출가수행을 버리고 낮은 재가자의 삶으로 되돌아갔습니다."

"도반이여, 감각기능들의 문을 보호하지 않고, 음식의 적당한 양을 알지 못하고, 깨어있음에 전념하지 못하면 그렇게 될 수밖에 없을 것입니다."

《상윳따 니까야》〈사리뿟따 경〉(S35:120) 각묵 역

위는 사리뿟따가 그를 찾아온 비구(출가수행자)와 대화한 내용이다. 사리뿟따는 출가자의 출가수행을 ① 감각기능들의 제어, ② 적당한 양의 식사(몸을 유지하기 위한 식사), ③ 경행하거나 앉아 있으면서 알아차리는 깨어있음의 세 가지로 설명한다.

특히 감각기능들(육근)의 문(육처)을 제어하는 방법에 대해서, '눈으로 형색을 볼 때 형색의 전체 모습은 물론 부분의 모습도 취하지 않는 것'이라고 설명한다. 즉 '형색을 존재의 사실로 취하지 않는 것'이 감각기능을 잘 제어하는 것이라는 사리뿟따의 설명이다. 이는 눈으로 형색을 봄에 있어 '그것(자아)'이나 '거기에(처處)'가 없는 것으로 보아야 한다는 붓다의 말씀

---

146  붓다가 오온을 집loka으로 비유하신 것은 출가수행이 생명(연생의 유전문)으로부터 벗어나 우주(연기법)를 깨닫는 도道라는 뜻을 담으려함이었을 것이다.

과 같은 뜻이며, 현상을 상像이 아니라 상相으로 파악하여야 한다는 연기론의 설명과 같은 뜻이다.

## 색色, 색온

《반야심경》은 '수, 상, 행, 식이 색과 같다'라고 말한다. 색을 알면 수, 상, 행, 식도 더불어 안다는 말이다. 오온이 중생(오취온)의 자양분이고, 오온이 색을 조건하여 수, 상, 행, 식이 연생하는 연기법이라는 사실을 고려하면, 색에 대한 올바른 이해야말로 중생으로부터 해탈하는 연기법 공부의 가장 기초라 할 것이다.

시중의 불교에서 색은 대부분 물질로 해석된다. 그러나 물질은 연기법의 의의와 무관할 뿐만 아니라 오히려 물자체의 존재를 지시하는 개념이어서 연기법의 의의를 훼손하는 것이다. 시중의 불교가 색의 이해에 무지한 까닭은 연기법문들에 무지하기 때문이다. 색은 니까야 경전의 연기법문들에 잘 정의되어 있으니 바로 육근, 육경이다. 《반야심경》에서도 '공중무색 무수상행식' 다음에 '무안이비설신의 무색성향미촉법'이라고 설법함으로써 색이 곧 육근, 육경임을 지시하고 있지 않는가?

육근, 육경(색色)이 서로 접촉하는 인연이 수受고, 수를 조건하여 상想, 행行, 식識이 연생한다. 그런데 수를 있게 하는 인연의 육근, 육경은 자아 없는 이름(가명假名)이다. 그렇다면 육근, 육경이라는 가명을 벗긴 색色은 어떻게 이해해야 하는 것일까? 색色에 온蘊을 덧붙인 색온色蘊은 '무더기의 색'이라는 뜻으로 '자아 없는 색'을 의미한다. 자아 없는 색, 즉 육근, 육경이라는 가명을 벗긴 색이 어떻게 물리적으로 설명(정의)되는지를 경전에서 찾아보자.

　rupa(색色)의 어원인 rupati의 의미를 《상윳따 니까야》〈삼켜버림 경〉(S22:79)은 "비구들이여, 장애가 되는rupati 것이기에 색rupa이다"라고 하며, 《맛지마 니까야》〈코끼리 발자국 비유의 긴 경〉(M028)은 "부딪히는ru-pati 것이고 취착의 대상이 되는 것이기에 색rupa이다"라고 했으며, 《잡아함》〈삼세음세식경〉은 "(감각에) 걸리는rupati 것이기에 색rupa이다"라고 했다. 경전에서 말하는 rupati는 모두 '접촉'과 연결된 의미다. rupati를 '접촉하다'의 뜻으로 이해하면 rupati의 명사형인 rupa는 '접촉하는 것(재료, 작용)'이 된다.

　《상윳따 니까야》〈무더기 경〉(S22:48), 《상윳따 니까야》〈삼켜버림 경〉(S22:79) 등은 "수행승들이여, 어떤 색色이 과거에 속하든 미래에 속하든 현재에 속하든, 내적이든 외적이든, 거칠든 미세하든, 저열하든 탁월하든, 멀리 있든 가까이 있든, 무엇이든지 이와 같은 것을 색의 다발[色蘊]이라 한다"라고 설명한다. 이 설명을 rupa의 뜻과 결합하면 물리적 개념으로서의 색온色蘊을 '내적이든 외적이든 거칠든 미세하든 저열하든 탁월하든 멀리 있든 가까이 있든 혹은 단단하든(지地) 습윤하든(수水) 온난하든(화火) 유동적이든(풍風) 혹은 무엇이든 간에 접촉을 성립시키는 작용, 재료의 무더기'라고 정의할 수 있다.

　현대적 방식으로 말하자면, 빛, 소리의 파동, 향기, 바람, 열, 냉기, 습기 등의 모든 종류의 감각적 재료들(외적 재료)과 몸에서 발생하는 자극이나 신호(내적 재료), 식識에 작용하는 기억, 상상 등의 관념(과거나 미래에 속하는 재료)들을 모두 '색온色蘊'으로 나열할 수 있다. 이 모든 인식 재료(색온)들로부터 접촉(수온), 인상印象(상온), 개념(행온), 분별(식온)이 연생緣生하는 것이다.

## 세 가지 경우의 색色

육근, 육경을 색취온, 색, 색온의 세 가지 경우로 살펴보아야 한다. 첫 번째는 처處(자아)가 있는 육근, 육경, 즉 십이처의 육근, 육경이다. 이 경우의 연기법문은 오취온의 색취온이다. 두 번째는 이치를 설명하기 위한 이름의 육근, 육경이다. 이 경우에 해당하는 연기법문은 오온의 색rupa이다. 세 번째는 육근, 육경이라는 이름 이전의 육근, 육경, 즉 온蘊(khandhā, 무더기)의 육근, 육경이다. 이 경우에 해당하는 연기법문은 색온色蘊(rupa-khandhā)이다.

- 일체一切(십이처) = 육근과 육경(육육연기) = 색色(오온연기, 오취온)
  = 개고皆苦(삼법인).


## 지, 수, 화, 풍의 4대

"수행승들이여, 배우지 못한 일반 사람은 땅(물, 불, 바람)을 땅(물, 불, 바람)으로 여기고, 땅(물, 불, 바람)을 땅(물, 불, 바람)으로 여기고 나서 땅(물, 불, 바람)을 생각하고, 땅(물, 불, 바람) 가운데 생각하고, 땅(물, 불, 바람)으로부터 생각하며 '땅(물, 불, 바람)은 내 것이다'라고 생각하며 땅(물, 불, 바람)에 대하여 즐거워한다. 그것은 무슨 까닭인가? '그는 그것을 알지 못하기 때문이다'라고 나는 말한다."

《맛지마 니까야》 〈근본법문의 경〉(M001)

붓다의 가르침을 배우지 못한 중생은 땅(물, 불, 바람)이라고 인식한 현상을 땅(물, 불, 바람)이라는 존재의 상像으로 여긴다. 즉 땅이 땅으로서 존재하는 것이라고 여기는 것이다. 땅(물, 불, 바람)이 땅(물, 불, 바람)으로서 있는 것이라고 생각하기 때문에 그 땅(물, 불, 바람)에 대해서 생각하고, 그 땅(물, 불, 바람)을 중심으로 생각하고, 그 땅(물, 불, 바람)으로부터 생각하고, 그 땅(물, 불, 바람)을 내 것이라 생각하고, 그 땅(물, 불, 바람)을 즐거워하며 취착하는 연이은 인식 오류가 발생한다.

그러나 현상은 존재의 상像이 아니라 관계의존성의 상相이다. 즉 땅(물, 불, 바람)이라는 현상은 땅(물, 불, 바람)이라는 존재가 없는 상相(자아 없는 상相)이다. 자아 없는 상相의 이름은 가명이니, 땅, 물, 불, 바람이라는 이름 또한 자아 없는 이름, 즉 가명으로 알아야 할 것들이다.

붓다 재세 시에 대부분의 사문(자유사상가)들 사이에서는 요소설要素說, 적취설積聚說, 적집설積集說 등의 원소론이 유행했었고, 이들 설說에 빠짐없이 등장했던 것이 지, 수, 화, 풍이라는 4대大의 이름이었다. 자아 없는 법(연기법)을 설하기 위해 세상에서 유행하는 이름과 개념을 방편으로 사용하셨던 붓다의 설법에서 이들 4대의 이름도 예외일 수 없었다. 즉 지, 수, 화, 풍의 이름 역시 연기를 말하기 위해 세상에서 차용한 방편의 이름으로 알아야 하는 것이다.[147]

---

147 《상윳따 니까야》 〈분석 경〉(S12:2)에서 십이연기의 명색名色의 색色을 '네 가지 요소와 이로부터 이루어진 형태'라고 설명하는데, 이를 근거로 '지, 수, 화, 풍은 실재의 4대'라고 주장하는 사람들이 있다. 그러나 십이연기는 세우기 위해 시설된 법이 아니라 부수기 위하여 시설된 법이다. 부수기 위해 말한 것을 세우려 해서는 안 된다.

## 색은 공하다

만일 색色이 이미 존재하는 것이라면 색의 인因은 소용없다. 만일 색이 존재하지 않는다고 해도 색의 인은 소용없다. 원인 없이 색이 존재한다는 것은 결코 옳지 않다. 그러므로 색을 분별하는 것은 옳지 않다.

오온의 나머지인 수受, 상想, 행行, 식識도 철저하게 색의 경우와 같다. 만일 누군가가 물어보는데 공空을 떠나서 답하려면 답변이 성립할 수가 없고 (애초의) 그 의문과 똑같다.

《중론》〈관오음품〉

만일 색이 자성自性으로 존재하는 것(유有)이라면 색을 있게 하는 원인(조건)은 불필요하다. 반대로 색이 존재하지 않는 것(무無)이라도 역시 색을 있게 하는 원인은 불필요하다. 그런데 조건의존성의 연기법에서 인因(원인의 조건) 없는 색은 성립하지 않는다. 그러므로 연기법의 색을 유무有無로 분별하는 것은 옳지 않다.

## 수受, 수온

"세존이시여, 그러면 누가 감각 접촉을 합니까?"

"그것은 타당한 질문이 아니다"라고 세존께서는 말씀하셨다. "나는 '중생이나 사람이 감각 접촉을 한다'고 말하지 않는다. 만일 내가 '중생이나 사람이 감각 접촉을 한다'라고 말한다면, '세존이시여, 그러면 누가 감각 접촉을 합니까?'라는 그대의 이 질문은 타당하다. 하지만 나는 이와 같이 말하지 않는다. 내가 이렇게 말하지 않기 때문에 나에게 '세존이시여, 그러면 무엇을 조건하여 감각 접촉이 생겨납니까?'라고 물어야 타당한 질문이다.

만일 그대가 이렇게 묻는다면 여기에 대해서 나는 이렇게 타당한 설명을 할 것이다. '여섯 감각 장소를 조건하여 감각 접촉이 있고, 감각 접촉을 조건하여 느낌이 있다'라고."

《상윳따 니까야》〈몰리야팍구나 경〉(S12:12), 각묵 역

수受는 빨리어로는 vedanā, 영어로 풀어쓰면 'internal sense organs come into contact with external sense objects'로, 외부의 것(육외입처, 육경)을 내부의 것(육내입처, 육근)이 접촉, 수신受信한다는 뜻이다.

붓다는 십이연기의 법문에서 접촉을 '육처에 조건한 발생'이라고 말씀하셨다. 그런데 육근과 육경이 접촉하는 육처六處가 실재하는가? 육근과 육경이 가명인데 이들이 접촉하는 처處가 실재할 리 없다. 육근, 육경과 마찬가지로 육처 역시 가명인 것이다. 육처가 가명이라면 육처를 조건하는 '수受의 접촉' 역시 가명이어야 한다.

## 《금강경》〈불수불탐분〉

〈불수불탐분不受不貪分〉: 받을 생각도 말고 탐하지도 말라.

"수보리야, 만일 보살이 항하의 모래 수만큼 세계에 가득 찬 칠보를 가지고 보시할지라도, 만일 다시 어떤 사람이 일체 법에 자아가 없음을 알고 인忍을

이루면[148], 이 보살이 얻은 공덕은 앞의 보살이 얻은 공덕보다 뛰어나리라. 왜냐하면 수보리야, 모든 보살들은 복덕을 받지 않기 때문이다."

위는 시중에 소개된 《금강경 강설》의 내용을 인용한 것이다. 여러 사람들이 《금강경 강설》을 지었지만 이 부분의 내용은 대동소이하다. 그런데 '불수불탐분'을 위와 같이 해설하는 것은 옳지 않다. "받을 생각도 말고 탐하지도 말라"가 아니라 "받음이 없기에 탐착도 없다"라고 해설해야 바르다. 즉 《금강경》의 〈불수불탐분〉은 수受를 취하지 않음으로써 수를 조건하는 탐착의 느낌(상想), 생각(행行)도 생겨나지 않는 이치를 설명한 것, 다시 말해 오온의 수受를 공하게 봄으로써 취착의 상想, 행行을 연멸하는 이치를 설명한 것이다.

오온에 자아가 없음을 알아서 마침내 인욕忍辱의 수행을 이룬 보살에게 수受를 취한 상相(수취온)이 있을 리 없다. 따라서 맨 끝의 문장, "모든 보살들은 복덕을 받지 않기 때문이다"라는 문장은 복덕이든 무엇이든 수受하는 사실이 없음을 천명하는 법문, 즉 "참된 보살은 복덕을 받는다는 상相이 없기 때문이다"라는 뜻으로 해설되어야 한다.

---

## 상想, 상온

"수행승들이여, 인식하기sañjānāti 때문에 산냐sañjānā라고 한다. 어떻게 인

---

148 인용하는 수행으로 자아 없음의 행行을 이루면.

식하는가? 푸른색을 인식하고, 노란색을 인식하고, 붉은색을 인식하고, 흰
색을 인식한다. 수행승들이여, 인식하기 때문에 산냐라고 한다.”

《상윳따 니까야》 〈삼켜버림 경〉 (S22:79)


오온연기의 상온想蘊은 빨리어 sañjānā - 'khandhā'를 번역한 것이다.
산냐sañjānā는 상想을 말하는데, 상想은 '인식대상에 대한 인식자의 인상
印象(이미지)'이라는 뜻이다. 인상에는 두 가지가 있다. 감각적 인상(니밋따
nimitta 산냐)과 관념적 인상(빤냣띠paññatti 산냐)이다.

경전들에서 두 가지 산냐의 사례를 확인할 수 있다. 니까야 경전들[149]에
서 오온의 상온으로 설명하는 산냐와 금강경에서 아상我想, 인상人想, 중생
상衆生想, 수자상壽者想[150]으로 설명하는 산냐다. 오온의 상온이 감각적 산
냐라면 금강경의 네 가지 상想은 의식에서 형성하는 관념적 산냐다.

상想은 인식의 시작이기에 상想의 자아 없음을 철저히 아는 것은 인식의
현상(연기법)을 이해하는데 대단히 중요한 일이다.


## 연기론이 정의하는 산냐와 상카라

- **산냐**sañjānā(상온想蘊) 상想 – 느낌, 수數, 량量이 함께하는 형상, 소리, 냄
  새, 맛, 촉감의 감각적, 관념적 인상印象.


---

**149** 〈삼켜버림 경〉(S22:79), 〈교리문답의 긴 경〉(M043) 등.

**150** 내가 존재한다는 상, 개인이 존재한다는 상, 중생이 존재한다는 상, 늙는 자가 존재한다는 상의 4가지
존재론적 관념의 인상印象.

- **상카라**Saṅkhāra**(행온行蘊)** 상相 – 존재론적 분별의 의意(존재성, 인과)가 있는 상想.

형상(상想)에 자아가 없다는 것은 ① 개별로 실재하는 형상이 없다는 뜻이고, ② 자신으로서 실재하는 형상이 없다는 뜻이다. 이는 ① 형상의 상相 (존재성과 인과)을 형상 단위로 이해해서는 안 된다는 뜻이고, ② 형상의 존재성과 인과를 형상에게서 찾으려 해서는 안 된다는 뜻이다.

---

## 행行, 행온

상온이 이미지(인상)를 동종의 카테고리로 묶어 범주화하는 작업이라면, 행온은 상온의 카테고리를 다른 것으로부터 개념적으로 분리하는 범주화 작업이다. 상온에서 형색, 질감, 느낌, 정서情緒, 부피, 수량 등의 인상印象을 카테고리화 하면, 행온에서는 카테고리화 한 인상에 존재성, 인과를 형성하여 그것을 하나의 차별적 개체로 분별한다. 그러므로 대상을 개체로서 인식하는 존재론적 분별은 행온의 상相에서 비롯하는 것이라고 정의할 수 있다.[151]

Saṅkhāra(행行)의 한글 번역은 '형성'이다. 대상의 존재성, 인과는 지각되는 것이 아니라 형성되는 것인 까닭이다. 우리의 인식은 붓다가 오온연기에서 설명하신 그대로다. 형상[想]이 환경(세상)과 관계하는 사건의 행行을 관찰하고, 그 관찰의 결과로 형상의 존재성, 인과를 형성(분별)한다. 그

---

151 개체적 느낌, 정서는 상온에서 이미 발생하였지만 대상을 개체로서 개념화하는 것은 행온이라는 뜻이다.

런데 사람들은 존재성, 인과의 인식을 형성이라고 생각하지 않고 지각이라고 생각한다. 즉 사람들은 행온을 대상으로부터 받은(대상을 지각한) '대상의 사실(물자체의 사실)'이라고 착각하는 것이다. 사람들이 존재성, 인과에 취착하고 시비하는 이유도 그것이 '대상의 것'이라는 착각 때문이다.

---

## 상카라Saṅkhāra: 중생상의 형성

"지혜로서 '일체의 형성된 것은 괴롭다'고 보고 싫어하여 떠나면, 이것이 청정의 길이다."

《담마빠다》〈길의 품〉

　형성된 것이 괴로운 까닭은 인간이 대상을 분별하는 형성(행온行蘊)이 중생상衆生相의 형성이기 때문이다.[152] 시중市中의 불교는 형성을 생명의 형성으로 이해하여 '모든 형성된 생명은 괴롭다'고 해석하는데 이는 잘못된 것이다. 거듭 말하지만, 연기법은 인식의 현상이고 따라서 경에서 말하는 형성은 현상하는 존재값(존재성, 인과)의 형성이라는 관점에서 파악되어야 한다.

"수행승들이여, 왜 형성이라고 하는가? 유위有爲로 조작하는 까닭으로 형성이라고 한다. 무엇을 유위로 조작하는가? 색色을 색인 것처럼 유위로 조작해내며 수受를 수인 것처럼 유위로 조작해내며, 상想을 상인 것처럼 유위로 조

---

152 인간이 언어의 의미로써 인식대상을 개념화하는 형성은 본질적으로 존재론적인 형성, 즉 무명한 중생상衆生相이다.

작해내며 형성(행行)을 형성인 것처럼 유위로 조작해내며, 식을 식인 것처럼 유위로 조작해낸다. 수행승들이여, 유위로 조작하기 때문에 형성이라 한다."

《상윳따 니까야》〈희생되는 것에 대한 경〉(S22:79)

색을 색의 색인 것처럼, 수를 수의 수인 것처럼, 상을 상의 상인 것처럼, 행을 행의 행인 것처럼, 식을 식의 식인 것처럼 조작한다는 것은 자아 없는 색, 수, 상, 행, 식을 자아 있는 색, 수, 상, 행, 식인 것처럼 조작한다는 뜻이다. 즉 관계의존성의 사실(연생의 사실)을 존재의 사실인 것처럼 분별함으로써 자아 없는 현상을 존재의 현상으로 만드는 조작이 유위有爲의 조작이고, 그런 유위의 조작을 붓다는 형성Saṅkhāra[153]이라고 정의하신 것이다.

현상을 존재로 형성하는 유위의 조작은 색, 성, 향, 미, 촉의 상想을 '타자他者의 상相'으로 분별하는 것이다. 인간의 인식습성이 상想을 타자의 상相으로 분별하는 습성인 까닭은 인간이 세상의 상想을 상대로 생존을 구해야 하는 '생명'이기 때문이다. 말하자면, 생명의 인간에게 세상을 존재로 분별하는 존재론적 인식습성은 생존습성과도 같은 것이다. 하지만 생명은 존재가 아니라 조건의존적(관계의존적) 형성의 무자아다. 생명이 관계의존적 형성의 무자아면 생명이 접촉하는 세상 역시 관계의존적 형성(상의적 형성)의 무자아이어야 한다. 즉 생명(육근)과 생명의 세상(육경)은 각자로 존재하는 '자아 있는 것'이 아니라 서로에 의존하여 비로소 있는 '자아 없는 것'으로 이해되어야 하는 것이다.

---

153 연기법에서 말하는 형성은 두 가지 경우다. 하나는 연기緣起의 뜻으로 말하는 형성이고 다른 하나는 연생緣生의 뜻으로 말하는 형성이다. 연기의 뜻으로 말하는 형성은 '관계(접촉)의존적 형성'을 말하는 것이고, 연생의 뜻으로 말하는 형성은 '유위로 조작하는 형성'을 말하는 것이다. 오온의 행, 십이연기의 행이 연생의 형성이다.

# 십이연기의 행行

《상윳따 니까야》〈분석 경〉(S12:2)에서 붓다는 십이연기의 행을 '몸의 의도적 형성, 말의 의도적 형성, 마음의 의도적 형성'이라는 세 가지로 설명하신다. 《맛지마 니까야》〈교리문답의 작은 경〉(M044)에서 무엇이 형성(행行)이냐고 묻는 비싸카에게 담마딘나는 '신체적 형성, 언어적 형성, 지각적 형성'이라는 세 가지로 답한다.

담마딘나의 설명에 의하면 숨을 들이쉬고 내쉬는 것이 신체적 형성이고, 대상에 대한 사유를 거쳐 말하는 것이 언어적 형성이고, 대상을 지각하고 느끼는 것이 지각적 형성이다. 즉 숨을 들이쉬고 내쉬는 몸이 있다는 형성, 언어로 지시하는(나타내는) 대상(세상)이 있다는 형성, 지각하고 느끼는 식識이 있다는 형성이다.[154]

시중의 불교는 십이연기의 행을 몸, 말, 마음으로 짓는 세 가지 업業으로, 행 이후의 십이연기 항목들(식, 명색, 육처, 촉, 감수, 애, 취, 유, 생, 노사)은 업을 조건하여 생겨난 것들로 정의한다. 당연히 시중의 불교가 정의하는 십이연기는 업보의 윤회론이다. 그러나 붓다는 업보로 윤회하는 식이나 업을 짓는 몸을 부정하셨다. 경전을 열면 바로 확인할 수 있는 붓다의 설법이 식(마음)이 있다거나 몸이 있다는 생각을 내지 말라는 말씀이다. 몸이라는 존재가 없는데 어떻게 업을 짓는 몸이 있겠는가? 식이라는 존재가 없는데 어떻게 업보로 윤회하는 식이 있겠는가?

십이연기는 무명을 조건하여 유전流轉하는 중생상衆生相을 설명하는 법

---

154 신체적 형성은 오온의 색온을 말한 것이고, 언어적 형성은 오온의 행온을 말한 것이고, 지각적 형성은 오온의 식온을 말한 것이다.

문이다. 즉 십이연기의 행은 자아 없음을 알지 못하는 무명을 조건하여 숨을 들이쉬고 내쉬는 몸이 있다는 생각이 형성됨을, 언어(이름)로 지시하고 서술하는 세상이 있다는 생각이 형성됨을, 몸, 세상을 느끼고 지각하는 식識이 있다는 생각이 형성됨을 설명한 것이다. 이런 존재론적 관념의 형성을 조건하여 연생하는 것이 자신이 존재한다고 주장하는 의식이고, 의식을 조건하여 연생하는 것이 명색, 육처 등의 중생상衆生相(존재론적 관념)들이다.

## 상의적 형성: 의식과 자의식

행온의 형성은 행온을 분별하는 식온의 형성으로 이어진다. 행온이 대상이나 세상의 상相(존재성, 인과)을 형성한다면, 식온은 대상이나 세상을 상대하는 나의 상相을 형성한다. 그런데 대상이나 세상(행온)은 나(식온)에 의존하여 형성되기도 한다. 즉 행온과 식온은 상의적 형성(연생)인 것이다.

대상이나 세상이 의식의 상相이라면, 대상이나 세상에 상대하는 나는 자의식의 상相이다. '정신'의 실재를 주장하는 정신분석학에서 의식, 자의식은 정신의 내용물이거나 혹은 정신의 존재를 지칭하는 이름으로 통용된다. 하지만 일체의 존재를 불허하는 연기론에서 의식이나 자의식은 행온, 식온의 상相을 말하는 가명에 지나지 않는다.

## 식識, 식온

식온識蘊이 자의식의 상相이라면 식취온識取蘊은 자아의 상相이다. 자아

自我는 자의식의 값(相)을 내는 존재, 희로애락의 배후에 실재하는 존재, 단멸하지 않고 영속하는 정신, 영혼 등의 이름으로 말해지는 존재다.

동물들이 세상을 인식하는 분별상分別相에서 인간의 자아와 같은 존재성은 발견하기 어렵다. 식온의 상相이 자신을 '존재'라는 형이상학적 존재성(식취온)으로 형성하려면 인식대상의 감각적 상想에서부터 형이상학적 의미를 부여할 수 있는 복잡하고 다중적인 개념 작업의 능력(지능)이 전제되어야 한다.

뇌과학은 이런 추상적, 형이상학적 개념 작업(범주화작업)은 유독 뇌신경망의 확장된 피질을 특징으로 하는 인간적 특성이라고 설명한다. 뇌과학의 관점을 수용한다면, 식취온의 자아상自我相이야말로 인간을 다른 생명들로부터 구분 짓는 '가장 인간적인 특성'이라고 정의할 수 있다. 다만 그 특성이 고苦를 일으키는 무명이라는 사실을 알지 못한다는 것, 그것이 인간의 문제다.

## 세상에 대한 분별

의식, 자의식을 이해할 때 유념할 것은 우리가 인식하는 앎(존재성, 인과)이란 기존의 지식 체계로부터 해석된 개념이라는 사실이다.[155] 존재론적 관념은 대상을 지각하는 것이 인식이고 따라서 인식은 '대상에 대한 앎'이라고 주장한다. 하지만 이는 사실이 아니다. 우리가 현상에서 아는 앎의 실

---

155 사리뿟따 존자가 말한 '오온을 포섭한 오취온'이라는 개념의 실질적 뜻이다.

제는 기존의 지식 체계로부터의 해석이고, 따라서 아무리 새로운 물건, 새로운 사건, 새로운 현상을 정의하더라도 그 정의는 결국 기존의 지식 체계로부터 형성된 '생각의 무더기'에 지나지 않는다.

'하늘 아래 새로운 것은 없다'는 말이 있다. 인간의 앎은 새로운 것을 획득하는 것이 아니라 기존의 앎에서 변용되고 확장되고 왜곡되는 것이라는 뜻이다. 세상에서 객관적, 절대적 사실이라는 것은 존재하지 않는다. 자아 없는 연기법의 세상에서 사실은 대상들의 사실에 의존하고, 대상의 사실은 세상의 사실에 의존한다. 대상이나 세상이라는 이름들은 상의성相依性의 가명이고, 대상, 세상에 의존하는 나 역시 그러하다.

## 붓다가 정의하는 세상

[하늘사람[156]] "무엇이 생겨날 때 세상이 생겨나고, 무엇으로 사귐이 이루어지고. 무엇 때문에 세상이 집착하며, 무엇으로 세상이 괴로워하는가?"

[세존] "여섯(육처六處)이 생겨날 때 세상이 생겨나고, 여섯으로 사귐이 이루어지며, 여섯 때문에 세상이 집착하고, 여섯으로 세상이 괴로워한다."

《상윷따 니까야》 〈세상의 경〉 (S1:70)

육처는 육경을 수입하는 육근이 존재한다는 생각. 즉 색취온의 생각이다. 색취온을 조건하여 수취온, 상취온, 행취온, 식취온이 연생한다. 즉 육

---

156 바라문교의 사제(하늘에 제사를 지내는 사제)를 지칭하는 것으로 생각된다.

근(색취온), 육경(상취온, 행취온), 육식(식취온)이 각각 존재하는 존재론적 세상이 연생하는 것이다. 그러므로 붓다가 말씀하시는 세상을 오취온의 세상(존재론적 관념의 세상)이라고 정의할 수 있다.

> "세존이시여, '세상, 세상'이라고들 합니다. 도대체 왜 세상이라고 합니까?"
> "아난다여, 부서지기 마련인 법을 성자의 율에서는 세상이라 한다. 육근, 육경, 육식, 여섯 가지의 감각접촉, 여섯 가지의 느낌은 부서지기 마련인 법이다. 아난다여, 부서지기 마련인 법을 성자의 율에서는 세상이라 한다."
>
> 《상윳따 니까야》 〈부서지기 마련임 경〉 (S35:84) (필자가 경의 내용을 간략히 정리함)

위 경은 붓다가 세상을 육육연기로서 정의하신 설법이다. 부서지기 마련인(무상한) 법이라는 뜻은 법(현상)이 존재이거나 존재의 것이 아니라 연생의 연기법이라는 뜻이다.

> "세존이시여, 도대체 왜 공한 세상이라고 합니까?"
> "아난다여, 자아나 자아에 속하는 것이 사실은 공하기 때문에 공한 세상이라 한다. 육근, 육경, 육식, 여섯 가지의 감각접촉, 여섯 가지의 느낌은 자아나 자아에 속하는 것이 아니라 공한 것이다. 아난다여, 육근, 육경, 육식, 감각접촉, 느낌이 공하기 때문에 공한 세상이라 한다."
>
> 《상윳따 니까야》 〈공한 세상 경〉 (S35:85) (필자가 경의 내용을 간략히 정리함)

여섯의 여섯 가지가 공하기에(연생한 것이기에) 여섯의 여섯 가지로 이루어지는 세상도 공하다. 붓다가 여섯의 여섯 가지의 연생(육육연기)으로써 세상의 공함을 설명하심에도 불구하고 이를 이해하지 못하는 자들은 세상이 공한 이유를 텅 비어 있기 때문이라고 말한다. 텅 비어 있다는 말의 뜻을 물으면 실체 없는 환幻이라고도 대답한다. 그러나 세상이 공한 것은 텅 빈 것이거나 실체 없는 환이기 때문이 아니다. 세상이 공한 것은 세상이 자아(존재) 없는 연생의 세상, 즉 관계의존성의 세상이기 때문이다.

## 상의적 형성: 나와 세상

연기법은 두 가지 사실을 말한다. 나는 세상에 의존하여 형성되는 존재성, 인과라는 사실, 그리고 세상 역시 나에 의존하여 형성되는 존재성, 인과라는 사실이다. 두 사실 중에서 '나'에 대한 사실은 어느 정도 공감할 수 있다. 하지만 대부분의 사람들에게 세상이 나에 의존한 형성이라는 사실은 공감하기 어려운 것이다. 사람들의 일반적인 개념과는 배치背馳되는 사실인 까닭이다.

'나는 세상 속의 티끌'이라는 생각, '세상은 지각되는 세상'이라는 생각이 세상에 대한 사람들의 일반적 개념(지식)이다. 그러나 이런 생각들은 틀렸다. 인식하는 나는 인식되는 세상과 상의적 존재성이고, 세상과 상의적 존재성인 내가 인식하는 세상은 지각되는 것이 아니라 나를 조건하여 형성되는 것이다.

## 일합상: 중생의 세상

관계의존성의 세상은 '모든 이들에 의해 형성되는 모든 이들의 세상'이다. 즉 세상은 각자의 세상이면서 또한 모든 이들의 세상인 것이다. 당연히, 생명은 하나의 절대 세상에서 다른 생명들과 접촉하는 것이 아니라 각자의 세상에서 다른 생명들의 세상과 접촉한다. 즉 모든 생명은 각자의 세계상世界相으로서 서로에게 접촉하는 것이다.

각자의 세계상世界相이면서도 모든 이들이 서로에 간섭하고 의존하는 존재성, 인과를 연속하는 세계상인 것은 세계상이 각자를 조건하면서 또한 모든 이들을 조건하는 상相이기 때문이다. 그런데 생명이 각각의 존재로서 서로에게 접촉한다고 믿는 사람들, 즉 세상이 생명과 무관하게 자체로 존재하는 세상이라고 믿는 사람들은 이렇게 생각하지 않는다. 그들은 낱낱의 존재(티끌)들이 실재하는 하나의 절대 세상이 있고, 세상을 규정하는 절대 법칙(인과법칙)이 있으며, 세상 속 모든 존재들의 행行은 인과법칙에 의해 일률적으로 규정되는 것이라고 생각한다. 이런 존재론적 관념의 세계상世界相, 즉 존재들이 거주하는 처處의 세계상을 한역漢譯《금강경》은 '일합상一合相'이라는 이름으로 말하고, 산스크리트본《금강경》은 '티끌들이 집합한 덩어리로써의 세계'라고 말한다.

하지만 세상은 일합상(하나의 절대 세상)이 아니다. 만일 세상이 존재가 거주하는 절대 세상이라면, 나가르주나가《중론》에서 지적한 것처럼 세상은 현상의 결과와 원인, 행위의 발생과 작용, 소멸과 과보도 없고 생, 주, 멸의 3상相도 없는 상주부동常住不動한 세상이어야 할 것이다. 하지만 이 세상은 서로를 조건하여 부단히 생, 변, 멸하는 관계의존성의 세상이다. 관계의존성의 세상에서 있는 것은 존재가 아니라 무자아고, 현상하는 것은 존재의 존재값이 아니라 무자아가 인연에서 형성하는(연기하는) 관계의존적 존재값이다.

이 세상이 존재들(티끌들)이 거주하는 일합상이 아님에도《금강경》에서 일합상을 말하는 까닭은 존재의 처處에 대한 중생의 존재론적 관념을 파破하기 위함이다. 즉《금강경》이 말하는 일합상은 존재의 처處(존재의 세상)가 있다는 중생의 생각을 부수기 위해 시설된 비법상의 이름인 것이다.

---

## 자성의 세계 vs 관계의존성의 세계

- 자성自性의 세계 = 존재의 상계像界 = 개별의 독립 존재값의 세상 = 절대 공간에서 격리된 세상.
- 관계의존성의 세계 = 무자아의 상계相界 = 관계의존적 존재값의 세상 = 서로에게 연동된 한 몸의 세상.

만약 이 세상이 존재가 자신의 자성自性으로 거주하는 상주부동의 세상이라면 관계의존적 존재성, 인과가 연속, 확산하는 사건이 성립할 수 있을까? 예를 들어보자. 내가 운전하는 중에 차를 세우고 싸우는 일이 발생했고, 이로 인해 뒤에 오던 차의 사람이 타야 할 비행기를 놓쳤고, 그 사람이 전달해야 할 중요한 약품을 외국에 전달하지 못했고, 약품을 공급받지 못한 외국에서는 전염병이 창궐하여 많은 사람들이 죽는 사건이 생겼다고 하자.

예로 든 사건은 존재성, 인과가 비선형적으로 연속, 확산하며 일어난 사건이다. 전염병으로 죽은 외국인의 원인(조건)이 나일수도 있는 존재성, 인과의 연속, 확산이다. 그런데 이 세상이 자신의 존재성으로 자신의 처處(공간)에서 실재하는 존재의 세상이라면 위와 같은 '사건'이 성립할 수 있을까? 불가능하다. 존재성, 인과는 낱낱의 존재에 국한된 것이고, 연속, 확산하는 존재성, 인과의 사건이라는 것은 있을 수 없다.

우리가 경험하는 현실은 낱낱의 존재에 국한된 존재성, 인과의 세상이 아니라 사람과 생명, 사물들에서 연속하는 관계의존적 존재성, 인과의 세상이다. 관계의존적 존재성, 인과가 연속, 확산하는 세상에서 고립된 사건은 없다. 모든 사건은 모든 다른 사건들과 연동되어 있고, 그래서 장소와 조건을 불문하고 사건과 사건들에서 인과의 단절이라고는 아예 없는 세상이 우리가 경험하는 현실의 세상이다. 이 세상을 '모든 이에 의한 모든 이의 세상'이라고 말하는 것은 이런 이유에서다.

15

·

# 십이연기

## 십이연기 유전문의 의의

　사람들은 십이연기를 열두 가지 사실들이 연결되는 인과법칙인 것처럼 파악하려 한다. 그러나 붓다가 십이연기를 시설하신 뜻은 열두 가지가 자아 없는 연생이라는 사실을 설명하기 위함이다. 그러므로 십이연기의 공부는 열두 가지 인과의 법칙성을 이해하는 것이 아니라 열두 가지 항목들의 자아 없음을 깨닫는 것이어야 한다.

　이는 경전에서도 명시적으로 확인할 수 있다. 《상윳따 니까야》〈조건경〉(S12:20)에서 붓다는 열두 가지들을 똑같은 구절로 설명하신다. 그 구절은 "무상하고 형성되었고 조건에 의해서 생겨난 것이고 부서지기 마련인 법이며 사라지기 마련인 법이며 탐욕이 사라지기 마련인 법이며 소멸하기 마련인 법이다"라는 내용이다. 이 구절은 붓다가 제자들에게 중생의 비법상非法相[157]에 대해 설법하실 때 통상 사용하시는 상용구常用句다. 즉 열두 가지가 설해진 의의가 열두 가지의 파사破邪에 있음을 천명하신 것이다.

## 십이연기의 유전문 vs 환멸문

- **유전문流轉門** 무명 - 행 - 식 - 명색 - 육처 - 촉 - 수 - 애 - 취 - 유 - 생 - 노사의 순으로 중생상衆生相이 연생[158]하는 모습.
- **환멸문還滅門** 노사 - 생 - 유 - 취 - 애 - 수 - 촉 - 육처 - 명색 - 식 - 행 - 무

---

157　자아 없는 상相을 자아 있는 상으로 아는 망상.

158　집集, 일어남에 이은 일어남, 즉 의존적 발생.

명의 순으로 중생상이 연멸緣滅[159]하는 모습.

연기법에는 생이나 멸이 없다. 생멸 없는 연기법에서 연생이나 연멸을 말하는 까닭은 인간의 무명이 존재의 생멸을 주장하는 무명인 까닭이다. 즉 인간의 무명으로 인하여 연생, 연멸이 있는 것이다. 그러므로 연생의 연기라 하면 망상이 생겨나는 연기, 연멸의 연기라 하면 망상이 소멸하는 연기라고 알아야 한다.

연기법의 연생, 연멸을 이해하지 못하는 사람은 망상이 연생, 연멸한다고 아는 것이 아니라 존재(존재의 인과)가 생겨나고 소멸한다고 안다. 이렇게 아는 이들에게 연기법은 중생의 존재가 전생, 현생, 내생의 삼세를 윤회하는 인과법이다. 그러나 자아 없는 연기법에서 생겨나고 소멸하는 것은 중생의 존재가 아니라 무명한 존재론적 관념의 중생상衆生相이다.

---

## 십이연기와 사성제

십이연기의 유전문이 사성제의 집이고, 십이연기의 환멸문이 사성제의 멸이다.

- **십이연기** 무명을 조건하여 생生, 노老, 사死의 고苦가 연생하는 중생상衆生相의 유전流轉.

---

159 멸滅. 사라짐에 이은 사라짐. 즉 의존적 소멸.

- **사성제** 고苦(무명을 조건하는 고), 집集(무명을 조건하여 연생하는 유전문), 멸滅(유전문을 연멸하는 환멸문), 도道(연멸을 수행하는 팔정도).

## 오온연기, 육육연기, 십이연기

오온연기(오취온), 육육연기(여섯의 여섯 가지), 십이연기(열두 가지)는 별개가 아니다. 이들 모두는 집集의 유전문을 설하는 연생의 연기법이기에 서로를 설명하는 모습으로 설하여진다.《상윳따 니까야》〈음식 경〉(S12:11)에서 오취온, 육육연기, 십이연기 유전문이 이어지는 설법을 확인할 수 있다. 경전에서 법문들이 이어지는 모습을 개략하면 다음과 같다.

① 오온연기(오취온): 중생의 음식이 있다. 덩어리의 음식(색취온), 감각 접촉의 음식(수취온, 상취온), 생각의 음식(행취온), 의식의 음식(식취온)의 네 가지다.
② 육육연기: 이들 음식은 갈애를 조건하여 생겨난다. 갈애는 느낌을, 느낌은 감각접촉을 조건하여 생겨난다.
③ 십이연기: 감각접촉은 육처六處를 조건하여 생겨난다. 육처는 명색을, 명색은 의식을, 의식은 행을, 행은 무명을 조건하여 생겨난다.

①은 오취온이 연생하는 오온연기를 설명한 것인데 오온연기의 오취온

과 육육연기의 여섯의 여섯 가지는 서로를 설명하는 것이므로[160] ①의 법문은 ②의 육육연기의 법문으로 이어진다. ②의 육육연기에서 감각접촉은 육근, 육경을 조건하여 생겨난 것인데 육육연기의 육근, 육경과 십이연기의 명색은 서로를 설명하는 것이므로 ②의 법문은 ③의 십이연기의 법문으로 이어진다. 오온연기, 육육연기, 십이연기가 조건의존적 발생(연생)을 설명하는 내용을 비교하여 살펴보면 다음과 같다.

| 구분 | 인식의 조건 | 인식의 발생 | 인식의 상想 | 의식의 상相 | 자의식의 상相 |
|---|---|---|---|---|---|
| 오취온 | 색취온 | 수취온 | 상취온 | 행취온 | 식취온 |
| 육육연기 | 육근, 육경, 육식 | 감각 접촉 | 느낌(인상) | 갈애 | 취착, 존재[161] |
| 십이연기 | 무명, 행, 식, 명색, 육처 | 촉 | 감수 | 애 | 취, 유, 생, 노사 |

유념할 것은, 십이연기 유전문과 비교할 오온연기는 오온이 아니라 오취온이어야 한다는 사실이다. 십이연기 유전문이 중생상의 연생이기에 비교할 것 역시 중생상의 오취온이어야 하는 것이다.

오취온의 색취온은 육근, 육경의 처가 있다고 주장하는 십이처다. 그러므로 십이연기 중에서 색취온에 해당하는 항목은 무명에서 육처에 이르는 부분, 즉 무명, 행, 식, 명색, 육처라고 할 수 있다. 행行(형성)은 몸, 언어(세상), 인식의 형성이고, 식識은 몸과 세상을 지각하는 의식이 존재한다고 주

---

160  색취온–육근, 육경, 수취온–감각접촉, 상취온–느낌(인상), 행취온–갈애, 식취온–취착(존재).

161  〈조건 경〉(S12:20)에서 붓다가 육육연기를 언급하시며 취착에서 '존재'가 생겨난다고 설법하시는 것을 볼 수 있다.

장하는 상相이고, 명색은 의식이 자신의 몸과 정신으로서 존재한다고 주장하는 유신견有身見의 상相이고, 육처六處는 육경이 접촉하는 육근의 감각기관을 자신 혹은 자신의 것이라고 주장하는 상相이다. 십이연기의 무명, 행, 식, 명색, 육처가 오취온의 색취온에 대응하고, 육육연기의 육근, 육경, 육식에 대응하는 것은 이런 이유다.

---

## 경전의 분석

아래는 《상윳따 니까야》 〈분석 경〉(S12:2)에서 설명하는 십이연기를 간략하게 정리한 것이다. 경전을 해석할 때는 열두 항목들이 연생緣生이라는 사실, 즉 자아가 있다는 생각을 부수어야 할 열두 항목들이라는 사실을 유념하여야 한다.

- **무명無明** 고집苦集, 멸도滅道의 사성제를 모르는 것, 연생, 연멸의 연기법을 모르는 것.
- **행行** 무명을 조건한 의도적 형성(존재론적 관념의 형성), 즉 숨을 들이쉬고 내쉬는 몸이 있다고 생각하는 의도적 형성, 세상을 규정하는 언어(이름)의 의도적 형성, 지각하는 식識이 있다고 생각하는 의도적 형성.
- **의식意識** 행을 조건한 의식. 즉 몸, 세상, 식識을 의도적으로 형성하는 의식의 상相.
- **명색名色** 의식을 조건한 명색이다. 명색은 ① 정신과 육체(몸)가 존재한다고 주장하는 명색, ② 육근, 육경의 십이처가 존재한다고 주장하는 명색의 두 가지로 해석할 수 있다. 즉 ① 감촉하고(수受) 지각하고

(상想) 생각하며(행行) 분별하는(식識) 작용을 하는 정신과 네 가지 요소 (지, 수, 화, 풍)들로 이루어진 육체가 존재한다고 명색과 ② 육근, 육경 에 이름을 붙여 존재화하는 색취온의 명색이다.[162]

- **육처**六處 명색을 조건한 육처, 즉 육경을 수입하는 안처, 이처, 비처, 설 처, 신처, 식처의 육처가 있다고 주장하는 상相.

- **촉**觸 육처를 조건한 촉, 즉 육처에서 접촉이 있다고 주장하는 수취온 受取蘊의 상相.

- **감수**感受 촉을 조건한 감수, 즉 육처의 느낌(인상)을 지각한다고 주장 하는 상취온想取蘊의 상相.

- **애**愛: 감수를 조건한 애, 즉 감수한 육경에 대한 갈애를 주장하는 행취 온行取蘊의 상相.

- **취**取 갈애를 조건한 취, 즉 감각적 쾌락, 유무有無의 견해(분별), 계율, 의례의식, 자아(영혼, 정신)의 교리에 취착하는 식취온識取蘊의 상相.

- **유**有(존재) 취를 조건한 유, 즉 감각적 쾌락의 대상이 되는 존재(욕계의 존재, 육경), 몸 등의 형색의 존재(색계의 존재, 육근), 의식 등의 형색 없는 존재(무색계의 존재, 육식)의 상相.

- **생**生 유를 조건한 생, 즉 욕계(육경), 색계(육근), 무색계(육식)의 중생이 태어나고, 명색이 드러나고, 육처를 획득하는 상相.

- **노사**老死 생을 조건한 노사, 즉 태어난 중생들이 늙고, 병들고, 수명이 다해서 죽는 상相.

---

162 명색의 빨리어는 nama-rupa이니, 명색을 '색色(육근, 육경)에 이름을 붙여 존재로 분별하는 색취온의 상相(십이처의 상相)'이라고 정의할 수 있다.

# 명색에 대한 해설

"수행승들이여, 참으로 무엇인가를 의도하고 무엇인가를 도모하고 무엇인가에 경향을 갖는다면 이것이 의식을 일으키는 바탕이 된다. 바탕이 있으므로 의식은 지속되게 된다. 그 의식이 지속되고 성장하면 명색이 전개된다."

《상윳따 니까야》 〈의도의 경2〉(S12:39)


"그 의식이 지속되고 성장하면 의향이 생겨난다. 의향이 있으면 오고 감이 생겨나고, 오고 감이 있으면 죽어 다시 태어남이 생겨나고, 죽어 다시 태어남이 있으면 미래의 태어남과 늙음과 죽음, 슬픔, 비탄, 고통, 근심, 절망이 생겨난다."

《상윳따 니까야》 〈의도의 경3〉(S12:40)


《상윳따 니까야》〈의도의 경〉은 (S12:38), (S12:39), (S12:40)의 3경으로 나누어져 있다. 〈의도의 경2〉는 십이연기의 행, 의식, 명색의 연생에 대한 설명이다. 신체적 형성(몸), 언어적 형성(세상), 지각적 형성(식識)의 의도, 도모, 경향이 의식의 바탕이다. 즉 무명의 행行이 의식의 바탕이다. 행을 바탕으로 의식이 지속하고 성장하면 명색이 전개된다. 명색은 의식이 자신을 몸과 정신의 존재로 규정하는 상相, 또는 의식이 자신이 인식하는 육근, 육경을 존재로 규정하는 상相이다.

〈의도의 경3〉은 명색의 의식이 지속하고 성장하면 명색에 취착하는 의향(의도의 경향)의 의식이 생겨나고, 의향의 의식이 자라나면 삶에서 오고 가는 자아의 존재(정신, 영혼)가 있다는 의식이 전개된다고 말한다. 즉 명색이라는 개념의 의식이 삶에서 오고 가는 자아(영혼)라는 개념의 의식으로 전개된 것이다. 오고 가는 자아(영혼)의 상相이 있으니 그 상을 조건으로 몸의 죽음과 몸의 다시 태어남이라는 상相이 생겨나고, 죽음이라는 상相이 생겨나니 죽음에 대한 두려움, 근심, 비탄, 절망의 상相이 함께 생겨난다.

그런데 나의 몸, 정신이라고 할 것이 과연 있는가? 만일 나의 몸이 있다면 나는 몸의 문제(몸 아닌 것)가 생기는 대로 바로 알아야 할 것이나 나는 몸의 문제를 모른다. 몸의 문제를 모르니 몸의 병이 진행된다. 만일 나의 정신이 있다면 나는 정신의 문제(정신 아닌 것)가 생기는 대로 바로 알아야 할 것이나 나는 정신의 문제를 모른다. 정신의 문제를 모르니 정신의 병이 진행된다. 내가 모르는 몸, 정신은 내가 아니다. 내가 아니라면 몸, 정신은 나와 다른 존재인가? 그럴 리 없다. 나와 다른 존재를 나의 것, 나의 뜻이라고 부를 리가 없다. 나도 아니고 내가 아닌 것도 아닌 이 문제는 애초에 정신과 몸의 내가 존재한다고 주장하는 '명색의 유신견'으로부터 비롯하였다. 나라는 이름으로 정신과 몸과 나의 세 가지 존재를 함께 주장하기에 세 가지가 각자이면서 함께 존재하여야 하는 문제가 생긴 것이다.

## 육처에 대한 해설

육처는 육경을 수입하는 '육입처'라고도 한다. '처處'가 있어야 하는 까닭은 수입하는 '것'이 있기 때문이다. 즉 들어오는 '것'이 있기에 들어오는 '곳[處]'이 필요하다. 육경의 색, 성, 향, 미, 촉, 법에 대한 우리의 인식 습관은 그것의 색(형상), 그것의 성, 그것의 미, 그것의 향, 그것의 촉, 그것의 법(존재성, 인과)이라는 식이다. 하지만 이는 없는 것을 주장하는 망상의 습관이다. 왜냐하면 색, 성, 향, 미, 촉, 법은 '그것의 것(물자체의 사실)'이 아니라

'연생緣生한 것(조건의존성의 것)'이기 때문이다. 육경이 연생임을 모르는 우리는 육경의 '그것'에 대한 애, 취에 묶이고, 묶인 마음은 '그것을 갈구하는 존재'가 되어 그것을 향해 달려간다. 하지만 그렇게 달려가는 마음은 허상虛相을 향해 달려가는 허상이다.

## 사람에 대한 상相

당신이 어떤 사람을 본다면, 그것은 그의 색色(형색)과 법法(인격)을 보는 것이다. 그에게 매혹 당한 당신은 그를 취착할 것이다. 하지만 형색과 인격은 조건에서 연생한 상相이라서 처處(자아)가 없다. 더구나 조건들은 한정할 수 없는 것들이기에 당신이 취착한 상相의 연유조차 확정할 수 없다. 처가 없고 연유조차 알 수 없는 상相을 당신은 '그'라고 믿고 달려간다. 그에게 의지하는 믿음이지만 상相은 무상한 것이어서 언제든 당신의 믿음을 배반할 수 있다. 배반 당한 당신은 그를 저주하지만 그는 애초부터 존재하지 않던 허상虛相이다. 더구나 '그의 상相'을 일으킨 행行은 당신을 조건한 것이지 않는가? 곰곰이 살펴보면 당신이 '그'라고 생각한 것은 그가 아니라 당신이 상상하는 '그의 세상'이라는 것을 알게 된다. 그는 단지 당신이 상상하는(애착하는) 세계상世界相을 대변하는 가명이었던 것이다.

## 중생이 없는 이치

"부처님께서 수보리에게 이르시기를 모든 보살은 마땅히 이와 같이 그 마음을 항복 받아야 하느니라. 존재하는 온갖 중생들, 곧 난생卵生, 태생胎生, 습생濕生, 화생化生, 형태가 있는 것, 형태가 없는 것, 생각이 있는 것, 생각이 없는 것, 생각이 있지도 않고 생각이 없지도 않는 것들의 모든 중생을 내가 다 제도하리라. 이렇게 한량없고 셀 수없는 중생들을 제도하지만, 실은 한 중생도 제도했다는 생각이 없느니라. 무슨 까닭인가? 수보리야, 만일 보살에게 아상, 인상, 중생상, 수자상이 있다고 하면 그는 보살이 아니기 때문이다."

《금강경》〈대승정종분〉

경에서 언급하는 '온갖 중생'은 뭇 삶(생명)들에 대한 사람들의 존재론적 관념을 총칭한 것이다. 사람들은 이 세상에 존재한다고 생각하는 것들을 조류, 파충류, 포유류, 곤충, 영혼, 귀신, 유정有情, 무정無情 등의 갖가지 카테고리로 분류하고, 뭇 삶은 그런 카테고리의 이름으로서 생겨나고 존재하는 것이라고 생각한다.

하지만 조건(인연)에서 생겨나는 무상한 연생은 있어도 그것으로서 생겨나고 존재하는 것은 없다. 그러므로 불법佛法(연기법)을 공부하는 보살이라면 중생을 제도하지만(자신으로서 존재한다고 주장하는 뭇 삶들의 무명을 제도하지만) 실은 한 중생도 제도했다는 생각을 내지 말아야 한다. 보살은 제도한 '것'이 없기에 제도한 '일' 역시 없는 이치를 잘 알아야 하는 까닭이고, 더구나 수행하는 보살이라면 제도한 것은 밖의 중생이 아니라 자신의 무명한 중생상衆生相이라는 이치를 잘 깨우쳐야 하는 까닭이다.

"태어남을 조건으로 늙음·죽음이 있다고 말했다. 아난다여, 만일 신들이 신이 되고, 간답바들이 간답바가 되고, 약카들이 약카가 되고, 정령들이 정령이 되고, 인간들이 인간이 되고, 네발짐승들이 네발짐승이 되고, 새들이 새가 되고, 파충류들이 파충류가 되는' 이런 태어남이 어떤 것에 의해서도 어떤 식으로도 그 어디에도 그 누구에게도 없다고 하자. 그러면 이런저런 중생들의 이런 태어남은 결코 없을 것이다. 아난다여, 그러면 이처럼 태어남이 소멸해버려 태어남이 어떤 식으로도 전혀 존재하지 않는데도 늙음·죽음을 천명할 수 있겠는가?"

"아닙니다, 세존이시여."

"아난다여, 그러므로 이것이 바로 늙음·죽음의 원인이고, 근원이고, 기원이고, 조건이니, 그것은 다름 아닌 태어남이다."

"존재를 조건으로 태어남이 있다고 말했다. 아난다여, 만일 욕계의 존재, 색계의 존재, 무색계의 존재, 이러한 존재가 어떤 것에 의해서도 어떤 식으로도 그 어디에도 그 누구에게도 존재하지 않는다고 하자. 아난다여, 존재가 소멸해버려 존재가 어떤 식으로도 전혀 존재하지 않는데도 태어남을 천명할 수 있겠는가?"

"아닙니다, 세존이시여."

"아난다여, 그러므로 이것이 바로 태어남의 원인이고, 근원이고, 기원이고, 조건이니, 그것은 다름 아닌 존재이다."

"취착을 조건으로 존재가 있다고 말했다. 아난다여, 만일 감각적 욕망에 대한 취착, 견해에 대한 취착, 의식에 대한 취착, 자아에 대한 취착, 이러한 취착은 어떤 것에 의해서도 어떤 식으로도 그 어디에도 그 누구에게도 존재하지 않는다고 하자. 아난다여, 취착이 소멸해버려 취착이 어떤 식으로도 전혀 존재하지 않는데도 존재를 천명할 수 있겠는가?"

"아닙니다, 세존이시여."

"아난다여, 그러므로 이것이 바로 존재의 원인이고, 근원이고, 기원이고, 조건이니, 그것은 다름 아닌 취착이다."

"갈애를 조건으로 취착이 있다고 말했다. 아난다여, 만일 형상에 대한 갈애, 소리에 대한 갈애, 냄새에 대한 갈애, 맛에 대한 갈애, 감촉에 대한 갈애, 법에 대한 갈애, 이러한 갈애가 어떤 것에 의해서도, 어떤 식으로도, 그 어디에도, 그 누구에게도 존재하지 않는다고 하자. 아난다여, 갈애가 소멸해버려 갈애가 어떤 식으로도 전혀 존재하지 않는데도 취착을 갈애할 수 있겠는가?"

"아닙니다, 세존이시여."

"아난다여, 그러므로 이것이 바로 취착의 원인이요, 근원이요, 기원이고, 조건이니, 그것은 다름 아닌 갈애다."

"느낌을 조건으로 갈애가 있다고 말했다. 아난다여, 만일 형상에 닿아서 생긴 느낌, 소리에 닿아서 생긴 느낌, 냄새에 닿아서 생긴 느낌, 맛에 닿아서 생긴 느낌, 감촉에 닿아서 생긴 느낌, 법에 닿아서 생긴 느낌, 이러한 느낌이 어떤 것에 의해서도, 어떤 식으로도, 그 어디에도, 그 누구에게도 존재하지 않는다고 하자. 아난다여, 느낌이 소멸해버려 느낌이 어떤 식으로도 전혀 존재하지 않는데도 갈애를 천명할 수 있겠는가?"

"아닙니다, 세존이시여."

"아난다여, 그러므로 이것이 바로 갈애의 원인이고, 근원이고, 기원이고, 조건이니, 그것은 다름 아닌 느낌이다."

"아난다여, 이처럼 느낌을 조건으로 갈애가, 갈애를 조건으로 추구가, 추구를 조건으로 얻음이, 얻음을 조건으로 분별이, 분별을 조건으로 욕망이, 욕망을 조건으로 탐착이, 탐착을 조건으로 거머쥠이, 거머쥠을 조건으로 인색 吝嗇[163]이, 인색을 조건으로 수호가, 수호를 원인으로 하여 몽둥이를 들고 무기를 들고 싸우고 말다툼을 하고 분쟁하고 상호비방하고 중상모략하고 거짓말 하는 수많은 사악하고 해로운 법들이 생겨난다."

《디가 니까야》〈대인연경〉(D15), 각묵 역

이 경은 붓다가 아난다에게 십이연기의 열두 항목들을 하나씩 상세하게 설명하신 설법이다. 설법은 십이연기의 마지막 항목인 노사老死를 있게 하는 태어남에 대한 설명으로부터 시작된다. 태어남에 대한 붓다의 정의를 살펴보자. 붓다는 신→신, 간답바→간답바, 정령→정령, 약카→약카, 인간→인간, 네발짐승→네발짐승, 새→새, 파충류→파충류, 그것→그것이 되는 태어남이 어느 누구에게도 없다면 태어남이라는 일 자체가 없는 것이라고 말씀하신다.

붓다가 설명하신 '태어남'은 우리가 존재론적 관념으로 이해하는 태어남이다. 우리는 태어남에 존재가 실재한다고 생각한다. 그것의 태어남에 그것으로 태어나는 자가 있기에 태어남이라는 사실이 있는 것이라는 생각이다. 즉 유有(존재)가 유有로 태어나는 태어남이다. 만일 태어나는 자(존재)가 없다면? 우리가 생각하는 태어남도 없다. 우리가 생각하는 태어남은 전적으로 '존재'에 의해서 지지되는 것이다. 그래서 붓다는 태어남의 조건, 원인으로 '존재'를 지적하신다.

그런데 이 세상에서 존재는 실재하는가? 우리가 생각하는 존재는 육경,

---

163 '나의 것'이라고 집착하는 견해.

육근, 육식에 대한 것이다. 즉 욕계, 색계, 무색계의 존재들이다. 현대적 방식으로 분류하면 물질, 식물, 짐승, 인간, 의식, 영혼, 약카, 정령, 신 등의 존재들이다. 붓다는 이 존재들이 취착을 조건(원인)하여 있는 것이라고 말씀하신다. 즉 감각적 욕망에의 취착으로 물질, 식물, 짐승이라는 욕계의 존재가 있게 되고, 형색에의 취착으로 인간이라는 색계의 존재가 있게 되고, 형색 없는 것에의 취착으로 의식, 영혼, 약카, 정령, 영혼, 신이라는 무색계의 존재가 있게 된다는 말씀이다. 만일 취착이 없다면? 욕계, 색계, 무색계의 존재 역시 없는 것이다.

취착은 갈애를 조건(원인)하여 있다. 갈애는 색, 성, 향, 미, 촉에 대한 갈애다. 만일 이들에 대한 갈애가 없다면 취착도 없을 것이다. 갈애는 감수感受(인상, 느낌)를 조건(원인)하여 있다. 만일 색, 성, 향, 미, 촉의 감수가 없다면 갈애도 없을 것이다. 감수는 접촉을 조건(원인)하여 있다. 만일 색, 성, 향, 미, 촉의 접촉이 없다면 감수도 없을 것이다. 그러므로 이렇게 말할 수 있다. 접촉이 있으면 감수, 갈애, 취착, 존재가 있고, 접촉이 없으면 감수, 갈애, 취착, 존재도 없는 것이다.

그런데 색, 성, 향, 미 촉과 안, 이, 비, 설, 신의 접촉이 있는가? 접촉은 없다. 왜냐하면 육경과 육근은 서로에 의존한 형성이기 때문이다. 상의적 형성에 '접촉하는 것'이 있을 수 없다. 육근, 육경의 접촉은 육근, 육경이 각자로서 실재한다는 무명(십이처의 무명)에서 생겨난 망상일 뿐이다. 육근, 육경의 접촉이 망상이기에 육근, 육경의 접촉을 조건하여 연생한 감수, 갈애, 취착, 존재 모두가 망상이다.

존재가 망상이지만, 자신을 태어나고 늙고 죽는 존재라고 생각하는 중생에게 삶은 '존재의 존재함'을 위한 투쟁이다. 욕계의 존재, 색계의 존재, 무색계의 존재를 위하여 삶의 모든 희생과 노력을 경주하는 것이 중생의 살아가는 모습이다. 위 〈대인연경〉에서 붓다가 사람들에게 경계警戒하시는 내용도 이것이다. 어디서도 어느 누구에게서도 없는 망상의 존재를 위하여 서로가 욕망하고, 탐착하고, 거머쥐고, 인색하고, 무기를 들고 싸우고, 분쟁하고, 비방하고, 거짓말하는 수많은 사악하고 해로운 법들이 중생(뭇 삶)과 더불어 생겨난다는 경계의 말씀이시다.

## 존재를 조건하는 태어남(생)

십이연기의 생은 의식이 조작한 생이다. '내가 존재한다'는 상相의 의식은 '나'라는 존재의 이야기를 만든다. 말하자면 나의 역사history 혹은 이력서 resume다. 존재의 이야기는 존재의 생겨남(태어남)에서 시작되어야 할 것이다. 태어남의 이야기는 길고 복잡하다. 대략 간추리면 '어머니 뱃속에 열 달을 있다가 내가 태어났다'는 이야기다. 그런데 이 이야기는 사실이 아니다. 생명이 태어난 일[164]은 있지만 '나'라는 존재가 태어난 일은 없기 때문이다.

'나'를 주장하는 의식은 세상과 타인들로부터 독립된 자신의 정신과 육체를 주장하는 명색名色의 의식이다. 하지만 붓다의 연기법문에서 명색은 무명의 행을 조건한 상相, 즉 없는 것을 있다고 주장하는 망상이다. 망상의 의식은 자신의 존재함을 주장하기 위하여 태어남으로부터 자신의 이야기를 시작하려 한다. 자신이 무명으로부터의 연생緣生이 아니라 본래부터 존재하는 것임을 주장하기 위해 태어남으로부터 자신의 이야기를 만들려는

---

164 생명의 태어남이라고 말하였으나, 무자아의 생명은 조건에 의존하여 형성되는 것이지 태어나는 것이 아니다. 즉 '생명의 태어남' 역시 가설된 표현으로 알아야 하는 것이다.

것이다.

　태어남의 이야기는 늙음과 죽음으로 이어지고 급기야 '나의 영혼'이 내세나 천국에 다시 태어나는 이야기로까지 이어진다. '내가 있다'는 존재의 상相이 태어남의 상, 늙음과 죽음의 상, 그리고 영혼과 내세, 천국, 극락 등의 상으로까지 유전流轉하는 것이다. 하지만 이 모든 상相들은 연생한 의식이 주장하는 망상이다. 십이연기의 생生은 연생한 허구의 의식(명색의 의식)이 '존재'의 자신을 주장하며 존재의 길고 복잡한 이야기를 시작하려는 지점이다.


## 생명의 생 vs 존재의 생


　십이연기를 윤회법의 삼세양중인과설로 주장하는 사람들에게 십이연기의 생은 육체의 탄생이어야 한다. 그래야 삼세양중인과설이 성립하기 때문이다. 이들은 주장의 근거로 경전의 구절을 제시하기도 한다. 예를 들면, 《맛지마 니까야》〈갈애 멸진의 긴 경〉(M038)에서 붓다가 "어머니와 아버지의 교접, 어머니의 월경, 간답바 등의 조건이 갖추어지면 수태가 있고, 수태 후 어머니 뱃속에서 열 달을 잉태하여 출산한다"고 설명하는 구절이다.

　그런데 이 구절은 십이연기의 생을 말하는 것이 아니다. 십이연기의 생은 뒤따르는 연생緣生의 법문에서 따로 설해진다. 즉 '출생한 아이가 성장하면서 색, 성, 향, 미, 촉의 감각 느낌들에 구속되고, 느낌을 환영하여 움켜쥐는 취착으로부터 존재가 생겨나고, 생겨난 존재로부터 생生과 노사老死, 근심, 절망 등의 괴로움이 생겨난다'는 연생의 설법이 뒤에 따로 설해지는데, 십이연기의 생은 이 '존재의 생'을 말하는 것이다.

경의 설법에서 생(태어남)은 '생명의 생'과 '존재의 생'의 두 가지다. 두 가지 생의 설법에서 붓다가 설하려는 뜻은 부모 등의 여러 조건들의 인연에서 출생하는 무자아의 생명이 색, 성, 향, 미, 촉에 취착하면서 존재의 생, 노사라는 고苦를 유전한다는 것이다. 즉 〈갈애 멸진의 긴 경〉에서 붓다는 "부모, 월경, 부모의 교접, 열 달의 잉태, 간답바 등의 조건들[165]에 의존하는 조건의존성의 생명(무자아의 생명)이 색, 성, 향, 미, 촉의 존재에 취착함으로써 존재, 존재의 생, 존재의 노사라는 망상의 중생상衆生相으로 유전하게 되니 이것이 고苦의 실상이다"라고 설법하시는 것이다.

## 삼생三生에 대한 의혹

"수행승들이여, 연기와 연기한 법[緣生]을 바른 지혜로써 관찰하는 성스러운 제자에게 이와 같은 일은 결코 일어나지 않는다. '나는 전생에 있었는지? 나는 전생에 없었는지? 나는 전생에 무엇으로 있었는지? 나는 전생에 어떻게 있었는지? 나는 전생에 무엇으로 있다가 무엇이 되었는지?'라고 하며 숙세宿世로 거슬러 올라가거나, '나는 내세에 있을지? 나는 내세에 없을지? 나는 내세에 무엇으로 있을지? 나는 내세에 어떻게 있을지? 나는 내세에 무엇으로 있다가 무엇이 될 것인지?'라고 하며 내세來世로 달려가거나, '나는 현세에 있는지? 나는 현세에 없는지? 나는 현세에 무엇으로 있는지? 나는 현

---

165 붓다의 설법을 이해하지 못하는 이는 경을 읽으면서 간답바 등의 의미에 집착한다. 그러나 붓다가 말씀하신 출생의 조건은 '당시의 세상에서 차용한 지식'이다. 더구나 조건들은 '자아 없는 가명'들이다. 그러므로 조건들의 의미에 골몰할 필요가 없다.

세에 어떻게 있는지? 나는 현세에 무엇으로 있다가 무엇이 되는지?'라고 현세現世에 의혹을 갖게 되거나 하는 일은 결코 일어나지 않는다. 그것은 무슨 이유 때문인가? 수행승들이여, 성스러운 제자는 연기와 연기한 법(연생緣生)을 올바른 지혜로서 있는 그대로 보기 때문이다."

《상윳따 니까야》〈조건의 경〉(S12:20)

십이연기를 삼세양중인과설로 해석, 주장하는 자들이 보고 명심해야 할 설법이다. 전생, 현생, 내생으로 달려가는 자들은 나의 법을 공부하는 제자가 아니라고 직접 말씀하시지 않는가?

붓다 재세 시에도 삼세三世의 윤회론은 사상가들, 수행자들에게 광범위하게 퍼져 있었다. 위 법문은 제자들이 그런 사상에 물들까 염려하신 설법이다. 붓다의 말씀에도 불구하고 이런 생각은 참으로 질기게도 이어져 이제는 불교의 '윤회론'이라는 이름을 달고 붓다의 연기법을 해석하는 '정통이론' 행세를 하고 있다.

## 윤회의 문제

연기법에서 윤회는 무명한 삶을 사는 중생의 문제다. 즉 '윤회 = 중생의 문제 = 무명 = 중생상衆生相 = 자아가 있다는 생각 = 존재론적 관념의 상相'이다. 그러므로 연기법의 윤회는 존재의 윤회가 아니라 중생상衆生相의 유전流轉이어야 한다.

연생의 유전문에서 식識은 존재의 상相으로 유전한다. 여자를 만나면 여자의 남자라는 상相으로, 아이를 만나면 아이의 아버지라는 상으로, 아버지를 만나면 아버지의 아들이라는 상으로 유전한다. 이렇듯 매번의 접촉에서 존재의 상相으로 유전하고, 접촉마다 다른 존재를 끌어안고는 이들 모두를 '나'라고 고집하는 것이 중생이다. 후회할 생각을 일으킨 나, 그런 생각을 일으킨 나를 고통스러워하는 나, 그렇게 고통스러워하는 나를 경멸하는 나를 모두 '나'라는 존재 안에 몰아넣는 번뇌를 고집하기도 한다.

## 붓다가 설명하는 윤회

"비구들이여, 어떤 사문들이든 바라문들이든 수많은 전생의 갖가지 삶을 기억하는 자들은 다섯 가지의 집착된 존재의 다발(오취온)이나 그 중의 어떤 것을 기억하는 것이지 다른 것을 기억하는 것이 아니다."

《상윳따 니까야》〈삼켜버림 경〉(S22:79) 각묵 역

오취온을 존재의 다섯 가지 요소로 아는 사람은 붓다의 이 설법을 '존재의 다섯 무더기들의 윤회에 대한 설명'으로 받아들인다. 즉 도통道通해서 숙명통宿命通[166]을 성취한 수행자가 도력을 사용해서 전생을 회상한다고 이해하는 것이다. 그러나 붓다가 지적하신 '전생을 말하는 자'들은 도통한 수행자가 아니라 사문이나 바라문들, 즉 '무명한 견해의 외도外道'들이다. 붓다는 배척해야 할 삿된 견해의 예로써 '시중에서 전생의 이야기를 하고 다니는 외도들'을 지적하신 것이다.

---

166  전생, 현생, 후생을 직접 볼 수 있는 능력.

오취온을 중생상衆生相의 연기법(연생의 연기법)이라고 바르게 이해하는 사람은 붓다의 위 설법을 '중생상衆生相의 유전流轉'에 대한 설명으로 받아들인다. 즉 전생을 회상한다고 주장하는 사람들의 진술(기억)은 살면서 그의 존재론적 망상이나 상상이 남겼던 기억들 혹은 사람들이 주입한 기억들을 회상한 생각의 무더기들[167]일 뿐이라는 뜻을 설명하신 말씀으로 이해하는 것이다.

---

## 연기법과 윤회

존재론적 관념에 익숙한 사람들(중생)은 존재를 실존의 문제로, 상相을 관념적 문제로 치부하려 한다. 그러나 이 세계는 존재의 세상이 아니라 무자아無自我의 세상, 즉 무자아가 인연에서 연기하는 관계의존성의 상계相界다. 상계에서는 존재가 실존이 아니라 무자아의 상相이 실존이다. 당신이나 당신의 세상 공히 상相으로서 실존하는 것이다.

**십이연기의 지분들을 상相으로 해석하는 것은 십이연기를 단지 생각의 문제일 뿐이라고 왜곡하는 것 아닌가요?**

— 상相에 대해서 정확하게 알아야 합니다. 상相은 인식자의 주관적 생각도 아니고 인식대상 자체의 객관적 모습도 아닙니다. 상相은 인식자와 인식대상의 인연에서 연기한 관계의존성입니다. 그러므로 상相은 인식자에

---

167 편집증적 환상, 자기세뇌적 상상은 실제로 자신이 겪은 일인 것처럼 망상에 빠지게 하고 이를 기억으로 저장한다.

속한 것도 아니고 인식대상에 속한 것도 아니라고 알아야 합니다. 오히려 그 둘[168]을 부정해야 비로소 상相의 의의意義를 가늠할 수 있습니다.

**십이연기를 상相의 윤회가 아니라 존재의 윤회로 해석하면 무슨 문제가 있나요?**
— 　자성의 존재는 윤회하지 못합니다. 자성으로 항상하는 존재와 생, 변, 멸하는 윤회는 서로를 부정하는 것이기 때문입니다. 그러므로 윤회하는 것은 존재의 존재성이 아니라 무자아의 존재성(상相)이라고 알아야 합니다. 자성이 없는 무자아이기에 그 존재성이 조건(인연)에 의존하여 생, 변, 멸할 가능可能이 있는 것입니다.

## 망상의 소망

왜 사람들은 윤회에 관심이 많을까? 윤회가 죽음으로부터 존재를 지켜준다고 생각하기 때문이다. 사람들은 자신이 존재로서 영속하기를 소망한다. 다른 것들에 의존하는 무상한 존재성이 아니라 자신이라는 존재의 존재성으로서 영속하기를 소망하는 것이다. 육체의 죽음 이후에도 이어진다고 주장하는 윤회는 그런 소망을 충족시켜주는 개념이다. 그래서 사람들은 존재가 존재성을 생, 변, 멸하는 윤회를 믿고 싶어 한다. 이런 소망의 믿음에 합리적인, 논리적인 이치는 필요 없다. 그저 그렇게 믿고 싶은 것이다.

---

168　나(인식자)와 세상(인식대상).

하지만 붓다는 신→신, 정령→정령, 인간→인간, 파충류→파충류가 되는 그런 생멸은 없는 것이라고 분명히 말씀하신다. 자신의 존재성을 항상하는 존재(자아)에게 존재성을 생, 변, 멸하는 일(윤회)이 어떻게 가능하겠는가? 무상한 존재성의 인간은 '존재의 윤회'라는 시스템을 창안하고 그 시스템에 육체의 죽음 후에도 이어지거나 더 나아지려는 소망을 담았다. 하지만 이 소망은 망상이다. 있을 수 없는 일을 소망하여 취착하는 것이 바로 망상이다.

16

·

생사론

## 영혼, 정신

육체의 파멸을 피할 수 없는 인간에게 육체의 멸滅을 이겨내고 영속하는 영혼, 정신이 있다는 것은 다시 없을 위안이자 희망이다. 하지만 위안은 공포가 실제의 사실일 때 위안일 수 있고 희망은 절망이 실제의 사실일 때 희망일 수 있다. 공포나 절망이 망상이라면 위안과 희망 역시 망상에 지나지 않는다.

## 붓다가 재앙인 자들

붓다의 설법, 특히 십이연기의 설법을 재앙으로 여기는 자들이 있다. 바로 존재의 영혼에 편승, 돈과 권력을 구하는 자들이다. 이들은 죽음과 영혼의 문제가 인간과 함께하는 한 혀와 입만으로도 잘 먹고 잘 살 수 있는 자신들의 직업이 영원할 것이라고 생각한다.

하지만 붓다는 십이연기에서 '존재의 죽음' 같은 것은 없다고 선언하신다. 존재의 죽음이 없기에 존재의 영혼, 구원, 영생 같은 것들도 있을 리 없다. 이들 '존재의 영혼'을 사랑하는 자들에게 붓다는 재앙에 다름 아니다.

## 무엇이 없는가?

연기론에서 없다고 말하는 것은 '생사生死'가 아니라 '존재의 생사'다. 더 명시적으로 말하면 '존재'다. '존재의 생사生死가 없다'고 말하면 사람들은 되묻는다.

"그렇다면 사람이 죽어도 죽은 것이 아니란 말입니까?"

묻는 자는 먼저 질문을 명확히 해야 한다. 사람이 존재인지 아닌지를.

## 두 가지 허무주의

단견斷見의 허무주의는 두 가지가 있다. 하나는 현상(세상)이 실체 없는 환幻이니 세상에 대한 미련을 버려야 한다는 견해요, 다른 하나는 존재가 사라지면 아무것도 남지 않으니 욕망대로 사는 것도 무방하다는 견해다. 전자가 이 세상을 버려야 할 속세로 간주하는 허무주의라면, 후자는 '죽으면 모든 것(존재와 세상)의 끝'이라는 허무주의다.

그런데 전자의 생각은 아무 근거가 없는 망상이다. 왜냐하면 이 세상은 환幻이 아니라 무자아가 관계의존성으로서 실재하는 세상인 까닭이다. 우리는 무자아고, 무자아인 우리는 관계의존성으로서 실재하는 실존實存이다. 관계의존성의 실존에서 문제는 개별 존재를 자신의 실재, 실존이라고 착각하는 무명이다. 즉 환幻이기에 문제인 것이 아니라 자아 있음을 주장하는 무명이기에 문제인 것이다.

후자의 생각도 아무런 근거가 없는 망상이다. '죽음은 존재의 끝'이라는 명제가 성립하려면 '죽는 존재'가 실재해야 한다. 하지만 어떤 경우에도 '죽는 존재'는 없다. 이들 두 가지 허무주의는 공히 허상의 전제로써 허상의 결론을 이끌고 있다. 당연히 망상일 수밖에 없는 허무주의들이다.

## 죽음의 본질

어느 누구도 경험할 수 없고, 어느 누구도 돌아와서 설명해주지 못하고, 어느 누구도 피할 수 없는 죽음은 사람들에게 강박관념과도 같다. 죽음의 문제에 짓눌리는 사람들은 묻는다. 죽음은 무엇이고 죽음에서 무슨 일이 생기는가?

사람들의 궁금증에 답하기 위해 지식인들은 죽음에 대해 논문을 쓰고 강연을 하고 책을 출판한다. 그러나 그들이 설명하는 것은 개념으로써 개념을 설명하는 희론戱論일 뿐이다. 희론을 버리고 사실을 꿰뚫으려면 죽음이 실재하는 것인지부터 따져야 한다.

죽음은 죽는 자에 의존하는 개념이다. 봄이 '보는 자'라는 조건에 의존한 연생이듯이, 죽음은 '죽는 자(존재)'라는 조건에 의존한 연생이다. 따라서 '죽음'은 '죽는 자'에 의해서 해결되어야 한다. 붓다가 십이연기에서 알려주신 것도 '죽는 자'에 대한 것이다. 붓다는 '죽는 자'가 무지한 개념이며, 행방을 추궁할 개념이 아니라 소멸시켜야 할 개념이라고 말씀하셨다. '죽는 자'라는 개념이 소멸하면 '죽음'이라는 개념도 함께 소멸한다.

## 생명의 정의

'죽는 자의 죽음'이 없다면 사람들이 경험하는 상실도 없는가? 연기론은 상실의 경험을 부정하지 않는다. 상실은 환幻이 아니라 사람들이 경험하는 사실이기 때문이다. 문제는 상실을 어떻게 이해하느냐이다.

우리의 세상은 존재의 상像이 아니라 관계의존성의 상相이다. 상相에는 무자아無自我가 있고, 무자아가 있기에 무자아의 상실이 있다. 무자아를 생명이라는 이름으로 바꾸면 상실을 다음과 같이 정의할 수 있다. "상相에는 생명이 있고, 생명이 있기에 생명의 상실이 있다."

생명의 상실이 있다면 상실의 의미를 논하여야 할 것이다. 하지만 우선 생명에 대한 정의가 선행되어야 한다. 세상의 이름들이 다 그러하듯 생명이라는 이름도 그 의미와 가치가 존재론적 관념의 개체(존재)로 규정되어 있다. 진정으로 생명의 상실을 논하려 한다면 생명의 정의부터 바르게 하여야 할 필요가 있다.

## 생명: 관계의존적 생성성生成性

생명의 본질은 대상에 능동적으로 대응하는 것이다. 능동적으로 대응하려면 자성이 없는 무자아無自我이어야 한다. 자신의 확정적 존재값이 없는 무자아이기에 관계의 값을 취할 수 있는 가능이 있고, 따라서 대상의 인과에 능동적으로 대응하는 생명일 수 있다. 그러므로 생명에 대하여 다음과 같이 정의할 수 있다.

- 생명 = 가능태 = 불확정성 = 무자아無自我 = 공 = 연기.

'생명 = 연기'라는 정의에서 보듯, 생명은 '존재'라는 정적靜的 개념으로가 아니라 '관계의존적 생성성生成性'이라는 동적動的 개념으로 파악되어야 하는 것이다.[169] 화이트헤드가 '생성의 과정이 곧 실재'라고 정의한 이유도 관계의존적 생성성이야말로 생명의 실제이자 실재라는 사실을 말하기 위함이었을 것이다.

관계의존적 생성성의 생명에게 생명의 상실은 있던 것의 상실이 아니라 관계의존적 생성성의 중단이다. 있던 것은 있던 것이 아니라 있었다는 망상의 무더기(온蘊)다. 있던 것이 없었으니 있던 것의 상실을 말할 필요가 없다. 그러므로 생명의 상실을 논한다면 관계의존적 생성성의 중단을 논해야 한다.

---

169 '형성 중'의 세계에 있는 생명 역시 '형성 중'이어야 하는 것은 당연한 일이다.

# 17

·

# 《반야심경》, 색즉시공 공즉시색

## 경전에서 논하는 색

경전에서 논하는 색色을 대별하면 다음과 같다.

- **육경의 색** 형상.
- **오온의 색** 육근, 육경.
- **오취온의 색취온** 십이처.

## 색즉시공 공즉시색

《반야심경》의 "색즉시공 공즉시색 수상행식 역부여시色卽是空 空卽是色 受想行識 亦復如是"는 색, 수, 상, 행, 식의 자아 없음을 설명한 것이다.

쿠마라지바[170]가 색즉시공色卽是空 공즉시색空卽是色이라는 한역漢譯 용어에서 나타내려 한 뜻은 형태 있는 모든 현상[色]은 존재(자아)가 없는 것[空空]이라는 붓다의 가르침이었다. 색과 공의 쓰임새가 이렇게 분명한데도 시중의 견성불교는 엉뚱하게 말한다. 이들은 색이 자아 없는 연기법이기에 공이라고 말하지 않고 색에 불성佛性[眞我, 아뜨만]이 있기에 공[法身, 브라만]이라고 말한다. 견성불교를 힌두불교라고 질타할 수밖에 없는 이유다.

---

170   344~413년, 중국 후진 시대에 산스크리트 경전 약 300권을 한문으로 번역하였던 쿠차국 출신의 승려.

# 《반야심경》

《반야심경般若心經》의 원 이름은 《반야바라밀다심경般若波羅蜜多心經》으로, 반야부 경전을 집대성한 《대반야바라밀다경》 600권을 260여 자로 요약, 설명하는 내용이다. 전해지는 한역漢譯 번역본은 쿠라마지바의 《마하반야바라밀대명주경》과 현장(602~664)의 《반야바라밀다심경》 두 가지가 있는데, 한국에서 유통되는 것은 현장 본이다.

《반야심경》에 대한 시중의 일반적 해석은 경전의 공空을 인과因果가 적멸寂滅한 무위無爲로, 경전의 무無를 아무 것도 없음으로 서술, 나열한 것이다. 즉 공은 적멸의 무위한 경지이기에 공空에는 아무 것도 없는 무無가 당연하다는 식의 해석이다. 그러나 이런 해석은 《반야심경》을 불교의 경이 아니라 힌두교나 도교의 경으로 만드는 것이다. 불교(연기법)에 부합하려면 경전의 공空은 자아 없음을 말하는 공으로, 무無는 자아 있음을 주장하는 실재론적 관념들을 소멸하는 무로 해석하여야 한다.

경의 교설敎說은 앞의 무를 조건하여 뒤의 무가 설하여지는 연멸緣滅의 방식이다. 즉 육근의 유有(자아)가 없기에 육경의 유가 없고, 육경의 유가 없기에 안계(형색의 세계)의 유가 없고, 안계의 유가 없기에 그에 마주하는 의식(육식, 인식자)의 유가 없고, 의식의 유가 없기에 무명의 유가 없고, 무명의 유가 없기에 고집멸도의 유가 없고, 고집멸도의 유가 없기에 지혜의 유 또한 없어서 얻거나 획득할 것도 없다는 교설敎說이다. 이런 교설은 연생의 유전문을 멸하는 멸성제, 즉 소멸에 이은 소멸(연멸)을 설하는 환멸문의 설법 방식을 따른 것이다.

멸성제의 《반야심경》은 있다는 견해(연생의 견해)를 부수는 파사破邪를 목적하는 경이다. 특히 자칭 불교의 수행자라는 사람들이 경전의 해석에서 저지르는 실재론적 견해들, 예를 들어 사성제의 고, 집, 멸, 도를 존재의 사실로 해석하면서 속세로부터의 해탈이나 불성 등의 형이상학적 실재의 견성을 주장하는 견해들을 파破하려는 목적이다. 반야계열의 경전들이 부파불교 시대부터 성립되었다는 점을 고려하면,《반야심경》의 목적이 부파불교들의 실재론적 주장·이론들을 파사破邪하기 위한 것이었다는 추론도 가능하다.

## 《반야바라밀다심경》

관자재보살[171] 행심반야바라밀다시 조견오온개공 도일체고액
觀自在菩薩　　行深般若波羅密多時 照見五蘊皆空 度一切苦厄

세상의 고통을 응시하는(듣는) 이가 깊은 반야[172] 바라밀다[173]를 수행하여[174] 오온이 모두 공함을 보고 마침내 일체의 고액에서 벗어나다.

사리자 색불이공 공불이색 색즉시공 공즉시색 수상행식 역부여시
舍利子 色不異空 空不異色 色卽是空 空卽是色 受想行識 亦復如是

---

171　관자재보살(관세음보살)의 산스크리트어는 '아발로키타스바라Avalokiteśvara'로, 문자적으로 '세상의 고통을 응시하는(듣는) 이'라고 해석된다.

172　빤냐paññā의 음사音寫로 '지혜智慧'라는 뜻이다. 지혜는 사성제─연기법(자아 없음)을 아는 것이다. 자아 없음을 아는 지혜의 식識은 사띠다. 즉 사띠가 곧 반야다.

173　파라미타pāramitā의 음사로 성취, 수행, 실천 등의 뜻이며, 빤냐파라미타(반야바라밀)는 사띠의 사마디 수행을 말한다.

174　사띠가 이끄는 깊은 사마디를 수행하여.

사리자여, 현상에는 존재가 없다. 존재가 없기에 무상한 현상이다.[175] (현상을) 색이라 이름 하지만 공(자아 없음)하며, 공한 현상에 이름(육근, 육경)을 가설하여 색이라 부르는 것이다. 오온의 나머지 수, 상, 행, 식 역시 공하다.

사리자 시제법공상 불생불멸 불구부정 부증불감
舍利子 是諸法空相 不生不滅 不垢不淨 不增不減

사리자여, 모든 연기한 법(연생한 법)은 공한(자아 없는) 상相이기에 생겨나거나 소멸하는 존재 혹은 더럽혀지거나 깨끗해질 존재, 혹은 늘어나거나 줄어들 존재 같은 것이 없다.

시고 공중 무색 무수상행식
是故 空中 無色 無受想行識

이런 고로 공한 연기법에는 색이 진실로 있는 것이 아니다.[176] 마찬가지로 수. 상. 행, 식 어느 것도 진실로 있는 것이 아니다(색, 수, 상, 행, 식이 존재의 사실이 아니라는 뜻).

무안이비설신의 무색성향미촉법 무안계 내지 무의식계
無眼耳鼻舌身意 無色聲香味觸法 無眼界 乃至 無意識界

(색色이 진실로 있는 것이 아니기에) 육근의 안이비설신의, 육경의 색성향미촉법이 진실로 있는 것이 아니다. (육근, 육경이 진실로 있는 것이 아

---

175 산스크리트 본의 번역은 "현상에는 존재가 없다, 존재가 없기 때문에 현상일 수 있다"라는 뜻이다.

176 진실로 있는 것이 아니다 = 자체로 실재하는 것이 아니다 = 자아가 있는 것이 아니다 = 존재의 사실이 아니다.

니기에) 안계(눈의 세계)로부터 의식계(의식의 세계)에 이르기까지의 18계(육근의 세계, 육경의 세계, 육식의 세계)가 진실로 있는 것이 아니다.[177]

무무명 역무무명진 내지 무노사 역무노사진 무고집멸도 무지 역무득
無無明 亦無無明盡 乃至 無老死 亦無老死盡 無苦集滅道 無智 亦無得

(의식이 진실로 있는 것이 아니기에) 의식의 무명이 진실로 있는 것이 아니고,[178] 따라서 무명의 다함(끝, 한계)도 있을 수 없다.[179] (무명이 진실로 있는 것이 아니기에) 무명에서 노사老死로 이어지는 십이연기의 열두 가지가 진실로 있는 것이 아니고, 따라서 노사의 다함도 있을 수 없다.[180] (유전문의 십이연기가 진실로 있는 것이 아니기에) 고집멸도의 사성제가 진실로 있는 것이 아니고,[181] 따라서 고苦를 벗어나는(해탈하는) 지혜 또한 진실로 있는 것이 아니다.[182] (해탈의 지혜가 진실로 있는 것이 아니니) 구하거나 획득할 해탈의 지혜도 있을 수 없다.[183]

이무소득고 보리살타 의반야바라밀다
以無所得故 菩提薩陀 依般若波羅密多

---

177  육근, 육경이 자아 있는 것이 아니니 육근, 육경을 조건한 18계 역시 자아 있는 것이 아니라는 뜻.

178  무명(중생)은 연생緣生이지 자아 있는 것이 아니다.

179  중생은 속세를 실재하는 것으로 생각하여 단멸 혹은 초월함으로써 해탈하려 하는데, 《반야심경》은 다함이 없다는 말로써 이런 중생의 생각을 경계한다.

180  중생은 노사를 실재하는 것으로 생각하여 노사의 인과를 단멸 혹은 초월함으로써 벗어나려 하는데 《반야심경》은 다함이 없다는 말로써 이런 중생의 생각을 경계한다.

181  사성제의 고집멸도는 존재의 고, 집, 멸, 도가 아니라 연생緣生의 고, 집, 멸, 도라는 뜻.

182  해탈의 지혜가 자아 있는 것(자재하는 것)이 아니라는 뜻.

183  해탈의 지혜를 대상화하여 구하거나 도달하려 해서는 안 된다는 뜻. 즉 지혜를 견見함으로써 해탈하는 것이 아니라 지혜를 수습修習함(잘못된 것을 닦아냄으로써 배움)으로써 해탈한다는 뜻.

고심무가애 무가애고 무유공포 원리전도몽상 구경열반
故心無罣碍 無罣碍故 無有恐怖 遠離顚倒夢想 究竟涅槃

구하거나 득할 것이 없기 때문에 보살은 반야바라밀다[184]에 의지하여
마음의 걸림이 없고 두려움이 없으며 망상을 여의어 궁극의 열반[185]을 이
루니라.


삼세제불 의반야바라밀다고 득아뇩다라삼먁삼보리
三世諸佛 依般若波羅密多故 得阿耨多羅三藐三菩提

삼세제불도 반야바라밀다에 의하여 비로소 아뇩다라삼먁삼보리[186]를
이루니라.


고지반야바라밀다 시대신주 시대명주 시무상주 시무등등주
故知般若波羅密多 是大神呪 是大明呪 是無上呪 是無等等呪

그러므로 반야바라밀다는 가장 신통하고 가장 밝으며 비교할 것이 없는
최상의 만뜨라mantra임을 잘 알아야 하느니라.


능제일체고 진실불허 고설반야바라밀다주
能除一切苦 眞實不虛 故說般若波羅密多呪

능히 일체의 괴로움을 제거하며 진실하여 허망하지 않나니 이렇게 반야

---

184 오염으로부터 출리하는 사띠의 사마디 수행.

185 오염 없는 청정한 연기의 현현.

186 산스크리트 Anuttara samyak sambodhi의 한자 음역. 무상정등정각無上等正覺 또는 무상정등각無
上正等覺. 위없는 바르고 완전한 지혜, 즉 자아 없음을 체득함으로써 자아 없음을 실천적으로 완전하
게 아는 지혜.

바라밀다 만뜨라를 설하느니라.[187]

즉설주왈 아제아제 바라아제 바라승아제 모지사바하
卽說呪曰 揭諦揭諦 波羅揭諦 波羅僧揭諦 菩提娑婆訶

우리 함께 말하기를 가세, 가세, 저 언덕으로 넘어가세.
번뇌 고통의 언덕[188]에서 자유로운 저 언덕[189]으로 넘어가세.

---

## 《마하반야바라밀대명주경》vs《반야바라밀다심경》

사리불 색공고무뇌괴상 수공고무수상
舍利弗 色空故無惱壞相 受空故無受相

상공고무지상 행공고무작상 식공고무각상
想空故無知相 行空故無作相 識空故無覺相

《마하반야바라밀대명주경》

쿠마라지바의 번역본인《마하반야바라밀대명주경》에는《반야심경》의
첫째 줄 '조견오온개공照見五蘊皆空 도일체고액度一切苦厄' 대신 '조견오음공
照見五陰空 도일체고액度一切苦厄'이라 하면서 이후에 위의 구절이 부가되어

---

187 반야바라밀다(사띠의 사마디 수행)야말로 고품를 제거하는 진실한 수행이라는 만뜨라(하늘의 진실)를 세상
    에 선언하고 설법한다는 뜻.
188 의식의 세상, 존재의 세상, 오취온의 세상.
189 사띠의 세상, 무자아의 세상, 오온이 공한 세상.

있는데 이는 현장의 번역본인 《반야바라밀다심경》에는 없는 것이다. 위 구절은 오온이 왜 공한지에 대한 쿠마라지바의 설명이라 할 수 있다. 앞에서 오온연기를 이해한 바에 따라 위 구절을 해석하면 다음과 같다.

- **색공고무뇌괴상**色空故無惱壞相 색(현상)은 공하기에(자아 없는 연생이기에) 괴로움이나 무너짐이 있는 상相(뇌괴상惱壞相)은 없다. 즉 색은 조건에 의존하여 괴롭거나 무너지는 것이며, 따라서 괴로움이나 무너짐이라는 상相의 색色은 존재하지 않는다는 뜻이다.
- **수공고무수상**受空故無受相 수(접촉)는 공하기에 접촉을 받는 상相(수상受相)은 없다. 즉 감각은 조건에 의존하여 형성된 것이며, 따라서 감각을 받는 상相의 수受는 존재하지 않는다는 뜻이다.
- **상공고무지상**想空故無知相 형상(상想)은 공하기에 형상의 존재값을 형상에서 지각하는 상相(지상知相)은 없다. 즉 상想의 존재값은 조건에 의존하여 형성되는 것이며, 따라서 상想의 존재값을 지각하는 상相의 상想은 존재하지 않는다는 뜻이다.
- **행공고무작상**行空故無作相 형상의 존재값(행行)은 공하기에 생, 변, 멸의 유위한 값이 있는 상相(작상作相[190])은 없다. 즉 생, 변, 멸의 행은 조건에 의존하여 형성되는 것이며, 따라서 생, 변, 멸하는 상相의 행行은 존재하지 않는다는 뜻이다.
- **식공고무각상**識空故無覺相 식識은 공하기에 앎이 있는 상相(각상覺相)은 없다. 즉 인식하는 식은 조건에 의존하여 형성되는 것이며, 따라서 앎

---

190 작作은 '짓다'는 뜻으로, 생, 변, 멸의 인과를 짓는다는 뜻이다.

이 있는 상相의 식識(지각하는 식)은 존재하지 않는다는 뜻이다.[191]

위 설명을 요약하면, 색, 수, 상, 행, 식이 공한 이유는 색에 색을 색이게 하는 모습이, 수에 수를 수이게 하는 모습이, 상에 상을 상이게 하는 모습이, 행에 행을 행이게 하는 모습이, 식에 식을 식이게 하는 모습이 없기 때문이라는 것이다.[192] 설명을 다른 방식으로 해보자. 무無는 '유有를 부정하는 무無'라는 정의로써 위 구절들을 해석하면 다음과 같다.

- **색공고무뇌괴상**色空故無惱壞相 색色(육근, 육경)이 공空이니, 색色에 뇌惱(괴로움), 괴壞(무상함)가 없다.
- **수공고무수상**受空故無受相 수受(접촉)가 공이니, 수受에는 수受가 없다.
- **상공고무지상**想空故無知相 상想(인상)이 공이니, 상想에는 지知(인상의 지각)가 없다.
- **행공고무작상**行空故無作相 행行(존재성, 인과)이 공이니, 행行에는 작作이 없다.
- **식공고무각상**識空故無覺相 식識(의식)이 공이니, 식識에는 각覺이 없다.

---

191  형성되는 인식은 지각하는 인식이 아니다. 인식이 지각이 아니기에 앎은 앎이 아니다. 즉 우리가 아는 것은 아는 것이 아닌 것이다.

192  쿠마라지바가 '색즉시공色卽是空'이라는 말을 만든 이유가 이것이다. 즉 색이 색이 아니라는 사실을 말하기 위해서 색은 공이다(색의 자아가 없다)라는 말을 만든 것이다.

인터넷에 이런 질문 글이 올라왔다. "삼법인은 제행무상인데《반야심경》은 불생불멸 불구부정 부증불감不生不滅 不垢不淨 不增不減이라 하여 변화와 반대되는 말을 하고 있으니 서로 모순적이지 않나요?"

자칭 스님이라는 사람을 포함, 여러 사람들이 답글을 달았는데, 답글들의 내용은 한결같았다. "현상(파도)으로 보면 모순이지만, 진여眞如 본성本性(바다)의 차원에서 보면 모순이 아니다.《반야심경》은 깨달음의 경지를 말하는 경이기에 경에서 말하는 것은 여여한(적멸한) 공의 경지를 설명한 것으로 이해해야 한다. 즉 현상하는 모든 법은 보기에 무상하지만, 깨달음의 차원에서 본래성품은 불생불멸 불구부정 부증불감이라는 것이다."[193]

현상과 본성을 유위와 무위로 나누어 차별하는 이런 글에서 일일이 오류를 지적하기는 어렵다. 구절마다 오류의 범벅이기 때문이다. 질문에 대한 바른 답변은 삼법인과《반야심경》이 서로 다른 현상에 서로 다른 말을 하는 것이 아니라 같은 현상에 같은 말을 한다는 것이다.《중론》의 수많은 게송들이 논증하듯이 공성(무자아)에서 비로소 값(존재성)의 무상한 생멸변화가 성립한다. 즉《반야심경》에서 설하는 '생멸, 구정, 증감의 값을 담당하는 존재의 없음'과 삼법인에서 설하는 '무상한 값(관계의존적 존재값)'은 같은 현상(연생緣生)을 존재(체體)와 존재값(용用)이라는 두 가지 관점에서 설명하는 것이다.

어떤 경우의 어떤 법문이든 붓다의 설법은 '자아의 부정否定'이라는 관

---

193    이 다음에 이어질 주장은 십중팔구 본성을 견성하면 불생불멸이라는 '생사초월론'이다.

점에서 해석되어야 한다. 즉 설법에서 붓다가 불不, 비非, 무無 등으로써 나타내려는 뜻은 무조건 '존재값을 내는 존재의 없음'으로 이해되어야 하는 것이다. 《반야심경》의 불생불멸 불구부정 부증불감을 존재값을 내는 존재의 없음으로 해석하고, 삼법인의 제행무상을 존재값을 내는 존재가 없는 존재값으로 해석하면, 《반야심경》과 삼법인이 서로를 설명하는 내용이라는 사실을 분명하게 이해할 수 있다. 질문자의 질문은 모순이 아닌데 모순이라고 생각한 착각에 기인한 것이었다. 그렇다면 바른 답변은 본성과 현상을 둘로 나누는 유위有爲, 무위無爲의 희론戲論이 아니라 질문자의 착각을 지적하여 일깨워주는 것이어야 할 터이다.

## 《반야심경》에 대한 소감

《반야심경》은 색, 수, 상, 행, 식의 자아 없음을 설한다. 색色에 대한 '있다'는 견해를 무너뜨리면서 육근과 육경, 육식에 대한 '있다'는 견해를 무너뜨린다. 의식에 대한 '있다'는 견해를 무너뜨리면서 무명, 노사老死 고苦, 십이연기, 사성제에 대한 '있다'는 견해를 무너뜨리고, 사성제에 대한 '있다'는 견해를 무너뜨리면서 마침내는 반야(지혜)와 해탈(열반)에 대한 '있다'는 견해까지 무너뜨린다. 연생의 고, 집, 멸, 도를 존재의 고, 집, 멸, 도로 왜곡하면서 중생(고苦), 유위(집集), 무위(멸滅), 성품(도道)의 실재를 주장하는 형이상학적 실재론자들의 견해를 파破하는 데에는 가히 거침이 없는 '멸성제의 경전'이라 할 만하다.

《반야심경》을 왜곡하는 대표적 해석들이 공空 실재론자들의 해석이다. 이들은 일관되게 《반야심경》을 '궁극적, 초월적 경지를 설파한 경'이라고 주장한다. '공空은 범아일여梵我一如의 신적神的 경지를 말하는 것이고《반야심경》은 그런 공을 나타내는 경'이라고 호기롭게 정의한 오쇼 라즈니쉬 Osho Rajneesh나 라마나 마하리쉬Ramana Maharish, 무르띠T.R.V Murti 같은 힌두계 명상가나 학자들은 공 실재론의 대표적 경우다. 그러나《반야심경》은 초월적 경지를 서술하는 그런 여유로운 경이 아니다. 실재론, 특히 불교 내에서 불교의 참뜻을 가리며 왜곡하는 형이상학적 실재론들을 파내어 법을 바르게 확립하려는 파사破邪의 경이다. 즉《반야심경》에서 열거한 '무無'는 형이상학적 상상력을 공유하기 위한 무가 아니라 불교에서 붓다의 법을 오염시키는 삿된 개념들(실재론적 견해들)을 적시하여 제거하려는 무無라고 알아야 하는 것이다.

3부

# 불교의 이해

# 18

·

# 불교, 힌두교, 도교

- 인도의 철학 vs 붓다의 사상
- 불교에 대한 왜곡
- 파울 달케 박사의 정의定義
- 불교 vs 힌두교, 무자아 vs 유자아
- 부처 즉 중생 vs 범아일여
- 유식불교와 도교
- 본래(제1원인)에 대한 교敎의 차이

## 인도의 철학 vs 붓다의 사상

인도철학 전공자들은 붓다의 법을 인도 사상사의 연장이자 산물이라는 관점에서 파악할 수 있다고 주장한다. 그러나 이는 붓다의 사상을 제대로 파악하지 못한 소치다. 각양각색의 형이상학적 실재들을 등장시키는 인도의 제반 철학에 대칭하는 붓다의 가장 차별적 특징은 오직 붓다만이 비실재론의 무자아無自我를 설하였다는 사실이다.

형이상학적 존재들을 상정想定하는 철학은 그런 관념적 존재들의 실재론으로 전개될 수밖에 없다. 하지만 붓다의 법에는 형이상학적 존재에 대한 상정이 전무全無하다. 오히려 붓다의 무자아법無自我法은 인도의 제반 철학들에서 주장하는 갖가지 이름의 존재들과 그런 존재들의 인과법을 파괴한다.[194] 굳이 철학사상사적으로 붓다의 법을 비교하려 한다면, 세계의 모든 실재론적 사상, 철학들에 대치對峙하는 비실재론의 대척점에서 붓다의 무자아법無自我法을 논할 수는 있을 것이다.


## 불교에 대한 왜곡

서양에서 불교와 힌두교의 구분은 명확하지 않다. 독립 인도의 2대 대통령이자 서양에서 동양철학 – 종교 분야의 전문가로 알려진 사르베팔리 라다크리슈난Sarvepalli Radhakrishnan 같은 이는 '불교는 힌두교의 분파'라

---

194  육사외도六師外道에 대하여 전개하였던 비판은 존재론적(실재론적) 견해들에 대한 붓다의 문제의식을 그대로 보여준다.

고 공공연히 적시하였으며,[195] 서양의 동양종교 전문가 사이에는 크리슈난의 견해가 표준으로 통용되고 있을 정도다. 그러나 힌두교와 불교의 우주관, 존재관은 같은 범주로 분류될 수 있는 것이 아니다. 붓다는 힌두교의 전신인 바라문교를 그릇된 법이라고 선언하셨으며, 바라문 학자와의 거듭된 토론, 논쟁에서도 그들의 주장(교리)이 타당하지 않음을 분명한 논점으로 설법하셨다.

많은 불교학자들이 지적하듯, 불교의 역사에서 불교의 정체성을 왜곡, 변질시키는 일은 오히려 불교 내부에서 조장되어 왔다. 종교가 도달하려는 궁극적 지향은 같은 것이라면서 힌두교의 범아일여적 융합을 불교의 정신인 듯 광고하는 현대의 불교도 예외가 아니다. 붓다가 진실을 왜곡하는 모든 종류의 실재론들을 단호히 거부했다면, 붓다의 제자를 자처하는 오늘날의 불교는 형이상학적 실재론의 종교들과 손을 맞잡고 같은 곳을 향하려는 융합을 주창主唱한다. 하지만 그런 융합은 "모든 것은 나이고 브라만이다"라고 말하는 힌두교의 융합일 뿐, 실재론의 무명을 파사破邪하는 불교가 표방할 수 있는 융합이 아니다.


## 파울 달케 박사의 정의定義

아래의 글은 사단법인 '고요한 소리'가 발행하는 간행물 《보리수잎》의

---

195 라다크리슈난은 붓다의 십무기를 '아뜨만에 대한 암묵적 동의'라고 해석하며, 불교는 힌두교 범아凡我사상의 변형이라고 주장한다. 한국의 견성불교는 이런 라다크리슈난의 견해를 오히려 지지하는 모습이다.

8권 〈불교 이해의 정正과 사邪〉에 소개한 BPS[196]의 편집위원 나타샤 잭슨 Natasha Jackson의 글 중 일부를 발췌·정리한 것이다.

파울 달케[197] 박사는 그의 주요 저서인 《불자수상집》에서 불교와 바라문교(힌두교)의 차이를 매우 명료하게 설명하고 있다.

"불교를 바라문교에서 파생된 것이라거나 어느 정도 바라문교가 진전한 것, 또는 바라문교의 유심론적唯心論的 전개라고 서술하는 것이 서구의 철학적 관점에서 두 종교를 비교 관찰하는 통례다. 하지만 두 종교 간의 이런 관계는 순전히 외면상의 몇몇 경우에 불과하다.

그 내면적 성질에 있어서 불교는 바라문교와 완전히 반대되며, 뿐만 아니라 바라문교의 가장 유심론화된 형태인 베단타 사상과도 배치되니 마치 낮이 밤과 배치되는 것과 같다. 불교가 바라문교와 철저히 배치된 것은 불교가 그리스도교나 이슬람교와 배치되는 것과 같으며 만일 불교가 바라문교에서 기원했다고 한다면 이는 마치 불교가 그리스도교나 이슬람교에서 기원했다는 논리와 다를 바 없다.

왜냐하면 '모든 것은 신이다' 그리고 '모든 것은 나다'라고 하는 바라문교의 가르침은 신비의 암류暗流처럼 세계의 모든 종교를 하나같이 관통하고 있기 때문이며, '모든 것은 내가 아니다'라고 가르치는 불교만이 유일하게 그 모든 종교와 대치하고 있는 입장이기 때문이다."

---

196  스리랑카 소재 '부디스트 퍼블리케이션 소사이어티BUDDHIST PUBLICATION SOCIETY(BPS)'의 약자.

197  파울 달케Paul Dahlke: 독일 불교의 지도자, 빨리어 경전을 번역함.

## 불교 vs 힌두교, 무자아 vs 유자아

불교와 힌두교의 교리를 분명히 구분하는 것은 의미 있는 일이다. 불교에 혼재된 힌두이즘Hinduism이 가늠할 수 없을 만큼 방대하기에, 불교와 힌두교의 교리적 차이를 단적으로 드러내는 것은 불교의 정법을 존속하는 일이기도 하다.

사실 사용하는 용어들이 비슷하기에 외견상 많은 부분에서 불교와 힌두교는 유사하게 보일 수 있다.[198] 인도에서 불교가 사라졌던 이유 역시 이와 무관하지 않을 것이다. 하지만 교리를 살펴보면 불교와 힌두교는 존재나 세계의 개념적 구성에서부터 유사한 범주로도 볼 수 없을 정도로 이질적이다.

힌두교의 철학적 교의를 다룬 《우파니샤드Upanisad》는 우주의 존재원리로 브라만Brahman과 아뜨만Ātman을 말하는데, 브라만은 우주의 궁극적 실재이자 제1원인의 무한자無限者로, 아뜨만은 브라만이 분화한 만물에 내재된 진아眞我로 설명된다. 아드바이타 베단타Advaita Vedanta 학파의 창시자이자 불이일원론不二一元論, 범아일여론梵我一如論의 이론적 체계를 정립한 아띠 샹카라Adi Shankara(700~750경)가 《베단타 수트라》[199]를 주석註釋한 설명을 개략하면 다음과 같다.

"인간은 (개체적) 욕망kama으로 이루어졌다. 욕망에 따라 의도kratu가 생기고, 의도에 따라 행동karman이 생기며, 이 행동의 업보karma로 인해 끝이

---

198 붓다가 세상으로부터 차용한 용어의 대부분이 바라문교(힌두교)에서 통용되던 용어들인데, 힌두교의 용어가 '그것의 실재'를 말하기 위한 목적이라면 붓다의 용어는 '그것의 자아 없음'을 말하기 위한 목적이다.

199 베단타 학파의 근본 경전으로, 《우파니샤드》, 《바가바드기타》의 교의들을 간결한 경구警句의 형태로 정리 소개한다.

없는 윤회에 들게 된다."

"모든 무상한 욕망과 의도, 행동, 업보, 윤회를 벗어나는 깨달음의 길은 궁극
적 실재의 브라만Brahman에 계합하는 것이다."

"모든 존재하는 것의 진아眞我는 나지도, 죽지도, 생겨나지도, 없어지지도 않
는 아뜨만이다."

"아뜨만과 브라만은 하나다. 브라만은 바로 너이며 깨달음이다."

요약하면, "우주의 본질인 브라만은 우주의 만물에서 아뜨만(진아眞我)으
로 내재한다. 진아眞我의 아뜨만은 인간에게도 내재해 있으나 욕망과 업보
의 덩어리인 인간은 욕망과 업보의 무한한 윤회에 구속되어 있다. 하지만
자신의 개체적 욕망을 부수고 내재한 아뜨만에 계합하여 범아일여梵我一如
의 '브라만적 깨달음'을 얻는다면 윤회의 사슬에서 해탈할 수 있다"라는
내용이다. 요약한 설명에서 아뜨만(진아)을 불성佛性으로 바꾸면, 아뜨만의
견성을 주장하는 힌두교의 교리와 불성佛性의 견성을 주장하는 견성불교
의 교리가 조금도 다르지 않다는 사실을 확인할 수 있다.

힌두교와 불교의 다름에 대하여 우선 지적할 것은, 붓다의 연기법이 개
인의 실재를 부정하는 반면에 힌두교는 업보로서 우주의 윤회법에 구속되
는 개인의 실재를 주장한다는 점이다. 개인의 부정과 개인의 주장으로 분
명하게 구분되는 차이는 세계에 대한 해석에서도 마찬가지다. 힌두교의
세계는 개인들이 각각의 존재로서 실재하는 절대 공간과 윤회법이라는 절
대 법칙으로서 정의되는 세상이다.[200] 그러나 존재의 존재값으로 현상하는

---

200  《금강경》에서 일합상―合相이라는 이름으로 지칭하는 세상이다.

세상이 아니라 무자아의 관계의존적 존재값으로 현상하는 불교의 세상에서 존재(개인)들이 법칙에 지배되는 절대 공간의 세상이라는 것은 무명한 중생의 망상에 지나지 않는다.

## 부처 즉 중생 vs 범아일여

불교의 '부처 즉卽 중생'에 해당하는 힌두교의 개념은 '범아일여梵我一如'다. 부처와 중생이 공히 연기의 가명이기에 한 가지라는 것이 부처 즉 중생이라면, 범梵(우주, 브라만)과 아我(개인, 아뜨만)의 본성이 같기에 한 가지라는 것이 범아일여다.

부처 즉 중생이 나의 자아에 대한 부정으로부터 부처를 모색한다면, 범아일여는 나의 자아(아뜨만)에 대한 긍정으로부터 범(브라만)을 모색한다. 힌두교의 범아일여의 교리는 자연 및 우주를 신神의 화신化身으로 믿는 믿음으로 이어지는데, 힌두교의 이런 믿음은 우주를 불성佛性의 법신法身, 법화法華[201]로 믿는 견성불교[202]의 믿음과 거의 흡사한 것이다.

모든 존재하는 것의 본성은 범아일여적 불성이며 이 불성이 바로 도道(부처)라고 주장하는 견성불교는 그들의 불성이 힌두교 교리의 유사類似라는 지적에도 마이동풍이다. 이런 견성불교에 연기법의 적법한 이해가 있을 리

---

201  불교에 침투한 범아일여 사상은 중앙아시아에서 법신法身, 비로자나불, 아미타불 등에 대한 믿음으로 이어졌고, 법화法華 등의 극동 대승불교의 주요 개념들은 이런 믿음들에서 형성된 것으로 볼 수 있다.

202  현상을 불성佛性의 환幻으로 보는 것이 유식唯識불교라면, 현상을 불성의 법화法華로 보는 것은 여래장如來藏불교다. 서로 다른 듯 보이나 공히 불성의 견성見性을 주장하는 견성불교다.

없다. 그들에게 연기법은 생멸의 유위법일 뿐이고 해탈은 그런 연기법으로 부터 벗어나야 하는 일이다. 즉 견성불교에서 연기법은 '귀의해야 할 바른 지혜의 법'이 아니라 '벗어나야(초월하여야) 할 중생의 인과법'인 것이다.

연기법을 끌어내리고 불성佛性을 법dharma으로 세운 견성불교에서 불성과 깨달음은 동치同値의 문제가 된다. 즉 자아 없는 연기(반야般若)를 수습修習해야(깨달아야) 하는 불교가 형이상학적 불성(깨달음)을 견성하여야(깨달아야) 하는 불교가 되어버린 것이다. 이는 깨달음이 뭔지 깨달아야 하는 어처구니없는 상황이다. 더구나 이런 개인적 체험의 깨달음(불성)은 말할 수 있는 것이 아니어서 논하려 해도 함께 논할 것이 없다.

깨달음을 깨달아야 하는 상황에서 수행자들이 물어야 하는 것은 "무엇이 깨달음입니까?"라는 질문이다. 하지만 불성의 개인적 체험을 주장하는 견성불교에서 이런 질문은 아무런 의미가 없다. 불성이라는 형이상학적 실재를 법dharma으로 세운 견성불교에서 법(깨달음)을 향한 신심信心은 납득하는 믿음이 아닌 무조건적 믿음이다. 사람들에게 이런 믿음을 가르치는 자들은 자신이 '깨달음의 흉내 내기'는 할 수 있다고 자부한다. 깨달음이 무위한 것이라는 상相이 있는 이들은 깨달음의 성취를 위한 의욕도 크지 않다. 심지어 깨달은 각자覺者인 양하며, "본성(불성)의 무위한 마음으로 한 세상 잘 살다가 가면 되는 것이야!"라는 민망한 법문도 예사로 한다. 이런 자들은 '불성佛性의 상相'에서 소위 '부처 놀음' 혹은 '견성 놀음'을 하는 자들이다.

## 유식불교와 도교

우주관이나 세계의 제1원인 설정에서 도교는 힌두교와 마치 샴쌍둥이처럼 유사한 모습을 보인다. 도교의 '도道'는 언설 불가, 형용 불가의 무위적 존재성으로서 힌두교의 절대적 미현자未顯者인 브라만과 거의 흡사하다. 힌두교가 브라만의 전변轉變으로 생명 및 우주 만물을 설명한다면, 도교는 도道에서 생겨난 음양陰陽의 상보적 작동설로 우주 만물을 설명한다는 차이가 있다.

도교에서 생멸의 인과로부터 벗어나는 해탈은 모든 것(작용)의 본래本來인 '무위한 도道'에 계합契合하는 것이다. 인간의 유위한 분별, 처신을 거두어 자신의 정신적·물질적 존재를 도의 무위한 경지에 밝게 하는 것은 도교적 수행의 본질이다. 살아 있는 사람으로서 이러한 경지를 몸과 정신으로 체득한 이는 생사生死를 초월한 신선이 된다. 불교적으로 말하자면 아라한과를 얻은 이라고 할 수 있겠다.

도교의 이런 교리와 '무위한 본래 성품(불성)'을 주장하는 중국 유식唯識불교의 모습은 조금도 다름이 없다. 유식불교는 불성을 견성하면 생사生死를 벗어나게 된다고 말한다. 만일 '불성'을 '무위한 도道'로 이름을 바꾸면 유식불교의 내용은 도교와 완전히 같다. 중국에서 도교와 유식불교가 한 사찰에서 공존하는 이유를 납득할 수 있다. 물론 도道와 샴쌍둥이 같은 브라만과 불성을 서로 대체해도 결과는 같다. 결국 힌두교, 도교의 전통적 지역들에서 흥기한 불교는 지역적 종교관에서 아직도 자유롭지 못한 상황이라고 볼 수밖에 없다.

---

## 본래(제1원인)에 대한 교敎의 차이

"범凡(우주)의 본래를 브라만이라 말하고 개체의 본래를 아뜨만이라 말한다.

브라만이 아뜨만이고 아뜨만이 브라만이다(범아일여). 브라만은 궁극의 미현자이니, 이름으로 구하려는 자는 오히려 그르치게 된다."

– 힌두교

"만물의 본래가 있는데 이를 도道라 한다. 도는 무위함으로써 유위한 만물의 본래이니, 굳이 유위한 말로써 무위한 도를 분별하려 하면 오히려 그르친다."

– 도교

"만물의 본래가 있는데 이를 불성佛性이라 한다. 무위한 불성은 일체의 유위한 분별(인과)을 벗어난(초월한) 것이니, 굳이 언설로 불성을 말하려 하면 오히려 그르친다."

– 견성불교

"개체가 모인 것이 만물(세계)이다. 개체가 연생의 가명이니 만물(세계) 역시 연생의 가명이다. 가명의 개체나 만물(세계)에 본래(제1원인)라는 것은 없다. 본래가 없기에 연생하는 이치이니, 본래를 말하는 자들은 모두 붓다의 법을 그르치는 자들이다."[203]

– 연기법 불교

---

203  '본래'는 '존재'를 위한 것이다. 즉 존재의 연유緣由를 설명하기 위한 개념이 본래다. 이는 존재가 없으면 본래도 없어야 한다는 뜻이다. 다르게 말하면, 존재를 파破하기 위한 연기법에서 본래를 주장하는 짓은 연기법을 훼손하는 외도外道의 짓이라는 뜻이다.

# 19

·

# 불교의 부파, 아비담마와 유식,
# 그리고 중관

　　현대불교를 크게 남방 상좌부계열의 아비담마, 반야계열의 중관, 북방 대승계열의 유식唯識 및 여래장如來藏[204]의 세 갈래로 나눌 수 있다. 이들은 불교라는 이름으로 통칭, 혼용되고 있으나 각자의 교리에 들어가면 서로에 대해 확연히 다른 연기법 해석을 주장한다. 혼용된 것에서 바른 해석(법)을 드러내려면 우선 이들 세 갈래 불교의 교리가 서로에 대해서 어떻게 다른지를 살펴보아야 한다.

　　아비담마는 연기를 설하기 위해 구경법의 실재를, 유식 및 여래장은 연기를 설하기 위해 식識(불성佛性)의 실재를 전제한다. 중관은 연기를 설하기 위해 어떤 실재도 전제하지 않는다. 제법諸法이 무자아無自我이기에 언급되는 모든 이름들은 연기를 설하기 위해 시설된 가명일 뿐이다. 중관의 관점에서 이름(구경법, 식)의 실재를 전제하는 아비담마나 유식은 비불설非佛說에 지나지 않는 것이다.

---

204　모든 중생에게는 여래(부처)의 성품(불성佛性)이 있다고 주장하는 불교. 식識의 본성이 불성이라는 유식과 함께 견성불교의 주축을 이룬다.

## 아비담마, 유식, 중관의 비교

| 구분 | 존재[205] | 철학적 분류 | 연기법의 해석 | 인식의 현상 |
|---|---|---|---|---|
| 아비담마불교 | 구경법(원소)들 | 원소론<br>(입자론) | 구경법의 인연(이합집산)에서 연기(찰나생 찰나멸)함 | 물자체의 상像 |
| 유식불교 | 마음(식識),<br>불성佛性 | 이데아idea론 | 식과 업습의 인연에서 연기(변계소집[206])함 | 마음의 환幻 |
| 중관불교 | 없음 | 비실재론 | 무자아無自我가 인연에서 연생, 연멸(의존적 형성)함 | 관계의존성의 상相 |

- **아비담마불교의 수행법** 현상에서 찰나로 이합집산하는 구경법들의 무자아, 무상, 고苦를 관찰하는 위빠사나 수행.
- **유식불교의 수행법** 식識의 본래 성품(불성佛性)을 견성見性하는 수행.
- **중관불교의 수행법** 자아(존재) 있음을 주장하는 무명습성을 청소하는 팔정도 수행.

## 부파불교 시대: 불교의 융성 vs 불교의 변질

불교의 역사는 기원전 6~5세기 붓다 재세 시의 근본불교, 기원전 5~3세기 붓다 입멸 후 교단 확장 시기의 원시불교, 기원전 2세기 이후 부파불교 시대, 현대의 남방불교(아비담마불교)와 북방불교(대승불교)의 시대 등으로 크게 나눌 수 있다.

---

205  개체로서 실재하는 것, 독립적으로 실재하는 것, 자신의 값으로 실재하는 것.

206  존재하지 않는 환상을 존재하는 것으로 알고 분별, 집착하는 모습.

인도를 통일한 마우리아 왕국(기원전 322~185)의 친불 정책은 불교 정체성의 문제에서 바람직한 일만은 아니었다. 사회적·물질적으로 지위가 높아진 승가의 팽창은 많은 자유 사문들과 바라문 학자들이 불교에 합류하는 결과를 낳았으며, 이로 인한 불교 내 이론, 사상들의 분파分派가 불가피하였다.

정통성의 확보를 위해 종파적 관점에 따라 경전을 편집하고 논서, 율장律藏207을 제작하던 부파들의 과제는 '무자아無自我의 법法을 어떻게 체계적(논리적)으로 설명할 것인가'였다. 지식인과 귀족들을 상대로 논장論藏을 생산하던 상좌부파208의 설일체유부說一切有部가 제안한 이론은 '원소들의 이합집산에 의한 가립假立'이었다. 즉 현상은 극미한 원소들의 이합집산에 의한 찰나적 생멸의 가립이기에 현상에는 현상을 현상 그대로 지키는 자아(존재)가 없다는 이론이었다.

이 이론이 사실이려면 이합집산하는 원소들은 자신으로서 실재하는 원소들이어야 한다. 설일체유부가 과거, 현재, 미래의 삼세三世에 자신의 고유 성질로서 존재하는 것이라고 상정想定한 극미한 원소들(구경법)은 이런 필요성에 기인한 제안이었다. 그러나 이합집산은 연기법의 개념이 아니다. 무자아가 연기하는 기제機制는 '이합집산'이 아니라 '의존적 형성'이다. 이합집산이 '존재의 형성'을 말하는 개념이라면, 의존적 형성은 '무자아의 형성'을 말하는 개념이다. 즉 이합집산과 의존적 형성은 서로 같거나 유사한 것이 아니라 오히려 서로를 부정하는 것이다.

---

207　승단에서 제정된 계율의 조례條例를 모은 책.

208　붓다 입멸 후 계율의 제정에 대한 이견으로 분열이 이어져 부파가 20여 개에 이르렀다. 상좌부파는 계율의 제정에 보수적인 지역의 승가들을 중심으로 한 부파였으며 특히 원소론적 해석의 많은 논장(아비담마)들을 생산하였기에 이들을 아비담마불교라고 칭한다.

사람들은 이전에 볼 수 없었던 많은 논장, 이론, 경전들을 생산한 부파불교 시대를 불교의 융성기라고 평가하지만 그 반대로 볼 수도 있다. 붓다가 '분석하여 명확하게 밝혔다'고 말씀하신 법을 전에 없던 개념으로 새롭게 해석한 논리, 이론 들이 넘쳐난 것은 오히려 법의 쇠퇴이자 훼손일 수 있다. 무엇보다도, 부파불교들에서 빈번히 시도되었던 '법의 이론적 체계화[209]'는 동의할 수 없는 것이다. 이론적으로 체계화한다는 것은 '체계화할 법'이 있다는 뜻이다. 하지만 붓다는 '설한 법이 없는 줄 알아야 법을 바르게 이해한 것'이라고 말씀하셨다. 설한 법이 없는데 어떻게 이론적으로 체계화할 법이 있겠는가?

> "만약 어떤 사람이 '여래가 법을 설한 바 있다'라고 말한다면, 그것은 곧 여래를 비방하는 일이다. 이는 내가 설한 바를 잘 이해하지 못한 때문이다. 수보리야, 여래가 법[210]을 설한다 함은 설할 법이 없으되 다만 그 이름을 설한다고 말할 뿐이니라."
>
> 《금강경》〈비설소설분〉

---

### 승단 최초의 개혁가 목갈리뿟따띠싸

불교학자 데이비드 깔루빠하나David J. Kalupahana는 그의 저서 《나가

---

209  예를 들면, 현대불교에서도 유행하는 부파불교 기원의 구경법 이론, 삼세양중인과설, 업감연기설, 아뢰야식연기설 등의 '법칙성 이론'들이다.
210  자아 없는 연기법, 즉 무자아법이다. 무자아법은 자아 없음을 서술(설명)하는 법일 뿐, 어떤 법칙의 법을 말하는 것이 아니다.

르주나》에서 마우리아 왕국 아소카 황제의 지원 아래 목갈리뿟따띠싸 장로가 주도한 3차 결집이 불교에 더부살이하던 이교도들과 이들로 인해 난립한 부파들의 비불교적 주장, 이론들을 축출하고 정화하기 위한 것이었음을 설명한다.

목갈리뿟따띠싸는 불교 내에서 횡행하는 비불교적 이론들을 분별하기 위한 200개 이상의 논점을 기록한 논사論事《까타왓투Kathavatthu》를 짓고 이에 따라 외도를 감별, 축출하였는데, 당시의 결집에서 흰 옷을 입혀 축출했던 적주비구(이익을 목적으로 불교 교단에 들어 온 외도)의 수가 6만이 넘었다고 한다.

특히 목갈리뿟따띠싸는 형이상학적 사람pudgala이 실재한다는 이론[211], 과거·현재·미래의 삼시三時에 항상하는 정신적, 물질적 법dharma이 실재한다는 이론[212]들이 주장하는 실재론적 견해들을 모두 배척하면서 그의 《까타왓투》에서 뿌드갈라의 비실재성(인무아人無我)과 다르마의 비실재성(법무아法無我)을 의심할 수 없는 분명한 논점으로 확립하였다.

깔루빠하나는 인무아, 법무아 등의 확고한 논점들이 《까타왓투》와 같은 가장 믿을 만한 논서에 기록되어 있음에도 불구하고 실재론적 이론이 이미 초기 불교 전통에 나타나 있다고 단정 지은 사람들[213]에 의해 이후 불교의 전통에서 철저히 묵살되어 왔다고 지적한다. 그의 지적에 따르면 뿌드갈라의 전통을 잇는 북방불교(견성불교)나 다르마의 전통을 잇는 남방불교(아비담마불교)는 붓다가 천명闡明하신 비실재론적이고 반형이상학적인

---

211  대표적인 것이 '현상을 지각하는 식識이 존재한다'는 경량부파sautrāntika의 주장.

212  대표적인 것이 '현상을 이루는 극미한 원소들이 존재한다'는 설일체유부sarvāstivādin의 주장.

213  식識이나 지, 수, 화, 풍 등의 이름들을 실재로서 취한 학자들.

사상과는 반대의 길을 가는 것이다.

## 나가르주나

깔루빠하나는 불교의 역사를 가르침의 체계가 훼손되는 불연속의 역사
와 가르침의 체계가 복구되는 연속의 역사로 파악한다. 연속의 역사에서
깔루빠하나가 주목한 두 사람은 목갈라뿟따띠싸와 나가르주나로, 특히 나
가르주나에 대해서는 다음과 같이 설명한다.

> 《묘법연화경》 등의 마하야나(대승)를 이끈 경전은 초기 제자들을 비난하고
> 초기 경전의 가치들을 경시한 데 대한 책임이 있다. 《묘법연화경》은 붓다
> 의 직제자들이 수준 높은 교리를 이해할 수 없었기 때문에 붓다가 수준 낮
> 고 만족스럽지 못한 교리를 설할 수밖에 없었다고 주장한다. 그래서 마하야
> 나의 전통에서 심지어 고타마 석가모니보다 더 높은 지위의 붓다로까지 격
> 상된 나가르주나의 지위가 마련된다. 무르띠 같은 학자는 붓다가 '다르마
> dharma의 이론'을 제기했지만, 이는 '공성空性의 이론'을 제기한 나가르주나
> 에 의해서 거부되었다고 주장하기조차 했다.[214] 이는 후대의 부파불교인들
> 이 도취되었던 '자신들이 붓다의 사상을 보다 본질적이고 높은 것으로 진화
> 시키고 있다'는 생각과 무관하지 않다.
> 불교의 저술가들 가운데는 이 사상의 진화라는 개념에 도취되어 석가모니가

---

214 상좌부파가 제기한 원소론을 붓다가 설한 법이라고 왜곡하고는 그것을 나가르주나가 공성으로써 부
　　정하였다고 주장했다는 뜻.

2,500년 전에 제시한 철학사상의 정교함을 인정하길 꺼리는 사람도 있었다. 불행하게도 이들은《니까야》[215]와《아가마》[216]에 붓다 철학이 정교하게 반영되어 있고, 이를 잇는 후기 논사들의 주석 전통에서 오히려 그 체계가 퇴보했다는 사실을 알지 못하며, 목갈리뿟따띳싸와 나가르주나 같은 개혁적 철학자들의 노력이 초기 체계를 부활시키려 한 것이라는 사실을 알지 못하였다. 나는 이 책에서 나가르주나는 단지 붓다의 말씀을 훌륭하게 주석하는 데 전념했을 따름이지, 붓다의 가르침을 (더 높은 것으로) 발전시키려 한 것은 아니라는 점을 보여줄 것이다. 그의 작품(중론)이 스타비라바다(상좌부)나 마하야나(대승)의 실재론적 전통에 있는 학자들이 표명한 사상(이론)으로 인해 붓다의 가르침 주변에 자라나게 된 잡초들을 제거하려는 시도임을 밝혀낼 것이다."

데이비드 깔루빠하나, 《나가르주나》, 박인성 역, 장경각, 1994

---

## 《중론》

《중론》은 파사破邪를 위한 논서論書다.[217] 특히 불교 부파들에서 붓다의 법을 왜곡하는 주장, 이론들을 논파하는 목적의 논서라고 할 수 있다. 실재론자들은《중론》이 논파하기 위한 논증만 있지 법에 대한 가르침은 없는

---

215  4부 니까야 경전들.

216  한역漢譯 아함부 경전들.

217  중관불교의 대표적 논서가 《중론》이고, 견성불교의 대표적 논서는 《대승기신론》이고, 아비담마불교의 대표적 논서는 《청정도론》이다. 《중론》은 파사破邪를 위한 논서이고, 《대승기신론》은 일심一心의 진여연기를 설명하기 위한 논서이고, 《청정도론》은 구경법의 인연연기를 설명하기 위한 논서다.

책이라고 평가절하기도 한다. 하지만 이런 평가는《중론》의 의의意義[218]를 이해하지 못한 그들의 허물이다.

　파사破邪로써 현정顯正에 이르는 연기법은 파사를 논하는 것이 곧 교를 논하는 것이고 법을 논하는 것이다. 당신의 가르침을 '강을 건너는 뗏목'으로 비유하셨던 붓다의 설법 역시 무명을 부수기 위한 방편의 설법이었다. 강을 건너는 뗏목의 가르침이라는 말은 진리를 알려주는 가르침이 아니라 무명을 부수는 가르침이라는 뜻이다. 불법佛法은 파사破邪를 위한 교敎(가르침)라는 사실을 분명히 알아야 한다. 그래야 붓다가 니까야 경전들에서 설법하는 뜻, 나가르주나가《중론》에서 설명하는 뜻을 헤아릴 수 있다.

---

## 중관학파

---

　나가르주나의《중론》에 의지하여 연기법을 해석한 논사들을 중관파中觀派라 불렀다. 연기는 공空이고 가명假名(자아 없는 이름)이고 중도中道이며 반야般若(무명을 부수는 지혜)라는 사상으로 연기법을 해석한 중관은 이를 바탕으로 부파불교들의 실재론적 관점들을 논박했을 뿐만 아니라 당시 자유사문들이 주장하던 실재론적 사상, 이론들까지도 비판하였다.

---

218 《중론》의 의의를 '논리를 부정하는 반反논리학'으로 설명하는 경우가 있다. 그러나 이런 설명은 틀렸다. 《중론》의 의의는 자아 없음을 설명하기 위한 것이지 논리를 부정하기 위한 것이 아니다.

# 중관과 대승

유식, 여래장의 인도 대중부파의 불교가 중국, 중앙아시아 지역에서 전 승된 것이 대승불교다. 특히 중국 대승불교는 자칭 최상승最上昇의 법을 전 승한다고 주장하였는데, 자신들의 법이 세상의 본래本來(불성佛性)를 견성見 性함으로써 바로 해탈하는 최상승의 법이라는 주장이었다.

자칭 최상승을 수행한다고 자부하였던 대승불교는 상좌부파의 불교를 근기 낮은 소승으로 폄하하였고, 대승불교의 이런 관점은 상좌부가 생산 한 논장論藏은 물론 초기 경전들[219]에 대한 경시輕視로까지 이어졌다. 논장 이나 초기 경전은 불교를 이해하려는 초보자들이나 보는 것이고, 대승의 수행자들은 붓다의 최상승 법을 간파한 스승(조사祖師)이 전승하는 법문에 의지한다는 것이다.

자신들을 정당화하기 위하여 대승불교는 제2의 붓다로 불리는 나가르 주나와, 나가르주나의 《중론》을 연구하는 중관학파의 불교를 대승불교의 범주로 함께 정의하려 한다. 하지만 대승불교에서 중관은 제외하는 것이 마땅하다. 왜냐하면 불성, 청정자성 등의 본래를 주장하는 대승불교의 실 재론이야말로 나가르주나가 《중론》에서 여러 가지로 논박하며 파破하려 하는 '사邪', 즉 붓다의 뜻을 가리는 잡초들이고, 그래서 뽑아서 버려야 할 이론이기 때문이다.

대승불교는 《대방광불화엄경》을 세상에 소개하여 법신法身, 화신化神, 법 화法華 등의 대승 사상을 펼친 이가 '용수보살(나가르주나)'이라고 소개하지

---

219 니까야, 아함의 경전들.

만 이는 한국에서만 통용되는 낭설이다. 화엄경의 유래에 대해서는 대체로 4세기경 우전국(현재 중앙아시아 지역)에서 유통되던 여러 가지 게송, 경전들을 모아 하나로 묶었으며, 이 묶음집이 중국 구도자에 의해《화엄경》이라는 이름으로 중국에 전래되었다는 것이 학계의 정설이다.

## 아비담마불교의 구경법 이론

아비담마불교의 구경법paramattha - dhama이론은 불교에 유입된 와이세시까Vaiseska, 삼키야Samkhya[220] 등의 바라문교 학파들의 원소론이 붓다의 지, 수, 화, 풍의 설법과 결합함으로써 창안되었을 것으로 판단된다. 구경법은 물질, 마음, 마음부수, 열반의 4위(4가지 범주) 72가지의 고유 성질을 가진 근본 요소[221]들로 정의되는데, 아비담마불교의 대표 논서인《청정도론》은 〈15. 감각 장소와 요소〉에서 "외도들이 주장하는 자아라는 것은 있을 수 없지만 이 요소들은 그렇지 않다. 이들은 각자 자신의 고유한 성질을 지니기 때문에 요소라 한다"라고 설명한다.

구경법을 법dharma으로 세운 아비담마불교에서 붓다의 법은 연생의 연기법이 아니라 구경법들의 인연법이다. 그래서 아비담마불교는 "연기를 보는 자 법을 보고, 법을 보는 자 연기를 본다"는 붓다의 말씀을 "구경법이 이합집산하는 인연을 보는 자 구경법의 무상, 무아, 고를 보고, 구경법

---

220  깔루빠하나는 삼키야의 프라크르띠prakrti(물질) 전개 이론과 아비담마의 구경법이론은 거의 같은 것
    이라고 지적한다.

221  마음1, 마음부수52, 물질28, 열반1의 72가지인데, 이 중 마음, 마음부수, 물질의 71가지는 유위법의
    구경법으로, 열반은 무위법의 구경법으로 설명된다.

의 무상, 무아, 고를 보는 자 구경법이 이합집산하는 인연을 본다"라고 이 해한다. 당연히, 아비담마불교에서 보아야 할 것은 상의적相依的 형성(연생緣生)의 자아 없음이 아니라 구경법의 무상, 무아, 고다.

그런데 연생의 인연과 구경법의 인연은 단순히 견해의 다름이 아니라 아예 서로를 부정하는 다름이다. 연생의 인연이 무자아의 인과 연이라면, 구경법의 인연은 존재(구경법)의 인과 연이다. 필자는 구경법에 대하여 아 비담마불교의 수행자에게 인터넷으로 질의를 한 적이 있다. "붓다의 법은 제법무자아, 제행무상인데 만일 구경법이라는 고유성의 요소들이 실재하 는 것이라면 이는 법에 상충하는 주장이 아닌가요?" 수행자가 답장하였다. "고유성의 구경법들이지만 이들의 존재는 삼법인에 상충하지 않는다. 왜 그러한가? 구경법들의 고유성은 생生, 주住, 멸滅하는 것이기에 역시 무상, 고, 무아의 보편적 특성에서 벗어나지 않기 때문이다. 설일체유부는 '법체 는 항상 존재한다'는 법유아法有我의 입장이었지만, 이후의 아비담마불교 는 구경법을 생, 주, 멸의 법무아法無我로 보는 입장이다."

이 답신에 대한 필자의 생각은 《중론》〈관삼상품〉에서 지적하듯이 생, 주, 멸의 3상相과 존재의 고유성은 서로 양립할 수 없는 모순 아닌가?" "생, 주, 멸하는 법이라는 주장을 인정하더라도 그것이 독립적으로 고유한 성 질이라면 이는 결국 유자아有自我(존재)의 분류에 드는 것이지 무자아無自我 로 분류될 수 있는 것이 아니다"라는 것이었다.

이외에도 "마음부수 중의 '양심 없음[無慚, ahirika]' 혹은 '수치심 없음[無愧, anottappa]' 등을 어찌 고유한 성질이라고 정의할 수 있는가? 양심이나 수치심은 명백히 상대적 가치 평가에 의존하는 값, 즉 조건의존적 값일 수 밖에 없는 것인데" "만일 탐욕이나 성냄이라는 구경법이 실재하는 요소라 면 고苦의 원인은 무명이 아니라 이들 구경법의 존재에 의한 것이 되어버리고 만다. 이는 이상한 결론이지 않은가?" "붓다는 취착을 조건으로 존재가 있다고 말씀하셨는데 아비담마는 구경법들을 조건으로 존재가 있다고 말한다. 취착과 구경법의 차이를 어떻게 이해해야 하는가?" 등의 의문들이 있었다.

하지만 이후로는 다시 교신할 수 없어서 여러 의문들을 논할 수 없었다. 아비담마의 설명에 의하면 구경법에는 공상共相과 자상自相이 있다. 자상이 각 원소(구경법)들의 개별적 고유성이라면 공상은 구경법들이 공통적으로 가지는 특성이다. 아비담마가 구경법의 공상으로 제시하는 특성은 무자아, 무상, 고苦다.

공상과 자상의 양립에 대해서 두 가지 방식으로 생각해볼 수 있다. 첫 번째는 공상과 자상이 구경법 자체에서 양립한다고 이해하는 방식이다. 필자의 사유로는 도대체 어떤 이치로 유자아有自我의 자상(自相, 고유성)과 무자아, 무상, 고의 공상共相이 하나의 원소에서 양립할 수 있는지 알 길이 없다.

두 번째는 자상自相이 원소에서 나타나고 공상이 이합집산의 메커니즘(인연에서의 연생)에서 나타난다고 이해하는 것이다. 아비담마불교에서도 찰나로 생하는 법은 합집合集의 연생緣生에서 파악된다고 말한다. 그런데 여기서 어리둥절해진다. 아비담마불교가 설명하는 찰나 연생은 분명히 고유성의 자상이다. 그런데 고유성의 자상이 연생이라는 명제는 이상하다. 자성自性이 연생(인연의존적 발생)이라는 모순적 주장이지 않은가? 공상이 연생이라고 이해하더라도 문제는 풀리지 않는다. 찰나적 연생이 공상이라면 단독으로서의 구경법은 언제나 고유성의 자상이어야 한다. 즉 구경법 자체는 자성(자아)의 존재여야 하는 것이다. 물론 이는 제법무자아에 어긋나는 것이고 일체가 공하다는 이치에도 어긋나며, 법의 성질은 연생할 때 파악하는 것이라 말하는 아비담마의 정의에도 어긋난다. 더하여, 《중론》〈관삼상품〉의 설명과는 달리 개체적 고유성의 구경법이 인연에서(합집合集에서) 무상하게 생, 변, 멸한다고 주장하는 것이니 이에 대한 설명도 제시되어야 할 것이다.

## 구경법 이론에 대한 깔루빠하나의 비판

깔루빠하나는 아비담마Abhidhamma라는 거대한 학술 기획을 이끌었던 상좌부파의 사르바스띠바딘(설일체유부), 사우뜨란띠까(경량부)의 두 학파는 바라문 학파(베단타)가 그들에게 가한 무자비한 비판에 못 이겨 멀리 쫓겨 나게 되었다고 전하면서 사르바스띠바딘의 학술적 성취를 다음과 같이 정리한다.

> "사르바스띠바딘은 네 가지 근본 관계의 이론으로도 결합할 수 없는 독립적인 극미極微가 존재한다고 인정함으로써 법dharma의 분석을 매듭지었다. 독립적인 현상들의 연속성이 경험되므로 그 연속성을 설명하기 위해서는 형이상학적 의미에서 단적單的인 자성自性(Svabhāva)의 개념을 인정할 수밖에 없다는 것이다.
>
> 이 자성은 변화하는 일시적인 어떤 것으로 간주될 수 없었다. 만일 일시적인 것으로 간주한다면, 이는 처음에 세워진 목적을 파괴할 것이기 때문이다. 그러므로 그들은 이 다르마의 자성이 과거, 현재, 미래의 삼시三時에 존속한다고 주장했다. 비실재론자임을 공언한 여타의 불교도(유부 이외의 불교도)의 눈에는 이보다 더 이교적異敎的인 개념은 없었을 것이다.
>
> 다르마가 자성을 가지고 있다는 견해는 초기 불교와 초기 아비담마의 '연기

緣起' 개념에도 영향을 미쳤다. 그 후로 연기 개념은 자성(svabhāva, dravya)의 토대 위에서 설명되었다."[222]

데이비드 깔루빠하나, 《나가르주나》

---

## 아비담마불교의 '나 홀로' 연기법

역사적으로 아비담마불교는 설일체유부(유부有部) 등의 상좌부파 불교의 전승으로 설명되지만, 실질적으로는 5세기에 활동한 붓다고사Buddhaghoṣa[223]와 그의 《청정도론》에 의해 확립된 불교로 보는 것이 타당하다.

구경법들이 이합집산하는 인연법으로 연기법을 해석하는 아비담마불교가 현상을 이해하는 방법은 해체하여 분석하는 방식이다. 존재와 세계는 오온, 십이처, 십팔계로 해체되고, 다시 4위 72(82)법, 5위 75법 등의 구경법들로 해체된다.

아비담마의 연기법은 독창적이다. 하지만 붓다의 연기법과는 다른 것이다. 붓다의 연기법이 무자아의 상의적 형성의 연생법이라면, 아비담마의 연기법은 구경법들이 이합집산하는 인연법이다. 상의적 형성의 연생법과 구경법의 인연법은 시스템이 다르다. 아무리 같은 이름을 주장하더라도 내용과 시스템이 다르면 같은 법일 수 없다.

---

222  구경법(원소)들이 이합집산하는 인연법으로 연기법을 설명하게 되었다는 뜻.

223  중인도 마갈타국 승려로, 430년경 스리랑카로 건너와 싱할라simhala어로 된 패엽경貝葉經을 빨리어로 번역하고 주석서를 집필하였다. 저서로 상좌부파 불교의 학설, 수행 체계를 집대성한 《청정도론》이 있다.

# 유식의 인식론

설일체유부 – 아비담마불교로 이어진 남방불교가 법dharma(구경법) 실재론의 전승이라면, 경량부 – 유식불교 – 견성불교로 이어지는 북방불교는 식pudgala(마음) 실재론의 전승이다.

인식에서 외계의 대상이나 작용성의 필요를 제거하고 오직 식識의 실재만을 주장한 유식唯識의 관점은 상당히 특이한 것이다. 추측건대, 유식의 추종자들은 여섯의 여섯 가지(육근, 육경)를 싫어해서 떠나라는 붓다의 설법을 문자 그대로 받들었음에 틀림없다. 즉 싫어하여 떠나야 할 것을 '육근, 육경의 자아가 있다는 생각'이 아니라 '육근, 육경이 있다는 생각'이라고 단정함으로써 그들의 교리에서 육근, 육경을 실체 없는 환幻으로 만들어버린 것이다.[224]

유식의 교리에서 육근, 육경은 식과 업습業習의 인연에서 연기한 환幻이다. 업습은 식에서 파생하였으나 무명으로 훈습薰習된 것인데, 식이 무명의 업습에 반연攀緣[225]하여 변계소집遍計所執함으로써 육근, 육경이라는 환幻이 현상한다는 주장이다. 그러므로 유식불교의 연기緣起는 '마음이 업습에 현혹되어 변계소집하는 현상'이라고 정의할 수 있다.

변계소집하는 유식의 연기법에서 업습은 상분相分(인식대상, 현상)이고 식識은 상분을 분별하는 견분(見分, 인식자)인데, 현상이 변계소집한 환幻이라는 사실을 자각하면 식識은 업습으로부터 벗어나 진실한 자신(성품)을 견

---

224  식識의 본래 성품 외에 말나식, 아뢰야식 등의 분별식은 모두 '버려야 할 것들'이니, 유식은 육근, 육경을 모두 없애는 일에 나름대로 성공했다고 할 수 있다.

225  기대어 인연을 맺는다는 뜻.

분(견성)할 수 있다. 즉 유식의 연기법에서 식은 자신의 본성(진아眞我)을 스스로 인식할 수 있는 능력의 소유자이며, 이는 식識이 인식작용에 의해 비로소 알려지는 가명의(자아 없는) 인식자가 아니라 인식작용을 소유한(자아 있는) 실재의 인식자임을 주장한 것이다.

하지만 유식의 이런 교리는 자아 있음으로써 자아 없음을 설명하려는 오류다. 아비담마불교에 존재(구경법)의 인연법(이합집산)으로써 자아 없는 연기법을 설명하려는 오류가 있듯이, 유식불교에도 자아 있는 식識의 인연법(변계소집)으로써 자아 없는 연기법을 설명하려는 오류가 있는 것이다. 그러나 자아 있는 인연으로는 자아 없는 연기법을 설명할 수 없다. 붓다가 이것, 저것의 상의성으로써 설명하셨듯이, 자아 없는 연기법(현상)은 오직 자아 없는 인연에서 설명될 수 있다.

## 아뢰야식

유식唯識은 아뢰야식에서 말나식manas-vijñāna(무의식)[226]이 일어나고 말나식에서 의식 등의 육식이 일어난다고 말한다. '무몰無沒'이라는 뜻의 아뢰야(阿賴耶, ālaya)는 기억(업)을 저장하고 상속하는 식의 필요성으로부터 생겨난 이름이다. 현대불교 심리학자들 중에는 불교의 말나식, 아뢰야식을 정신분석학의 무의식에 비교하여 설명하려는 이들도 있다. 그러나 기억(업)을 저장하고 상속하는 식識은 붓다가 가르친 바가 아니다. 《맛지마 니까야》 〈갈애

---

226　유식에서 말나식은 윤회하는 아뢰야식과 현재의 의식을 잇는 무의식으로 설명된다. 그러나 연기법에서 의식, 무의식의 구분은 없다. 의식이 오취온이라면 무의식은 오온이다.

멸진의 긴 경〉(M038)에서 붓다는 기억(업)을 가지고 상속(윤회)하는 식識이 있다고 주장하는 삿티 비구를 불러 크게 꾸짖으시며 식識은 식識으로서 있는 것이 아니라 조건의존성의 연생緣生이라는 사실을 반복하여 설법하셨다.

## 아뢰야식의 본성

유식唯識의 해탈은 변계소집의 망상으로부터 벗어나 무분별의 성품, 즉 아뢰야식의 본래성품으로 돌아가는 것이다. 유식의 불성, 진아, 본래면목, 공空, 주인공 등의 형이상학적 이름들은 식識의 본래성품을 말하기 위한 것이며, 여래장의 법신法身, 화신化身 등의 개념들도 세계가 본래성품으로부터 비롯함을 말하기 위한 것이다.

견성불교는 세상에 출현한 여러 부처님들은 물론 고타마 붓다도 본래성품[佛性]의 화신이라고 주장한다. 부처(여래)가 비롯한 곳(본래성품)을 주장하는 견성불교는 당연히 여래의 행방을 말할 수 있다. 견성불교에서 깨달은 자(여래)는 본래성품으로부터 오고 가는 것이다. 행방이라는 개념 자체를 무명으로 취급하는 연기법과는 달리, 견성불교에서는 행방을 묻는 조사祖師[227]의 화두가 득도를 위한 큰 가르침으로 간주된다.

---

227  선종禪宗 불교에서 존경받는 승려를 지칭하는 말.

## 유식의 식: 자기를 비추는 식

삼계유심三界唯心[228], 유식무경唯識無竟[229], 만법유식萬法唯識[230] 등은 오직 식識이 존재할 뿐이라는 유식唯識을 설명한 말들이다.[231] 식識이 존재한다고 주장하는 유식의 논거論據는 식의 자기 견분성見分性(자기인식성)이고, 자기 견분성을 설명하는 논리는 '등불의 비유'다. 등불이 비출 때 비추어지는 모든 모습은 업습業習에 의한 환영이지만 자신까지 비추어 밝히는 등불만은 실제로 존재할 수밖에 없다는 논리다. 이 논리는 등불이 모든 망분별妄分別(환영)을 떠나 공성空性의 본성本性을 체득함으로써 참된 자기인식을 완성한다는 결론으로 이어진다.

하지만 유식의 이런 논리는 동의할 수 없는 것이다. 자신이 자신을 견분하는 것이라면 견분할 자신이 있어야 하지만, 연기법에서 견분할 값이 있는 자신, 즉 존재값을 소유한 자신(자아)은 없다. 견분할 존재값이 없다는 지적에 대하여 유식은 "식識의 본성이 무위의 공성空性이기에 유위한 존재값이 없는 것이다. 하지만 공성은 분명히 있는 것이니 공성을 조망하는 일은 성립한다"라고 주장한다. 그러나 '자아 없음'은 무위한 공성을 말하기 위한 서술이 아니라 존재값을 내는 존재의 없음을 말하기 위한 서술이다. 만일 유식의 주장처럼 공성의 자성自性이 식에 있다면 자성(무위한 공성)을

---

228  욕계, 색계, 무색계의 삼계가 오직 마음에 있다는 뜻.

229  실재하는 것은 오직 식識이기에 식의 경계가 없다는 뜻, 즉 식의 외계外界는 없다는 뜻.

230  모든 현상은 마음의 산물(작용)이라는 뜻.

231  유식唯識을 '오직 식識뿐'의 뜻이 아니라 '오직 인식한 사실뿐'의 뜻으로 설명하려는 사람들이 있다. 이런 주장의 취지는 유식을 변호하려는 것이나 결과는 오히려 경험론(경험적 사실만 알 수 있다는 이론)적 수준으로 격하시키는 것이다.

벗어나는 유위한 망분별이 어찌 식에게 성립할 수 있겠는가?[232]

　살펴보면 유식의 논리는 무자아를 설명하는 방편의 공空을 본래성품의 공으로 왜곡하고, 이 공을 자신들이 실재라고 주창主唱하는 식識의 존재성으로 삼으려는 것임을 알 수 있다. 유식에게 "붓다가 만법이 무자아라고 말하셨는데 왜 식識의 본성本性을 주장하느냐?"라고 물으면 "식의 본성이 공성이기에 무자아에 어긋나지 않는다"라고 답한다. 하지만 이런 답변은 본성[233]의 의미조차 이해 못한 것이다. 연생緣生의 연기법이 성립하는 것은 모든 존재하는 것에서 자신의 절대성, 고유성을 주장하는 존재(자아)가 없는 까닭이다. 따라서 연기법에서는 어떤 자성도, 설혹 공성이라 하더라도, 허용될 수 없으며 허용되어서도 안 된다. 만일 어떤 이름으로라도 자성自性 혹은 본성 혹은 본래 있음[自在]을 주장하는 것이라면, 그런 주장은 붓다의 법을 훼손하는 외도外道의 것일 뿐이다.

## 유식에 대한 나가르주나의 비판

　유식唯識의 견성불교가 나가르주나를 자신들의 교조教祖로 선전하지만, 나가르주나의 《중론》은 자기 견분성의 식識, 즉 인식작용을 소유한 식識의 실재를 단호하게 부정한다.

　보는 작용에 보는 것이 있을 수 없다. 보는 작용이 아닌 것에도 보는 것이

---

232　자성의 존재는 자성으로서만 작용, 존재하기 때문이다.

233　본성은 본래 있는 것이고, 본래 있는 것은 자재의 자성이어서 자아 없음을 정면으로 부정하는 것이다.

있을 수 없다. 이미 보는 작용을 논파했다면 결국 보는 자도 논파된다.

《중론》〈관육정품〉


행위자는 행위에 연緣하여 생기고, 행위는 행위자에 연緣하여 생긴다. (행위와 행위자는 서로에 의존하는 가명假名이기에) 우리는 그것들(행위자와 행위)을 확립할(설명할) 다른 방법을 알지 못한다.

《중론》〈관작작자품〉


등불 자체에는 어둠이 없다. 등불이 머무는 곳에도 어둠은 없다. 어둠을 파괴하기에 비춘다고 하는데 어둠이 없다면 무엇을 비출 것인가? 어떻게 발생하는 등불이 어둠을 쫓을 수 있겠는가? 발생하는 등불은 어둠에 도달하지 못하는데.
만일 등불이 도달하지 않고서도 어둠을 파괴한다면 여기 있는 등불이 모든 장소에 존재하는 어둠을 파괴하리라. 만일 등불이 자自와 타他 양자를 비추는 것이라면 어둠도 역시 의심의 여지없이 자와 타 양자를 덮으리라.

《중론》〈관삼상품〉


　등불이 자체로 존재하는 것이라면 어둠도 자체로 존재하는 것이어야 한다. 비추는 등불이 존재하려면 비추어지는 어둠도 존재하여야 하는 까닭이다. 그런데 비추고 있는 등불에는 어둠이 없다. 등불 자체에도 없고 비춤에도 없다. 비추어지고 있는 어둠이 없다면 비추는 등불도 없다. 비추어지는 것이 없는데 어떻게 비추는 것이 존재하겠는가?
　등불이 켜지더라도 어둠을 밝히지 못한다. 켜지는 등불은 비추는 등불이 아니라 켜지는 등불이기에 비추는 등불이 되지 못한다. 더구나 켜지는 등불은 '어둠에 대對하여 켜지는 것'이기에 어둠에 도달하는(비추는) 등불이 될 수 없다. 어둠에 도달하지 못한 등불은 비추지 못한다. 앞의 글과 함께 읽으면 결국 비추는 등불도, 켜지는 등불도 어둠을 밝히지 못하는 것이다.

어둠을 밝히지 못하는 등불은 등불이 아니기에 비추는 등불도 등불이 아니고 켜지는 등불도 등불이 아니다. 그런데 정말 등불은 어둠을 밝히지 못하는가? 우리는 현실에서 어둠을 밝히는 등불을 본다. 그럼에도 나가르주나가 등불의 없음을 논증한 까닭은 등불이나 어둠을 각각 존재하는 것으로 주장하는 무명을 논박하기 위해서다.

밝힘(등불)은 어둠에 의해서 밝힘일 수 있고, 어둠은 밝힘에 의해서 어둠일 수 있다. 마찬가지로, 인식하는 식은 인식되는 대상에 의해서 인식하는 식일 수 있고 인식되는 대상은 인식하는 식에 의해서 인식되는 대상일 수 있다. 유식은 자신과 어둠을 모두 밝히는(인식하는) 식識이 자기 자신으로서 존재하는 것이라고 주장하지만 이 세상에 그런 '존재함'은 없다. 만일 등불이 자와 타 양자를 비춤으로써 존재하는 것이라면, 어둠 역시 자와 타 양자를 덮어버림으로써 존재하게 될 것이다. 이는 존재하기 위해 서로 존재해야 하는 등불과 어둠이 서로를 존재하지 못하게 하는 모순이다. 모순은 세상에서 있을 수 없는 일이라는 뜻이다. 세상에 없는 일을 가지고 세상에 없는 존재의 논거論據로 삼으려 해서는 안 된다.

상좌부파의 설일체유부(유부), 경량부가 이해했던 인식은 대상의 사실을 그대로 지각하는 것이었다. 당연히, 유부, 경량부의 교리에서 지각하는 인식자(人, pudgala)와 지각되는 인식대상(法, dharma)은 어떤 식으로든 실재하여야 하는 것이다.

유부와 경량부가 결정적으로 달리하는 것은 지각의 방향이다. 지각의 방향에서 유부와 경량부는 타他와 자自로 방향을 달리한다. 유부에서 설명하는 지각은 식識이 대상에게 있는 대상의 값을 지각하는 것, 즉 타他를 향한 지각이다. 이와 달리 경량부의 지각은 자신에게 있는 대상의 값을 지각하는 것, 즉 자自를 향한 지각이다.

경량부에 의하면 인식은 외계의 대상이 전前 찰나의 식識에 새긴 형색을 후後 찰나의 식識이 전 찰나의 식을 상속하면서 지각하는 것이다. 보이는 식識(상분相分)과 보는 식識(견분見分)은 동시에 있을 수 없기에 보이는 식과 보는 식은 찰나로 생멸하며 상속하고, 보이는 식에 형상을 남기는 대상 역시 이합집산의 가립假立이기에 찰나로 생멸하며 상속하는데, 상속하는 인식에서 대상은 한 찰나 전의 것이어서 대상 자체를 직접 지각하는 일은 가능하지도, 일어나지도 않는다는 것이 경량부의 주장이다.

인도 철학용어로 식이 외계를 지각한다는 유부의 인식론을 무형상지식론無刑象知識論, 식이 외계의 사실이 새겨진 자신을 지각한다는 경량부의 인식론을 유형상지식론有刑象知識論으로 구분한다. 식識이 식을 지각한다는 자기인식 논리의 유형상지식론은 이후 오직 식識만이 실재한다고 주장하는 유식唯識에 이르러 식의 자기견성 논리(자신이 자신의 본성本性을 인식한다는 논리)로 변형되었다.

## • 부파불교 인식 메커니즘의 비교 정리

| 구분 | 설일체유부 | 경량부 | 유식 | 중관 |
|------|-----------|--------|------|------|
| 인식대상 | 이합집산의 가립假立 | 찰나 생멸 | 환幻 | 의존적 형성 |
| 인식자 | 이합집산의 가립假立 | 찰나 상속 | 식識 | 의존적 형성 |
| 존재 | 구경법 | ─ | 식識 | 없음 |
| 현상의 기제機制 | 구경법의 이합집산 | 찰나 생멸, 상속 | 변계소집 | 의존적 형성 |
| 인과의 상속 | 구경법들의 인연 | 식識의 찰나 상속 | 아뢰야식 | 의존적 형성 |
| 인식의 의의 | 대상의 지각 | 자신의 지각 | 환幻 | 의존적 형성 |
| 인식의 방향 | 타他 | 자自 | 자自 | 의존적 형성 |

## • 존재론과 연기론의 인식 메커니즘 비교 정리

| 구분 | 존재론 | 연기론 |
|------|--------|--------|
| 인식대상 | 존재(자아) | 불확정성(무자아) |
| 인식자 | 존재(자아) | 불확정성(무자아) |
| 존재값의 존재 | 있음 | 없음 |
| 현상 | 존재의 존재값(相像) | 인식의존성의 존재값(相相) |
| 인과의 상속 | 존재, 인과법칙 | 연기(의존적 형성) |
| 인식의 의의 | 대상의 지각 | 연기(의존적 형성) |
| 인식의 방향 | 타他 | 연기(의존적 형성) |

---

## 혼란의 주범

    '인식 = 지각'이라는 관념이야말로 부파불교에서 실재론자들을 양산한 주범이라고 할 수 있다. '인식認識은 대상을 지각하는 것'이라는 존재론적 관념에 사로잡혔던 부파불교인들은 인식에서 지각하는 식識(pudgala) 혹은 지각할 법法(dharma)이 실재한다는 논리를 당연하게 여겼다.

그러나 인식의 진실은 지각이 아니라 의존적 형성[234]이다. 우리가 현실에서 경험하는 인식은 존재하는 자신과 세상을 지각하는 인식이 아니라 무자아無自我인 자신과 세상의 존재값을 형성(연기)하는 인식이다. 만일 부파불교인들이 무자아에 철저했더라면 인식대상dharma이나 인식자pudgala를 설명하는 이론에 그토록 집착하지는 않았을 것이다.

현대 불교에도 인식이 지각이 아니라 연기라는 사실에 동의하는 불교인을 만나기는 쉽지 않다. 인식 = 의존적 형성 = 연기緣起라고 말하면 그들은 으레 되묻는다. "그렇다면 형성된 값은 어떻게 지각되는 것인가요?" 값은 지각되지 않는다. 다만 무자아가 관계의존적으로 형성된 값을 붙들고 '지각된 것(존재가 있는 것)'이라며 취착할 뿐이다. 이를 상세히 설명한 것이 바로 오온연기다.

---

## 잘못된 질문

"왜 물체나 사람은 자아가 없는가?" 이 질문은 잘못된 질문이다. 물체나 사람은 현상을 개별화한 개념이다. 개별화한 개념은 존재가 대입된 개념이고, 존재가 대입된 개념은 '존재'가 실재한다고 주장하는 존재론적(형이상학적) 관념이다. 형이상학적 관념(물체, 사람)으로 형이상학적 관념(자아)을 논하는 것은 무의미한 희론戲論이다. 붓다가 개념의 논쟁을 거부하고 여섯의 여섯 가지 사실(육육연기)로만 법(현상)을 논하신 까닭도 개념에 의한 개

---

234  문맥에 따라 조건의존적 형성, 접촉의존적 형성, 관계의존적 형성, 상의적 형성 등으로 말하여질 수 있다.

념의 논쟁이 희론에 지나지 않기 때문이다.[235]

"왜 현상은 자아가 없는가?" 이 질문이 올바른 질문이다. 현상을 논하려면 개념이 아니라 현상으로써 논하여야 한다. 현상을 현상으로써 논할 때 비로소 '물자체의 사실'이라는 관점에서 벗어나 '인식의존적 사실(육육연기)'이라는 관점에서 현상을 이해할 수 있다.

물체, 사람 등의 개념에서 자아 없는 원리를 궁구하려던 부파불교인들은 원소론 등의 존재론적 이론에서 해답을 모색할 수밖에 없었다. 잘못된 질문에 대한 필연적인 잘못된 답이다. 바른 답을 얻으려면 바른 질문을 해야 한다. '왜 현상에 자아(존재)가 없는가?'라고 올바르게 물으면 '존재값을 내는 존재(자아)가 없는 관계의존성(인식의존성)의 현상(연생하는 상想, 상相)이 연기법'이라는 올바른 답을 얻을 수 있다.

## 수행의 성격

아비담마, 중관, 유식의 제각각의 연기법 교리는 이들이 추구하는 수행의 성격을 규정하는 것이기도 하다. 아비담마의 수행은 구경법의 무자아, 무상, 고를 보는 것이다. 즉 아비담마의 위빠사나 수행은 자아 없는 진실을 보기 위한 수행이 아니라 현상의 배후에서 이합집산하는 형이상학적 실재(구경법)를 관찰하기 위한 수행이다.

유식의 수행은 생멸 고苦의 망념[幻]을 일으키는 마음의 본래성품을 보

---

235 《맛지마 니까야》〈베카낫싸의 경〉(M080)에서 자신이 궁극적 진실로 추구하는 '최상의 빛'이라는 개념을 설명하려 애쓰는 유행자 베카낫싸에게 붓다는 육육연기를 설하신다.

는 것이다. 유식에서 수행의 본질은 마음의 본성(진아眞我)을 보는 것(견성)
이고 고苦의 해탈은 견성하면 따라오는 부가적 이익 정도다. 형이상학적
견성見性에 조준된 수행은 고苦(무명)의 파사破邪를 목적하는 수행이 아니
라 형이상학적 득도得道를 목적하는 수행으로 변질될 수밖에 없고, 득도
를 목적하는 수행은 구하는 도道의 상相을 세우게 하는 것일 수밖에 없다.
상相에 취착하는 습성을 꿰뚫어 보고 그것으로부터 이욕, 출리하여야 할
수행이 오히려 상을 세우고 그것에 취착하는 습성을 키우는 수행으로 변
질된 것이다.

아비담마, 유식과 달리 중관은 가명의 공을 논한다. 공空 - 가假 - 중中이
라고 천명闡明하듯이, 중관의 공은 실재의 공이 아니라 연기를 말하기 위
한 가명의 공이다. '연기 = 공 = 중도 = 유무의 양변을 떠남 = 무자아 = 자
성 없음 = 현상의 자아 없음'이라는 등식에서 중관의 수행을 정의할 수 있
다. 즉 법을 보는 수행 = 연기를 보는 수행 = 자아 없음을 보는 수행 = 자
아 있음을 주장, 취착하는 무명습성을 파破하는 수행이다.

20

·

# 불교와 마음

## 불교는 마음의 종교?

사람들은 불교를 '마음의 종교'라고 말한다. 그러나 이는 잘못된 평가다. 불교는 마음을 구하는 종교가 아니다. 불교는 파사破邪의 수행으로 진실의 현정顯正을 구하는 종교다. 더구나 불교에는 마음이라는 것이 아예 없다. 그러므로 불교를 마음의 종교라고 말하는 세상의 평가는 교정되는 것이 마땅하다.


## 유심론자들

유심론자唯心論者들 혹은 유식론자唯識論者들 혹은 견성론자見性論者들에게 마음은 부수어야 할 것이 아니라 귀의해야 할 것이다. 그들의 주장을 개략하면 다음과 같다.

1) 오직 실재하는 것은 마음이다.[236]
2) 연기의 능연(能緣, alambaka), 소연(所緣, alambana) 모두가 마음이다. 따라서 연기는 마음이 일으키는 법이다.
3) 붓다는 '연기를 보라' 하셨다. 이는 변계소집하면서 환幻의 연기를 일으키는 마음의 본래 성품을 보라는 뜻이다.
4) 마음의 본성은 공空이고 청정자성이고 본래자리이며 참나(진아眞我)다.

---

236 '오직 마음이 실재'라는 주문은 내 안의 어떤 실체만이 진실한 구원이라는 자기 세뇌의 주문이다. '내 것'이 있다고 믿는 중생들이 '마음'에 집착하는 이유다.

**5)** 선종의 견성불교는 마음의 본성을 단박에 깨우치는 돈오頓悟의 법을 전승하고 가르친다. 따라서 선종 조사祖師들의 가르침은 최상승의 법이다.

---

## 비법상非法相 vs 환幻

"나는 이렇게 들었다. 금세공사의 아들 쭌다가 바친 공양을 들고 현명한 님께서는 죽음에 이를 정도의 심한 병에 걸리셨다. 쑤까라맛다바 요리를 드시고 극심한 고통의 병이 생겼으나 참고 견디시며 세존께서는 '나는 꾸씨나라 시로 간다'고 하셨다."

《디가 니까야》 〈완전한 열반의 큰 경〉 (D16)

'오직 마음'을 주장하는 자들에게는 붓다마저도 중생이다. 육근, 육경이 마음이 지은 환幻인 그들에게 육체의 병으로 고통 받는 붓다는 해탈한 부처가 아니라 망상의 환에서 벗어나지 못한 중생이어야 하는 것이다.

그러나 연기법에서 육근, 육경은 환幻이 아니라 비법상이다. 비법상은 자아 없음을 자아 있음으로 아는 인식 오류이지 실체 없는 환상이 아니다. 즉 육근, 육경은 '자신으로서 독립적으로 있는 것'이라는 생각을 부수어야 할 상想이지 없다고 부정하며 벗어나야 할 상想이 아닌 것이다.

## 돈오頓悟를 주장하는 견성론자 vs 점수漸修를 설법하신 붓다

견성見性은 본래本來의 성품을 보면 깨닫는다는 뜻, 즉 본래의 성품에 의해 깨닫는다는 뜻, 다시 말해 본래 성품이 자성自性으로 소장한 깨달음(불성佛性)에 의해 깨닫는다는 뜻이다. 불성에 의한 깨달음을 주장하는 견성론자들에게 수행은 견성돈오見性頓悟이어야만 한다. 그런데 견성론자들의 이런 주장은 붓다가 가르치신 수행과는 정 반대의 것이다.

경전에서 붓다가 설명하시는 팔정도의 수행은 바른 견해의 혜慧(정견, 정사유)와 바르게 행하는 계戒(정어, 정업, 정명)와 바르게 보는 정定(정정진, 정념, 정정)의 세 가지를 수련하는 수행, 즉 자아 있음을 주장하는 무명습성을 청소하고 자아 없는 지혜를 수습修習하는 파사破邪의 수행이다. 불성이라는 실재를 견성見性하는(보는) 수행은 불성에 의한 돈오頓悟여야 하지만, 자아 없는 지혜를 수습修習하는(닦고 배우는) 수행은 무명습성을 청소하는 지난한 점수漸修의 수행이어야 한다. 사람들은 돈오와 점수를 단순히 수행 방식의 다름으로 구분한다. 그러나 이런 구분은 문제의 본질을 간과한 것이다. 돈오를 주장하는 자들은 본래本來 있는 자성自性에 의한 깨달음을 주장하는 실재론자들이다. 즉 돈오는 붓다가 설하신 무자아를 부정하는 외도外道들의 수행법인 것이다.

## 비밀스럽게 전하는 법?

선종의 조사들은 자신들의 전승하는 수행법이 붓다가 언어로 미처 전하지 못했던 깨달음의 정수精髓를 단박에 깨우치도록 하는 최상승의 수행법이라고 자찬自讚한다. 이를 증거하기 위해 조사들은 붓다가 일급 제자인 마하가섭에게 법의 정수를 내밀하게 전하는 '염화미소'라는 고사故事도 소개한다. 중국 송宋대의 승려 지소智昭가 지은 《인천안목人天眼目》이라는 책에 소개된 고사로, 붓다가 영산회상에서 꽃을 들자 대중이 조용한 가운데 가섭이 홀로 미소를 지었고, 이에 붓다가 "나의 정법안장正法眼藏을 가섭에게 전하노라"[237]라고 말했다는 내용이다. 그러나 선종의 조사들이 수시로 인용하는 이 고사는 지어낸 이야기라는 것이 정설이다.[238]

> "아난다여, 나는 안팎에 차별을 두지 않고 가르침을 다 설했다. 여래의 가르침에 사권師拳[239]은 없다."
>
> 《디가 니까야》 〈완전한 열반의 큰 경〉 (D16)

우리가 경전에서 확인한 붓다는 모든 것을 남김없이 분명하게 설했다고 말씀하신 붓다고, 쥐고 있는 것은 아무것도 없다고 말씀하신 붓다고, 죽음의 목전에서도 제자들에게 궁금한 것은 주저 없이 물어보라고 말씀하신 붓다다. 원하는 모든 이들에게 가르침을 세세하게 전달하기 원하셨던 붓다를 '염화미소' 같은 비밀스러운 전수傳授나 하는 신비주의자로 전락시키는 짓은 붓다를 따른다고 자처하는 자들이 할 짓이 아니다.

---

237  비법秘法, 비결秘訣을 수제자에게 내밀히 전수하는 모습은 지극히 중국적인 발상이다.
238  곽부쌍시도 같은 부류의 이야기다. 가까운 친척이 방문하면 고인故人의 양발을 보여주는 당시의 풍습을 왜곡하여 열반하신 붓다가 가섭에게 양발을 내어 보임으로써 비밀한 법을 전했다고 주장하는 고사다.
239  주먹을 쥐고 열어 보이지 않음.

간화선看話禪은 중국에서 유래[240]했으나 중국에서는 실종되고 한국에서 명맥을 잇고 있는 수행법이다. 간화선의 대표적 화두는 '이 뭣고'다. 간화선하는 사람들의 설명에 의하면 나는 없는 것이 무자아인데 지금 여기에 말하는 것, 듣는 것, 보는 것, 알음알이 굴리는 것은 있으니 이것이 무엇인가를 묻는 화두가 '이 뭣고'라는 것이다.

이 화두를 진행하면 결국 언어로는 해결할 수 없는 체험적 문제, 즉 말하고 보고 듣는 형이상학적 실재(경지, 성품)와 체험적으로 당면해야 하는 문제에 부딪힌다. 이 문제를 해결하기 위해 제자가 도력 높은 스승에게 도움을 구하는 과정이 '간화'고, 제자가 언어적 알음알이를 지양하여 의심을 더욱 키울 수 있도록 스승이 주는 질문이 '화두'다.

따라서 화두를 드는 것, 즉 간화선은 '언어적 알음알이를 배제하고 오직 이것이 무엇인가를 의심하는 마음을 키우는 수행법'이라고 정의할 수 있다. 당연히, 형이상학적 실재가 등장하고 이것을 증득해야 하는 간화선은 일체의 형이하학적·형이상학적 실재를 배제하는 연기법과는 거리가 멀다.

우선 '이 뭣고'의 화두를 생겨나게 한 '보다, 듣다, 알음알이(지각)하다' 등의 인식작용부터 살펴보자. 연기법에서 인식작용은 작용하는 자(존재)가 없는 가명의 작용이다. 붓다는 인식작용의 육처六處를 싫어하여 떠나야 한다고 말씀하셨으며, 나가르주나도《중론》〈관육정품〉에서 봄, 들음 등은

---

240 송宋대의 선사들이 옛 선사들의 이야기(화두)로 교敎를 가르치는 방식에서 유래하였으나, 대혜종고 등이 화두를 들면 일여一如의 경지에 도달한다고 주장하면서 교敎의 이해보다는 의심을 키워 성품을 보는 수행법으로 변용되었다.

자아 없는 가명이기에 그것(보는 자, 듣는 자, 지각하는 자 등)이 있다는 생각을 여의어야(떠나야) 할 것들이라고 말하였다. 이런 법문들에도 불구하고 깨달음은 보는 자, 아는 자를 증득하는(견성하는) 것이라고 강변하는 간화선의 주장은 자아 없는 깨달음을 수습修習하는 연기법의 의의를 오히려 배척하는 것이다.

## 이 뭣고? 무엇이 연기하는가?

'이 뭣고?'를 연기법에 부합하도록 물으려면 이렇게 물어야 한다. "연기하는 것은 무엇인가?"

이 질문에 대한 견성론자들의 답은 '본래本來 성품(마음)이 연기한다'이다. 그러나 자성自性의 본래本來는 인연에서 의존적 존재성을 취할 가능, 즉 의존적으로 형성될(연기할) 가능성이 없다. 인연에서 의존적 존재성을 취할 가능성이 있는 것(연기할 수 있는 것)은 자성이 없는 무자아無自我다. 그러므로 "연기하는 것은 무엇인가?"라고 물으면 이렇게 답하여야 한다. "연기한 것은 상相이지만 연기하는 것은 무자아無自我다."

본성(불성佛性) 등의 형이상학적 실재를 주장하는 실재론자들의 문제는 무자아를 자신들이 주장하는 형이상학적 실재로 대체하려는 것이다. 이를 지적하면 그들은 자신들이 말하는 불성이 바로 무자아의 성품이라고 항변한다. 그러나 무자아의 정의는 '자성의 없음'이다. 불성이건 공성이건 혹은 어떤 이름이건, 그것을 무자아의 성품이라고 말하는 것 자체가 무자아의 정의를 위배하는 것이다. 즉 '무자아無自我의 성품'이라는 명제 자체가 불성립이다.

## 육조 혜능의 깃발

선종의 육조六祖 혜능慧能은 《단경壇經》으로 널리 알려져 있다. 《육조단경六祖壇經》 가운데 유명한 깃발의 고사를 살펴보자.

혜능이 광주 법성사에서 인종법사가 강의하는 《열반경》을 듣던 중 펄럭이는 깃발을 보던 한 사람이 깃발이 펄럭인다고 하자 다른 사람이 바람이 부는 것이라고 논쟁하였다. 이에 혜능이 "깃발이 펄럭이는 것도 아니고 바람이 부는 것도 아니며, 움직이는 것은 그대들의 마음입니다"라고 말해 주었다. 이 말을 듣자 인종법사는 혜능에게 예를 갖추고 법문을 청하였다고 한다.

혜능의 유식唯識 법문을 알아들은 인종법사 역시 유식唯識의 추종자였음에 분명하다. 그런데 만일 그 자리에 아비담마불교의 스님이 있었다면 그는 어떻게 말하였을까? 그는 틀림없이 "깃발도 가합假合한 가유假有[241]이고 바람이나 마음도 가합한 가유입니다. 그래서 깃발도 바람도 마음도 움직이지 않습니다. 움직이는 것들은 찰나로 이합집산하는 미세한 구경법들입니다"라고 답하였을 것이다.

그런데 그 자리에 나가르주나가 계셨다면 그는 무엇이라 답하였을까? 《중론》에서 팔불八不의 게송을 설하셨던 그는 이렇게 답하였을 것이다. "움직이는 것은 아무것도 없습니다. 왜냐하면 깃발이나 바람, 마음 등은 연기한 상想, 상相을 논하기 위해 가설된 이름일 뿐이기 때문입니다. 사람들은 이름을 형상화하여 그것이 실재하는 것처럼 생각합니다. 그러나 이름

---

241  원소(구경법)들의 이합집산으로서 있는 가설假設의 유有라는 뜻.

의 실제는 가명이고 현상의 실제는 인연에서 연기한 상想, 상相입니다. 즉 사람들이 '움직이는 깃발'이라고 인식하는 현상의 실제는 상想, 상相의 연생인 것입니다."²⁴²

---

## 혜능의 《금강경》

《금강경》은 우리에게 가장 친숙한 경전이다. 혜능이 《금강경》을 어떻게 해석했는지를 살펴보면 불교를 이해하는 혜능의 관점을 보다 분명하게 파악할 수 있다.

"수보리야, 만약 선남자 선여인이 삼천대천세계를 부수어 티끌로 만든다면 어떻게 생각하느냐. 이 티끌들이 얼마나 많겠느냐."

"매우 많을 것입니다. 세존이시여, 무슨 까닭인가 하면 만약 이 티끌들이 실로 있는 것이라면 부처님께서 티끌들이라고 말하지 않으셨을 것입니다. 까닭이 무엇인가 하면 부처님께서 설하신 티끌은 티끌이 아니라 그 이름이 티끌입니다. 세존이시여, 여래께서 설하신 삼천대천세계는 세계가 아니라 그 이름이 세계입니다. 왜냐하면 만약 세계가 실로 있는 것이라면 곧 일합상一合相이나, 여래께서 설하신 일합상도 일합상이 아니라 그 이름이 일합상입니다."

"수보리야, 일합상이란 곧 이를 말할 수 없거늘, 다만 범부들이 그 일에 탐착할 뿐이니라."

---

242  마치 TV에서 말이 달리는 모습과 같다. TV를 모르는 사람은 TV 속에 달리는 말이 있다고 생각하지만, TV를 아는 사람은 말이 달리는 모습의 화면이 연속한다고 생각한다.

《금강경》〈일합이상분 一合離相分〉[243]

"부처님이 설한 삼천대천세계는 낱낱 중생들의 성품 위에 망령된 미진(微塵, 識의 업습종자)이 있어, 그 숫자가 삼천대천세계 가운데 있는 미진과 같음을 비유함이요, 일체 중생의 성품 위에 있는 망념인 미진은 곧 미진이 아니라고 한 것은 경을 듣고 도를 깨달으매 각覺의 지혜가 항상 비춰서 보리菩提(깨달음)에 나아가므로 순간순간 머무름이 없어서 항상 청정함에 있음이니, 이와 같이 청정한 미진을 이름하여 작은 먼지들[微塵衆]이라 하느니라.

삼천三千이란 이치로써 말하건대 곧 탐진치의 망념이 각각 일천의 숫자를 갖춘 것이니라. 마음이 선악의 근본이 되어 능히 범부도 되고 성인도 되어서 동動과 정靜을 헤아릴 수 없어서 광대하고 무변하므로 대천세계라 이름하느니라. 심중心中에 명료한 것은 자비와 지혜, 두 법보다 더한 것이 없으니 이 두 법으로 말미암아서 보리를 얻느니라.

일합상一合相이라 말함은 마음에 얻을 바가 있는 고로 일합상이 아니요, 마음에 얻을 바가 없음일 새 이를 일합상이라 하니, 일합상이란 거짓 이름을 무너뜨리지 않고 실상實相을 말하는 것이니라. 자비와 지혜 두 법을 말미암아서 불과佛果인 보제菩提를 성취함이라."

원순 역《육조스님 금강경》


일합상一合相은 티끌[244]들의 집합으로서의 세계, 즉 각자로 존재하는 개

---

243  주석가들에 따라 일합이상분을 一合離相分 혹은 一合理相分 혹은 一合異相分 등으로 다르게 말하기도 한다. 세계—티끌의 대칭이라는 점에서 합合—이離의 대칭으로 보는 것이 옳다고 하겠다.

244  티끌과 세계는 상대비교적 개념으로 쓰이고 있다. 티끌이 세계를 구성하는 존재를 말하는 것이라면, 세계는 그런 티끌들로 구성된 일합상의 세계를 말한다.

별 존재들이 모여 있는 하나의 큰 세계라는 뜻이다. 특히 상相이라고 말하는 까닭은 '개체들이 모인 하나의 큰 세계'라는 알음알이(분별)가 존재론적 관념의 중생상衆生相이라는 사실을 지적하기 위함이다.

경에서 붓다가 하신 질문은, "수보리야, 사람들은 갖가지 티끌(존재)들이 있는 갖가지 세계들이 있다고 말한다.[245] 만약 이 모든 세계들을 부수어 낱낱의 티끌들을 흩어버리고는 이들 티끌들을 헤아린다면 그 수는 얼마나 많겠는가?"라는 뜻이다. 이에 대해 수보리는 "말할 수 없을 만큼 많을 것입니다. 하지만 여래는 티끌(존재)이 실재의 티끌이 아니라 이름이라고 말씀하시고, 삼천대천의 세계도 실재의 세계가 아니라 이름이라고 말씀하십니다. 만일 티끌(존재)이나 세계가 진실로 존재한다면 그것은 일합상(모든 존재들의 집합체로서의 모습)이어야 하나, 여래는 일합상도 이름이라고 말씀하십니다"라고 대답한다.

일합상은 중생이 생각하는 세상의 모습이다. 중생의 일합상에서 티끌은 티끌로서 실재하고 세계는 세계로서 실재한다. 그러나 여래에게 티끌, 세계는 이름이고, 티끌의 세계를 뜻하는 일합상 역시 이름이다. 이름이라 함은 그것이 자아 없는 이름(가명假名)이라는 뜻이다. 가명의 일합상은 말할 것이 없다. 일합상을 분석, 논하려는 것은 일합상이 자아 없는 가명임을 알지 못하고 그 이름에 취착하는 범부(중생)의 일일 뿐이다.[246]

사구게四句偈를 비롯한《금강경》의 전체 주제가 법의 '자아 없음'을 논하는 것이니 〈일합이상분〉에 대한 해설 역시 자아 없음을 설명하는 내용이

---

**245** 천계, 신계, 인간계, 축생계, 아귀계, 지옥계, 윤회계 등. 인간이 상상하고 주장하는 각양각색의 세계들.

**246** 가명의 이름은 그 이름에 존재가 있다는 생각을 부수기 위한 이름이지, 그 이름의 연유, 행방을 논하기 위한 이름이 아니다.

어야 한다. 하지만 혜능의 해설은 어떠한가? 미진微塵(티끌)은 본래성품(청정 자성)을 덮고 있는 망념(업습종자)이고, 삼천대천세계는 탐진치 각 천 개씩의 삼천 개 망념들이 빚어내는 세계이며, 미진이 이름에 다름 아닌 까닭은 성품을 깨달은 식識(견성한 식)이 보리의 광명을 비추기만 하면 번뇌 없는 청정한 미진이 되기 때문이라는 유식唯識의 소견을 적나라하게 드러낸다. 특히 황당한 것은 마음에 얻을 바가 없음(무위)이 일합상一合相이고 이런 일합상, 즉 무위한 일합상이 실상이라고 주장하는 부분이다. 이는 세상을 환幻으로 보라는 유식의 법문도 아니다. 세상을 무위한 도道로 보라는 도교道敎의 법문이다. 결국 혜능의 해설에서 확인할 수 있는 것은 도교와 유식이 뒤섞인 정체불명의 도교적 유식학에 다름 아니다.

## 혜능의 진리

출가한 혜능에게 한 수행자가 물었다. "글을 모르는 그대가 어찌 진리를 깨칠 수 있겠는가?" 혜능이 대답하였다. "진리가 하늘의 달이라면 문자는 달을 가리키는 손가락이니, 달을 보는데 굳이 손가락을 거칠 필요가 있겠는가."

위 대화는 선종禪宗의 불립문자不立文字[247]를 설명하는데 자주 인용되는 혜능의 고사다. 그런데 혜능은 시작부터 틀렸다. '자아(자성) 없음을 온전히 깨닫는 연기법의 지혜'는 하늘에 있는 달을 보듯이 보는 것이 아니라 오염

---

**247** 성품을 보는 일(견성)에 문자는 필요 없다는 뜻.

을 청소하는 깊은 사마디 수행에서 비로소 경험하는 것이다.[248] 왜냐하면 연기법(사성제)의 이치는 도道에서 도를 증證하는 것이 아니라 멸에서 도를 증하는 것이기 때문이다. 즉 달에서 달을 증證하는 것이 아니라 오염(무명)의 멸滅에서 '오염 없음(자아 없음)'을 증證하는 것이다.

## 혜능의 자성自性

"무량한 중생을 맹세코 다 제도한다 함은 혜능이 선지식들을 제도하는 것이 아니라, 마음속의 중생을 각기 자기의 몸에 있는 자기의 성품으로 스스로 제도하는 것이니라. 어떤 것을 자기의 성품으로 스스로 제도한다고 하는가? 자기 육신 속의 삿된 견해와 번뇌와 어리석음과 미망이 본래의 깨달음의 성품을 스스로 가지고 있으므로 바른 생각으로 제도하는 것이니라."
《육조단경》 퇴옹성철 편역

위는 혜능의《육조단경》중에서도 청정 자성自性의 실재를 적극적으로 주장하는 구절이다. 혜능의 법法이 자성을 보는 법이라면 붓다의 법은 자성의 없음을 수습修習하는 법이니, 혜능의 법과 붓다의 법은 표현의 다름이 아니라 서로를 부정하는 다름이다.

자성을 보는 것으로 모든 문제를 해결하려는 혜능은 연기법은 물론 팔정도도 설하지 않는다. 각자 자신에게 내재한 자성을 보기만 하면 되는 혜

---

248 《디가 니까야》〈대인연경〉(D15)에서 붓다는 법을 볼 수 있다는 아난다를 나무라시며 법은 (수행으로부터) 심오하게 현현하는 것이라고 가르치신다.

능에게 지난한 자기정화의 팔정도는 무의미하다. 더구나 십이처, 십팔계 등은 모두 마음의 환幻에 불과하지 않은가? 혜능에게 모든 현상은 애초부터 벗어나야 할 환幻에 지나지 않았다. 혜능에게 해탈은 무명으로부터 벗어나는 문제가 아니라 마음의 환영으로부터 벗어나 마음의 본성(본래 자성)을 발견하는 문제였던 것이다.

## 선어록에서 말하는 유식 사상들

연기법의 관점에서 중국의 선종불교는 유식, 여래장 등의 부파불교에 도교를 가미한 기형적인 모습이나, 혜능을 종조宗祖로 삼아 중국 선종의 계보를 잇는다고 자부하는 한국불교에게 중국 선종은 득도에 이르는 최상승의 법이다. '평상심平常心이 도道', '마음이 부처'라는 설법으로 중국 선종의 조사선祖師禪을 전개한 마조도일 선사禪師의 어록을 살펴보자.

> "도는 닦을 것이 없으니 물들지만 말라. 무엇을 물듦이라 하는가? 생사심生
> 死心으로 작위作爲와 지향志向이 있게 되면 모두가 물듦이다. 그 도道를 당장
> 알려 하는가. 평상심平常心이 도道다. 무엇이 평상심인가. 조작이 없고 시비
> 가 없고 취사取捨가 없고 단상斷常이 없으며 범부와 성인이 없는 것이다.
> 마음과 경계를 깨달으면 망상이 발생하지 않으며, 망상이 나지 않는 그 자
> 리가 바로 무생법인無生法忍[249]이다. 무생법인은 본래부터 있었고 지금도 있

---

249  생멸이 없는 무위법이라는 뜻으로, 마음의 본성을 지칭하는 말이다.

어서 도를 닦고 좌선할 필요가 없으니, 닦을 것도 없고 좌선할 것도 없는 이 것이 바로 여래의 청정선淸淨禪이다."

도일·회해, 《마조록馬祖錄·백장록百丈錄》, 백련선서간행회, 선림고경총서, 1989

도道와 마음에 대한 마조의 설명을 보노라면 마치 도교의 《도덕경》을 읽고 있는 것 같다. "무위의 마음이 곧 도다. 큰 도는 억지로 애쓴다고 얻어지지 않고 저절로(무위로) 하나가 될 뿐이다"라는 《도덕경》의 말과 "조작함이 없는 평상심이 곧 도다. (유위에) 물들지만 말라. 망상이 나지 않는 그 자리가 바로 무생법인(무위법의 성품)이니 따로 닦을 필요가 없다"는 마조의 말은 어떤 차이도 없다.

무위의 마음이 곧 도道인 마조에게는 인욕忍辱하는 정진의 수행은 조작하며 추구하는 것이어서 오히려 바르지 못하다. 그러나 마음의 자아 없음을 가르치는 붓다의 법에서 마음은 추구해야 할 도道가 아니라 파사破邪해야 할 대상, 즉 있다는 생각과 습성을 부수어야 할 대상이다. 사념처의 설법에서도 마음은 몸, 감각, 법과 마찬가지로 자아 없음을 꿰뚫어 보아야 할 대상이다. 붓다의 법에서 무명의 마음, 파破해야 할 마음은 있으나 추종해야 할 마음은 없는 것이다.

무엇보다도 닦을 필요가 없다느니, 평상심이니 하는 언급들은 붓다가 그렇게 정성 들여 설법하신 파사破邪의 뜻을 배반하는 것이다. 마조의 '닦을 것 없는 평상심'을 이어받은 수행자들은 자신이 한 소식 했다는 생각(자기세뇌 혹은 자기최면)이 들면 그 후로는 거칠 것 없는 도인인 양 행세하기도 한다. 처음에는 자신의 뻔뻔스러움에 겸연쩍기도 하지만, 주변의 치사나 응대에 익숙해지면 도인 행세는 습관이 된다. 습관이 된 도인 행세는 곧 탐진치 습성의 욕망을 채울 수단으로 전용된다.

## 평상심 vs 오온

"비구들이여, 어떤 사람이 말하기를 '나는 색色과도 다르고 수受와도 다르고 상想과도 다르고 행行과도 다른 식識이 오거나 가거나 죽거나 다시 태어나 거나 자라거나 증장하거나 충만하게 되는 것을 천명하리라'라고 한다면, 그 런 경우는 존재하지 않는다."

《상윳따 니까야》 〈속박 경〉(S22:53), 〈씨앗 경〉(S22:54), 〈감흥어 경〉(S22:55), 각묵 역

붓다는 색, 수, 상, 행을 조건하지 않는 식識(마음)이 있는 경우는 없다고 말씀하신다. 니까야 경전에서 붓다가 설하시는 마음은 색, 수, 상, 행을 조 건(존재의 사실)으로 취하여 있는 마음(식취온), 즉 싫어하여 떠나야 할 연생 (집集)의 마음 외에는 따로 없는 것이다. 그런데도 중국 선종의 조사祖師들 은 다른 말을 한다. 마음은 색, 수, 상, 행을 조건하여 있는 것이 아니라 색, 수, 상, 행을 있게 하는 본유本有의 실재라는 것이다. 심지어 오염을 청소해 야 할 평상심을 도道라고 주장하기까지 한다. 이는 명백히 붓다와는 다른 주장이다. 단순히 다른 주장이 아니라 붓다를 부정하는 다른 주장, 즉 외도 外道의 주장이다.

## 마음의 본성을 찾는 자들

"팔만사천 법문이 모두 알음알이에 지나지 않으니, 알음알이할 시간에 그 마음을 붙들고 생사 관문을 뚫으라!" 선종 불교에서 많이 들어본 말이 다. 묻지도 따지지도 말고 '무조건 돌격 앞으로!' 하라는 소리다. 어떻게 이

런 단정적 확언이 가능한 것일까?

"분별하는 유위한 마음은 환幻이고 분별없는 무위한 마음이야말로 진리고 도道이고 진아眞我라는 이치가 이미 환한데 무엇 하러 머리 아프게 팔만 사천 법문을 헤매고 다닐 것인가? 분별하는 이 마음의 무위한 본성을 견성하기만 하면 생사를 초월하는 도를 증득할 것이다." 아마도 이런 믿음이었기에 그런 확언이 가능했을 것이다. 그래서 선종의 수행자들에게 붓다의 말씀은 뒷전이고 조사들이 마음에 대해 한마디씩 읊은 '읊조림'들은 금과옥조다. 선종에서 덕산 선사가 《금강경소초金剛經疏鈔》를 불태운 이야기를 전승하는 까닭도 '글을 읽지 않는 조사들의 마음'을 가르치기 위함일 것이다.

그러나 '마음'은 색, 수, 상, 행을 조건한 중생상衆生相(오취온)의 쌓임(집集)에 다름 아니다. 〈속박 경〉(S22:53)에서 설명하는 것처럼, 색, 수, 상, 행을 조건하는 마음 외에 다른 마음이 없기에 조건들에 취착하는 마음을 확립하지 않고 증장하지 않으면 '집集(중생)의 마음'으로부터 해탈하는 것이다.

만일 마음을 향하는 자들이 주장하는 것처럼 무위한 마음이 있고 그 무위한 마음에서 환幻 놀음을 하는 것이 현상의 모든 것이라면 오온의 가르침이 무슨 필요가 있겠는가? 십이처, 십팔계가 왜 필요한가? 연기의 뜻이나 인과가 다 무슨 소용인가? 그저 '오직 마음이며, 무위無爲는 본성이고 유위有爲는 허망이다'라는 한 줄의 지시만 있으면 다 끝날 것을. 그리고 그런 지시는 이미 도교 경전들에서 숱하게 언급되고 있다.

## 법신法身을 찾는 자들

생멸하는 유위법有爲法(세상)을 파도로, 유위가 적멸한 무위無爲를 파도의 바다, 즉 유위법의 법신法身(본유本有)으로 비유하여 설명하는 자들이 있다. 이들에게 불래불거不來不去, 불생불멸不生不滅 등의 팔불八不은 자아 없음을 설명하는 방편법문이 아니라 무위의 법신法身을 직접적으로 설명한 법문이다.

이들에게도 똑같이 지적할 수 있다. 만일 그들이 말하는 법신이 본유(본래)의 도道이자 궁극이라면 붓다의 연기 설법이 다 무슨 소용이 있는가? 그저 '무위無爲는 본성이고 유위有爲는 허망이다'라는 한 줄의 지시만 있으면 다 끝날 것을.


## 견성불교의 문제

견성불교는 '견성見性'을 말한다. 견성을 말하려면 견성할 것이 있어야 한다. 견성할 것이 있어야 하니까 자꾸 갖가지 이름의 형이상학적 실재들을 만들어낸다. 만들어낸 형이상학적 실재를 연기법과 맞추려다 보니까 공, 중도, 불생불멸, 적정 등의 연기 법상法相을 이들 형이상학적 실재의 성품으로 빼앗아가곤 한다. 그 결과는? 무자아無自我를 성찰하는 수행이 아니라 형이상학적 실재의 이름만 앵무새처럼 반복하는 수행이다.

필자는 견성론자들에게 다음을 진지하게 생각해볼 것을 권한다.

"내가 생각하는 불성, 원각, 진아, 주인공, 본래면목, 청정 자성 같은 것들이 사실은 무자아를 왜곡한 망상이다. 무자아는 무자아일 뿐이다. 무자아를 어떤 것(성품)으로 정의하려 해서는 안 된다. 정의하는 것은 자아 없음을 자아 있음으로 만드는 중생의 짓이다. 그러므로 보아야 하는 것은 본래本來가 아니라 연기緣起, 즉 지금 마주하는(인식하는) 현상의 자아 없음이다."

## 붓다의 해탈 vs 견성불교의 해탈

견성불교에는 '인가認可'라는 이름의 기이한 전통이 있다. 수행자들은 스승이나 고참 선사禪師에게 자신이 본 성품이나 경지가 과연 해탈의 성품, 경지가 맞는 것인지 인가를 구해야 한다. 선어록에는 인가를 얻기 위해 유명한 선사를 방문하는 내용이 자주 소개되는데, 인가를 얻는 방식은 '본래 주인공'을 확인하였느냐는 내용의 선문답을 주고받는 것으로, 때로는 서로가 코를 비틀고 뺨을 때리고 고함을 치고 방망이로 때리기도 한다.

그러나 해탈지解脫知에 대한 붓다의 말씀은 인가가 아니라 '스스로 경험하여 아는 지혜'다. 《상윳따 니까야》〈우빠와나 경〉(S35:70)에서 붓다는 '눈으로 형색을 보지만 형색들에 대한 탐욕이 있지 않음을 스스로 보아 아는 것이 곧 법法을 보는 것[250]'이라고 말씀하시고, 《맛지마 니까야》〈탁발음식의 정화에 대한 경〉(M151)에서는 '비구가 눈으로 인식되는 형상에서 열망, 탐욕, 성냄, 어리석음이 없음을 스스로 알고 희열과 환희로 머무는 것이 곧 공空을 닦는 수행'이라고 말씀하시며, 《상윳따 니까야》〈감각기능을 구족함 경〉(S35:154)에서는 '육근의 일어나고 사라짐을 관찰하면서 육경에 취착하는 육근에 대해서 싫어하여 떠나면 탐욕이 사라지고, 탐욕이 사라지면 청정 범행이 성취되었다는(해탈했다는) 지혜가 있다'고 말씀하신다. 이외에도 니까야 경전 여기저기에서 '범행이 청정함, 즉 육근, 육경에서 탐진치로 오염된 형성[行, sankhara]이 없음을 스스로 아는 지혜가 있다'는 붓다의 말씀을 확인할 수 있다.

---

**250** 청정한 연기를 보는 것(오염으로부터 해탈하는 것).

해탈에 대하여 붓다와 견성불교가 이렇게 다른 말을 하는 이유는 붓다가 무명 - 고苦에서 벗어남을 해탈이라 말씀한 것에 반해, 견성불교는 해탈의 성품 혹은 경지를 상정想定하고 이를 견見하는 것을 해탈이라 주장하기 때문이다. 해탈의 처處(경지, 성품)를 상정하는 견성불교는 처를 경험한 스승이나 고참이 그 처가 맞다고 인가를 해주어야 할 일이다. 그러나 고苦의 무명과 습성을 청소하는 붓다의 해탈에서 해탈지는 다른 사람이 확인해주는 것이 아니라 본인이 육근, 육경을 꿰뚫어 보고 스스로 아는 것이다.

## 돈오견성에 대한 유감

"닦을 것이 있으면 오히려 그르친 것이다" "'탁' 하고 아는 그것이 바로 돈오이고 불성." 이는 한국의 견성불교에서 자주 접하는 중국 선사들의 법문이다. 중국의 선사들은 한국의 견성불교가 없었다면 섭섭하였을 것이다. 그나마 한국에 견성불교가 있기에 그들이 다시 세상으로 나올 일이 많지 않은가?

그런데 듣다 보면 너무하다는 생각이 들 때가 있다. 불성의 원조 격인 아뜨만을 구하는 힌두교 수행자들은 최소한 육체를 학대하는 고행이라도 한다. 그런데 중국의 선사들은 아무런 닦음도 필요 없다고 당당하게 말한다. 선사들은 무슨 근거로 닦을 필요조차 없는 것이라고 자신만만했던 것일까?

이를 이해하려면 중국의 선종불교가 도교, 유식, 여래장의 잡탕이라는 사실을 유념하여야 한다. 도교에서는 억지로 무엇을 하려 하면 그것은 오히려 무위의 도道를 조작하는 유위한 짓에 지나지 않는다. 중국의 선사들에게는 수행도 마찬가지였을 것이다. 억지로 수행하는 것은 무위의 도道를 조작하는 유위한 짓에 지나지 않기에 "닦을 필요가 없다"고 자신만만하였을 것이다. 이런 도인풍道人風의 불교에서는 닦고 배우며 인욕忍辱으로 정진精進하는 사람이 오히려 덜 떨어진 근기根器로 취급받기 십상이다.

## 수행의 과정에 대한 경

"커다란 바다는 점차적으로 나아가고 점차적으로 기울고 점차적으로 깊어지고 갑자기 절벽을 이루지는 않듯, 수행승들이여, 이와 같이 이 가르침과 계율에서는 점차적인 배움, 점차적인 실천, 점차적인 진보가 있지 궁극적 앎에 대한 갑작스런 꿰뚫음은 없다. 수행승들이여, 이 가르침과 계율에서는 점차적인 배움, 점차적인 실천, 점차적인 진보가 있지 궁극적 앎에 대한 갑작스런 꿰뚫음은 없다는 사실이 이 가르침과 계율을 볼 때마다 수행승들이 이 가르침과 계율을 좋아하는 첫 번째 아주 놀랍고도 경이로운 이유이다."

《우다나》 〈포살의 경〉 (5:5)


"수행승들이여, 나는 최상의 지혜가 단번에 성취된다고 설하지 않는다. 수행승들이여, 그와 반대로 오로지 점차적으로 배우고 점차적으로 닦고 점차적으로 발전한 다음에 지혜의 성취가 이루어진다."

《맛지마 니까야》 〈끼따기리 설법의 경〉 (M070)


마음의 견성見性을 말하는 자들은 돈오頓悟를 말하고, 연기법의 사성제와 혜慧, 계戒, 정定의 팔정도를 말하는 이들은 점수漸修를 말한다. 그런데 마음은 허상이고 연기법은 실상이다. 그러므로 돈오는 허상이고 점수는 실상이다. 심지어 붓다는 '자아 없음'의 지혜도 점차적으로 닦고 발전한 다음에 비로소 성취가 있다고 말씀하신다.

사람들은 교를 듣고는 이해하였다고 말한다. 그런데 그런 이해는 진실로 안 것이 아니다. '존재론적 개념으로 서술한 방편적인 설명'을 방편적으로 이해하였을 뿐이다. '자아 없음의 지혜'가 어떤 것이라는 '존재론적 개념'만 형성하였을 뿐, 지혜 자체는 전혀 경험하지 못한 것이다. '자아 없는 지혜'는 득得하는 것도 견見하는 것도 아니다. 수습修習(닦아 배움)함으로써 마침내 경험하는 것이다. 즉 사띠sati가 의식意識의 무명습성을 청소(파사破邪)하는 수습의 수행에서 비로소 오염 없이 청정한 '자아 없는 지혜(반야般若)'를 경험(현정顯正)하는 것이다.

21

·

경전의 이해

- 마음을 말하는 경전들
- 한국 불교의 소의경전 《원각경》
- 돈교頓敎의 《원각경》
- 중국 기원의 경전들
- 대승불교 경전들에 대한 깔루빠하나의 비판
- 경전의 의미

## 마음을 말하는 경전들

붓다는 마음을 설하지 않았으나 중국 기원의 경전들은 마음을 설한다. 《보적경寶積經》의 〈가섭품〉은 "삼세를 초월한 것은 유도 아니고 무도 아니다. 유도 아니고 무도 아닌 것은 생기는 일이 없고, 생기는 일이 없는 것에는 그 자성이 없다. 자성이 없는 것에는 일어나는 일이 없다. 생사生死의 일도 없고 가고 오거나 죽고 나는 인과의 생성도 없으며, 어떤 번뇌로도 더럽힐 수 없는 무위無爲한 것으로서 모든 성인의 본성이다"라며 마음의 '본래 성품'을 역설한다.

《보적경》은 706~713년경 당나라에서 유통되던 경들을 편집, 제작한 경이다. 우선 '삼세를 초월한 것'이라는 말에서 《보적경》이 실재론을 천명하는 경임을 알 수 있다. 실재론의 위경僞經들에서 통상 그러하듯, 《보적경》에서 하는 일도 연기법의 법상法相을 경에서 주장하는 형이상학적 실재의 법상으로 전용轉用하는 짓이다.

그런데 전용한 논리가 논리가 아니다. 생기는 일 없이 있다는 것은 그것이 본래 있는 것이라는 뜻이고, 본래 있는 것은 그것으로서 있는 것, 즉 자재自在의 자성自性으로서 있는 것이라는 뜻이다. 그런데 《보적경》은 생기는 일 없이 있는 '삼세를 초월한 것'을 자성이 없는 것이라고 정의한다. 자성이 없는 것은 무자아無自我다. 무자아가 어떻게 '삼세를 초월한 것'이고 '본래 있는 것'일 수 있는가? 이렇게 억지 논리를 사용한 의도를 짐작할 수는 있다. 경을 제작한 자는 '마음의 본성'이야말로 깨달음의 실체라고 주장하고 싶은 것이다.

전체적으로 보면 《보적경》은 도교의 《도덕경》을 윤색한 느낌이다. '생긴 일 없이 있다'거나, '생사生死의 일은 물론 인과의 생성도 없는 무위無爲가

성인의 본성'이라는 등의 표현들은 도교를 차용하여 유식唯識을 설하려는 의도로 볼 수밖에 없는 것들이다. 이 외에도, 마음을 도道로 간주하여 서술하는 중국 기원의 경을 보면 대부분 그 서술이 도교의 도道 – 무위자재 사상을 차용하여 해탈과 열반을 설명하려는 것임을 볼 수 있다.

## 한국 불교의 소의경전《원각경》

《원각경圓覺經》의 본래 명칭은《대방광원각수다라요의경大方廣圓覺修多羅了義經》으로, '대방광'은 대승의 종지를 잇는다는 뜻, '원각'은 깨달음의 실체라는 뜻, '수다라'는 붓다가 설한 경이라는 뜻, '요의경'은 방편이 아니라 직설로써 그대로 드러내었다는 뜻을 담고 있다.

깨달음의 실체를 주장하는 원각이라는 말이나, 직설로 드러낼 것 없는 붓다의 법을 직설로 드러내었다는 말에서《원각경》이 견성을 주장하는 중국 기원의 위경僞經임을 짐작케 한다. 학자들은《원각경》을 8세기 초 중국 당나라에서 성립한 경으로 추정한다. 9세기 초 중국 선종의 조사 규봉종밀圭峰宗密의 해석을 통해 널리 알려지게 되었으며, 일승원돈一乘圓頓의 사상이 핵심이다. 일승원돈은 오직 원각이 궁극의 일승一乘이며, 따라서 원각의 견성見性이 돈오頓悟, 즉 깨달음에의 직입直入이라는 뜻이다. 돈오 견성을 표방하는 한국 불교에서 출가 수행자들이 반드시 이수해야 할 교과로 지정할 만큼 중요한 경이기도 하다.

> [보현보살] "세존이시여, 보살과 중생의 존재를 환영幻影으로 알고, 이 몸, 마음 역시 환영으로 알아야 하는 것인데, 그렇다면 어떤 이치로 환영으로서

환영을 꿰뚫어 수행할 수 있는 것입니까?"

[세존] "보현이여 마땅히 알아야 할지니, 일체 모든 중생의 시작 없는(연유 없는) 환영幻影의 무명은 모두 여래의 원각묘심에서 생겨났느니라. 비유하자면 허공 꽃이 허공에 의지하여 그 모습이 있는데 허공 꽃이 만약 다시 멸하더라도 허공은 본래 부동으로 여여한 것과 같으니, 원각에서 환영이 생기나 환영이 멸하여도 원각이 원만한 것은 원각이 본래 부동으로 여여한 까닭이니라."

《원각경》〈2. 보현보살장〉 (필자 번역)


중생(뭇 삶)의 존재, 몸, 마음이 환영인데 어떻게 환영으로서 환영을 꿰뚫어(관찰하여) 수행할 수 있느냐고 보현보살이 묻자 세존(부처님)이 자타自他의 환영을 모두 사라지게 하는 것이 수행이며, 환영이 사라진 자리에 부동으로 남아 있는 것이 바로 마음의 본성이자 깨달음의 원각이라고 대답하는 내용이다.

세존의 대답은 세 가지로 정리할 수 있다. 현상은 환영이라는 것, 환영은 원각으로부터 생겨난다는 것, 환영이 사라진 자리에 원각의 마음은 부동으로 남아 있다는 것이다. 그런데 이 세 가지 중에 연기법에 부합하는 사실은 하나도 없다. 즉《원각경》의 세존은 연기법을 설한 세존이 아닌 것이다.

먼저 '현상은 환영幻影'이라는 말부터 따져보자. 현상은 자아 없는 관계 의존성이지 환영이 아니다. 현상을 환영이라고 말하는 것은 연생緣生의 현상(자아 없는 현상)을 설하신 붓다를 부정하는 짓이다. 다음은 '무명의 환영이 원각에 의해서 생겨났다'는 말을 따져보자. 붓다는 무명(오취온)이 무자아의 취착으로부터 생겨난 것이라고 분명하게 말씀하셨다. 무자아와 원각은 같은 것이 아니다. 원각이 부동의 여여한 자성自性이라면 무자아는 자성이 없는 것이다. 더구나 생멸의 무명이 원각(부동의 여여한 자성)으로부터 생겨났다는 주장은 그렇지 않은 것에서 그런 것이 생겨났다는 모순율矛盾律의 주장에 다름 아니다. 마지막으로 '무명이 사라지더라도 원각은 그 자리에 뚜렷하게 있다'는 말을 따져보자. 《맛지마 니까야》 〈불의 비유와 바차곳타의 경〉(M072)에서 해탈한 이(여래)의 행방을 묻는 바차곳타에게 붓다는 나무(조건)가 다 타면(연멸하면) 불(무명)은 사라지는 것이지 거기에 무엇이 있거나 어디로 가는 것이 아니라고 설법하신다. 원각경의 주장은 붓다의 설법마저 부정한 것이다.

전체적으로 《원각경》의 내용은 도교의 도道 실재설 혹은 힌두교의 브라만 실재설을 연상하게 한다. 현상의 바탕에는 어떤 궁극적, 보편적, 불변적 실재(이데아idea)가 존재할 것이라고 믿는 것은 외도外道 불교의 특징이다. 그러나 자아 없는 연기법에서 그것 혹은 이것이라고 칭할 실재는 물론 본성 혹은 본래本來라고 칭할 어떤 실재도 있을 수 없고 있어서도 안 된다.

## 돈교頓教의 《원각경》

[세존] "선남자여, 이 경은 돈교頓教 대승大乘이라고 이름하나니, 돈기頓機의 중생이 이 경을 따르면 개오開悟하며, 또한 점차漸次로 닦는 일체의 무리와 성품(근기)들을 포섭하리니, 비유하면 큰 바다가 작은 시냇물의 흐름도 사양하지 않아서 모기와 깔따구 내지 아수라도 그 물을 마시고 다 충만함을 얻는 것과 같으니라."

《원각경》 〈12. 현선수보살장〉 (필자 번역)

돈기頓機는 인욕忍辱 등의 점차적 수행 없이 바로 깨달아버리는 근기根機의 사람을 말한다. 내용을 대충 정리하면, 돈기의 사람은《원각경》을 잘 따르기만 하면 팔정도와 같은 수행 없이도 즉시 깨달음을 완성할 수 있다는 것이다(경전은 이 구절 이전에도 스승을 잘 만나야 잘 깨달을 수 있다는 말을 반복한다).

이렇게 자찬하는 말에는 심지어 점차漸次로 수행하는 사람을 모기나 깔따구처럼 비유하는 뉘앙스도 있다.《원각경》을 따르는 자들은 단박에 깨닫기에 점차로 수행하는 무리들, 근기들을 다 포섭하여 지도할 수 있다는 말이다. 제자들에게 방일하지 않는 정진, 점진적인 향상의 팔정도 수행을 누누이 설법하신 붓다가 이 경을 보셨다면 어떤 탄식을 하셨을까?

## 중국 기원의 경전들

중국 기원의 경전들에서 니까야 경전들과 확연히 차이나는 것이 무위한 성품의 실재를 주장하는 실재론적 설법(주장)이다. 현상(연기)의 본래성품은 무위한 것이고, 그 무위한 성품을 견성하는 것이 바로 불법의 도道이자 수행의 목적이라는 주장이다.

이런 문제를 한번 생각해볼 필요가 있다. 경전이 인도 외부로 전래되기 시작한 시기는 이미 부파 분열이 한창이던 시절이었다. 그런데 어떤 부파 불교의 어떤 점이 중국을 사로잡을 수 있었을까?

종교학자들에 의하면 한 지역에 전파되는 종교의 정체성을 결정짓는 가장 강력한 요인은 그 지역의 종교적·문화적 기반이다. 중국에 불교가 유입되던 위진 시기의 주류 사상은 도교의 노장 사상이었으며, 중국 불교의 초기 모습은 상당한 도교 용어들로써 붓다의 법을 설명한 격의불교格義佛

教[251]라는 형태였다. 이런 환경에서 도교가 융합된 여래장, 유식 등이 중국 불교의 정체성을 결정지었을 것이라는 추론은 합당하다. 중국에서 생산된 경전들은 이런 관점으로 보아야 하는 것이 아닐까?

---

## 대승불교 경전들에 대한 깔루빠하나의 비판

"나는《법화경》이나《능가경》과 같은 후대 대승불교의 문헌들에 대해 상당히 비판적이므로 이들 두 경전이나 혹은《화엄경》에 의존하여 일어난 중국 불교의 종파들에 대해서는 언급하고 싶지 않습니다. 본인이 이해한 바로는, 이들 세 문헌은 초기불교의 설법들 속에서 구현된 철학과는 상당히 다른 생각들을 보여주고 있는 것 같습니다. 어떤 의미에서 그것들은 붓다께서 철저히 배격한 브라만교의 가르침으로 되돌아간 것이라고까지 말할 수 있습니다."

데이비드 깔루빠하나, 《불교철학의 역사》, 김종욱 역, 운주사, 2008

대승경전들이 서두에 여시아문如是我聞[252]을 말하지만 이는 경전의 작자作者들이 자신의 서술이 붓다의 법이라는 뜻을 강조하기 위한 것이다. 대승경전들은 기원 후 200년 경 무렵에 다수가 성립하였으며, 주로 부파적 견해의 사상과 교리를 강조하는 방향으로 서술되었다. 그러므로 이들 경전들이 서두에 여시아문을 말한다 할지라도 무작정 붓다가 설법한 불설佛說

---

251  불교를 도교의 사상, 용어들로써 설명했던 중국식 불교.
252  '붓다로부터 이렇게 들었다'는 뜻.

로 신뢰하여 받아들이는 것은 바람직하지 않다.[253]

## 경전의 의미

　당신의 설법을 '지키기 위한 것이 아니라 건너기 위한 뗏목'이라고 말씀하신 붓다의 법에서 경전 절대주의는 법을 왜곡할 수도 있다. 경전 절대주의는 문자를 위해 의미를 희생할 위험도 감수하는 것이기에 의미를 성찰해야 할 불교에는 적합한 방식이라 할 수 없다.

　그럼에도 경전 절대주의는 불가피하다는 주장도 있다. 시대를 거치면서 여러 가지 상이한 논리가 각축하는 상황에서 결국 경전에 쓰인 내용을 근거할 수밖에 없다는 것이다. 하지만 빈대를 잡자고 집을 불태울 수는 없는 노릇이다. 우리는 연기법을 설법하셨으면서도 한 법도 설한 바가 없다고 하신 붓다의 말씀을 명심할 필요가 있다. 설한 바 없는 법을 기록한 경전은 '뗏목'이어야 한다. 즉 경전은 성찰한 연기법의 지혜를 확인하고, 확인한 지혜를 더 깊고 넓게 수습修習하는 '방편'으로 이해되어야 하는 것이다.

---

**253** 불교 경전들 중에서 믿고 공부할 수 있는 한 권을 말한다면 《상윳따 니까야》를 추천하겠다. 하지만 현재 유통되고 있는 번역본들의 주요 용어나 개념이 역자의 불교 이해에 따라 정의된 것들이어서 공부하는 사람이 알아서 성찰하여야 할 필요가 있다. 예를 들면 이런 것이다. "물질을 자아로 여기거나, 물질을 가진 것을 자아로 여기거나, 자아 가운데 물질이 있다고 여기거나, 물질 가운데 자아가 있다고 여긴다"라는 번역본의 번역은 "형색을 존재로 여기거나, 형색을 가진 것을 존재로 여기거나, 존재에게 형색이 있다고 여기거나, 형색에게 존재가 있다고 여긴다"로 번역하는 것이 뜻을 바르게 하는 것이다.

22
·
# 철학 1. 실재론 vs 비실재론(연기론)

## '있음'에 대한 고찰

인간의 지식은 '있음'에 기초한다. 무엇이 있는데 그것이 어떻다는 개념이 인간의 지식이다. 즉 인간에게 '있음'은 지식의 토대와도 같다. 그런데 우리는 '있음'을 아는가?

우리의 지식은 모든 존재하는 것들이 각자 개별의 존재(자아)로서 있음을 기술하는 지식이다. 하지만 붓다의 법(연기법)에서 이 지식은 무명이다. 연기법에서 '있음'은 '각자로서 있는 것'이 아니라 '관계의존성으로서 있는 것'이기 때문이다. 그러므로 우리가 아는 '개별(개체)로 존재하는 것의 있음'은 이 세상에 없다고 알아야 한다.

연기법을 이해하기 어려운 이유는 우리가 일상에서 소통하는 기존의 지식(앎)이 전도顚倒된 것이기 때문이다. 우리의 앎이 자아 없음의 실상을 거꾸로 아는 망상의 앎이기에 자아 없음을 가르치는 연기법이 어려운 것이다.

## '없음'에 대한 고찰

"없음은 없다." 인간의 지식에서 말하는 '없음'은 개별로 존재하는 것의 없음을 말하기 위한 것이다. 그런데 그런 없음은 없다. 개별로 존재하는 것이 아예 없는데 어떻게 개별로 존재하는 것의 없음이 있을 수 있겠는가? 즉 개별로 존재하는 것의 있음이 없기에 개별로 존재하는 것의 없음도 없는 것이다.

무자아의 세계에는 생멸이 없다. 모든 존재하는 것이 연동된 한 몸의 세계에서 생하는 것, 멸하는 것이 있을 수 없는 까닭이다. 마찬가지로 무자아의 세계에는 유무가 없다. 모든 존재하는 것이 연동하는 관계의존성의 세계에서 그것으로서 있는 것(유有)이나 그것으로서 없는 것(무無)이 있을 수 없는 까닭이다.

---

## 존재양식을 중도로 설하다

세속의 철학을 신봉하는 바라문이 찾아와 여쭈자 세존께서 답하셨다.

"존자 고타마여, 모든 것은 존재하는 것입니까?"

"바라문이여, 모든 것이 존재한다는 것은 세속의 첫 번째 철학입니다."

"존자 고타마여, 모든 것은 존재하지 않는 것입니까?"

"바라문이여, 모든 것이 존재하지 않는다는 것은 세속의 두 번째 철학입니다."

"존자 고타마여, 모든 것은 하나입니까?"

"바라문이여, 모든 것이 하나라는 것은 세속의 세 번째 철학입니다."

"존자 고타마여, 모든 것은 다양합니까?"

"바라문이여, 모든 것이 다양하다는 것은 세속의 네 번째 철학입니다. 바라문이여, 이러한 양극단들을 떠나서 여래는 중도로 가르침을 설합니다."

《상윳따 니까야》〈세속 철학의 경〉(S12:48)

이 경에서 말하는 세속의 철학은 존재론적 철학이다. 존재론적 철학은 존재의 있음, 없음으로 세상의 인과를 분별하고, 세상 모든 것이 하나에 의하는 것인지[254] 혹은 각자 별개로 다양한 것인지[255]로 세상의 인과를 분별한다.

---

254  모든 존재하는 것은 본래本來의 제1원인에 의한 것임을 주장하는 창조론, 전변론, 일원론 등을 말한다.
255  존재하는 것은 각각의 개별 원소, 물질들이라는 원소론, 유물론을 말한다.

바라문의 질문들은 결코 가볍지 않다. 존재론적 철학이 답해야만 할 본질적인 질문들이다. 하지만 연기법에서 이런 양 극단의 질문들, 즉 있다 혹은 없다, 하나다 혹은 각자다 등의 존재론적 질문들은 소용없는 것들이다. 왜냐하면 현상의 존재양식은 유무有無, 일다一多의 양변을 떠나는 '중도(자아 없음)'이기 때문이다.

## 자아 없는 법, 연기법, 비실재론의 법

연기법을 비실재론의 법이라고 말하는 것은 연기법이 인간의 존재론적 언어가 주장하는 '실재'를 부정하는 법이기 때문이다. 인간의 언어에서 실재는 '그것으로서 있는 그것'이다. 그러나 연기법에서 '그것으로서 있는 그것'은 현상 혹은 본질이나 궁극의 어떤 경우에도 있을 수 없다.

만일 인간의 언어가 존재론적 관념으로부터 벗어나고, 그래서 인간의 언어에서 '실재'가 관계의존적 값의 무자아를 지칭하는 개념일 수 있다면, 연기법은 실재론으로 분류될 수도 있다. 결국 인간의 실재는 자연에 대한 인간의 사실(인식의존적 사실)을 서술하는 문제이기 때문이다.

## 실재론자들이 실재를 주장하는 방식

① **내재의 실재론(법신론法身論)** 중생에게 불성佛性이 내재한다는 주장이다. 중생(현상, 무명)과 불성(본질, 지혜)을 이분二分하는 이런 주장에서 중생

과 불성의 분리는 자연의 사실이고, 따라서 해탈은 자연의 사실로부터 벗어나는 것이다. 이런 해탈은 무명습성을 연멸하는 연기법의 해탈이 아니라 업보의 윤회법칙으로부터 벗어나는 힌두교의 해탈이다.

② **바탕의 실재론(화신론化身論)** 내재內在의 불합리성을 지적하면 변론辯論으로 등장하는 것이 '바탕론'이다. 즉 현상하는 연기법의 바탕이 불성이라는 것이다.[256] 바탕론을 말하는 자들은 종이(본성) 위에 그려진 그림(현상)을 예로 든다. 종이 위에 그려진 그림(연기법)은 갖가지 채색으로 생, 변, 멸하지만, 그림이 그려진 바탕(불성)은 본래 희고 비어 있다는 것이다. 그런데 본래本來는 본래 있는 상태로서 자재自在하는 것이고, 본래 있는 상태로서 자재하는 것은 자재하는 것이 아닌 것을 할 수 없다. 즉 본래 희고 비어 있는 것은 생, 변, 멸하는 온갖 색채 그림의 본래本來(제1원인, 본질)가 될 수 없는 것이다.

③ **본성의 실재론(본성론本性論)** 불성 실재론 중에서도 대표적인 것으로 중생의 본래 성품(본성)이 불성이라는 주장이다.[257] 현상의 본성은 현상의 비롯함을 설명하기 위한 본성이므로 본성은 현상이 비롯하는 연유緣由를 설명할 수 있는 것이어야 한다. 그런데 관계의존적 형성(연기법)의 현상이 비롯하는 연유를 본성(불성)이 설명할 수 있는가? 그것이 어떤 성상性狀의 성품이든, '본래'라는 이름의 성품은 자재의 성품(자성自性)인 것이고 자성의 성품은 의존하여 형성되는(연기하는) 현상을 설명하는 것

---

256  바탕론을 주장하는 자들의 소의경전이 《원각경》이다.
257  본성론을 주장하는 자들이 '지금 있는 이대로 완전하기에 닦을 것이 없다'고 말하는 자들이다.

이 아니라 오히려 부정하는 것이다. 자성의 것이 어찌 의존하여 형성되는 현상이 비롯하는 것일 수 있겠는가? 그러므로 이렇게 알아야 한다. 본성의 실재론은 연기법을 오히려 부정하는 짓이다.

## 실재론자들의 불교

실재론자들은 "무엇이 있는데 그것은 이런 것이다"라고 주장하는 자들, 즉 현상의 본질, 본래, 궁극으로 '이런' 성상性狀의 '무엇'이라는 형이상학적 실재를 주장함으로써 현상하는 모든 '존재함'의 연유緣由를 설명하려는 자들이다.[258] 당연히 이들 실재론자들에게 '존재함'의 연유를 설명하는 법dharma[259](불법佛法)은 연기법이 아니라 자신들이 주장하는 형이상학적 실재이어야 한다. 실재론자들을 외도外道들이라고 부르는 이유가 이것이다. 형이상학적 실재를 법으로 주장하는 실재론자들이 불교라고 논하는 것은 대략大略 다음과 같다.

① **신심信心** 그들이 주장하는 형이상학적 실재에 대한 믿음.
② **교敎** 형이상학적 실재의 성상性狀에 대한 형이상학적 수식修飾.
③ **수행** 형이상학적 실재의 성상을 증득하기 위한 수행.

---

258  창조론자들의 신神이나 견성론자들의 불성, 마음 등의 형이상학적 실재는 존재함의 제1원인(궁극), 본래의 개념으로서 제시된 것이다. 물질도 마찬가지다. 모든 것은 물질로서 존재한다고 주장하는 유물론자 역시 물질이라는 형이상학적 실재를 존재함의 본질로 주장하는 실재론자다.

259  붓다가 정의하신 법dharma은 '이 세상이 그렇게 되게끔 되어 있는 것이고, 지금 경험할 수 있는 것이고, 등불로 삼아 의지하여야 할 것'이다.

이런 실재론자들의 불교에서 연기법이 제대로 논해질리 만무하다. 이들의 불교에서 연기법은 붓다의 이름을 사용하기 위한 구색에 불과한 것이다.

## 실재론자들의 가명 vs 연기론의 가명

실재론자들에게 그들이 주장하는 진아, 불성, 청정자성, 본래성품, 주인공 등의 이름을 추궁하면 이들은 '그 이름은 언어로 말할 수 없는 것을 말하기 위한 가명일 뿐이니 이름에 속지 말라'고 한다. 하지만 이런 주장은 실재론자라는 지적을 모면하기 위한 희론戱論일 뿐이다. 그들이 말하는 가명과 연기론이 말하는 가명은 같은 뜻이 아니다. 연기론의 가명이 '무엇인가 있다'는 생각을 부수기 위한 방편이라면, 실재론자들의 가명은 '무엇인가 있음'을 말하기 위한 방편이다. 그러므로 지향할 것의 이름을 말하는 자는 그 이름에 대해 어떤 희론을 펼치더라도 결국 실재론자에 지나지 않는다.

## 실재론의 불교가 어려운 이유

실재론의 불교가 어려운 이유는 형이상학적 용어, 개념으로 형이상학적 이론을 정의하는 복잡다단한 희론戱論들로 붓다의 법을 설명하기 때문이다. '경험하는 현상'이 아니라 이런 저런 형이상학적 개념으로 형이상학적 이론을 논하는 실재론은 형이상학의 용광로와도 같다. 대부분의 경우, 자신이 무엇을 만들려는지 조차도 잘 알지 못하는 용광로다.

《맛지마 니까야》〈베카낫싸의 경〉(M080)에서 유행자 베카낫싸 깟짜나는 자신이 귀의하고 추종하는 '최상의 빛(궁극의 빛)'을 붓다에게 자랑한다. 붓다는 깟짜나에게 그것이 왜 최상의 빛인지 물었으나 깟짜나는 자신이 한 말만을 되풀이하며 붓다의 질문에 답하지 못한다. 이에 붓다는 모든 빛은 비교함으로써 비로소 훌륭한지 아닌지가 결정되는 것이기에 어떤 빛 한 가지로는 왜 그것이 최상인지를 말할 수 없음을 깟짜나에게 설명하신다.

이어서 붓다는 감각적 욕망의 대상인 형색, 소리, 맛, 냄새, 감촉과 이로부터 발생하는 느낌, 갈애, 취착을 설법하신다. 사람들은 이 경을 읽으면서 유행자와 형이상학의 주제를 논하다가 왜 갑자기 감각적 욕망과 접촉, 느낌, 갈애, 취착의 발생을 설법하시는지 의아해한다. 하지만 붓다의 법이 개념적 존재(형이상학적 실재)를 논하는 법이 아니라 경험하는 현상을 논하는 법이라는 사실을 이해하면 붓다가 왜 개념적 존재를 주장하는 유행자에게 감각적 접촉과 발생(경험)에 대해 설법하셨는지를 이해할 수 있다.

'무엇이 있는데 그것은 이렇고 저렇다'는 식의 개념적 진술은 '경험할 수 있는 사실'이 아니다. 더구나 개념으로만 서술할 수밖에 없는 형이상학적인 것을 이렇다 저렇다고 수식修飾하며 주장하는 것은 아무런 소용없는 희론戱論일 뿐이다.[260] '본래의 성품은 이렇고 저렇다'는 수식을 남발하는 불교인들도 유행자 베카낫싸 깟짜나와 다르지 않다. 심지어 이들은 그런 수식어들, 즉 신비, 영령, 소소, 여여 등의 수식어들을 마치 불법의 교敎인 양 포장하고 이를 이해해야 한다고 말한다. 하지만 형이상학적 실재의 수식어를 이해해야 한다는 실재론자들의 논리는 우스꽝스럽기 그지없다. 왜냐하면 그들이 말하는 것은 이해의 대상이 아니라 믿음의 대상이기 때문이다.

---

260 말룽끼야뿟따가 붓다에게 물었던 십무기十無記와 같다.

## 믿음의 실재론자들

단언하면, 중관 외의 불교 부파들 중에 실재론이 아닌 것은 없다. 아비담마와 유식은 그들 교학의 논리가 아주 정연하며 체계적이라는 것에 자부심을 갖는다. 하지만 그들의 논리는 그들이 요구하는 믿음에 동의했을 때 비로소 성립한다. 아비담마와는 구경법의 실재를, 유식唯識과는 식識의 실재를 전제하여야만 비로소 그들의 논리와 대화할 수 있다. 그들이 요구하는 믿음을 거부한다면? 그들의 논리와 대화할 수 없다. 그들의 논리는 오직 그들이 전제하는 믿음 안에서만 작동하기 때문이다.

## 불성 vs 연기

공, 중도를 불성佛性의 법상法相이라고 왜곡하는 불성론(불성실재론)은 불이(不二 혹은 不異)의 해석도 왜곡한다. 불이에 대한 불성론과 연기론의 해석을 비교하면 다음과 같다.

| 구분 | 색즉시공(색공불이) | 중생 즉 부처 | 자타自他불이 |
|---|---|---|---|
| 불성론 | 공과 색이 공히 불성이라고 말함 | 중생과 부처의 본성이 공히 불성이라고 말함 | 자와 타의 본성이 공히 불성이라고 말함 |
| 연기론 | 공과 색이 공히 연기라고 말함 | 중생과 부처 공히 연기라고 말함 | 자와 타가 공히 연기라고 말함 |

불이 중에서도 자타自他가 연기라는 가르침은 특히 중요한 의미를 가진다. '연기 = 상의적相依的 형성'의 관점에서 자타불이는 '나와 남을 함께 해치지 않는 공생共生이야말로 지혜로운 실존'이라는 사실을 선언하는 귀중

한 가르침이다. 이런 가르침은 지금 바로 경험하고 확인하는 사실이어야 하지만, 모든 것을 형이상학적 실재에 대한 믿음의 문제로 왜곡시키는 실재론자들에 의해 자타불이는 개인적 체험이나 증득의 문제이고 만다. 실재론자들의 왜곡으로 말미암아 세상을 살아가는 법을 가르치신 붓다의 뜻은 세상을 벗어나는 법을 가르친 뜻으로 잘못 알려지는 것이다.

특히 현상을 환幻으로 취급하는 '오직 마음'의 실재론자들(유식론자들)은 타인의 고통이나 사회 문제와 같은 '세상의 일'에 둔감할 수밖에 없다. 기만적 정치와 제도가 사람들을 억압하여도, 사람들의 무지로 뭇 생명과 자연이 황폐화하여도, 이들 '오직 마음'의 실재론자들에게 그런 일들은 멀리 떠나야 할 환幻일 뿐이다. 그래서 이들은 사회로부터 가급적 격리된 곳에서 자신들을 유지하려 한다. 이들 실재론자들의 문제는 그들에게 국한되지 않는다. 그들의 교설巧舌을 추종하는 신자信者들까지 그들의 생각으로 오염시킨다.

---

## 실재론자들을 경계하신 붓다의 설법

"누구든지 어떤 수행자, 성직자든 존재를 통해 존재로부터의 완전한 해탈이 이루어진다고 말했다면, 이들 모두는 존재로부터 완전한 해탈을 이루지 못했다고 나는 말한다.

누구든지 어떤 수행자, 성직자든지 비존재를 통해 존재로부터의 완전한 여읨이 이루어진다고 말했다고 하더라도, 이들 모두는 존재로부터 완전한 여읨을 이루지 못했다고 나는 말한다.

취착의 대상을 조건으로 존재의 고苦가 생겨난다. 취착을 부수면 존재의 고가 생겨나지 않는다. 이 세상을 널리 보라. 무명에 패배하여 존재가 되어 존재에 즐거워하고 존재에서 벗어나지 못한다. 어느 곳에서든 어떠한 경우든 어떠한 존재든 그 모든 존재는 무상하고 변화하는 것이다. 이와 같이 있는 그대로 올바른 지혜로 보면 존재의 갈애는 버려지고 비존재에도 환호하지 않는다."

《우다나》〈세상의 관찰에 대한 경〉

이 경에서 '존재'는 감각적으로 확인할 수 있는 형이하학적 존재를, '비존재'는 감각적으로 확인할 수 없는 형이상학적 존재를 지칭한다. 예를 들면, 다른 종교들이 말하는 신神이나 견성불교가 말하는 불성, 마음, 진아 등은 비존재에 해당한다.

목적지로 존재 혹은 비존재를 설정하고 그것을 통하여 해탈(견성)할 것이라고 주장하는 자들은 실재론자들이다. 그러나 경에서 붓다는 실재론자들에게 분명히 말씀하신다. 존재나 비존재를 통한 해탈이나 (무명 – 고苦의) 여읨을 추구하는 자들은 존재로부터의 해탈이나 여읨을 이루지 못한 자들이고, 무명에 패배하여 존재에 즐거워하고 존재에서 벗어나지 못하는 자들이라고.

4부

# 수행의 연기법

# 23

·

## 파사破邪: 무명을 비우는 수행

# 두 가지 공

경전에는 두 가지 공空이 있다. 하나는 자아 없는 이치를 말하는 공이요, 다른 하나는 오염 습성을 비우는 공이다. 전자가 교敎의 공이면 후자는 수행의 공이다. 따라서 이렇게 정의할 수 있다. 교의 공이 존재론적 의意(분별)에 취착하지 않는 공이라면, 수행의 공은 존재론적 의에 취착하는 습성을 청소하는 공이다. 교의 공이 고苦를 방어하는 공이라면, 수행의 공은 고苦의 가능성을 원천적으로 소멸하는 공이다.

교의 공을 취하여 '이루었다'고 자찬하는 이들이 있다. 하지만 무명은 버린다고 해서 버려지는 것이 아니다.《상윳따 니까야》〈꼿티따의 경〉(S35:232)의 사리뿟따의 설법처럼, 육근과 육경의 무명은 습성의 욕망에 묶여 있다. 습성의 욕망에 묶인 육근, 육경이기에 아무리 공함을 천명하더라도 취착하는 습성을 멈출 수 없다. 멈추지 못하는 습성은 청소할 수 없고,[261] 청소하지 못하는 습성의 인식에서 중생상衆生相의 인식 오류는 멈출 수 없다. 습성을 청소하는 사띠의 사마디 수행에서 비로소 중생의 인식오류도, 인식오류로 인한 고苦도 모두 버려지는 것이다.


"비구여, 여기 비구는 경經, 응송應頌, 상세한 설명[기별記別, 수기授記], 게송, 감흥어, 여시어, 본생담, 미증유법, 문답[방답方答]의 가르침을 외운다, 남들에게 자세히 설명한다, 반복해서 암송한다, 사유하고 고찰하고 마음으로 숙고한다. 그는 이런 가르침을 외우는 것으로, 남들에게 자세히 설명하는 것으로,

---

261  습성을 멈추고 습성으로부터 나와야 습성을 꿰뚫어 보고(알아차리고), 청소할 수 있다.

반복해서 암송하는 것으로, 사유하고 고찰하고 마음으로 숙고하는 것으로 하루 종일을 보내고 홀로 앉음을 소홀히 하며 안으로 마음의 사마타에 몰두하지 않는다. 비구여, 이 비구는 교학을 많이 하지만 법에 머무는 자라고 하지 않는다."

《앙굿따라 니까야》〈법에 머무는 자 경 1〉(A5:73), 각묵 역

## 중생의 병

시중에 유행하는 마음공부나 명상 수행 단체들은 '지금 이 순간 완전함을 알라'고 광고한다. 지금 보고, 경험하고, 아는 이 마음이 '참 나'이고, '본래 부처(불성)'이고, '본래 있는 한 마음'이기에 번뇌 없는 마음만 지킬 줄 알면 문제 될 것이 없다는 식이다. 심지어 노력하는 수행은 '지금 이 마음이 곧 참 나'라는 이치를 모르는 중생의 짓이라는 주장도 한다. 이게 다 모든 이들에게 불성佛性이 있다고 주장하는 견성불교가 조장한 폐해다.

그러나 번뇌(중생)는 생각만으로 소멸되는 것이 아니다. 중생은 '지금 이대로 완전함을 모르는 무지'를 말하기 위한 개념이 아니라 '지금 이 상태가 잘못된 습성의 병病이라는 사실', 즉 머리(뇌)와 몸(감각)이 잘못된 습성으로 번뇌를 생산하는 병적 상태라는 사실을 말하기 위한 개념이다.

병을 치료하려면 병이 병이라는 사실부터 알아야 한다. 병이 들었는데 단지 생각 한번 돌이키면 낫는 심병心病 취급하는 것은 병을 스스로 키우는 것이나 다름없다. 암세포가 창궐하는 환자가 자신의 몸을 아무 문제없는 완전한 몸이라고 자랑한다면 어떻게 환자의 암을 치료할 수 있겠는가? 그래서 붓다는 고苦가 무엇에 연유緣由하는지를 아는 고성제苦聖諦를 사성

제의 첫 번째 가르침으로 설법하셨다. 고의 연유를 아는 것은 무명을 아는 것이요, 무명을 아는 것은 중생을 아는 것이며, 중생을 아는 것은 자신의 문제, 즉 병이 병이라는 사실을 아는 것이다.

## 분별의 의意

분별하지 않는다면 떠나야 할 분별도 없을 것이다. 하지만 분별하는 생명이기에 분별하지 않을 수 없다. 문제는 '분별을 어떻게 취급하는가'이다. 만일 분별에 취착하여 들러붙는다면 무명을 면치 못하는 것이다. 하지만 분별을 보면서 그 분별의 의意에 취착하지 않는 도리를 찾는다면 무명하지 않은 것이다. 사성제에서 집성제의 집을 취착의 집集이라 말하고, 멸성제의 멸을 취착의 멸滅이라 말하는 것은 이런 이유다.

## 생각: 삶

삶이 곧 생각이다. 생각으로부터 벗어난 삶은 없다. 벗어나고 싶은 생각에서 벗어나지 못할 때 삶은 불행이 된다. 내가 원하지 않는데도 생각으로부터 벗어나지 못하는 이유는 생각이 나로부터 생겨나는 것이 아니라 습성을 조건하여 연생하는 까닭이다. 심지어 '나'마저도 생각의 무더기다.

생각을 통제하지 못하는 나의 후회와 통한은 습관적이다. 일어나는 생각을 내가 알고 통제할 수만 있다면 후회는 없으리라. 하지만 '나'라는 것은 '생각'들에 뒤처져 일어나는 것이기에 후회와 통한은 언제나 나의 몫일 수밖에 없다. 생각을 탓하고 증오해보아도 나에 앞섰던 생각들은 흔적조차 없다. 착각이나 자신도 납득할 수 없는 생각들의 침입으로 일이 헝클어지고 망쳐지는 것은 사람들의 일상사日常事다. 심지어 생각에 속박된 행동은 상상조차 못했던 일을 저질러 인생을 파탄으로 몰고 가기도 한다.

## 취착하는 습성: 집을 짓는 자

"나는 집을 짓는 자를 찾으려 많은 생을 유전流轉하였으니, 거듭 태어남은 고苦다.[262]
집짓는 자여, 그대는 알려졌다. 그대 다시는 집을 짓지 못하리라.
서까래는 부서지고 대들보는 무너졌다. 마음은 형성[263]을 여의고 갈애의 부숨을 성취하였다."

《담마빠다》〈늙음의 품〉

집을 짓는 자는 형성하고 갈애하는 것, 즉 탐진치로 취착하는 습성이다. 마치 끈끈이풀처럼 습성의 욕망은 생각들에 취착하고, 취착하는 생각들을 재료로 욕망은 '나'라는 집을 지으려 갈망한다. 욕망은 '나'를 통해 '존재하려는 욕망'을 실현하고 싶은 것이다.

그러나 생각은 시작과 끝을 알 수 없는 물과 같다. 생각은 일어남으로써 비로소 인지될 뿐이다. 인지되지만 어디에서 온 것인지도 모르고 어디로

---

262 유有(존재)를 조건한 생생生은 고苦라는 뜻.
263 존재(존재론적 관념)의 형성.

향하는지도 알 수 없다. 습성의 욕망은 그런 생각들을 붙들고 이어 붙여 '나의 집'을 지으려 안달한다.

하지만 이 집은 비가 새고 바람이 몰아치는 집이다. 새는 비, 몰아치는 바람은 '나'에게로 난입하는 생각들이다. '나'는 세상을 학습하고 그 학습에서 이치를 배우려 한다. 배움은 '나'를 지탱하는 대들보가 되고 기둥이 될 것이다. 하지만 이 대들보, 기둥이란 것은 얼마나 유명무실한가? 생각은 집을 가차 없이 무너뜨리고 '나'라는 것을 이율배반적 존재로 만들기를 손바닥 뒤집기보다 더 쉽게 한다. 내가 습성을 지배하는 것이 아니라 습성이 나를 지배하는 것이다.

습성이 '나'를 지배하는 까닭은 내가 습성의 생각을 조건한 발생이기 때문이다. 습성의 욕망으로부터 생각이, 생각으로부터 내가 생겨난다. 발생의 순위에서 나는 가장 후순위이고, 가장 후순위이기에 가장 무력하다. 그러므로 염오하여 이욕하는 수행에서 나를 목적하면 안 된다. 습성이 세워놓은 총알받이에 불과한 나를 목적으로 해서 얻을 것은 우울증 같은 정신적 파탄밖에 없다. 목적해야 할 것은 총알받이를 만드는 주범, 즉 무명한 생각들에 취착하여 부단히 달라붙으려는 탐진치 습성이다.

---

## 명상 1

붓다가 말씀하신 탐진치 삼독三毒 중의 치는 생각(지혜) 없이 생각(무명)에 업혀 다니는 습성이다. 탐貪, 진瞋이 무명의 망상에 갈애하고 분노하는 습성이라면, 치痴는 망상에 업혀 다니면서도 지금 무엇을 하는지, 왜 하는지, 어떤 일이 일어날 것인지에 대한 알아차림이나 반성이 없는 무지의 습성이다.

사람들이 마치 좀비zombie처럼 생각 없이 생각에 업혀 다니는 이유는 생각을 '나', '나의 것'이라고 생각하기 때문이다. 즉 '자아(존재)'의 관념에 압도되었기에 일어나는 생각들을 당연히 '나(자아)의 것'이라 생각하며 아무런 반성이 없는 것이다. 하지만 생각은 나의 것이 아니라 연기한 것이다.

연기한 생각은 연유緣由를 알 수 없다. 인연의 조건들을 따져보지만 조건들 중에 가설假設되지 않은 것은 없다. 연유를 알 수 없는 생각들의 꼭두각시 짓을 하다가 결국은 생각들에 업혀 다니는 나무토막 같은 신세가 되는 것이 중생이다. 생각들에 업혀 다니는 나무토막이 무엇인지를 보려면 자기가 누군지, 무엇을 하는지, 어디에 있는지조차도 알지 못하는 치매환자들을 보면 된다. 자신을 존재라고 생각하며 생각들에 업혀 다니는 일에 아무 반성이 없는 것은 잠재적 치매상태라고 말해도 과언이 아니다. 나무토막과 같은 꼭두각시를 벗어나려면 생각에 업혀 다니는 짓을 멈추어야 한다. 그리고 일어나는 생각을 꿰뚫어 보며 반성할 수 있어야 한다. 생각에 업혀 다니지 않고 생각을 꿰뚫어 보는 것, 지금 자신이 이 생각과 더불어 무슨 짓을 하는지를 반성하는 것, 그것이 명상의 의의意義다.

---

## 명상 2

명상은 쉼 없이 생각을 쫓아다니는 취착을 무시함으로부터 시작한다. 취착을 무시하는 것은 생각의 존재론적 형성, 즉 연생을 멈추는 것이고, 연생을 멈추는 것은 의식의 활동을 멈추는 것이다. 의식의 활동[취착하는 行]

을 멈춤[止]<sup>264</sup>으로써 일어나고 사라지는 생각을 꿰뚫어 볼 능력을 준비할 수 있다.

연생하는 의식의 활동을 멈추는 것이 집주集注, 즉 사마타다.《맛지마 니까야》〈염신경〉(M119)에서 붓다는 "집주하는 수행에서 세상의 기억, 생각은 사라져간다"라고 설하신다. 생각을 꿰뚫어 보는 집주(사마타)의 수행에서 생각은 취착의 인연을 얻지 못하고, 취착의 인연을 얻지 못하는 생각의 연생은 멈출 수밖에 없는 것이다.

---

## 불교의 명상 수행과 수행의 분별식, 사띠

시중의 일반적 명상이 소극적 명상이라면 불교의 명상은 적극적 명상이다. 의식의 강박관념에서 벗어나는 일시적 안정 상태를 넘어, 모든 무명과 습성의 활동 중지를 요구하고 나아가 이들로부터의 이욕과 출리를 꾀하는 것이 불교의 명상 수행이다.

명상 수행에는 의意의 형성을 멈춘 분별식分別識이 필요하다. 존재론적 관념으로 대상과 자신을 형성하는 의식(행취온)이나 자의식(식취온)은 수행의 주체가 될 수 없다. 오히려 이들은 파사破邪하는 수행의 대상이다. 의식, 자의식을 꿰뚫어 보며 파사의 수행을 이끌어야 할 식識은? 당연히 존재론적 의意의 형성을 멈춘 분별식,<sup>265</sup> 즉 사띠sati여야 한다.

존재론적 형성(분별)을 멈추었는데 어떻게 분별하는가? 지혜로써 무명

---

264  무명을 멈추는 지止의 학립이 곧 공空(사띠)의 확립이다.

265  오온에 취착하는 오취온으로부터 출가하는 수행자의 식識.

을 분별한다. 즉 자아 없음을 새기는 공상空相으로써 자아 있음을 주장하는 의상意相을 분별하는 것이다. 공상(사띠)의 분별은 존재론적 의意에 취착하는 의식의 습성을 꿰뚫어 알아차리는 분별이다. 의意에 취착하지 않는 공상의 사띠이기에 의에 취착하는 의식의 습성을 꿰뚫어 알아차리는 일이 가능할 수 있다.

| 구분 | 상相 | 역할 |
|------|------|------|
| 의식 | 의상意相 | 행취온: 대상 및 세상을 형성함. |
| 자의식 | 의상意相 | 식취온: 자아를 형성함. |
| 사띠 | 공상空相 | 의식, 자의식(오취온)을 형성하는 오온을 꿰뚫어 봄. |

## 취하지도 버리지도 않는 인식

"비구들이여, 이를 두고 비구는 (색, 수, 상, 행, 식을) 허물어 나가지도 않고 쌓아 올리지도 않지만 이미 쌓아올리지 않은 채로 머문다고 하고, 버리지도 않고 취착하지도 않지만 이미 버린 채로 머문다고 하고, 흩어버리지도 않고 모으지도 않지만 이미 흩어버린 채로 머문다고 하고, 끄지도 않고 지피지도 않지만 이미 끈 채로 머문다고 한다.

비구들이여, 이와 같이 마음을 해탈한 비구에게 신들은 물론 인드라와 범천과 빠자빠띠와 더불어 멀리서도 예배를 할 것이다."

《상윳따 니까야》〈삼켜버림 경〉(S22:79), 각묵 역

위 법문을 올바로 해석하기 위해서는 사성제의 집集부터 분명히 이해하여야 한다. 집集은 자아 없는 오온을 자아 있는 오온으로 알아서 취착하는

오취온의 쌓임이다. 즉 색을 취한 색취온에 수를 취한 수취온을 쌓고, 수취온에 상을 취한 상취온을 쌓고, 상취온에 행을 취한 행취온을 쌓고, 행취온에 식을 취한 식취온을 쌓아 올린 집集이다. 의식의 실상은 이렇게 무명을 켜켜이 쌓아 올린 오취온의 집集이다. 그러므로 의식을 버리고 사띠를 확립하는 수행자는 우선 쌓아 올린 것부터 허물어야 한다.

이 이해를 바탕으로 위 법문을 해석하여 보자. 비구(수행자)의 오온은 어떠하여야 하는가? 쌓아 올리는 것은 오온을 취하는 것이고, 허물고 나서 아예 나가버리는 것은 오온을 버리는 것이며, 쌓지 않은 채로 머문다고 하는 것은 오온을 취하지 않되 버리지도 않는 것이다. 오온을 취하지 않되 버리지도 않는 것은 대상(세상)이나 자신을 분별하되 취착하지 않는다는 뜻, 즉 색, 수, 상, 행, 식으로 분별하되 색, 수, 상, 행, 식에 취착하지 않는다는 뜻이다. 이는 붓다가 가르치신 수행, 즉 분별을 버리는 것이 아니라 분별에의 취착을 버리는 수행을 말한 것이다.

《숫타니파타》〈5-16. 학인 모가라자의 질문의 경〉에서 죽음의 왕이 자신을 보지 못하도록 하는 방법을 묻는 모가라자에게 붓다는 공하게 관찰하라고 말씀하신다. 수행자가 세상과 자신에 대하여 닦아야 할 인식은 '공한 인식'이다. 공한 인식은 색(육근, 육경), 수(감각접촉), 상(대상의 인상, 느낌), 행(대상의 개념), 식(의식의 분별)을 버리는(단멸하는) 인식이 아니라 취착하지 않는 인식이다. 오온은 취착하지 않아야 할 것이지, 버려야(단멸해야) 할 것이 아니다. 버려야 할 것은 취착하는 오취온이다.

## 육근, 육경, 육식의 인식과 그렇지 않은 인식

육근, 육경, 육식을 각각의 실재로 아는 오취온의 인식은 육근, 육경, 육식이 형상[想]에 접착하여 있는 인식이다. '보는 것, 보이는 것, 보는 자'라는 중생상衆生相들이 모두 상想에 들러붙어 있으니, 상想에서 중생상들이 탐진치 분별로 서로 시비할 것은 당연한 일이다. 이와 달리 육근, 육경, 육식이 각각 실재한다는 생각을 버린 인식, 즉 '보는 것, 보이는 것, 보는 자'라는 오취온을 버린 인식은 상想을 대자적對自的으로 관찰하는 인식이다.

대자적으로 관찰하는 인식은 형상에서 형상을 인식하는 점적點的 사유의 인식이 아니라 현상의 전체 관계성[行]에서 형상을 인식하는 선적線的 사유의 인식이다. 사띠는 이런 대자적 관찰의 식識이다. 비유하자면 사띠는 영화가 영화라는 것을 알고 영화를 보는 관객과 같다. 영화의 인물(형상)들은 장면 속에서 서로에게 결박된 인식으로 시비하지만, 영화를 보는 관객은 장면과 장면의 연결들에서 각 인물의 인과를 관찰하는 인식을 행사한다. 영화의 인물이 형상에 종속된 노예(의식)라면, 영화를 보는 관객은 형상을 분별하는 주인(사띠)이다.

## 사마타

중생의 의식은 매 찰나 온 사방으로 뛰쳐나가는 망념들로 분주하다. 하지만 정작 의식은 자각조차 하지 못한다. 그러다 명상에 들면(사띠에 들면) 비로소 의식이 생각들로 그렇게 분주하다는 사실을 깨닫는다. 붓다가 설하신 사마타(정정진正精進)는 의식의 끊임없는 형성(행취온行取蘊)을 중지시킴으로써 바른 분별식分別識의 사띠sati[266]를 확립하는 수행이다.

수행자는 사띠의 힘과 기능을 증장함으로써 사띠를 확립해야 한다. 힘을 증장하는 수행은 사마타이고 기능을 증장하는 수행은 위빠사나이다. 사마타는 집주의 수행이고 위빠사나는 알아차림의 수행이다. 집주는 처處를 필요로 한다. 물론 처는 존재의 처處가 아니라 사마타 수행을 위해 시설한 가처假處다. 사띠의 가처는 의식의 전면前面에 시설된다.

---

## 호흡을 관찰하는 사띠를 확립하는 사마타

사띠를 확립하려면 행行(유위한 조작)의 지止(중지), 즉 의식의 활동 중지가 전제되어야 한다. 존재론적 분별에 사로잡힌 의식을 중지해야 존재론적 분별을 꿰뚫어 보는 사띠를 확립할 수 있다.

존재론적 분별의 의식을 중지하고 사띠를 확립하는 첫 번째 방법은 호흡에 집주하는 사띠를 확립하는 사마타, 즉 아나빠나사띠anapanasati다. 호흡에는 아무런 생각이 없다. 그러므로 호흡에 집주하는 것만으로도 의식을 중지하는 집주(사마타)의 효과를 거둘 수 있다.

---

266  의식이 오온을 오취온으로 조작하는 망상의 분별식이라면, 사띠는 오온을 오온으로 알아차리는 바른 분별식이다.

## 의식을 관찰하는 사띠를 확립하는 사마타

12. "수행승들이여, 예를 들어 더운 여름의 마지막 달에 모든 곡식을 마을에서 거두어 들였을 때에 소 치는 사람이 소를 지키면, 그는 나무 그늘 아래나 노지에서 노닐면서 '여기 소들이 있다'라고 할 정도로만 사띠를 확립했다. 수행승들이여, 이와 같이 나는 착하고 건전한 것들에 대해서는 '여기 그러한 상태가 있다'라고 할 정도로만 사띠를 확립했다."

《맛지마 니까야》〈두 갈래 사유의 경〉(M019)


　소 치는 사람이 소를 지켜보는 태도는 추수 전후에 따라 다르다. 추수 전 곡식이 자라는 들에서는 혹시 남의 농사를 망칠까 염려하는 마음으로 소에 취착하여 지켜보지만, 추수 후 빈 들에서는 다만 멀리 떨어져서 소를 관찰한다. 소(현상)에 취착하여 있는 식識이 의식이라면, 멀리 떨어져서 소를 지켜보는 식은 사띠다. 사띠가 멀리 떨어져서 의식을 지켜보는 까닭은 의식에 사로잡히지 않기 위해서다. 꿰뚫어 보아야 할 의식의 느낌, 생각에 오히려 사로잡히는 것은 무찔러야 할 적에 사로잡히는 것에 다름 아니다.
　설법에서 붓다는 "나는 건전한 것[267]에 대해서는 '여기 그러한 것이 있다'라고 할 정도로만 사띠를 확립한다"라고 말씀하신다. 그런데 불건전한 것[268]에 대해서는 어떻게 사띠를 확립하는 것일까? 붓다는 정정진의 수행에서 불건전한 법들의 일어남과 사라짐을 꿰뚫어 알아차릴 수 있어야 한다고 말씀하신다. 꿰뚫어 알아차리면 염오, 이욕, 출리하여야 할 일이다.

---

267　취착하지 않는 것.
268　취착하는 것.

그런데 염오, 이욕, 출리는 사마타(팔정도의 정정진)의 일이 아니라 사마디(팔정도의 정정)의 일이다. 그러므로 사마타는 '의식을 대면하여 건전하거나 불건전한 법들의 일어나고 사라짐을 꿰뚫어 보는 사띠를 확립하는 수행'이라고 정의할 수 있다.

---

## 통찰지의 위빠사나

위빠사나는 사띠의 알아차림이다. 위빠사나vipassanā는 vi(대하여)와 passanā(봄)의 합성어로, 번역하면 대면염對面念, 즉 대면하여 꿰뚫어 보는 알아차림이며, 경전에서는 '바른 통찰지(정념正念)'라고 말한다.

의식의 알아차림은 '존재'를 위한 알아차림이다. 즉 존재를 인식하기 위하여 인식(오온)을 존재(오취온)로 조작하여 알아차리는 알아차림이다. 그러나 사띠는 의식을 대면하여 꿰뚫어 봄으로써 오취온 이전의 오온을 알아차린다. 즉 사띠는 감각접촉(수受), 인상(상想), 개념(행行), 분별(식識)의 연생[269]을 있는 그대로 빠짐없이 꿰뚫어 아는 것이다. 인식을 존재(오취온)로 조작하는 무명습성을 꿰뚫어 지금 일어나는 인식(오온)의 연생을 있는 그대로 빠짐없이 알기에 통찰지다.

---

269  사념처四念處의 연생緣生.

의식의 인식습성은 '존재를 지각하려는 습성'이다. 속담에 "뭐 눈에는 뭐만 보인다"는 말이 있다. 뇌과학의 연구에 의하면 의식의 상相은 뇌신경망의 시뮬레이션 플롯simulation plot[270]에서 생산된다. 이는 입력 정보가 뇌신경망에서 운영하는 시뮬레이션 플롯의 재료로 사용되도록 가공된다는 뜻이다. 즉 입력 정보에 의해 플롯이 결정되는 것이 아니라 운영되는 시뮬레이션의 플롯에 적합하도록 입력 정보가 가공되는 것이다.

런던 대학교 생물학 교수 루이스 월퍼트Lewis Wolpert는 인간을 "생존을 위해 믿음의 메커니즘으로 사실을 구성하는 믿음의 엔진Belief Engine"으로 정의한다. 실제로 사람들은 보려 하는 것, 볼 수 있는 것, 보아야 하는 것을 인식하는 경향이 있고, 인식의 정보와 의미 역시 그런 경향에 의존하여 '형성'되는 것이 일반적이다. 자신의 믿음에 경도된 사람들은 자신이 믿고 싶은 것에 대한 강박이나 망상으로 진행하여 자신의 믿음을 확인해줄 환상까지 만들어내는 경우도 있다.

이런 인식습성의 의식에서 존재(오취온) 이전의 연생(오온)을 있는 그대로 알아차리는 일은 불가능하다. 바른 알아차림의 수행이려면 우선 입력 정보를 조작하는 의식의 형성(행취온)부터 중지시켜야 한다. 의식의 형성을 중지함으로써 의식의 존재론적 조작(유위한 조작)에서 벗어난 사띠를 확립할 수 있다. 사띠가 확립되면 그다음은 사띠가 해야 할 일을 하는 수행, 즉 의식을 통찰하는 위빠사나 수행이 따라야 한다.

---

270  사건을 인과 관계에 맞추어 구성하는 방식.

## 사띠의 사념처 수행: 오온의 공함을 관찰하는 수행

"수행승들이여, 뭇 삶을 청정하게 하고, 슬픔과 비탄을 뛰어넘게 하고, 고통과 근심을 소멸하게 하고, 바른 방도를 얻게 하고, 열반을 실현시키는 하나의 길이 있으니 곧, 네 가지 새김(사띠)의 토대이다."

《맛지마 니까야, (M010)》〈새김의 토대에 대한 경〉(M010)

"세상에서 수행승은 열심히 노력하고 올바로 알아차리고 새김(사띠)을 확립하여 세상의 탐욕과 근심을 제거하며, 몸에 대해서 몸을, 느낌에 대해서 느낌을, 마음에 대해서 마음을, 법에 대해서 법을 관찰한다. 수행승들이여, 이와 같이 새김(사띠)의 확립을 실천하는 것이다."

《상윳따 니까야》〈새김의 경〉(S47:2)

'사념처'의 빨리어는 '사띠 빠타나sati-patthana'이다. 빠타나patthana는 집주한다는 뜻으로, 사띠와 빠타나가 합쳐진 사띠 빠타나는 '사띠의 집주하는 수행'이라는 뜻이다. 어디에 집주하는가? 몸, 느낌, 마음, 법에 집주한다. 무엇을 위해 집주하는가? 관찰하기 위해 집주한다.

몸, 느낌, 법, 마음은 오온의 형성(연기)으로써 이해하여야 한다. 색色, 수受의 형성이 몸의 형성이고, 상想의 형성이 느낌의 형성이고, 행行의 형성이 법의 형성이고, 식識의 형성이 마음의 형성이다. 즉 사념처에 대해서 사띠를 확립(집주)하는 것이 오온에 대해서 사띠를 확립(집주)하는 것이요, 사념처를 공하게 보는 것이 오온을 공하게 보는 것이다.

## 꿰뚫어 보라!

꿰뚫어 보아야 하는 것은 오취온의 의식이다. 색(육근, 육경)을 색(존재)으로 취착하는 색취온을, 수(육처의 감각접촉)를 수(존재의 접촉)로 취착하는 수취온을, 상(인상)을 상(존재의 상)으로 취착하는 상취온을, 행(존재성, 인과)을 행(존재의 존재성, 인과)으로 취착하는 행취온을, 식(의식)을 식(존재의 의식)으로 취착하는 식취온을 꿰뚫어 보고, 이들의 일어남과 사라짐을 꿰뚫어 본다.

꿰뚫어 보는 것은 사띠다. 사띠이기에 의식을 꿰뚫어 볼 수 있다. 육근의 내가 육경을 알아차리는 것이 아니라 사띠가 육근, 육경(색취온)의 수취온, 상취온, 행취온, 식취온을 알아차리는 것이다. 취착하여 알아차리는 것이 아니라 대면하여 알아차리기에 의식에 속는 일 없이 오염(무명습성)의 연생緣生을 그대로 알아차릴 수 있다. 오염의 연생을 그대로 알아차릴 수 있기에(집성제) 오염으로부터 이욕, 출리하는 연멸을 수행할 수 있다(멸성제).

## 배우는 수행자

"훌륭하구나, 사리뿟따여. '이것은 생겨난 것(연생한 것)'이라고 있는 그대로 바른 통찰지로 본다. '이것은 생겨난 것'이라고 바른 통찰지로 본 뒤 생겨난 것에 대해서 염오하고, 탐욕으로부터 이욕, 출리하는 도를 닦는다.

이것(연생한 것)은 음식(오온)에서 생겨난 것(오취온)이라고 있는 그대로 바른 통찰지로 본다. 이것은 음식에서 생겨난 것이라고 바른 통찰지로 본 뒤, 음식에서 생겨난 것에 대해서 염오하고 탐욕으로부터 이욕, 출리하는 도를 닦는다. 음식이 소멸할 때 생겨난 것도 소멸하기 마련인 법이라고 바른 통찰지로 본다. 음식이 소멸할 때 생겨난 것도 소멸하기 마련인 법이라고 바른 통찰지로 본 뒤, 소멸하기 마련인 법(오취온)에 대해서 염오하고, 탐욕(취착하는 습성)으로부터 이욕, 출리하는 도를 닦는다. 사리뿟따여, 이렇게 해서 배우는 수행자가 된다."

《상윳따 니까야》〈생겨난 것의 경〉(S12:31), 각묵 역

연기법의 수행은 수습修習하는(닦고 배우는) 수행이다. 존재(형이하학적 존재)나 비존재(형이상학적 존재)를 증득하는 수행이 아니라 자신에게 있는 잘못된 오염을 청소함으로써 자신을 청정하게 하는 바른 지혜(반야)를 배우는 수행이다.

사람들은 존재나 비존재에게 의지하는 구원을 경이롭다고 말한다. 그러나 그런 것은 경이로운 것이 아니다. 타他에 의지하는 구원에 무엇이 경이롭겠는가? 진정으로 경이로운 것은 자신의 의지로 자신의 오염을 닦고 세상과 자신을 청정하게 하는 도道, 즉 수습하는 수행magga이다. 수습하는 수행이기에 갑작스런 깨달음이 아니라 점차적인 배움과 향상이다. 《우다나》〈포살의 경〉(5:5)이 연기법을 '점차적인 배움, 점차적인 실천, 점차적인 진보가 있는 경이로운 가르침이고 계율'이라며 찬탄하는 이유다.

## 진리: 반야 지혜

'자아 없음'은 현상에 자아가 없다는 사실을 말하기 위한 '방편적 서술'이다. '방편적 서술'이란 그 서술이 존재론적 개념을 방편으로 사용한 서술이라는 뜻이다. 인간의 언어, 문자, 개념이 존재론적이기에 비존재론적 사

실(자아 없는 사실)을 서술하는 방법 역시 존재론적 개념(자아)을 차용한 방편적 서술일 수밖에 없다.

연기법에서 말하는 반야(지혜)는 자아 없는 사실(청정한 연기)을 사실 그대로 온전하고 올바르게 아는 것이다. 의식의 문자적 이해(방편적 이해)를 넘어 사실을 사실 그대로 알려면 사실이 되어야 한다. 즉 연기법이 되어야 반야 지혜의 깨달음도 있는 것이다.

연기법(여래如來)이 되는 것을 배우는 일이 팔정도의 수행이다. 수행의 정정正定, 즉 사띠의 사마디에서 비로소 반야 지혜를 경험할 수 있다. 공空(사띠의 사마디)에서 비로소 공空(연기)을 경험하는 것이다. 그래서 《반야심경》은 "행심반야바라밀다시 조견오온개공"이라고 말한다. 사띠의 깊은 사마디에서 오온이 공한 청정한 연기를 보고 일체의 고를 벗어나는 도道(해탈의 반야 지혜)를 이룬다는 뜻이다.

---

## 사마디 수행의 의의

"비구들이여, 그대들은 삼매를 닦아야 한다. 삼매를 닦은 비구는 있는 그대로 꿰뚫어 안다. 비구들이여, 그러므로 그대들은 '이것이 괴로움이다'라고 수행해야 한다. '이것이 괴로움의 일어남이다'라고 수행해야 한다. '이것이 괴로움의 소멸이다'라고 수행해야 한다. '이것이 괴로움의 소멸로 인도하는 길의 닦음이다'라고 수행해야 한다."

《상윳따 니까야》〈삼매 경〉(S56:1), 각묵 역

삼매(사마디)에서 사띠가 하는 일은 의식의 알음알이로만 알던 사성제를 실천하는 일이다. 사마디에서 사띠는 ① '이것(연생의 오온)이 고苦(고성제)'라고 수행하여야 하고(알아차려야 하고), ② '이것(연생의 쌓임, 오취온)이 고의 일어남(집성제)'이라고 수행하여야 하고(알아차려야 하고), ③ '이것(오취온의 연멸)이 고의 소멸(멸성제)'이라고 수행하고(알아차려야 하고), ④ '이것(팔정도)이 고의 소멸로 인도하는 도 닦음(도성제)'이라고 수행하여야 한다. 사마디의 수행은 의식에 의한 수행이 아니라 사띠에 의한 수행이어야 한다. 즉 사마디의 염오, 이욕, 출리는 의식이 아니라 사띠에 의한 염오, 이욕, 출리이어야 하는 것이다. 이를 위해 사띠는 합당한 힘(정정진, 사마타)과 기능(정념, 위빠사나)을 확보하여야 한다.

## 삼매의 사마디: 정정진, 정념, 정정의 다발

《맛지마 니까야》〈교리문답의 작은 경〉(M044)에서 담마딘나는 세 가지 가르침의 계戒, 혜慧, 정定이 무엇인지를 묻는 비싸카에게 정견, 정사유가 지혜의 다발[慧蘊]이고, 정어, 정업, 정명이 계의 다발[戒蘊]이고, 정정진, 정념, 정정이 삼매의 다발[定蘊]이라고 설명한다. 즉 팔정도가 바로 혜, 계, 정의 삼학三學이라고 설명한 것이다.

이어서 비싸카가 삼매에 대해서 묻자 담마딘나는 육경, 육근에 집주하는 사마타가 삼매이고, 오온을 꿰뚫어 보는 사념처 위빠사나가 삼매의 인상印象이며, 네 가지 올바른 노력(사정근四正勤)[271]이 삼매의 도구(무기)라고

---

271 아직 나타나지 않은 오염을 끊는 노력, 나타나는 오염을 끊는 노력, 아직 나타나지 않은 지혜를 일으키는 노력, 나타나는 지혜를 증장하려는 노력.

대답한다.

다음으로 이어지는 설명은 삼매에 듦과 삼매에서 나옴이다. 삼매에 듦은 상수멸想受滅[272]에 드는 것이고 삼매에서 나옴은 상수멸에서 나오는 것이다. 상수멸은 상想(형색, 소리, 향, 맛, 촉감)을 지각한다고 주장하는 수취온, 상취온, 행취온, 식취온이 소멸한 상태다. 수, 상, 행, 식이 공한 상수멸想受滅에서는 일체의 감각작용(상취온)이나 개념작용(행취온), 분별작용(식취온)이 없고 다만 상想을 알아차리는 집주만 있다. 즉 상想을 지각한다는 생각이나 느낌 없이 상想에 집주하는 삼매의 상태만 있는 것이다. 담마딘나는 이런 상태가 의도적으로 이끌어지는 것이 아니라 사띠의 정정진과 정념의 수련을 통하여 이끌어지는 것이라고 설명한다. 이는 삼매의 사마디가 의식이 이끄는 의식적 상태가 아니라 사띠가 이끄는 '무의식적이면서도 알아차림이 있는 깊은 사마타와 위빠사나의 상태'로 이해되어야 한다는 뜻이다.

## 상수멸의 삼매에 대한 교리문답

다음은 상수멸의 삼매에 듦과 상수멸의 삼매에서 나옴에 대하여 〈교리문답의 작은 경〉에서 비싸카와 담마딘나가 주고 받는 문답을 정리한 것이다.

---

272 현상(상想)을 외부에 존재하는(자아 있는) 상像으로 인식(지각)하는 느낌, 생각의 소멸이라는 뜻으로, 인식의 지각작용이 있는 것도 아니고 없는 것도 아닌 선정禪定을 말함. 즉 색, 성, 향, 미, 촉의 상想을 공空하게 인식하는 선정을 말함.

[비싸카] "어떤 것이 형성입니까?"

삼매에 대해 묻던 비싸카는 이어서 존재론적 인식의 형성(십이연기의 행 行)에 대해서 질문한다. 삼매에 들려면 유위로 조작하는 존재론적 인식작용(오온)의 형성을 멈추어야 하기에 형성은 구체적으로 어떤 것인지를 질문한 것이다.

[담마딘나] "신체적 형성(몸의 형성), 언어적 형성(세상의 형성), 지각적 형성(식識의 형성)의 세 가지 형성이 있습니다."

신체적 형성은 숨을 들이쉬고 내쉬는 몸이 있다고 주장하는 형성이고,[273] 언어적 형성은 사유와 숙고(존재론적 관념)를 거쳐 언어(이름)로 형성되는 세상이 있다고 주장하는 형성이고, 지각적 형성은 세상과 자신(몸)을 지각하는 느낌, 생각의 식識이 있다고 주장하는 형성이다. 즉 신체적 형성은 육근의 형성을, 언어적 형성은 육경의 형성을, 지각적 형성은 육식의 형성을 말하는 것이다.

[비싸카] "어떻게 지각하는 느낌, 생각이 없는 상수멸想受滅을 성취합니까?"
[담마딘나] "상수멸을 성취하는 수행자에게는 '성취할 것이다'라든가, '성취하고 있다'라든가, '성취했다'라는 생각(의도)이 없습니다. 수련된 그의 마음(사띠)이 그를 그러한 상태(사마디)로 이끄는 것입니다."

---

273  우리는 몸의 폐가 숨을 들이쉬고 내쉰다고 생각한다. 그런데 몸이나 폐라는 것은 유기적 조직체를 지칭하는 가명이다. 즉 몸의 몸이나 폐의 폐라는 것은 없는 것이다.

[비싸카] "상수멸을 성취하는 수행자에게 어떤 형성이 제일 먼저 소멸합니까?"

　지각하는 느낌, 생각을 소멸하는 삼매에 드는 수행자에게 존재론적 인식작용(오온)이 연멸하는 과정(환멸문)을 질문한 것이다.

[담마딘나] "먼저 사유와 숙고의 언어적 형성(형색이 존재한다는 생각)이, 다음은 신체적 형성(육처六處의 몸이 있다는 생각)이, 그다음은 지각적 형성(느끼고 지각하는 식識이 있다는 생각)이 소멸합니다."

　먼저 육경이, 다음은 육근이, 그다음은 육식이 소멸한다는 대답이다. 물론 육경, 육근, 육식이 아예 소멸하는 것이 아니라 육경, 육근, 육식을 존재의 사실처럼 인식하는 존재론적 인식작용이 소멸하는 것이다.[274] 소멸함에 이은 소멸함은 연멸緣滅이다. 즉 담마딘나는 육경(행온)의 소멸함을 조건하는 육근의 소멸함, 육근의 소멸함을 조건하는 육식(식온)의 소멸함이라는 연멸의 환멸문을 상수멸의 삼매에 드는 과정으로 설명한 것이다.

[비싸카] "어떻게 상수멸에서 나옵니까?"
[담마딘나] "상수멸에서 나오는 수행자는 '나는 나올 것이다'라든가, '나는 나오고 있다'라든가, '나는 나왔다'라는 생각(의도)이 없습니다. 수련된 그의 마음(사띠)이 그를 그러한 상태로 이끄는 것입니다."

---

274　사띠가 육경의 색, 성, 향, 미, 촉, 법에서 취착하는 불선법不善法을 꿰뚫어 보고 이로부터 이욕, 출리하는 것이 육경의 소멸이다.

[비싸카] "상수멸에서 나오는 수행자에게 어떤 형성이 제일 먼저 생겨납니까?"

삼매에서 나와 세상을 분별하는 존재론적 인식작용(오온)을 다시 경험하는 수행자에게 존재론적 인식작용이 형성되는(연생하는) 과정(유전문)을 질문한 것이다.

[담마딘나] "먼저 지각적 형성이, 다음은 신체적 형성이, 마지막으로 언어적 형성이 생겨납니다."

먼저 육식이, 다음은 육근이, 그다음은 육경이 생겨난다는 대답이다. 즉 담마딘나는 육식의 생겨남을 조건하는 육근의 생겨남, 육근의 생겨남을 조건하는 육경의 생겨남이라는 연생의 유전문을 상수멸의 삼매에서 나오는 과정으로 설명한 것이다. 그런데 수행자의 유전문은 모습은 유전문이지만 내용은 유전문이 아니다. 왜냐하면 상수멸에서 나오는 식識은 중생의 의식이 아니라 수행자의 분별식인 사띠이기 때문이다. 즉 상수멸의 삼매에서 나오는 수행자는 오온에 취착하는 의식(오취온)이 아니라 세상을 분별하는 방편으로 오온을 사용하는 사띠인 것이다.

[비싸카] "상수멸에서 나온 수행자는 어떤 접촉을 경험합니까?"

상수멸을 수행하는 수행자는 일상에서 세상을 어떻게 인식하는지를 질문한 것이다. 즉 육근, 육경을 공하게 아는 수행자에게 육근, 육경의 접촉(인연)은 어떤 모습인지를 묻는 질문이다.

[담마딘나] "수행자는 세 가지 접촉, 즉 공한 접촉, 인상 없는 접촉, 취착 없는 접촉을 경험합니다."

공한(자아 없는) 접촉은 수취온의 소멸을, 인상印象 없는 접촉은 상취온의 소멸을, 취착 없는 접촉은 행취온, 식취온의 소멸을 뜻한다. 즉 수행자가 경험하는 존재론적 인식의 오온은 오취온을 소멸한 오온(오온을 공하게 보는 오온)이라는 뜻이다.[275]

[비싸카] "상수멸에서 나온 수행자의 마음은 어떠한 곳으로 기울고, 어떠한 곳으로 향하고, 어떠한 곳으로 나아갑니까?"

상수멸을 수행하는 수행자는 일상의 존재론적 인식(오온)에서 어떤 '경향'으로 인식하는지를 질문한 것이다.

[담마딘나] "수행자는 멀리 여읨으로 기울고, 멀리 여읨으로 향하고, 멀리 여읨으로 나아갑니다."

중생의 경향은 탐진치 습성이다. 상수멸의 삼매를 수행하는 수행자는 중생의 경향이 고苦를 연생하는 무명습성이라는 사실을 꿰뚫어 알기에 중생의 경향으로부터 멀리 여읨을 지향한다는 뜻이다.

---

275  이 말의 뜻을 상세히 이해하려면 《상윳따 니까야》 〈삼켜버림 경〉 (S22:79)에서 설명하는 '쌓아올리지 않은 채로 머무는 인식, 버린 채로 머무는 인식, 흩어버린 채로 머무는 인식'을 참조하자.

24

·

사띠 수행법

## 사띠가 분별하는 육경

13. "말룽까뿟따여, 그대가 보고, 듣고, 감지하고, 안다고 하자. 이때 그대가 봄에 있어 단지 봄이 있고, 들음에 있어 단지 들음이 있고, 감지함에 있어 단지 감지함이 있고, 앎에 있어 단지 알게 됨이 있으면 그대에게 '그것에 의함'이란 있지 않다. '그것에 의함'이 있지 않으면 그대에게는 '거기에'라는 것이 있지 않다. 말룽까뿟따여, 그대에게 '거기에'가 있지 않으면 그대에게는 이것도 없고 저것도 없고 그대는 이 둘 사이에도 없다."

《상윳따 니까야》〈말룽까뿟따 경〉(S35:95)

의식으로 인식하는 자에게 육경은 그것(존재)에 의해 거기(처處)에 있는 육경이다. 즉 의식은 육경을 거기에 있는 그것의 형색, 소리, 냄새, 맛, 감촉, 법으로 인식하는 것이다. 하지만 사띠로 육경을 인식할 때는 단지 봄, 들음, 앎이 있을 뿐이며 '그것'이라든가 '거기'와 같은 존재론적 분별(행취온)은 없다. 존재론적 분별이 없기에 이것과 저것을 나누어 각자로 분별하는 일도 없고 그들 사이에 자신이 존재하도록 분별하는 일도 없다.

15. "형색, 소리, 냄새, 맛, 감촉, 법에서 사띠를 놓아버리는 사람은 애욕에 물든 마음으로 그것을 경험하고 거기에 묶여 있다. 형색, 소리, 냄새, 맛, 감촉, 법에서 생겨난 여러 가지 느낌들은 그에게서 증장하고, 마음을 어지럽히는 욕심과 불건전함도 그러하니, 이처럼 괴로움을 쌓는 자에게 열반은 아주 멀다고 나는 말한다."

《상윳따 니까야》〈말룽까뿟따 경〉(S35:95)

육경에 대하여 사띠를 놓아버리는 사람, 즉 의식으로 육경을 분별하는 사람은 거기에 있는 그것의 형색, 소리, 냄새, 맛, 감촉, 법을 경험한다. 의식에게 '그것'에 대한 느낌이 쌓이고 증장한다. 그것에 대한 느낌이 증장하면 그것에 대한 갈애와 그것에 대한 취착도 증장한다. '그것'을 조건한 연이은 증장增長의 집集으로 말미암아 마음을 어지럽히는 욕심과 불건전함, 괴로움의 유전문이 쌓이고 증장한다. 이렇게 쌓여 증장하는 집集의 유전문에서 유전流轉(윤회)하는 자에게 열반은 멀다고 붓다는 말씀하신다.

## 수행자의 식識: 사띠sati

우리의 일상을 지배하는 의식은 '존재'를 위한 것이다. 즉 '존재'를 위해 느끼고, 생각하고, 인과를 형성하도록 습성화(프로그램화)한 의식이다. 하지만 이 프로그램은 오류다. 왜냐하면 존재는 허상이기 때문이다.

'존재(자아)'로부터 벗어나야 하는 붓다의 법에서 수행의 시작은 망상의 의식을 꿰뚫어 볼 '수행자의 식識'을 확립하는 것이다. 오온에 취착하는 오취온의 의식과 의식이 조건하는 색, 수, 상, 행, 식의 오온을 꿰뚫어 보는 사띠sati[276]가 바로 수행자의 식識이다.

의식이 존재하는 방식은 연생의 생각을 쌓는 방식, 즉 집集이다. 의식이 생각을 쌓는 이유는 생각에 취착하여 쫓아다니기 때문이다. 생각의 쌓임에서 생겨나 생각을 추종追從하는 의식은 생각의 노예다. 노예 짓을 그만

---

[276] sati의 의의는 satya의 '실제에 상응하다'라는 뜻에서 유추할 수 있다.

두려면 생각의 주인이 되어야 한다. 즉 연생하는 생각들을 꿰뚫어 알아차리는 사띠가 되어야 하는 것이다.

생각을 알아차리는 사띠가 됨으로써 생각을 쫓아다니며 생각을 쌓는 중생 짓을 멈출 수 있다. 나아가 잘못된 생각(무명)들에 취착하는 습성으로부터의 여읨(해탈)도 수행할 수 있다. 그러므로 이렇게 말할 수 있다. "사띠 수행의 시작은 '생각의 주인(사띠) 됨'을 확립하는 것이다."

## 사띠의 뜻

중국에서 전승된 화두 수행만 고집하던 한국 불교에서 니까야 경전의 번역이 소개되면서 가장 주목하는 용어가 '사띠sati'다. 니까야 경전을 연구하는 사람들 사이에서 수행의 개념, 방법에 대한 지침을 제공하는 중요한 용어라는 평가이지만 번역이 역자譯者마다 달라 논란이 되고 있다.

현재 시중의 불교에서 사띠는 '새김' '알아차림' '마음챙김' 등으로 번역된다. 하지만 이들 모두는 기능이나 작용으로 사띠를 설명하려는 개념들이기에 사띠의 정확한 의미라고 보기는 어렵다. 붓다가 직접 설명하신 말씀을 살펴보면 사띠는 동사적 서술이 아니라 명사적 상태로 보는 것이 옳다.

《상윳따 니까야》〈사리뿟따의 경〉(S45:3)에서 붓다는 "수행승들이여, 이와 같이 수행승이 (무명의 의식에서) 멀리 떠나 가르침을 기억하고 사유하면 그때 사띠의 깨달음의 고리가 시작된다"라고 말씀하시고, 《맛지마 니까야》〈대념처경〉(M022)에서는 "이 사띠는 분명한 앎을 얻기 위한 것이며 놓침이 없는 알아차림을 얻기 위한 것이다"라고 말씀하신다. 이들 설법에서 사띠는 꿰뚫어 보고 알아차리는 수행의 주체이자 깨달음의 주체다.

《상윳따 니까야》〈운나바 바라문 경〉(S48:42)에서 붓다는 "안식, 이식, 비식, 설식, 신식의 다섯 가지 식識은 의식意識에 의지하여 경험하고 의식은 사띠에 의지하여 경험하고 사띠는 해탈에 의지하여 경험하고 해탈은 열반에 의지하여 경험한다"고 말씀하신다. 이를 풀어서 말하면, 다섯 가지 감각의 인식은 다섯 가지 감각처感覺處(눈, 귀, 코, 혀, 몸)의 알음알이를 규정하는 의식에 의지하여 안식, 이식, 비식, 설식, 신식이라는 이름으로 경험되고, 이들 오식五識을 규정하는 의식은 의식을 관찰하는 사띠에 의지하여 경험되고, 사띠는 무명습성을 벗어나는(해탈하는) 사마디(정정正定)에 의지하여 경험되고, 해탈은 오염 없는 열반, 즉 육근, 육경이 청정한 연기의 현현에 의지하여 경험된다[277]는 말씀이다.

## 수습하는 사띠

의식이 존재론적 관념의 의상意相으로서 분별한다면, 사띠는 '자아 없음'을 새기는 공상空相으로서 분별한다. 즉 의식의 존재성이 '존재의 의意'라면, 사띠의 존재성은 '자아 없음'인 것이다.

사띠의 수행은 사띠의 존재성을 닦고 배우기 위한 수행, 즉 '자아 없음'을 수습修習하기 위한 수행이다. 사마디(정정)에서 사띠의 본격적 배움은 시작된다. 오염으로부터 출리하는 사마디에서 오염 없는(자아 없는) 머무

---

277   해탈 = 청정범행의 성취 = 육근, 육경이 청정한 연기의 현현 = 열반.

름을 배우는 것이다. 배움을 성취하면('자아 없음'을 경험하면) 사띠는 마침내 해탈하였다는 사실을 안다. 이것이 바로《상윳따 니까야》〈운나바 바라문 경〉(S48:42)에서 '사띠는 해탈에 의지하여 경험한다'는 말씀의 뜻이다.

## 수문장의 사띠

"비구들이여, 마치 왕의 국경에 있는 도시에 모르는 자들이 들어오는 것을 막고 아는 자들이 들어오는 것은 허락하여 내부의 사람들을 잘 수호하고 외부의 적들을 격퇴하기 위하여 명석하고 슬기로운 수문장이 있듯이, 성스러운 제자는 그렇게 사띠를 행한다. 그는 최상의 사띠와 지혜를 구족하여 오래전에 행하고 오래전에 말한 것일지라도 모두 기억하고 챙긴다. 비구들이여, 사띠의 수문장을 가진 성스러운 제자는 해로운 법[不善法]을 버리고 유익한 법[善法]을 개발하고, 비난받을 만한 일을 버리고 비난받을 일이 없는 일을 개발하고, 자신을 청정하게 유지한다."

《앙굿따라 니까야》〈도시 비유 경〉(A7:63), 각묵 역

사띠는 공항에서 비행기를 통제하는 관제탑과 같다. 관제탑은 어느 비행기(생각)가 머물러 있고 어느 비행기가 착륙할 것이며 어느 비행기가 이륙할 것인지를 안다. 모든 비행기의 상황을 매 순간 알아차리며, 어느 비행기가 유익하고 해로운지도 안다. 사띠의 알아차림도 이와 같다. 지금 이 순간의 모든 일어남과 사라짐과 해로움과 유익함을 안다. 모든 것을 있는 그

대로, 사실대로 아는 사띠의 알아차림은 통찰지다.[278] 이런 사띠가 없는 의식은 관제탑 없는 공항에 다름 아니다. 관제탑 없는 공항에서 언제 어떤 사고가 발생할지 모르듯이, 사띠 없는 의식은 연유緣由도 없는 생각들이 언제 어떤 사고를 칠지 모르는 통제 불능의 상황이다.

## 사띠를 닦는 마음 자세

"살기를 바라고 죽기를 바라지 않으며 행복을 바라고 괴로움을 혐오하는 사람이 온다고 하자. 그때 어떤 사람이 그에게 말하기를 '여보게, 이 사람아, 그대는 기름으로 가득 찬 이 단지를 저 많은 사람들과 나라에서 제일가는 미녀 사이로 가져가시오. 칼을 빼 든 사람이 그대 뒤를 따라갈 것이오. 만일 그대가 한 방울의 기름이라도 흘리면 그는 그대의 머리를 잘라버릴 것이오' 라고 한다 하자. 비구들이여, 이를 어떻게 생각하는가? 그런데도 그 사람이 그 기름 단지를 마음에 집주하지 않고 밖으로 방일한 채 가져가겠는가?"

"그렇지 않습니다. 세존이시여."

"비구들이여, 이 비유는 뜻을 바르게 전달하기 위해서 내가 만든 것이다. 그 뜻은 이와 같다. 비구들이여, 기름으로 가득 찬 단지는 사띠를 두고 한 말이다."

《상윳따 니까야》〈경국지색 경〉(S47:20), 각묵 역

---

278  시중의 불교는 전생을 꿰뚫어 보고 미래를 예언하는 신비한 능력처럼 통찰지를 말한다. 그러나 법을 보는 통찰지는 지금 일어나는 해로움, 유익함을 그대로 빠짐없이 아는 앎이다.

## 사띠의 힘과 기능

사마디 수행을 이끄는 사띠sati는 수행하는 힘이 있어야 한다. 그래야 사마디에서 습성에 무너지지 않는 상수멸想受滅을 수행할 수 있다.《앙굿따라 니까야》〈보아야함 경〉(A5:15)에서 붓다는 '무너지지 않는 사띠의 힘을 사념처에서 확립해야 한다'고 말씀하신다.

사마디 수행을 이끄는 사띠는 힘과 더불어 수행하는 기능이 있어야 한다. 그래야 상수멸想受滅의 사마디에서 습성을 통찰하는 위빠사나를 수행할 수 있다.《상윳따 니까야》〈분석 경2〉(S48:10)에서 붓다는 '취착이 없는 근면하고 분명한 알아차림을 수행하는 사띠의 기능을 사념처에서 확립해야 한다'고 말씀하신다.

## 사띠의 위빠사나: 오온의 연생을 자각적으로 알아차림

"수행승들이여, 수행승은 사띠를 확립하고 올바른 알아차림을 실천해야 한다. 수행승들이여, 어떻게 올바른 알아차림을 실천하는가? 수행승들이여, 자각적으로 느낌[想], 생각[行], 인식[識]이 일어나고 자각적으로 느낌, 생각, 인식이 유지되고 자각적으로 느낌, 생각, 인식이 소멸하면 사띠를 확립하고 올바르게 알아차리는 것이다.

수행승들이여, 수행승은 이와 같이 사띠를 확립하고 이와 같이 올바른 알아차림을 실천해야 한다. 이것이 그대들에 대한 나의 가르침이다."

《상윳따 니까야》〈새김의 경〉(S47:35)

위 경에서 설명하는 것은 사띠가 사념처에서 오온의 형성을 꿰뚫어 알아차리는 수행이다. 즉 육근, 육경(색色)의 접촉(수受), 접촉의 인상(상想), 인상에 수반하는 생각(행行)²⁷⁹, 생각에 수반하는 분별(식識)²⁸⁰의 연생緣生을 자각적으로 알아차리는 수행이다. 이는 붓다가 '전에 들어보지 못한 눈[眼], 지혜[智], 명지[明]'라고 찬탄하신 '연생의 깨달음'을 향한 수행이다. 붓다는 사념처의 위빠사나 수행에서 우리를 당신의 경험(깨달음)으로 이끄시는 것이다.

경은 알아차림을 자각적인 알아차림이라고 설명한다. 일상의 의식에서 우리는 느낌, 생각, 분별의 일어남, 사라짐을 자각하지 못한다. 일상의 의식은 '존재(오취온)'에 장악되어 있기에 오온의 일어나고 사라짐을 자각하지 못하는 것이다. 오온의 일어나고 사라짐을 자각하려면 먼저 '존재'부터 버려야 한다. '그것'이나 '거기에'의 속박을 벗어난 사띠라야 접촉, 느낌, 인상, 생각, 분별이 일어나고 사라지는 오온을 자각적으로 알아차릴 수 있다.²⁸¹

---

## 사띠 수행

팔정도 수행이 사띠를 수습習하는(닦고 배우는) 수행이다. 혜慧, 계戒, 정定의 팔정도 수행에서 혜와 계는 의식으로 수행하는 것이고 사띠를 수습하

---

279  인식대상에 대한 생각.

280  인식대상에 대한 인식자의 분별.

281  티벳불교는 거시적 수준의 일어나고 사라짐(존재하는 모습의 일어나고 사라짐)을 '거친 무상'으로, 미시적 수준의 일어나고 사라짐(오온의 일어나고 사라짐)을 '미세한 무상'으로 구분하여 설명한다.

는 실천 수행은 정定, 즉 정정진, 정념, 정정의 수행이다.

《앙굿따라 니까야》〈삼매 경 3〉(A4:94)은 "사마타(사띠의 확립)도 얻었고 높은 통찰지(사띠의 위빠사나)도 얻은 사람은 이런 유익한 법들에 굳게 서서 번뇌들을 소멸하는 사마디 수행을 해야 한다"고 말한다. 즉 정정진에서 확립되고 정념에서 놓침이 없는 알아차림(위빠사나)을 닦은 사띠는 무명습성으로부터 이욕, 출리하는 정정(바른 머무름)의 사마디를 수행하여야 한다는 설법이다.

---

## 정정正定: 출리를 위한 사마디

"수행승들이여, 세상에서 어떤 사람은 자애, 연민, 기쁨의 마음으로 위로, 아래로, 주위로, 사방의 모든 곳에서 모두를 자신처럼 여기고, 모든 세상을 풍만하고, 광대하고, 무량하고, 원한 없고, 고통 없는 자애, 연민, 기쁨의 마음으로 가득 채우고 머문다.

그는 거기서 색色이든 수受이든 상想이든 행行이든 식識이든, 그러한 법들은 무상하다고, 괴로움이라고, 종기라고, 화살이라고, 재난이라고, 질병이라고, 생겨나는 것이라고, 붕괴하는 것이라고, 공한 것이라고, 무자아無自我라고 바르게 관찰한다."

《앙굿따라 니까야》〈자애의 경2〉(A4:126)

사마타(힘)와 위빠사나(기능)를 갖춘 수행자(사띠)는 사마디에서 오염(무명습성의 오취온)의 청소를 수행해야 한다. 유념해야 할 것은 사마디가 머무름을 위한 머무름이 아니라 이욕, 출리(해탈)를 위한 머무름이어야 한다는 사실이다.[282] 정정의 사마디를 머무름을 위한 머무름으로 아는 자들은 본성, 청정자성 등의 처處를 주장하는 실재론자들이다. 그러나 처處가 없는 연기법에서 머무름을 위한 머무름은 없다. 즉 해탈을 위한 열반은 있어도 열반을 위한 열반은 없는 것이다.

경전에서 설명하는 머무름은 처處(경지, 성품)에 머무르기 위한 머무름이 아니라 바르게 관찰하기 위한 머무름이다. 수행자(사띠)는 거기서 색이든, 수이든, 상이든, 행이든, 식이든, 그러한 법들은 괴로움이고 종기이고 질병이고 공한 것이고 무상한 것이고 무자아인 것이라고 바르게 관찰하여야 한다. 그렇게 관찰함으로써 그(사띠)는 '출리를 위한 머무름'을 바르게 수행하는 것이다.

---

## 알아차림이 있는 사마디

2. "세존이시여, 수행승이 땅에 대하여 땅의 지각(인식)을 여의고, 물에 대하여 물의 지각을 여의고, 불에 대하여 불의 지각을 여의고, 바람에 대하여 바람의 지각을 여의고, 무한공간의 세계에 대하여 무한공간의 세계의 지각을 여의고, 무한의식의 세계에 대하여 무한의식의 세계의 지각을 여의고, 아무 것도 없는 세계에 대하여 아무 것도 없는 세계의 지각을 여의고, 지각하는 것도 아니고 지각하지 않는 것도 아닌 세계에 대하여 지각하는 것도 아니고 지각하지 않는 것도 아닌 세계의 지각을 여의고, 이 세상에 대하여 이 세상

---

282 열반은 열반으로서 있는 것이 아니라 해탈에 의존하여 있다는 것이 붓다의 말씀이다. 즉 바른 머무름은 머무름 자체로서 있는 것이 아니라 오염의 출리에 의존하여 있는 것이다.

의 지각을 여의고, 저 세상에 대하여 저 세상의 지각을 여의었으나, 그럼에
도 불구하고, 지각하는(인식하는) 삼매는 얻을 수 있습니까?"

5. "아난다여, 세상에서 이와 같이 '일체의 형성의 멈춤, 일체의 취착의 버림,
갈애의 부숨, 탐욕의 사라짐, 소멸, 열반, 적멸이고 이것이 최상이다'라고 지
각(인식)한다. 아난다여 이러한 방식으로 수행승은 지각을 여의었으나 지각
이 있는 삼매를 얻을 수 있다."

《앙굿따라 니까야》 〈삼매의 경〉 (A10:6)


"형성(인식대상)의 멈춤이고 취착(인식자)의 버림이고 갈애의 부숨이고 탐
욕의 사라짐이고 니르바나nirvāna²⁸³인 것. 이것이 적멸이고 이것이 최상
이다"라고 인식하여야 한다는 붓다의 말씀에서 '이것'은 무엇인가? 오취
온을 허물고 오온의 있음도 여의는 것, 즉 '공한 오온'이다. 경전의 이 설법
은 《반야심경》의 "조견오온개공照見五蘊皆空 도일체고액度一切苦厄"의 설법
과도 상통하는 것이다.

공한 색, 수, 상, 행, 식에는 분별의 의意가 없다. 어느 하나라도 존재하는
것이 있어야 분별의 의意도 있을 터인데 일체가 공하니 분별의 의意가 있
을 처處가 없다. 아난다가 붓다에게 질문한 요지를 정리하면 이런 것이다.
"일체에 대한 지각(알아차림)을 여의었는데 그럼에도 불구하고 알아차리는
사마디를 얻을 수 있는 것입니까?"

아난다의 질문은 논리적이다. 하지만 아난다가 질문하는 '알아차리는
식識'과 붓다가 설법하는 '알아차리는 식'은 같은 식識이 아니다. 아난다가

---

283 니르바나nirvāna는 번뇌를 불타게 하는 모든 조건들이 꺼진 적정, 즉 일체의 존재가 소멸하여 일체가
공한 적정을 뜻한다.

질문하는 식識이 오온의 의意를 알아차리는 의식이라면, 붓다가 설법하는 식識은 오온의 공함을 알아차리는 사띠다. 즉 사마디에서 얻어야 할 것은 의意가 아니라 공空(자아 없는 지혜)인 것이다. 알아차리는 사마디를 어떻게 얻을 수 있느냐는 아난다의 질문에 붓다는 다음과 같이 답하신다. "아난다여, 형성의 멈춤, 취착의 버림, 갈애의 부숨, 탐욕의 사라짐, 이것을 알아차려야 한다. 아난다여, 이런 방식으로 수행자는 존재론적 분별을 여의면서 자아 없는 지혜를 수습修習하는 사마디를 수행하는 것이다."

## 사마디의 사띠가 경험하는 연기법계

"수행승들이여, 이러한 세계가 있는데, 거기에는 땅도 없고, 물도 없고, 불도 없고, 바람도 없고, 무한공간의 세계도 없고, 무한의식의 세계도 없고, 아무것도 없는 세계도 없고, 지각하는 것도 아니고 지각하지 않는 것도 아닌 세계도 없고, 이 세상도 없고, 저 세상도 없고, 태양도 없고 달도 없다.

수행승들이여, 거기에는 오는 것도 없고, 가는 것도 없고, 머무는 것도 없고, 죽는 것도 없고, 생겨나는 것도 없다고 나는 말한다. 그것은 의처依處를 여의고, 대상對象을 여읜다. 이것이야말로 괴로움의 종식이다."

《우다나》 〈8-1. 열반의 경〉

이 경은 붓다가 사마디의 사띠가 경험하는 공한 세계, 즉 제법諸法 무자아無自我의 세계를 설명한 법문이다. 의식이 일상에서 경험하는 세계는 존재론적 느낌(상想), 개념(행行), 분별(식識)이 있는 '존재의 세계'이지만, 사띠가 사마디에서 경험하는 세계는 존재론적 느낌, 개념, 분별이 없는 '무자아의 세계'다. 무자아의 세계는 땅으로서 존재하는 땅도, 물로서 존재하는 물도, 불로서 존재하는 불도, 바람으로서 존재하는 바람도, 공간으로서 존재하는 공간도, 식識으로서 존재하는 식도, 무無로서 존재하는 무도, 지각으로서 존재하는 지각도, 이 세상으로서 존재하는 이 세상도, 저 세상으로서 존재하는 저 세상도, 태양으로서 존재하는 태양도, 달로서 존재하는 달도 없는 세계이고, 오는 것도 없고 가는 것도 없고 죽는 것도 없고 생겨나는 것도 없는 세계이며, 뜻(존재값, 인과)이 머무는 의처意處를 여의고 의처에 취착하는 고苦마저 여의는 공한 세계, 즉 연기법계다.

# 25
·

현정顯正: 연기를 보다

## 열반의 정체

　본래 성품의 견성見性을 주장하는 견성불교는 본성이 열반이라고 주장한다. 그러나 연기법에는 본래가 없다. 본래가 없는 연기법의 열반은 본래가 없는 열반이어야 한다.

　연기법에서 해탈은 무명습성의 소멸(연멸)에 의존하여 있고 열반은 해탈에 의존하여 있다. 연기법의 해탈, 열반은 '연멸의 연기법'인 것이다. 그러므로 열반의 정체는 무명습성의 오염이 없는 연기(공한 연기)이어야 한다. 즉 '공한 연기(자아 없음)'가 본래가 없는 연기법의 열반이다.


## 팔정도의 정정正定: 연기에 머무름

- 바른 머무름(정정) = 법에 머무름 = 연기에 머무름 = 연기함.

　열반을 무위의 구경법[284]으로 정의하는 아비담마불교에서 머무름은 무위에 머무름이다. 열반을 본래의 성품으로 정의하는 견성불교에서 머무름은 본성에 머무름이다. 그러나 연기법을 열반으로 정의하는 중관불교에서 머무름은 연기법에 머무름이다. 법에 머무르는 것은 법에서 벗어나지 않는다는 뜻. 즉 자아 없는 성상性狀에서 벗어나지 않는다는 뜻이다. 그러므로 바른 머무름(정정)은 자아 없음에 머무른다는 뜻, 즉 무명습성의 오염

---

284　아비담마불교가 주장하는 4위에서 마음, 마음부수, 물질이 유위법의 구경법이라면 열반은 무위법의 구경법이다.

없이 청정하게 연기한다는 뜻으로 알아야 한다.

---

## 병 없음이 열반

35. 이때 세존께서 이와 같은 감탄의 말씀을 읊으셨다. "병이 없음이 최상의 이익이네. 열반이 최상의 즐거움이네. 여덟 가지 고귀한 길[285]은 불사不死[286]의 안온에 이르는 길이네."

42. "마간디야여, 나는 그대에게 '이것이 질병 없는 것이고 이것이 열반이다'라는 가르침을 설하겠습니다. 그대에게 바르게 보는 안목이 생겨나면 다섯 가지 취착의 다발에 대한 탐욕을 버릴 수 있을 것입니다. 그대에게 '나는 오랜 세월 이 마음에 의해서 속고 기만당하고 미혹되었다. 나는 색온을, 수온을, 상온을, 행온을, 식온을 취해서 집착했다. 그런 나에게 취착을 조건으로 존재가, 존재를 조건으로 생生이, 생을 조건으로 노사老死, 우울, 슬픔, 고통, 근심, 절망이 생겨나며 이와 같이 모든 괴로움의 다발이 생겨난다'라는 안목이 생겨날 것입니다."

43. "마간디야여, 그대가 참사람과 사귀어 올바른 가르침을 듣고 그 가르침을 수행하면 그대는 '이 모든 취착의 다발들과 그것들로부터 생겨나는 것들이 질병이고 종기이고 화살이다. 여기서 이 질병이고 종기이고 화살인 것들은 모조리 소멸한다. 나에게 취착이 소멸함으로써 존재가 소멸하고, 존재가 소멸함으로써 생生이 소멸하고, 생이 소멸함으로써 노사, 슬픔, 비탄, 고통,

---

285 팔정도.
286 '죽지 않음'이 아니라 '죽음이 없는' 불사不死.

근심, 절망이 소멸하며, 이와 같이 모든 괴로움의 다발이 소멸한다'라는 안목이 생겨날 것입니다."

《맛지마 니까야》〈마간디야의 경〉(M075)


오온에의 취착에서 십이연기 유전문의 중생상衆生相(오취온)이 생겨남을 설법하는 이 경에서 붓다는 두 가지를 말씀하신다. 하나는 병이 없음이 열반이라는 말씀이고, 다른 하나는 오온에 취착한 인식과 그로부터 생겨나는 갈애, 욕망, 고뇌 들이 질병이라는 말씀이다.

사실 붓다의 관점에서 우리 모두는 망상장애자[287], 즉 잠재적 정신질환자들이다. 언제 어느 곳에서라도 아상我相[288], 인상人相[289] 등의 망상들로 인해 자신도 제어하지 못하는 분노, 증오를 폭발시킬 수 있는 뭇 삶들(중생들) 아닌가? 비록 권력이나 명예의 정점에 있다 할지라도 습성의 망상은 언제든 한 순간에 주변의 세상을 파괴할 수 있다.

붓다의 연기법은 망상으로 이끄는 병든 인식을 바르고 온전한 인식으로 치료하는 치료법이다. 사람들은 평범함(무상의 존재)을 초월한 비범함(불생불멸의 경지)에 대한 기대와 환상으로 붓다의 법을 배우려 한다. 그러나 붓다의 법에서 초월적 성취는 없다. 붓다의 법은 병을 치유하는 법이지 초월적 도道를 구하는 법이 아니다. 붓다가 팔정도로 말씀하신 수행은 우리들 누구도 예외 없이 쌓아 왔던 유전적이고 관습적인 '생명의 습성(오온)과 그로 인한 질병(탐진치의 오취온)'을 치유하는 수행이다. 병이 없는 것이 열반

---

287　없는 것을 있다고, 사실이 아닌 것을 사실이라고 믿는 증상.

288　자신에 대한 망상(과대망상, 피해망상).

289　다른 사람들에 대한 망상(과대망상, 피해망상).

이라는 법문은 이런 뜻을 말씀하신 것이다.

---

## 열반에 대한 붓다의 말씀

28. "그 후에 나는 감각적 쾌락에 대한 욕망의 생성이나 소멸이나 유혹이나 위험이나 여읨을 있는 그대로 알아서 쾌락의 갈애를 버리고 욕망의 타는 듯한 고뇌를 버리고 갈증 없는 고요를 성취했습니다. 나는 쾌락의 탐욕을 버리지 못하고, 쾌락의 갈애에 사로잡혀, 욕망의 타는 듯한 고뇌에 불타, 감각적 쾌락의 욕망을 추구하는 다른 뭇 삶들(중생들)을 봅니다. 나는 그들을 부러워하지 않고 그 속에 있는 것들을 즐기지도 않습니다. 그것은 무슨 까닭입니까? 마간디야여, 참으로 그 감각적 쾌락에 대한 욕망의 악하고 불건전한 것들을 떠나면 천상의 즐거움을 능가하는 기쁨이 있기 때문입니다. 나는 그 속에서 기쁨을 누리므로 그보다 못한 것을 즐거워하지도 않고 부러워하지도 않습니다."

《맛지마 니까야》〈마간디야의 경〉(M075)

존재에 대한 위험을 있는 그대로 알아서 존재에 취착하는 갈애와 번뇌를 버린 것이 존재(무명)로부터의 해탈이다. 해탈하면 해탈에 의존한 열반, 즉 오염(존재) 없는 청정한 연기를 경험한다. 경험에 대한 붓다의 말씀을 요약하면 '갈증 없는 고요'와 '천상의 즐거움을 능가하는 기쁨'이다.

중생의 입장에서 붓다가 말씀하신 법열法悅은 다만 추론할 수 있을 뿐이다. 쾌락의 즐거움은 어떤 것인가? 감각적 쾌락을 제공하는 존재들에 의존하는 즐거움이다. 천상의 즐거움은 어떤 것인가? 천상에 있는 존재들에 의존하는 즐거움이다. 존재에 의존하는 즐거움은 청정하지도 고요하지도 않다. 그런 것들은 없는 것을 쫓는 망념의 즐거움이고 무상한 것에 자신을 구속하는 즐거움이다.

《우다나》〈8-1. 열반의 경〉에서 붓다는 청정한 연기법계를 '의처依處(의존할 것)가 없는 세계'라고 말씀하신다. 중생의 문제는 도달할 곳, 성취할 것, 소유할 것 등의 의처를 쫓는 욕망의 성취에서 삶의 의미나 보람을 찾으려는 것이다. 그러나 처處 없는 연기법에서 의처를 쫓는 의존적 욕망은 결코 충족되지 않는 중생의 굴레다.

중생이 의존적 욕망의 굴레이기에 중생의 해탈은 의존의 굴레(욕망의 조건)로부터 벗어나는 것이어야 하고, 의존으로부터 벗어나는 해탈이기에 해탈의 법열法悅은 의존 없는 법열이어야 한다. 의존 없는 기쁨, 단지 있다는 사실, 즉 'being'이라는 사실 자체만으로도 누리는 기쁨은 지금 여기 이렇게 있는 자(여래如來)의 성취라 할 것이다.

그런데 '의존 없는 지금 여기의 기쁨'은 어떻게 누리는 것일까? 교敎를 이해하고, 그래서 달라진 시각으로 세상을 바라보게 되면 법열이 어떤 것일지를 유추할 수 있다. 자연의 광대한 파노라마를 대하면서 발견하는 몰아적沒我的 느낌은 십이처十二處를 떠난 느낌, 즉 개별 형상들의 분리에서 벗어나 전체를 관조하는 느낌이 어떤 것인지 짐작하게 한다. 더하여 세상을 연기한 장면으로 마주하는 느낌, 현상을 피아彼我 의존성으로서 발견하는 느낌 등도 유추할 수 있다. 하지만 아마도 으뜸은 의존 없는 being의 느낌, 즉 의존 없이 여기 있는 그대로[如來]를 향유하는 느낌일 것이다.

## 공에 들다

두 가지로 공을 볼 수 있다. 하나는 '의도하여 보는 것'이고 다른 하나는 '의도 없이 보는 것'이다. 전자는 공을 보려함으로써 공을 보는 것이고 후자는 공에 듦으로써 공을 경험하는 것이다. 전자는 오온의 의식(존재론적 분별의 의식)으로서 공을 보는 것이고 후자는 오온이 공한 사띠로서 공을 경험하는 것이다.

《반야심경》의 첫 구절인 '행심반야바라밀다시 조견오온개공'은 오온을 공하게 보는 조건으로 행심반야바라밀다를 전제한다. 즉 깊은 반야바라밀다를 행할 시에 오온을 공하게 보는 것이다. 반야바라밀다(사띠의 사마디 수행)는 상수멸想受滅에 드는 수행이고, 상수멸의 상태는 오취온이 연멸한 상태다. 오취온(오온을 취한 인식작용)이 소멸한 상수멸이기에 오온이 공하다.

오온이 공함을 보는 상수멸에 드는 것, 즉 사띠의 사마디에 드는 수행(행심반야바라밀다)을 붓다는 '공에 든다'라고 말씀하신다. 그런데 '공에 듦'은 공으로 결정되는 것(성취하는 것)이 아니라 공을 경험하는 것이다.《맛지마 니까야》〈공에 대한 작은 경〉(M121)에서 붓다는 아난다에게 "나는 이전에도 지금도 자주 공에 든다"라고 설법하신다.[290] 만일 공을 성취하는 것이라면 "나는 자주 공에 든다"는 말씀은 하지 않았을 것이다. 경험하는 공이기에 "나는 자주 공에 든다"라고 말씀하신 것이다.

그런데 왜 공은 성취하는 것이 아니라 경험하는 것인가? 공이 가명인 까닭이다. 만일 공이 공으로서 실재하는 것이라면 수행은 공의 처處(공)를 취

---

290  해탈(공)을 성취라고 생각하는 자들은 해탈(공)한 붓다가 다시 해탈에 드는 일은 있을 수 없다는 이유로 경전의 기록이 잘못된 것이라고 주장하기도 한다.

하여(성취하여) 공에 머무르는 수행이어야 할 것이다. 그러나 《중론》에서 연기 = 공空 = 가假 = 중中이라고 정의하듯이 연기법의 공은 공한(자아 없는) 연기(오온)를 말하기 위한 가명의 공이다. 가명의 공이기에 공으로 결정되는 공이 아니라 공함을 경험하는 공이어야 한다. 즉 여래如來는 공이 되는 것이 아니라 공에 드는 것이다.

## 공을 봄 vs 공에 듦

의식을 관찰하는 사띠(의식의 사띠)는 공을 보는 것이요, 정정의 사마디를 수행하는 사띠(사띠의 사띠)는 공에 드는 것이다.

공을 보는 것은 연기법(자아 없음)을 분별하는 것이요, 공에 드는 것은 연기법이 되는 것이다(되는 것이라고 말하지만 자아 없는 연기법이기에 되는 것은 되는 것이 아니다).

공을 보는 마음은 사방에 연민憐憫을 가득 채운 사띠요, 공에 드는 마음은 사방에 적정寂靜을 가득 채운 사띠다.

수행자가 의식의 사띠를 수행하면 보살(자비 연민)이요, 수행자가 사띠의 사띠를 수행하면 부처(고요 적정)다.

## 수행이 무엇인가를 설하신 말씀

"수행승이여, 고귀한 지혜를 일러 칼이라고 한다. 정진의 시작을 '(칼로) 파내는 것'이라고 한다.

수행승이여, 무지無智를 일러 '빗장'이라고 한다. 빗장을 들어 올려 무지를 버리는 것이 칼을 들어 파내는 것의 의미다. 분노의 고통, 의심, 다섯 가지 장애, 오온의 집착 다발을 버리는 것이 칼을 들어 파내는 것의 의미다.

수행승이여, 형상, 소리, 냄새, 맛, 감촉에 대한 욕망의 대상을 버리는 것이 칼을 들어 파내는 것의 의미다.

수행승이여, 환락과 탐욕을 일삼는 것을 버리는 것이 칼을 들어 파내는 것의 의미다.

수행승이여, 번뇌를 부수는 것을 용龍이라고 한다. 용은 그냥 놓아두고 용을 건드리지 말고 용에게 귀의해야 한다는 것이 그 의미다."

《맛지마 니까야》〈개미언덕의 경〉(M023) (필자가 경의 내용을 간략히 정리함)

이 경에서 붓다는 수행의 정진精進을 지혜의 칼(사띠)로써 오취온의 무명 습성을 파내는 것이라고 정의하신다. 붓다의 말씀을 요약하면, 수행은 기약도 없이 멍하니 앉아 무엇인가 뻥 하고 터지기만을 고대하는 정진이 아니라 무지의 빗장을 허물어(사띠의 사마디를 확립하여) 무명한 관념을 지지하고 취착하는 습성을 파내어야 하는 정진이다.

설법의 마지막 말씀은 건드리지 말고 귀의해야 할 용龍, 번뇌를 부수는 용에 대한 것이다. 번뇌를 부수는 용[291]은 자아 없음의 지혜를 새김하며 이욕, 출리하는 수행자의 식識, 즉 사띠다. 자의식이나 의식, 탐진치 습성들은 허물고 무너뜨려 파내어야 할 것이지만, 바른 지혜를 새김하는 사띠는 건드리지 말고 확립하고 귀의해야 하는 것이다.

---

**291** 《앙굿따라 니까야》〈도시 비유 경〉(A7:63)에서 '밖을 경계하고 안을 수호하는 수문장'과 같은 개념이다.

《담마빠다》〈방일하지 않음의 품〉의 5번 게송은 "힘써 노력하고, 깨어 있음에 방일하지 않고, 자제하고 단련함으로써, 지혜로운 님은 거센 흐름에 난파되지 않는 섬을 만들어야 하리"라고 말하는데, '섬dipa'은 붓다가 피난처, 귀의처의 뜻으로 흔히 사용하신 단어다. 귀의처라는 관점에서 용과 섬은 같은 용도로 가설된 이름이라고 이해할 수 있다.

---

## 자신을 귀의처로 삼으라!

"수행승들이여, 자신을 섬으로 하고 자신을 귀의처로 하지 다른 것을 귀의처로 하지 말라. 가르침(법)을 섬으로 하고 가르침을 귀의처로 하지 다른 것을 귀의처로 하지 말라."
《상윳따 니까야》〈자신을 섬으로의 경〉(S22:43)

이 경에서 귀의처로 삼아야 하는 '가르침(법)'은 사성제의 연기법이고, 귀의처로 삼아야 하는 '자신'은 사띠다. 사띠가 집주하는 사마타, 사띠가 알아차림하는 위빠사나, 그리고 사띠가 이욕, 출리하는 사마디 수행을 귀의처로 삼아 수행하고, 무자아의 자신(사띠) 이외의 다른 것, 특히 존재나 비존재[292]를 귀의처로 삼는 수행 따위에는 의탁하지 말라는 말씀이다. 붓다의 제자를 자처하는 불교인이라면, 붓다의 유훈遺訓인 '자등명自燈明 법등명法燈明'의 뜻만큼은 바르게 알아야 할 일이다.

---

292 불성, 청정자성, 진아, 주인공, 본래면목 등의 형이상학적 이름들.

## 자신의 섬을 마련하라!

사띠가 용龍이고 귀의처이고 섬이다. 용은 무명습성과 맞서 싸우는 용자勇者의 사띠를 말하고, 귀의처는 어떤 존재, 비존재도 배제한 채 오직 '자아 없음'을 수행하는 사띠를 말하고, 섬은 오취온의 습성과 망상에 압도되지 않는 피난처의 사띠를 말한다.

수행을 목적하지 않더라도, 불교를 찬성하지 않더라도, 자신의 섬을 마련하라는 붓다의 충고는 귀담아 들을 필요가 있다. 사람들은 세상에 맞서는 자신의 삶을 성취하려 한다. 하지만 세상에 맞서는 자신은 없다. 있는 것은 세상에 의존하여 이리저리 흘러 다니는(유전하는) 연생 뿐. 문제는 세상이 중생들의 세상이라는 것이다. 중생들의 세상은 존재를 쫓는 오취온의 세상이고, 오취온에 취착하는 분노, 증오, 적대, 절망, 비탄이 생겨나는 세상이고, 생겨나는 것들을 감당하지 못하여 원한, 복수, 파괴의 재난에 휩쓸리는 세상이다.

감당하지 못하는 두 가지 경우가 있다. 하나는 생겨나는 것을 알아차리지도 못해 감당하지 못하는 경우, 소위 욱해서 저질렀다는 경우다. 다른 하나는 생겨나는 것을 알아차렸어도 이겨내지 못해 감당하지 못하는 경우다. 사띠의 위빠사나가 필요한 까닭은 알아차려 출리하기 위함이다. 인생의 재난들을 모면할 수 있으려면 우선 재난을 초래할 망상[293]이 망상임을 꿰뚫어 아는 사띠의 위빠사나가 필요하다. 알아차렸어도 이겨내지 못할 지경이라고 생각되면 피난하여야 한다. 피난할 수 있기 위해서는 피난할

---

293 자아 없는 것을 자아 있는 것이라고 주장하는 망상.

사띠의 섬이 필요하다.

---

## 붓다의 만뜨라

섬이 생기면 섬에서 지혜의 만뜨라를 수행하여야 한다. 섬(사띠)에서 망상(오취온의 의식)의 분노, 증오, 적대, 절망, 비탄을 꿰뚫어 보며 새기는 만뜨라는 "이것은 나의 것이 아니고 이것은 내가 아니고 이것은 나의 자아가 아니다"라는 가르침이다. 붓다가 설법에서 수행의 정형구로 반복하신 이 가르침은 분노, 증오, 적대, 절망, 비탄을 대면하여 압도되지 않고 출리할 수 있도록 하는 '붓다의 만뜨라'다.

# 26

·

# 철학 2. 인간의 조건

- 나
- 속박
- 구원
- 해탈
- 조건의존성 vs 자유의지

## 나

자신의 존재를 주장하려면 자신에 대한 성찰이 있어야 한다. 그래야 자신이 하는 짓에 대한 앎이 있을 수 있다. 자신에 대한 성찰이 없는 자는 앎이 없는 자고, 앎이 없는 자는 정체불명의 인과因果와 욕망, 생각에 떠밀리는 정체불명의 삶을 사는 정체 없는 자다.

앎은 성찰과 번민이 있는 자의 몫이다. 자신을 성찰하면서 자신의 존재가 '조건의존성'이라는 사실을 알게 된다. 자아 없는 인과가 작동하는 조건의존성의 세상에서 '나'의 존재는 삶에서 해결해야 할 번민이다. 이 조건의존성의 세상에서 나는 어떻게 유의미有意味할 수 있는가? 이 의존성의 세상에서 나는 어떻게 해야 자유로운가?

## 속박

조건의존성의 존재에게 조건은 존재하게 하는 것이자 속박하는 것이다. 사람들은 인공지능을 규칙에 속박된 존재로 정의한다. 그런데 인간 역시 조건의존적 존재라는 점에서는 다를 것이 없다. 다른 점을 꼽자면 인공지능의 조건이 절대적 조건[294]인 것에 반해 인간의 조건은 관계의존적 조건(공한 조건)이라는 사실이다. 공한 조건(자아 없는 조건)이기에 조건들에 속박되지 않는 인간의 생각과 인과因果가 성립할 수 있다.

---

294  프로그램이나 알고리듬algorithm의 인공지능에게 프로그램이나 알고리즘은 인공지능을 성립시키는 절대적 조건이다.

그런데 무명한 사람(자아 없는 이치를 알지 못하는 사람)에게 조건은 자아 없는 사실(가명의 사실)이 아니라 실재의 사실이다. 이들은 인간이 정신(영혼)의 존재(자아)이기에 조건에 속박되지 않는다고 주장한다. 인간이 조건에 종속되지 않는 '자유의지의 존재'[295]이기에 육체나 자연의 조건에 속박되지 않는 '이성적 존재'[296]일 수 있다는 것이다. 그러나 진실은 자유의지의 인간이기 때문이 아니라 조건과 인간에 자아가 없기 때문이다. 자아 없는 조건에 자아 없는 인간이기에 조건에 속박되지 않는 인간의 생각과 인과가 성립하는 것이다.

---

## 구원

자아, 정신, 영혼 등은 무상한 육체를 대신할 영속하는 실재성에의 갈망으로부터 강구된 '형이상학적 존재들'이다. 존재에 대한 믿음은 '존재의 구원'에 대한 믿음으로 이어진다. 그에게 사고나 재난, 전쟁, 질병 등의 불행과 정체모를 인과의 세상은 자신의 존재를 부당하게 속박하는 '악마적 장치들'에 다름 아니다. 이런 생각의 사람들에게 삶의 의미는 '존재의 구원'이다. 이 세상의 초월이 아니라면 저 세상에서의 구원이라도 있어야 한다.

---

295 철학에서 자유의지는 '형이상학적 자신(자아)'이 몸이나 외부의 조건들을 극복하는 능력이다. 자유의지의 있고 없음에 따라 정신과 물질로 구분하며, 심지어 몸을 처분하는 생각(자살)도 정신의 자유의지로 간주된다.

296 예를 들면, 칸트Kant는 자연법칙이 지배하는 인간의 동물성動物性에도 불구하고 인간을 자율自律의 도덕적 존재로 만드는 것은 인간의 자유의지에서 비롯한 이성성理性性이라고 설명한다.

만일 인식대상이 자신의 값으로 존재하는 것이라면 인식은 인식대상에 종속되는 것이어서 대상을 분별, 취사하는 인식은 성립하지 않아야 할 것이다. 만일 인식자가 자신의 값으로 존재하는 것이라면 인식은 인식자에 종속되는 것이어서 대상을 분별, 취사하는 인식은 성립하지 않아야 할 것이다. 인식을 있게 하는 조건(인식자, 인식대상)이 공하기에(자아가 없기에)대상을 분별, 취사하는 인식이 성립한다.

공한 조건은 속박하는 조건이 아니다. 조건이 속박하는 것이 아니라면 무엇이 인간을 속박하는가? 붓다는 무지라고 말씀하신다. 조건(인식자, 인식대상)들이 공함(자성 없음)을 알지 못하는 무지로 인해 조건들에 속박되는 존재(중생)가 생겨나고, 무지의 중생은 속박되는 존재(인간)의 구원을 위해 또 다른 존재(신神)를 찾아서 간구한다. 그러나 존재는 망상이다. 그가 자신이라고 생각하는 존재도 망상이고 그가 자신의 구원자라고 생각하는 신의 존재도 망상이다. 망상으로는 속박을 해체할 수 없다.

속박(고苦)으로부터 벗어나려면 속박하는 조건이 공하다는 사실(고苦가 연생이라는 사실)을 알아야 한다. 붓다 재세 당시에 사람들이 전에 들어보지 못한 희유한 가르침이라며 붓다를 찬탄했던 법문이 바로 고苦가 연생緣生이라는 법문이었다. 연생을 성찰하는 사람은 안다. 해탈이나 구원의 문제는 세상이나 존재 혹은 신神의 문제가 아니라 자아 없음을 자아 있음으로 아는 망상의 문제라는 사실을.

## 조건의존성 vs 자유의지

서양철학이나 종교에서 자유의지를 마치 인간의 특징인 듯 설명하는 모습을 볼 수 있다. 그러나 선택하는 인간의 의지를 인간에게서만 설명되는 자유의지로 정의하는 것이라면, 선택하는 다른 생명들의 의지는 무엇으로 정의할 것인가?

자유의지를 인간의 전유물이라고 말하는 사람들은 '동물의 의지는 본능적인 것'이라고 주장한다. '본능적'이라는 것이 어떤 뜻이냐고 다시 물으면 '유전적으로 조건 지어진 조건의존성'이라고 대답한다. 그런데 인간 역시 조건의존성이다. 유전적으로 형성된 몸, 인식습성, 신경체계, 감각질感覺質의 조건의존성이고 삶에서 습득한 가정적, 사회적, 역사적, 환경적 지식의 조건의존성이고, 삶에서 축적한 탐진치 습성의 조건의존성이다.

미국의 심리학자 벤자민 리벳Benjamin Libet은 인간의 뇌가 선택을 결정하는 실험에서 이미 선택을 결정한 뇌 활동이 의식적 판단 이전에 나타난다는 사실을 확인하였다. 즉 의식적 판단의 실제는 무의식적(조건의존적)[297] 결정이었으며 의식적 판단과 무의식적 결정 사이에는 의식이 무의식적 결정을 나의 판단이라고 의식화하는 시간 지연이 있었다는 것이다. 이 실험은 2007년 독일의 뇌과학자 존 딜런 헤인즈John-Dylan Haynes의 새로운

---

[297] '무의식적 결정-의식적 판단'은 오온연기(오취온)로 설명될 수 있다. 의식적 판단의 실제는 행취온에서 이미 내려진 결정을 의식이 '식취온의 판단(나의 판단)'으로 조작한 것이다. 자신을 '존재'로 주장하는 의식에게 행취온의 '조건의존적 결정'을 식취온의 '판단'으로 조작하는 작업은 필수적이다. '공포 반응'도 유사한 경우다. 피실험자에게 순간적 공포 영상이 포함된 일상적 영상을 보여주면 의식은 일상적 영상만을 기억하지만 몸이나 뇌는 순간적인 공포 반응을 보인다. 뇌과학은 이를 무의식과 의식으로 설명하지만 사실은 오취온의 형성이 식취온에까지 이르지 못했기 때문이다. 즉 무의식적 결정은 식취온 이전의 형성이고 의식적 판단은 식취온 이후의 형성인 것이다.

실험에 의해 확인되었다. 헤인즈의 실험에서는 시간 지연이 거의 10초에 이르는 경우도 있었다. 헤인즈는 실험의 결과에 대해 "인간이 자신의 자유의지로 선택한다는 개념은 허구일 수 있다"라고 지적하였다.[298] 2014년 유사 실험을 진행하였고 역시 같은 결과를 얻었던 미국 캘리포니아 주립대 UC데이비스 연구진은 실험의 결과에 대하여 다음과 같이 논평하였다. "의식이 주체적이고 독립적인 선택을 내린다는 개념은 뇌의 배경소음back-ground noise에 불과할 수 있다. 인간에게 자유의지가 있는 것이 아니라 인간이 어떤 행동을 할 때 그 이유를 자신이 원했기 때문이라고 느끼게 해주는 '자유의지의 관념'이 있는 것이다."

---

298  이 실험의 결과는 '의식은 생존을 위해 믿음으로 사실을 구성하는 믿음의 엔진'이라는 루이스 월퍼트의 정의도 설명한다. 즉 의식은 이미 조건의존적으로 결정된 것을 자신의 판단이라고 조작하면서 이 조작의 확신을 위해 자신의 판단을 논리(믿음)로 포장하는 것이다.

5부

# 세상에 대한 연기론

27
·

인식과 현상

- 양자론: 불확정성 원리
- 생물학적 인식론
- 중간의 길: 형성하는 인식
- 비결정론의 의의
- 상相인가, 아니면 상像인가?

# 양자론: 불확정성 원리

> 양자역학의 탄생 이래, 양자역학의 의미에 대한 견해와 논쟁은 넓은 스펙트럼을 형성하고 있다. 스펙트럼의 양 끝에 있는 것은 다음과 같은 형이상학적 질문의 대답이다. "우리의 감각이 포착한 세계의 가변적인 현상 밑에는 과연 객관적인 실재의 암반이 있을까?"
>
> 한스 크리스천 폰베이어, 《과학의 새로운 언어, 정보》, 전대호 역, 승산, 2007

지각은 '우리가 보는 것이 물자체物自體이고 따라서 우리가 보는(인식하는) 값은 외부에 존재하는 값'이라는 뜻을 말하는 개념이다. 인식을 지각으로 규정하는 개념(지식)은 우리의 일상에서부터 학문들에까지 일반적이다. 특히 물자체를 탐구하는 물리과학에서 지각의 지위는 절대적이다. 양자론의 등장 이전까지, 물리과학의 역사에서 '인식(관측) = 물자체의 지각'이라는 믿음에 도전한 이론은 없었다고 해도 과언이 아니다.[299]

진동수에 비례하는 불연속적 값의 에너지 덩어리인 양자量子의 세계는 불연속적인 세계다. 실제로 양자는 입자적 모습(국소적으로 존재하는 모습)이면서 또한 파동적 모습(비국소적으로 존재하는 모습)으로 현상한다. 양자의 존재값이 결정되는 계기는 관측이다. 양자에 관측(접촉)이 있으면 입자적으로 행동하고 관측(접촉)이 없으면 파동적으로 행동한다.

닐스 보어Niels Bohr와 함께 원자 구조를 연구하던 베르너 하이젠베르

---

299  1927년 5차 솔베이 회의에서 닐스 보어는 과학자들을 상대로 "지금까지 물리학은 측정 대상과 측정 주체가 분리되고 측정은 존재하는 사실을 확인하는 것이었으나, 양자론의 불확정성 원리는 측정 대상과 측정 주체가 분리되지 않는다는 사실을 우리에게 말해주고 있다"라고 연설하였다.

크Werner Karl Heisenberg는 1927년 전자의 위치[處]나 운동량을 정확하게 기술하는 것은 불가능하다는 불확정성 원리를 발표하였다. 위치와 운동량의 관측에서 한 가지를 정확히 관측할수록 다른 값은 더욱 불확실해진다는 것이다. 하이젠베르크는 관측의 불확정성이 관측대상(전자)의 물질파적 특성에 기인하는 것이라고 보았다.[300] 즉 전자의 관측에서 입자성(위치의 정확성, 진동수)이 극대화되면 파동성(운동량의 정확성, 파장)이 극소화되고, 반대로 파동성이 극대화되면 입자성이 극소화되는 것이다.

양자체계[301]의 이론적 연구를 이끌던 보어에게 양자가 불연속적이고 확률적이고 관측의존적인 불확정성이라는 사실은 분명하였다. 문제는 이런 양자적 특성들을 어떻게 기존의 결정론적 과학 이론으로 설명할 수 있느냐는 것이었다. 하이젠베르크, 막스 보른 등과의 토론과 협업을 거쳐 보어가 양자체계의 불확정성에 대한 공식적 정의(이론)로 선택한 개념은 '중첩상태의 불확정성'[302]이었다. 즉 불확정성은 '입자와 파동의 중첩상태'이고, 중첩상태는 관측에서 확률적으로 수축하여 파동 혹은 입자로 '상태 결정'이 되는 것이었다. 하지만 보어의 정의는 양자체계를 벗어난 거시적 물리 수준에서는 공감하기도, 해석되기도 어려운 것이었다. 보어는 해석의 문제가 이론을 서술하는 언어, 개념에 기인하는 것이라고 설명하였지만, 해석되지 않는 것은 결국 설명되지 않는 것일 수밖에 없다.

---

300  불확정성을 관측에 의한 존재상태의 교란으로써 설명하는 경우가 있으나 이는 잘못 전해진 것이다. 하이젠베르크가 제기한 불확정성은 전자(양자)의 파동적 특성에 기인한 불확정성이다. 교란되는 존재상태가 전제되어야 하는 '교란'은 존재상태의 불확정성을 말하는 '불확정성 원리'에 부합하지 않는 개념이다.

301  양자의 궤도와 에너지의 체계.

302  보어는 '상보성의 원리'라는 이름으로 발표하였다. 즉 불확정성을 입자와 파동의 상보성 원리로서 해석한다는 뜻이다.

그런데 불확정성을 전혀 다른 개념으로 정의할 수 있다. 비결정적 존재상태[303]를 의미하는 '비결정적 구조[304]의 불확정성'이라는 개념이다. '중첩상태의 불확정성'이 두 가지 존재상태(입자와 파동)의 중첩이 관측에서 하나의 상태로 결정되는 불확정성이라면, '비결정적 구조의 불확정성'은 비결정적 존재상태가 관측에서 관측의존적 구조(존재상태)로 형성되는 불확정성이다. 전자前者가 결정론적 불확정성이라면, 후자後者는 비결정론적 불확정성이다.

그렇다면 '중첩상태'와 '비결정적 구조'라는 두 가지 정의 중 어떤 것이 양자체계의 불확정성에 실질적으로 부합하는 정의일 수 있을까? 1999년 오스트리아 빈 대학교에서 양자론의 불확정성을 확인하는 실험이 있었다. 보어가 정의한 양자론적 현상이 거시적 수준에서도 나타나는지를 확인하는 실험이었다. 안톤 차일링거와 그의 연구팀이 고안한 실험은 플러렌(C60)이라는 이름의 분자성 물질이 이중 슬릿을 통과하도록 하는 실험이었다. 실험에서 이중 슬릿을 통과한 플러렌이 만든 것은 직선의 이중 띠였다. 즉 플러렌은 입자처럼 행동한 것이다. 그런데 실험 환경을 공기 분자 등의 접촉이 없는 진공 수준에 가깝게 하자 이중 슬릿을 통과한 플러렌이 만든 것은 간섭무늬였다. 즉 환경이 진공에 가까워지자 플러렌은 파동처럼 행동한 것이다. 이는 양자가 관측의 접촉이 있자 입자처럼 행동하고 관측의 접촉이 없자 파동처럼 행동한 것과 같은 모습이었다. 실험의 결과에 대해 안톤 교수는 이렇게 정리하였다. "중첩상태(불확정성)의 확률적 수축이라는 보어의 정의는 '결어긋남decoherence'으로 설명될 수 있다. 결어긋

---

303  자성自性 없는 존재상태.

304  결정되지 않은 구조 = 자성自性 없는 구조 = 불확정성의 구조 = 관계(접촉)에 의존하여 형성되는 구조.

남은 파동적 간섭성의 결이 어긋나 입자와 같은 값을 보이게 되는 현상이다. 결어긋남을 있게 하는 접촉(관측)은 대상과 우주 전체에서 벌어지는 사건이다. 즉 양자의 결어긋남을 있게 하는 관측자는 인간을 포함한 우주 전체일 수 있는 것이다."

결어긋남은 '중첩상태의 불확정성'보다는 '비결정적 구조의 불확정성'에 부합하는 개념이다. 비국소적 존재상태의 파동적 간섭성이 관측(접촉)에서 간섭성의 결이 어긋나면서 국소적 존재상태가 된다고 설명하는 '결어긋남'과 비결정적 구조가 관측에서 관측의존적 구조로 형성된다고 설명하는 '비결정적 구조의 불확정성'은 실질적 의미에서 서로 다르지 않다.

'중첩상태의 불확정성'을 정의한 기존의 양자론에서 첫 번째 해석 불능은 "국소적 존재상태(입자)와 비국소적 존재상태(파동)의 중첩이 있을 수 있는가?"라는 것이다. 이는 '슈뢰딩거의 고양이 사고실험'에서 제기된 문제다.[305] 두 번째 해석불능은 "왜 중첩상태의 결정이 확률적 수축이어야 하느냐?"는 것이다. 확률적 수축은 이론적 미완성의 논쟁을 야기한 문제로, 보어와 아인슈타인이 솔베이회의에서 첨예하게 대립한 문제다. 이 두 가지 문제들은 공히 '중첩상태'라는 정의로부터 야기된 문제들이다. 따라서 '중첩상태의 불확정성'이라는 정의를 '비결정적 구조의 불확정성'이라는 정의로 대체하면 해석불능의 문제들은 해결될 수 있다.

'비결정적 구조의 불확정성'에서 국소적 존재상태(입자)와 비국소적 존재상태(파동)의 중첩이라는 개념은 '비결정적 구조(자성 없는 무자아)가 접촉(인연)에서 관계의존적 구조로 형성(연기)된다'는 개념으로, '확률적 수축'

---

305  슈뢰딩거는 양자체계의 '중첩상태의 불확정성'이라는 정의는 거시 세계에서 살아 있거나 죽은 고양이의 중첩이라는 문제로까지 이어진다고 주장하면서 보어의 양자론 해석을 공격하였다.

의 개념은 '접촉의존적 형성'이라는 개념으로 변경된다. '존재상태의 중첩'은 존재상태를 전제하는 존재론적 개념이고, 존재론적 개념의 해석은 유有, 무無로 귀결된다. 양자론의 중첩상태의 정의가 거시적 해석에서 고양이의 생과 사로 귀결되는 것은 이런 까닭이다. 그러나 유무有無의 양변을 떠나는 '비결정적 구조(자아 없는 구조)의 불확정성'은 상태의 중첩이라는 개념을 아예 배제한다. 중첩의 상태가 배제되기에 확률적 수축의 개념도 배제된다. '중첩상태의 확률적 수축'을 대체하는 것은 접촉에서의 접촉의존적 형성, 즉 '연기緣起'다.

## 생물학적 인식론

신경생리학자 움베르토 마투라나는 세포와 세포, 조직과 조직, 개체와 환경의 접촉을 쌍방의 구조가 상호의존적으로 형성되는 '구조적 접촉'으로 설명한다. 그에게 생물의 생존(자기생성) 기제機制와 인식 기제는 다르지 않다.[306] 인식은 '저기 바깥에 있는 세계를 표상하는 과정'이 아니라 자기생성적 생존을 위해 '하나의 세계를 끊임없이 산출하는 과정'이며, 우리가 생물체로서 하는 모든 일, 즉 맛보거나 고르거나 물리치거나 말하거나 하는 모두는 '한 세계를 산출하는 구조적 접촉'에서 전개되는 일들이다.

마투라나와 프란시스코 바렐라는 함께 진행한 〈인간 의사소통의 생물학적 기초〉라는 강연 내용을 정리하여 《앎의 나무》라는 책으로 출간하였

---

306  이를 마투라나는 '함(존재함)이 곧 앎(인식)'이라는 말로 정의한다.

다. 《앎의 나무》에서 특히 강조하는 것은 구조(생명체)와 접촉(인식)을 서로 독립한 것으로 보려는 기존 관념에 대한 반대다. 마투라나에게 인식은 생명과 생명의 세계가 함께 형성되는 계기다. 우리는 인식에서 형성되고, 이 세계는 타인들과 함께 형성하는 세계이며, 세계와 우리는 다시 구조적으로 접촉하는 재귀적再歸的이고 상의적相依的인 관계에 있다는 것이다.

마투라나는 생명과 무관하게 존재하는 객체의 환경(세계)에서 적응하고 진화하는 존재로 생명을 정의하는 '존재론적 진화론'을 사람들의 관습적 강박관념이라고 지적한다. 마투라나의 생물학적 인식론은 사람들의 이런 강박관념을 무너뜨리기 위한 것이다. 《앎의 나무》에서 그는 그의 생물학적 인식론이 추구하는 목표를 두 가지로 천명한다. 첫째는 생물의 생존기제(자기생성기제)와 인식기제가 별개가 아니라는 사실을 밝히는 것, 둘째는 우리가 타인들과 함께 산출한 이 세계만이 우리에게 유의미한 세계이며 따라서 '현실적 실재'로서의 이 세계에 대해 우리가 함께 책임을 져야한다는 사실을 사람들과 공감하는 것이다.

> 문제는 우리의 경험이, 곧 삶의 실천이 우리를 둘러싼 세계와 어떻게 접속되어 있는가를 이해하는 것이다. 왜냐하면 이 세계에 가득 찬 듯한 규칙성들은 모두 우리가 겪어온 생물학적–사회적 역사의 산물이기 때문이다. 우리는 두 극단, 다시 말해 표상주의(물질적 존재론)[307]와 유아론唯我論(정신적 관념론)[308]의 두 극단에 빠지지 않도록 줄타기를 해야만 한다. 이 줄타기는 '중간 길 찾기'다. 우리의 기술과 인지적 가정이 확실한 것처럼 보이게 할

---

307  인식은 외부에 실재하는 물질을 표상하는 것이라는 주장.
308  인식은 정신의 주관적 산물이라는 주장.

어떤 준거가 우리에게서 독립해 있다고 전제하지 않은 채, 우리는 늘 경험하는 이 세계의 규칙성을 이해할 수 있어야 한다.

움베르토 마투라나·프란시스코 바렐라, 《앎의 나무》

## 중간의 길: 형성하는 인식

붓다가 오온연기에서 정의하신 인식은 지각이 아니라 형성Saṅkhāra이다. 즉 '인식은 존재하기 위하여 자신과 대상을 상의적相依的으로 형성하는 것'이라는 정의다. 붓다의 정의는 화이트헤드가 그의 유기체철학에서 경험(인식)을 '현실적 존재와 현실적 세계의 합생合生'이라고 정의한 것과 같은 뜻이며, 양자론의 다세계해석[309]에서 관측(인식)을 '관측자와 관측대상의 상의적 형성'이라고 정의한 것과 같은 뜻이며, 움베르토 마투라나와 프란시스코 바렐라가 인식을 '생명과 환경이 한 세계를 산출하는 재귀적再歸的이고 상의적相依的인 구조적 접촉'이라고 정의한 것과 같은 뜻이다.

인지생물학자 프란시스코 바렐라와 철학자 이반 톰슨, 인지과학자 엘리노어 로쉬의 공저 《몸의 인지과학》[310]은 마음과 몸을 하나로 묶는 '신체화된 인지이론'을 제안한다. 몸을 마음의 주변 장치로 취급하는 전통적 인식론을 반대하며 몸의 감각적 형성으로부터 비롯하는 마음의 인지를 설명하는 이 이론에서 인지(인식)는 생명을 형성하는 과정이자 생명의 세계를 형

---

[309] 불확정성의 양자가 관측의존적으로 결정되는 것은 양자의 개체에 한정되는 사건이 아니라 관측자까지 포함하는 우주적 사건이라는 해석.

[310] 프란시스코 바렐라·에반 톰슨·엘리노어 로쉬, 《몸의 인지과학》, 석봉래 역, 김영사, 2013.

성하는 과정이다. '신체화된 인지이론'이 특별히 강조하는 것은 바렐라가 '중간의 길'이라고 명명한 개념, 즉 몸과 마음, 물질과 정신, 객관과 주관의 분리를 거부하는 '상호의존적 형성'이다. 이를 설명하기 위해 인용되는 경구警句는《중론》의 "연기하지 않은 것(상호의존적으로 형성되지 않은 것)은 그 무엇도 존재하지 않는다. 그러므로 공하지 않은 존재(서로에 연동되지 않은 존재, 개별의 존재)는 그 무엇도 존재하지 않는다"라는 법문이다. 즉 상호의존적 형성의 인식(중간의 길)에서 몸이나 마음, 객관(생명의 세계)이나 주관(생명)은 별개의 것이 아니라 상호의존적으로 형성되는 것(연기하는 것)이다.

## 비결정론의 의의

결정론의 세계는 모든 것들이 자신의 좌표(위치)에서 자신의 값으로 존재하는 정적靜的 세계[311]다. 하지만 현대과학에서 제기되는 관계의존적 형성의 이론들은 이 세계가 결정된 값의 정적인 세계가 아니라 관계로부터 형성되는 동적動的 균형의 세계라는 사실을 시사한다. 동적 균형의 세계는 관계의존적 형성의 세계이고, 관계의존적 형성의 세계는 비결정론의 세계다.

비결정론의 세계를 논하려면 먼저 비결정론의 의의부터 이해하여야 한다. 비결정론은 존재값의 불확정성을 말한다. 불확정성의 존재값에는 존재가 없다. 존재값에 존재가 없다는 것은 그 존재값이 관계의존적 존재값이라는 뜻이고, 관계의존적 존재값의 아我는 존재(외부에 닫힌 영역체)가 아니

---

[311] 존재하는 것들이 자신의 결정된 구조, 값으로서 존재하는 우주.

라 무자아(외부에 선택적으로 열린 영역체)라는 뜻이다. 결정론의 세계에서 실재하는 것은 외부에 대하여 자신의 구조, 값으로서 실재하는 존재이지만, 비결정론의 세계에서 실재하는 것은 외부와의 관계의존적 구조, 값으로서 실재하는 무자아다.

## 상체(相體)인가, 아니면 상상(相像)인가?

이런 주장이 있을 수 있다. 비결정적 구조의 무자아가 접촉에서 서로에 의존하여 구조를 결정하더라도 인식되는 현상은 물자체일 수 있다는 주장이다. 즉 비록 관계의존적으로 결정되는 '자성(自性) 없는 구조'라 하더라도 그 구조는 지각되는 것이고 따라서 인식의 현상은 물자체의 상(相像)이어야 한다는 것이다. 이는 인식대상에 자아가 없을지라도 인식은 지각이라는 관점을 포기하고 싶지 않은 사람들, 즉 현상의 외부 실재성을 의심하고 싶지 않은 사람들이 제기하는 주장이다.

이런 주장의 한 예가 양자론에서 중첩상태의 불확정성이 관측을 계기로 평행우주로 분기(分岐)하게 된다는 '평행우주론'이다. 평행우주론은 슈뢰딩거의 죽은 고양이와 산 고양이의 중첩 상태를 해결하기 위해 제안된 '다세계해석' 중의 하나다. 중첩상태가 하나의 상태로 결정되는 접촉(관측)에서 고양이(관측대상)는 물론 관측자도 함께 결정되기에 우주는 죽은 고양이의 우주와 산 고양이의 우주라는 평행우주로 분기(分岐)하게 된다는 내용의 가설이다.

그러나 양자의 불확정성이 '중첩상태의 불확정성'이 아니라 '비결정적 구조의 불확정성'으로 정의된다면 평행우주론과 같은 공상적 가설은 필요 없다. 접촉에서 중첩상태가 두 상태 중의 하나로 결정되는 것이 아니라 비결정적 구조(모습)가 접촉에서 접촉의존적 구조(모습)로 형성되는 것이기 때문이다.[312] 즉 '비결정적 구조의 불확정성'으로 정의되는 양자론에서 우주는 평행 우주(相像의 우주)가 아니라 접촉(인연)에서 연기하는 접촉의존적 모습의 우주(相相의 우주)[313]이어야 하는 것이다.

---

312 관계의존적 구조는 결정되는 구조(모습)가 아니다. 관계에 의존하는 무상한 구조(모습)다. 만약 결정되는 구조(모습)라면 평행우주론과 같은 결정론적 가설이 성립할 수 있다. 그러나 관계맺음에서만 유효한 관계의존적 구조(모습)에서 결정론적 가설은 성립하지 못한다.

313 접촉(인연)에서 연기하는 相相의 우주(세상)는 2,600년 전에 붓다가 이미 설명하신 바다. "무엇에서 세상은 생겨나고 전개됩니까?" "여섯(육처)에서 세상은 생겨나고 전개됩니다." 《상윳따 니까야》〈세상 경〉 (S1:70).

28

·

불확정성의 세계와
네트워크 영역체제의 뇌신경망

- 불확정성의 세계
- 불확정성의 세계와 의존적 형성
- 존재의 세상(존재하는 세상) VS 무자아의 세상(형성 중의 세상)
- 접촉의존적 형성을 논증하다
- 형성하는 인식
- 형성하는 인식: 네트워크 인식
- 나에게 있는 무자아
- 네트워크 영역체제의 뇌신경망
- 동역학의 뇌신경망
- 우주(세상)와 개념

## 불확정성의 세계

　불확정성의 세계는 자성自性 없는 무자아의 세계다. 시중의 불교에서 세계의 모습(세상)을 환幻이라고 말하는 경우가 있으나 이는 잘못된 불교의 잘못된 주장이다. 붓다가 설법하신 세상은 관계의존성으로서 현상하는(연기하는) 무자아의 세상이다. 따라서 이 세상에 존재는 없지만 관계에 의존하여 모습(존재하는 상태)을 현상하는 무자아는 있는 것이라고 알아야 한다.

## 불확정성의 세계와 의존적 형성

　의존적 형성(연기법)을 정의하는 두 가지 방식이 있다. 용用(현상, 모습)으로서 정의하는 것과 체體(현상의 체, 구조)로서 정의하는 것이다. 두 가지로 나누어 말하지만 모습은 구조(존재상태)의 표상인 까닭에 서로 다른 것이 아니다. 구조(존재상태)의 표상이 모습이니 구조(존재상태)가 접촉의존적 형성이면 모습도 접촉의존적 형성이어야 한다.

　외부에 닫힌 영역의 존재라면 자신의 결정된 구조(존재상태)가 있을 것이고, 결정된 존재상태는 외부의 공간에 대하여 결정된 모습을 현상할 것이다.[314] 그러나 외부에 선택적으로 열린 영역의 무자아는 자신의 결정된 구조나 모습이 없다. 결정된 구조, 모습이 없는 무자아가 구조, 모습을 형성하는 계기는 외부와 연동하는 접촉(관계맺음)이다. 즉 접촉의존적 구조(존재

---

314　모습은 존재와 공간을 분리하는 경계이니 모습이 있으려면 존재와 공간이 있어야 한다. 존재와 공간이 없으면 모습도 없다.

상태)의 접촉의존적 모습이다. 특히 접촉의존적 모습은 인식자와의 접촉(관계맺음)에서 형성되는 인식의존적 사실이다. 모습이 인식의존적 사실이라는 것은 인식이 없으면 모습도 없다는 뜻이다. 즉 불확정성의 세계(무자아의 세계)에서 모습은 인식의 인연에서 비로소 형성되는 것이다.[315]

---

## 존재의 세상(존재하는 세상) vs 무자아의 세상(형성 중의 세상)

존재의 세상(존재하는 것들의 세상)과 무자아의 세상(형성 중인 것들의 세상)을 대비對比하면 다음과 같다.

| 구분 | 존재의 세상 | 무자아의 세상 |
|---|---|---|
| 인식의 토대 | 모습 | 접촉 |
| 인식의 의의 | 지각 | 형성 |
| 모습의 의의 | 절대적 사실 | 인식의존적 사실 |
| 세상의 인과 | 결정론 | 비결정론 |
| 개체의 사실 | 확정성 | 불확정성 |
| 세상의 사실 | 존재하는 세상 | 의존적 형성 중의 세상 |

인식의 관점에서 결정론적 세상과 비결정론적 세상의 실질적 차이는 모습이다. 결정론적 세상의 모습이 물자체의 상像이라면, 비결정론적 세상의 모습은 관계의존성(인식의존성)의 상想, 상相이다. 아인슈타인은 비결정론적

---

315 생명의 인식이 있기에 현상하는 모습의 우주가 있다. 인식하는 생명이 없다면 현상하는 모습의 우주도 없는 것이다.

세상을 시사示唆하는 양자론의 불확정성 원리를 거부하면서 '달은 내가 보지 않아도 그 모습으로 그렇게 존재하는 것'이라고 단언하였다. 그러나 이 세상이 '관계의존적 형성 중의 세상'이라면 아인슈타인은 틀렸다. 형성 중의 세상에서 자신의 결정된 모습으로서 존재하는 달은 없다. '달'이라는 현상(모습)은 인식의 인연에서 비로소 형성된다. 즉 달(육경)은 내(육근)가 보았기에(접촉하였기에) 그런 모습(육경)의 사실로서 현상하는(연기하는) 것이다.

## 접촉의존적 형성을 논증하다

만일 이 세상이 '존재의 세상'이라면 세상에 있는 모습(형상)들이 관계에 의존하여 생, 변, 멸하는 일은 없어야 할 것이다. 존재의 세상에서 모습이 관계(접촉)에 의존하여 무상하게 형성되는 일은 허용되지 않는다. 그런 일은 자성自性의 존재가 할 수 없는 일이다.

만일 이 세상이 '존재의 세상'이라면 마주하는 너와 내가 상의성相依性인 사실은 생겨나지 않아야 할 것이다. 존재의 세상에서 나의 존재함이 너의 존재함을 형성하거나 너의 존재함이 나의 존재함을 형성하는 일은 허용되지 않는다. 그런 일은 자성의 존재가 할 수 없는 일이다.

세상의 모습들이 관계에 의존하여 무상한 것은 이 세상이 '존재하는 세상(존재의 세상)'이 아니라 '관계(접촉)에 의존하여 형성 중인 세상(무자아의 세상)'이기 때문이다. 세상에서 나와 너가 상의적 사실로서 있을 수 있는 것은, 즉 내가 만지니 만져지는 너가 있을 수 있는 까닭은 이 세상에서 나와 너가 공히 접촉에 의존한 형성이기(상의적 연생이기) 때문이다.[316] 나와 너가 공히 접촉에 의존한 형성이기에 나와 너에게는 상의적 사실(존재성, 인과)이 성립한다. 나와 너가 공히 접촉에 의존한 형성(연기)이 아니라면 만지는 나도 만져지는 너도 성립하지 않는다.

## 형성하는 인식

지각하는 인식은 인식되는 대상과 인식하는 인식자가 인식에 앞서 존재하여야 하는 인식이다. 지각이 성립하려면 지각할 값을 갖춘 존재와 값을 지각할 존재가 전제되어야 하기 때문이다. 인식자가 인식에 선행하는 인식(지각)은 인식자가 자신이 인식하는 사실을 알아야 하는 인식이다. 그런데 우리는 대상을 인식함으로써 비로소 인식한다는 사실을 안다. 즉 우리의 인식에서 인식자는 인식대상에 의존하여 비로소 알려지는 것이다. 이는 우리의 인식이 인식자를 형성하는 인식이라는 뜻이다. 인식자가 형성되면 인식대상도 형성된다. 형성된 인식자는 자신에 상대하는 개념으로 인식대상을 형성하는 까닭이다. 인식자와 인식대상을 형성하는 인식은 지각하는 인식이 아니라 형성하는 인식이다. 즉 인식자와 인식대상이라는 이름으로 인식하는 이 세상의 모습(정보)은 '지금 접촉에서 형성 중'이다. 다르게 말하면, 인식자(육근)와 인식대상(육경)이라는 이름의 이 세상은 '지금 연기하는 중'이다.

---

316 "이것이 일어나니 저것이 일어나고 저것이 일어나니 이것이 일어난다."

## 형성하는 인식: 네트워크 인식

네트워크론은 연결(접촉)에서 정보가 생성되는 네트워크를 설명하는 물리적 개념이다. 노드nod(그물코)와 노드의 링크links(그물망, 인연)에서 관계의존적 정보(존재값)가 현상한다는 점에서 네트워크론은 관계의존적 형성의 인식을 설명하는 물리적 이론이라 할 만하다.

네트워크는 노드의 연결망이다. 노드와 노드의 통신이 정보의 상대적 형성이 있는 쌍방향 통신이라면, 네트워크의 통신은 정보의 형성은 물론, 형성된 정보의 네트워크적 비교, 수정, 편집의 피드백feedback(되먹임)이 있는 통신이다.

그런데 엄밀히 말하면 네트워크도 노드다. 개체(노드)와 전체(네트워크)가 연동되었기에 개체와 전체를 구분할 경계가 없는 까닭이다. 단지 정보가 형성되는 기제機制를 논하기 위하여 노드, 네트워크라고 이름할 뿐이다.

## 나에게 있는 무자아

① 존재의 눈, 귀, 코, 혀, 몸은 없으나 무자아의 눈, 귀, 코, 혀, 몸은 있다. 눈(존재)의 눈(존재값), 귀의 귀, 코의 코, 혀의 혀, 몸의 몸은 없으나 형색을 조건하는 눈, 소리를 조건하는 귀, 냄새를 조건하는 코, 맛을 조건하는 혀, 감촉을 조건하는 몸은 있다.

② 존재의 식識은 없으나 무자아의 식識은 있다. 인식자의 식은 없으나 인식대상을 조건하는 식은 있다.

③ 무자아의 눈, 귀, 코, 혀, 몸이 어떤 것인지를 확인하려면 거울을 보

면 된다. 그런데 무자아의 식이 어떤 것인지는 어떻게 확인할 수 있을까? 식은 분별이고 분별은 연생이니 연생하는 모습으로 식을 확인하여야 한다. 즉 어떤 것이 상想, 상相으로 연생하는지를 보면 무자아의 식이 어떤 것인지를 확인할 수 있다. 뇌과학은 뇌신경망이 인식의 현상으로 발화發火함(형성됨)으로써 인식(분별)하는 것이라고 설명한다. 뇌과학의 설명에 의하면 현상으로 형성되는 뇌신경망이야말로 '무자아의 식識'이라고 정의할 수 있는 것이다.[317]

## 네트워크 영역체제의 뇌신경망

뇌신경망을 몸과 세상을 잇는 연결로만 간주하는 것[318]은 뇌신경망의 의의意義를 이해하지 못한 것이다. 의식, 자의식 등의 존재값을 현상하는 뇌신경망은 정보를 형성하는 네트워크 영역체제로 이해되어야 한다. 네트워크 영역체제로 이해한다는 것은? 외부에 대하여 네트워크의 언어(기호)로 네트워크 영역의 자기조직적 존재값을 형성하는 체제로서 이해하여야 한다는 뜻이다.

어떤 것이 영역체제라는 것은 그것이 외부에 대하여 자기조직성이 있다는 뜻이다. 외부에 대하여 닫힌 영역체의 자기조직성은 자신에 의한 것, 즉 자성自性이나, 외부에 대하여 선택적으로 열린 영역체의 자기조직성은 관

---

317 뇌가 곧 식識이라는 정의를 반대하는 사람들이 있다. 뇌는 마음이나 영혼과 같은 인식자의 도구라고 주장하는 사람들이다. 그러나 뇌는 1천 조 개에 달하는 연결로 정보를 형성하는 거대한 네트워크 시스템이다. 단순히 감각정보를 중계하는 도구일 뿐이라면 이런 시스템이 왜 필요할까?

318 인식을 지각으로 간주하는 것.

계맺음(인연)에 의한 것, 즉 관계의존성이다.

《앎의 나무》에서 마투라나와 바렐라의 생명에 대한 정의는 '구조적 접촉에서 자기생성(자기조직)[319]하는 영역체'다. 즉 외부와의 구조적 접촉에서 영역의 자기조직성을 추구하는 영역체라는 뜻이다. 몸(체세포)의 영역체에 대한 이 정의를 뇌(신경세포)의 영역체(뇌신경망)에 적용해보자. 뇌신경망의 네트워크를 '외부에 대한 구조적 접촉에서 자기조직하는 신경망의 영역체제'라는 개념으로 정의할 수 있다.

그렇다면 뇌신경망의 '자기조직성'을 어떻게 이해해야 하는 것일까? 첫 번째는 물리적 자기조직성이다. 즉 몸의 체세포 망網이 몸의 영역(구조)을 생성하고 지속하려 하듯이 뇌의 신경세포 망網이 신경영역(구조)을 생성하고 지속하려는 자기조직성이다. 두 번째는 인식적 자기조직성이다. 접촉에서의 관계맺음을 인식하는 신경망이 지속하려면 관계맺음의 지속적 형성과 더불어 관계맺음을 상대하는 존재값이 지속적으로 형성되어야 한다. 즉 접촉을 인식하는 신경망의 영역체제(존재상태)가 지속하려면 접촉하는 정보가 지속적으로 형성되어야 하고, 영역체제의 접촉이 지속적으로 형성되려면 접촉하는 정보에 대응하는 영역체제의 존재값이 지속적으로 형성되어야 하는 것이다. 영역체제(존재상태)의 지속을 위하여 접촉하는 존재값을 지속적으로 형성하는 것은 인식적 자기조직성이다. 즉 관계맺음(인식의 접촉)에서 '접촉의존적 정보(세상)'를 형성하고 그 정보(세상)에 의존하는 자신의 존재값을 형성함으로써 영역체제의 존재함을 지속하는 뇌신경망의

---

319  표현은 자기생성(자기조직)이나 사실은 구조적 접촉에서의 접촉의존적 형성을 말하는 것이다.

자기조직성이다.[320]

　뇌신경망을 자기조직하는 영역체제로서 이해하는 것은 뇌신경망을 몸의 부속 장기臟器가 아니라 몸을 상대하는 영역체로서 이해하는 것이다. 이는 우리가 의식(자의식)을 몸의 부속 수단이 아니라 몸을 상대하는 자로서 개념화하는 것과 같은 문제다. 뇌신경망이 자기조직하는 네트워크 영역체제라는 것은 뇌가 엄청난 규모의 신경세포(노드)와 시냅스(링크)의 자원들로 이루어진 내적內的 통신 서킷circuit(되먹임의 순환)의 구조라는 사실에서 확인할 수 있다. 뇌 자원의 99퍼센트가 정보를 피드백하며 비교, 수정하는 내적 통신에 할당된 구조라는 사실은 뇌신경망이 단순한 정보연결의 체제가 아니라 '관계맺음에 의존한 자기조직적 정보형성(관계의존적 형성)의 네트워크 영역체제'라는 사실을 변증하는 것이다.


## 동역학의 뇌신경망

　인식의 조건들을 세상, 몸(감각기관), 뇌신경망으로 대별할 수 있다. 이 중에서 뇌신경망은 몸과 세상을 인식하는 인식 기제機制로서 정의된다. 그런데 뇌신경망은 독립적으로 있는 것이 아니라 몸과 세상을 조건하여 있는 것이다. 즉 뇌신경망은 몸의 감각과 세상의 작용을 조건하여 있는 '조건의존적 인식 기제'인 것이다. 이런 관점은 세상의 학문에서도 다르지 않다. 제2세대 인지과학이 인식을 뇌신경망의 작용으로 정의하였다면, 제3세대

---

320　마투라나와 바렐라가 '인식은 생명체와 환경의 구조적 접촉이며, 생명체가 자기생성적 생존을 위해 하나의 세계를 끊임없이 산출하는 과정'이라고 정의한 의미다.

인지과학은 인식을 몸과 세상, 뇌신경망이 연동된 동역학적 체제의 작용으로 정의한다.

몸, 세상, 뇌신경망을 연동된 인식체제로 이해하는 관점에서 인식대상의 몸, 세상과 인식자의 뇌신경망은 서로를 조건한 의존적 형성의 존재함이다. 자신이 존재함의 근거가 되는 것이 존재라면, 의존적 형성이 존재함의 근거가 되는 것은 무자아다. 그러므로 이렇게 말할 수 있다. "몸, 세상, 뇌신경망이 서로의 조건이 되는 인식에서 몸, 세상, 뇌신경망은 서로에 의존하여 있는 무자아다."

무자아의 인식에서 인식자, 인식대상은 실제의 구분이 아니라 가명假名의 구분이다. 즉 인식이 곧 현상이고 현상이 곧 인식이다. 인식의존적 현상 외에 현상의 모습이 따로 없고, 현상의존적 인식 외에 인식의 모습이 따로 없는 것이다. 이는 인식대상에 의존하지 않는 인식자나 인식자에 의존하지 않는 인식대상은 없다는 뜻, 즉 자신으로서 실재하는 인식대상이나 자신으로서 실재하는 인식자 같은 것은 이 세상에 없다는 뜻이다.

## 우주(세상)와 개념

정신, 물질은 육근, 육경이다.
→ 육근, 육경은 접촉의존적(조건의존적) 형성이다.
→ 조건의존적 형성은 인연에서의 연기다.
→ 인연에서의 연기는 인식에서의 현상이다.
→ 인식에서의 현상은 통신에서의 정보다.

언어의 장님이 되지 않으려면 개념의 포장에서 맴돌 것이 아니라 개념의 본질을 연결할 수 있어야 한다. 그래야 생각할 수 있는 명제를 만들 수 있다. 접촉(인연, 인식)은 통신이고, 통신에서 형성되는 것이 정보고, 모습으로 현상하는 정보가 우리의 현실, 즉 실재다.

29

·

뇌과학

## 의식(정신)과 몸(육체)

"수행승이여, '영혼과 육체는 서로 같다'라는 견해가 있다면 청정한 삶을 살
지 못한다.

수행승이여, '영혼과 육체는 서로 다르다'라는 견해가 있어도 청정한 삶을
살지 못한다.

여래는 이 양극단을 떠나서 (영혼, 육체 등의 존재는 조건으로부터의 연생緣生이
라는) 중도의 가르침을 설한다."

《상윳따 니까야》 〈무명을 조건으로의 경〉 (S12:35)

1) **심신일원론** 의식은 몸의 생물학적 작용의 결과, 혹은 몸은 의식의 관
   념적 형성의 결과라고 보는 관점.
2) **심신이원론** 몸과 의식을 별개의 존재로 보는 관점.
3) **연기론** 의식, 몸은 연생한 것이기에 의식으로서 실재하는 의식도 없
   고 몸으로서 실재하는 몸도 없다는 관점.

뇌과학은 인간의 감정을 호르몬 등의 화학적 분비물로 설명한다. 외부
의 자극이나 정보에 대응하는 뇌신경망의 화학적 분비물이 인간이 느끼는
감정의 실체라는 것이다. 정신의 존재(자아, 영혼)를 주장하는 사람들은 이
런 설명을 찬성하지 않는다. 인간을 물질처럼 취급하는 발상이라는 것이
다. 그러나 연기론에는 정신도 없고 물질도 없다. 화학적 분비물은 에너지
를 지칭하는 이름일 뿐이고, 에너지가 감정의 동력이라는 견해에 대해 연
기론은 아무런 불만이 없다.

화학적 분비물들에 대한 거부감처럼, 정신 실재론자들에게는 뇌가 인식

의 주체라는 뇌과학의 주장 또한 달갑지 않다. 정신이 담당해야 할 자리를 물질에 불과한 뇌가 차지하였기 때문이다. 그러나 연기론에는 정신도 없고 물질도 없다. 정신이나 물질의 존재 대신 외부에 연동하는 영역체(무자아)를 실재로 이해하는 연기론은 외부에 연동하는 신경망의 영역체(뇌)를 인식 주체로 이해하는데 아무런 거부감이 없다.

## 인체와 신경세포의 망

로봇의 실체가 로봇을 움직이는 센서와 프로그램이듯, 인체의 실체는 인체(몸)를 유지하며 외부 자극(세상)에 대응하는 신경계다. 뇌과학에 의하면 아이가 성장하여 어른이 되는 과정은 근골격계의 성장이 있기도 하지만 보다 본질적인 것은 신경세포(뉴런neuron)의 수초화[321]와 신경세포들을 연결하는 수상돌기의 확장에 의한 신경망의 발달이다.

의식의 지능 역시 신경망 발달 과정의 문제다. 며칠 동안 풀리지 않던 문제가 어느 날 갑자기 환하게 밝혀지는 것은 그렇게 고민하는 동안 신경망의 협업 네트워크가 가능해졌기 때문이다. 기존의 지식에 고착된 사람의 사고는 경직된 것이지만, 끊임없이 학습하는 사람의 시냅스[322]는 계속 만들어지고 확장되는 것이기에 사고 역시 보다 포괄적이고 유연해질 수 있다.

---

321  신경세포의 축색돌기 주변에 전달 정보(전기자극)를 보호하는 수초막이 생기는데, 이 수초막이 형성되는 것을 '수초화'라고 한다.

322  신경세포에서 자란 섬유조직은 바로 옆 신경세포의 섬유조직과 가깝게 붙어 있지만 서로 결합하지는 않는 틈새의 형태로 통신한다. 한 신경세포(뉴런)의 축삭돌기 말단과 다음 신경세포의 수상돌기 사이의 연접 부위인 이 틈새가 시냅스다.

뇌가 학습에 활성화하는 것은 시냅스synapse의 연결이 많아지는 것이고, 이는 시냅스 망網(신경망)의 형태가 물리적으로 변화함(시냅스 가소성)을 뜻하는 것이다. 이런 관점에서, 뇌신경망은 사유의 변화나 깊이, 범위에 따라 네트워크의 구성과 연결이 변화하는 유기적有機的 계界(영역)라는 정의가 가능하다.

## 뇌: 통신 네트워크

뇌는 회백질과 백질로 구성되어 있다. 회백질은 신경세포의 세포체(통신체)가 모인 부분이고 백질은 신경세포의 축색돌기(통신 단말기)가 모인 부분이다. 대뇌피질의 가장자리에 있는 것이 회백질이며, 백질은 회백질의 안쪽에 있다.

신경세포는 핵, 세포체, 수상돌기, 축색돌기 등으로 구성되어 있는데, 핵을 둘러싼 세포체에는 수천 개의 수상樹狀돌기들과 하나의 기다란 축색軸索돌기가 달려 있다. 전기적 성질을 띠는 신경세포는 수상돌기를 통해 자극을 받으면 약 1천 분의 1초라는 짧은 시간 동안 전기적 성질이 바뀐다. 바뀐 전기적 성질이 축색돌기의 끝에 도달하면 아세틸콜렌, 세로토닌, 도파민 등의 신경전달물질을 분비하는 방식으로 다른 신경세포에 정보를 전달한다. 신경세포들에서 연속하는 전기적 신호 – 신경전달물질 – 전기적 신호가 세포를 흥분시키거나 억제하면서 정보를 전달하는 기제機制로서 작동하는 것이다.

수상돌기는 하나의 축색돌기가 보내는 신경전달물질만 받는 것이 아니다. 신경세포의 수상돌기에는 약 1만여 개의 축색돌기가 연결되어 있고,

일반 어른의 뇌에서 약 1천억 개에 이르는 신경세포의 축색돌기가 다른 신경세포의 수상돌기와 만나는 시냅스는 1백조~1천조 개에 달한다. 이뿐만이 아니다. 하나의 신경세포 시냅스에서도 뇌의 모든 시냅스가 연동되는 기하급수적인 시냅스의 망網이 발생할 수 있다. 인간의 뇌는 이런 방식으로 엄청난 규모의 통신 네트워크를 이루는 것이다.

그렇다면 이 통신 네트워크는 어디를 향하는 것일까? 놀랍게도 대뇌피질에서 외부(감각기관)와의 접속에 할당되어 있는 신경세포는 겨우 0.1퍼센트에 불과하다고 한다. 즉 대뇌피질의 신경세포 99퍼센트는 대뇌피질에서의 내적 통신에 할당되어 있는 것이다. 뇌는 왜 이런 비효율적(?) 네트워크를 구성하는 것일까? 뇌과학자들은 이런 내적 네트워크로 인하여 이미지(인상印象)나 정보의 범주화 작업에서 오류의 수정이나 보완, 비교하는 시뮬레이션 작업이 즉각적으로 이루어질 수 있다고 설명한다.

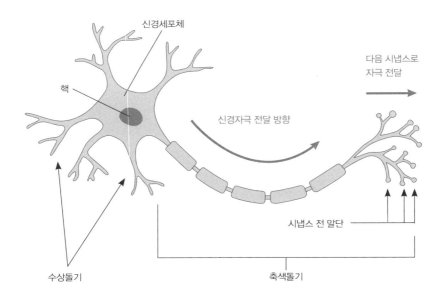

# 감각의 성립

1826년, 독일의 생리학자 겸 해부학자였던 요하네스 뮐러Johannes Peter Müller는 신경의 특징들이 인식에 영향을 미친다는 특수신경에너지 이론을 제안하였다. 특수신경에너지 이론은 이전의 감각지각이론[323]들을 폐기하며 현대적 감각이론의 기초를 제공하였는데, 이론의 주요 내용은 우리가 인식하는 것이 감각에 접촉하는 외부의 자극 그 자체가 아니라 자극에 의해 영향을 받는 신경들의 상태라는 것, 즉 우리의 인식은 자극이 무엇이냐에 의해서가 아니라 흥분 중인 신경이 어떤 상태이냐에 의해 결정된다는 사실이다.

1978년, 존스홉킨스 대학교의 신경과학자 버논 마운트캐슬Vernon B. Mountcastle은 〈대뇌 기능의 조직 원리〉라는 논문을 발표하였다. 이 논문에서 마운트캐슬은 똑같은 층lay, 똑같은 세포 유형, 똑같은 연결이 퍼져 있는 피질의 각 영역들이 놀라울 정도로 균일한 활동을 보여준다는 점을 지적하며, 시각, 청각, 후각, 미각, 촉각들이 피질 영역들에서 공통으로 수행하는 알고리듬algorithm[324]에 의한 작용이라고 결론짓는다. 그의 결론에 의하면 우리가 인식하는 색, 성, 향, 미, 촉의 감각질感覺質은 감각세포의 결과물이 아니라 대뇌의 신경피질에서 진행되는 통신 프로토콜Protocol[325]의 산물인 것이다.

---

323 감각이 지각하는 그대로 인식한다는 이론. 즉 감각이 외부를 지각하고 이 감각을 인식한다는 이론.

324 입력된 자료에서 원하는 출력을 유도하는 규칙의 집합.

325 통신 규칙(알고리듬)과 양식의 체계.

## 기억의 저장

국소표상 이론은 특정 기억이 특정 영역의 세포에 저장되어 있을 것이라는 이론이다. 마치 컴퓨터 하드디스크가 특정 정보를 디스크의 특정 위치에 기록하듯이, 뇌 역시 특정 영역에 특정 기억을 저장할 것이라는 추론의 이론이다.

국소표상 이론과 달리, 분산표상 이론은 연결주의적 개념이다. 즉 신경세포망의 네트워크적 연결, 구성이 기억을 저장하는 형태라는 것이다. 현대 뇌과학은 대체적으로 분산표상 이론을 지지하고 있다. 국소표상 이론으로는 하나의 생각이 다른 생각을 불러일으키는 '연상점화 효과' 등의 의식 현상들을 설명할 수 없기 때문이다.

분산표상 이론은 뇌가 처리하는 기억의 저장과 해석, 인출 그리고 갖가지 의식적 작용들이 신경세포 단위의 방식이 아니라 네트워크적 방식이라는 것을 의미한다. 분산표상 이론 중에서도 주목받는 이론은 기억 정보의 저장이 시냅스 결합 방식의 변화라는 것, 즉 시냅스 망網의 새로운 연결과 구성이 곧 새로운 기억의 형태이자 내용이라는 이론이다.

## 연결주의의 뇌신경망과 인공지능

연결주의connectionism는 인간의 의식, 행동 현상들을 '신경망의 네트워크적 통신'이라는 관점에서 정의하고, 이를 인공신경망ANN[326]의 학습방식

---

[326] ANN(Artificial Neural Network). Big Data의 신경망 통신에서 목적하는 정보를 생성하는 Deep Learning 방식의 인공지능.

으로 모델링하는 이론들을 지칭한다. 연결주의에서 신경망의 네트워크 통신은 정보의 형성이고, 연기론에서 정보의 형성은 인식이다. 그러므로 이렇게 말할 수 있다. 네트워크 통신이 곧 인식이다.

네트워크 통신이 곧 인식인 관점에서 정보의 질이나, 양, 내용(인과적 연결) 등은 네트워크의 물리적 구조, 즉 뉴런들의 연결과 시냅스 망網의 형태 등과 동일한 문제다. 모바일 컴퓨팅 패러다임을 제시하였던 제프 호킨스 Jeffrey Hawkins는 인공지능의 설계를 뇌신경망이 기능하는 방식에서 구하는 신경망neutral network 이론(퍼셉트론)을 연구하면서 뇌신경망을 인공지능의 설계 차원에서 이해하는 세 가지 핵심적인 사항을 다음과 같이 설명하였다.

첫 번째는 동적 흐름의 시스템으로 이해하는 것이다. 뇌는 급속히 변화하는 정보의 흐름들을 처리한다. 뇌로 들락거리는 정보의 흐름은 결코 정적이지 않다. 두 번째는 피드백이 중요하다는 것이다. 한 예로 신피질과 하부 구조의 시상을 연결하는 회로에는 순방향 연결보다 역방향 연결이 거의 열 배 더 많았다. 신피질도 거의 전역에서 피드백 연결이 주류를 이룬다. 세 번째는 뇌의 물리적 구조를 이해해야 한다는 것이다. 신피질은 단순한 구조물이 아니다. 그것은 반복되는 계층 구조를 이루고 있다. 계층 구조에서 벌어지는 일은 신호 패턴 혹은 특징들의 계열화·서열화이다. 피질의 신경망 전체에서 벌어지는 계열화·서열화와, 반복적인 피드백에서 정보를 분류·판단하는 비교 작업으로부터 정보의 심화학습Deep-learning이 이루어진다.

## 데카르트의 극장

근대 이전에는 인간의 영혼이 감각기관을 통해 외부세계와 직접 접촉하거나, 또는 외부 사물의 존재(정령)가 인간에게 들어와 자신들의 심상心像을 형성한다는 생각이 지배적이었다. 서양 근대철학의 대부로 알려진 데카르트에 의하면 인식은 뇌의 송과선에 존재하는 영혼이 감각기관들에서 뇌로 전송되는 외부의 현상을 지각하는 것이었다.

하지만 미국의 인지과학자이자 철학자인 대니얼 데닛Daniel C. Dennett은 '데카르트의 극장' 같은 것은 없다고 단언한다. 데카르트의 극장은 정신과 물질의 이원론적 극장이다. 정신(의식)과 물질(뇌)이 만나려면 감각정보를 현상하는 무대와 뇌 속에서 감각정보를 지각하는 작은 존재(영혼, 의식)가 실재하여야만 한다. 하지만 뇌에는 그런 극장이 없다. 극장이 없다면 극장에서 영상을 관람할 존재도 없는 것이다.

데닛이 설명하는 뇌는 영상을 상영하는 극장이 아니라 신경세포들을 자극하는 신호들을 처리하는 신경망의 뇌다. 뇌의 모든 활동은 전기적, 화학적 신호의 입력이 병렬적으로 처리된 결과이며, 처리된 신호들은 장소와 시간에 따라 여러 가지 다른 이야기로 편집, 수정되는데, 의식은 바로 그런 여러 가지의 다른 이야기들이 생겨났다가 사라지는 모습이다. 대니얼 데닛은 뇌신경망이 작업하는 '다중 원고Multiple Drafts'가 의식의 실체이며, 따라서 의식을 단일적 존재라고 느끼는 것은 우리의 착각에 불과하다고 말한다.

# 난쟁이의 오류

〈뉴스위크〉지 선정 '21세기 가장 중요한 100인' 중의 1인으로 선정된 신경과학자 빌라야누르 라마찬드란Vilayanur S. Ramachandran은 '우리의 가장 잘못된 지식(착각) 가운데 하나가 데카르트의 극장 개념으로 인식을 이해하는 것'이라고 지적한다.

어떤 사물을 볼 때, 우리는 눈의 망막에 맺힌 이미지가 뇌의 시각 영역으로 전달되고 전달된 신호의 이미지를 뇌가 지각하는 것이라고 생각한다. 하지만 이런 생각은 라마찬드란의 표현에 따르면, '난쟁이의 오류'를 포함하는 것이다.

망막의 이미지가 뇌에 전달되고 내부의 지적 화면에 투사投射되는 것이라면, 뇌에는 투사된 이미지를 지각할 수 있는 난쟁이가 있어야 한다. 그리고 이 난쟁이의 머릿속 뇌에는 또 다른 난쟁이가 필요하다. 지각의 문제를 해결하려면 우리에게는 무수한 눈과 뇌, 난쟁이가 필요한 것이다.

라마찬드란은 인식을 이해하려면 눈 뒤쪽의 이미지가 뇌의 스크린으로 전달된다는 개념을 없애야 하며, 빛이 눈 뒤쪽에서 신경자극으로 변환되지만 그 신경자극은 어떠한 시각적 종류의 신호도 아니라는 사실을 이해해야 한다고 말한다. 감각 단말로부터 뇌피질에 이르는 신경계는 자극의 전달에 전적으로 새로운 부호(전기적, 화학적 신호들)를 사용하는데, 신경계의 전달 과정(통신 과정)에서 포장되고 변형된 부호들은 대뇌 피질의 시각 영역에서 이미지(모습)로 형성된다. 저서《라마찬드란 박사의 두뇌 실험실 Phantoms in the Brain》에서 라마찬드란은 인식을 다음과 같이 정의한다.

"우리는 단지 단편적인 정보들에서 '스스로의 실재'를 만들어낼 뿐이며, 우리가 보는 것은 세계에서 존재하는 것들에 대한 신뢰할 만한 (그러나 정확

하지만은 않은) '재현'일 뿐이다. 두뇌에서 진행되는 대부분의 사건들을 우리
는 전혀 모르고 있다."[327]

## 환각

저널리스트이자 과학저술가인 리타 카터Rita Carter는 그의 저서《뇌 맵
핑마인드Mapping the mind》에서 안과 수술을 받았던 환자들의 환각 증언
들을 소개한다. 환각을 보는 사람들은 눈 수술의 부작용 때문이라고 믿고
있었지만 검사 결과 그들의 시각 체계에는 문제가 없었다.

환각 중에는 길거리에서 군중이 쏟아져 몰려오거나 아무것도 없는 황무
지에서 거대한 건물이 다가오는 것 같은 비현실적인 장면들, 그리고 들판
에서 풀을 뜯고 있는 소 여러 마리를 하루 종일 목격하는 것과 같은 일상
적 경험도 있었다.

리타는 사람들의 환각 경험을 다음과 같이 설명한다. "뇌는 외부세계를
보거나 듣거나 느끼지 못한다. 자극에 반응하여 뇌는 외부세계를 모사摹寫
하는 이미지를 구축할 뿐이다. 자극은 일반적으로 외부세계에서 들어온다.
반사된 빛들이 눈의 광감수성 뉴런에 도달한 것이다. 감각 뉴런은 뇌신경
세포를 자극하여 수용한 정보에 맞는 영상을 만들게 한다. 하지만 뇌가 정
보를 오독하거나, 자극을 생산하면서 그것이 외부세계에서 들어온 정보라
고 착각하는 경우가 있다. 그렇게 되면 뇌는 영상이 외계 자극에 의한 것

---

[327] 빌라야누르 라마찬드란·샌드라 블레이크스리, 《라마찬드란 박사의 두뇌 실험실》, 신상규 역, 바다출
판사, 2007.

인지 혹은 자체에서 생산한 자극에 의한 것인지 판단할 수 있는 방법이 없다. 추리하는 것 말고는 방법이 없는 것이다.”[328]

## 현실은 추상의 집합

현실은 이미지입니다. 현실이 꿈과 다른 것은, 현실은 몸의 감각작용의 도움을 받고 있는 상태라는 것입니다. 현실이라는 이미지 역시 뇌의 신경계에서 구성됩니다. 현실이란 가능한 추상의 종합이지요. 그리고 그러한 추상은 바로 우리 뇌가 만들어내는 것입니다. 각자가 만드는 추상의 생각은 현실 그 자체가 아니라 자신에게 가능한 추상의 집합이죠. 그래서 모든 사람의 현실은 각각 다릅니다. 모두 각자 자기만의 현실을 보게 되는 겁니다.

이 세계는 어떤 세계인가요? 본래는 아무 방향이 없는 자연에서 온 감각신호가 인간의 욕구 작용으로 의미와 목적으로 변형된 세계입니다. (…) 우리가 자아自我라고 생각하는 것, 세계라고 믿고 있는 것 모두 뇌가 만들어낸 가상의 세계일 수 있지요.

박문호, 《뇌과학의 모든 것》, 휴머니스트, 2013

---

328  리타 카터, 《뇌 맵핑마인드》, 양영철·이양희 공역, 말글빛샘, 2007.

30
·

# 인식의 메커니즘

## 뇌는 어떻게 세계를 아는가?

영국의 신경심리학자 크리스 프리스Chris Frith는 우리가 우리 자신에게 제기하여야 하는 질문은 "내가(혹은 내 정신이) 어떻게 물리적 세계에 대해서 아는가?"가 아니라 "나의 뇌가 어떻게 물리적 세계에 대해서 아는가?"여야 한다고 말한다. 크리스는 우리의 세상은 뇌에서 형성된 형색과 의미로서 현상하는 세상이고, 우리의 의식도 뇌 활동의 산물이며, 따라서 뇌에서 형성되지 않은 세계에 대해 우리가 알 수 있는 방법은 없다고 말한다.[329]

## 뇌와 인식자

뇌는 신경세포의 복잡계다. 이 복잡계를 인식자로 이해할 것인가, 아니면 인식자의 수단으로 이해할 것인가? 정신(영혼) 실재론의 프레임에서 뇌를 이해하려는 신학적 과학자들에게 뇌는 정신의 수단이다. 그런데 정신을 인식자로 주장하려면 뇌의 '물리적 언어'를 정신이 어떻게 지각하는지를 설명하여야 한다. 그들은 난쟁이가 살고 있는 데카르트의 극장으로 되돌아가야만 하는 것이다.

신학적 과학자들과는 달리, 대부분의 뇌과학자, 신경과학자들은 뇌신경망 외에 따로 인식자의 존재를 생각하지 않는다. 나아가 인식을 뇌와 몸(감각), 환경(세계)과의 통합적 관계맺음의 체계로서 이해하려는 추세다. 인식

---

329  만일 뇌가 뇌신경망에서 형성된 세상을 알 뿐이라면, 우리는 '뇌가 세계를 표상한다'라고 말해서는 안 된다. 표상表象은 외계 대상을 의식에서 지각하는 모습을 뜻하기 때문이다.

을 어떤 체계로 이해하든지 간에 뇌과학에서 인식자는 반드시 해결되어야 하는 문제다. 인식자의 문제가 해결되지 않으면 인식의 정의조차 내릴 수 없으며, "뇌는 어떻게 세상을 인식하는가?"의 질문에 대한 답도 기대할 수 없는 일이다.

## 인식 메커니즘: 범주화의 인식

뇌과학에서 '인식'은 신경세포들의 통신에서 형성된 기호들의 '범주화'다. 기호들은 무질서하고 연속적인 감각자극들이 선, 면, 색깔의 패턴들로 이미지화한 것이고, 범주화는 그런 기호 패턴들을 유의미有意味할 수 있는 (개념화할 수 있는) 형식으로 구성(형성)한 것이다. 범주화는 패턴들의 계열화·서열화로써 이루어지는데, 예를 들면 얼굴의 인식에서 패턴은 입술, 코, 눈, 귀 등의 특징적 이미지이고, 이 패턴들의 계열화·서열화로부터 얼굴이라는 범주화(인식)가 발생한다.

범주화에는 인상印象의 범주화와 개념의 범주화가 있다. 인상의 범주화가 감각자극들에서 이미지를 형성, 형상적 식별이 가능한 인상印象으로 범주화하는 것이라면, 개념의 범주화는 형성된 인상을 인과적 분별이 가능한 개념(존재성, 인과)으로 범주화하는 것이다. 인지발달의 정도에 따라 개념의 범주화로 진행하지 못하고 인상의 범주화에 머무르기도 하는데, 인상의 범주화에 머무르는 사람들은 추상적 사고에 익숙하지 않아서 사회 시스템이나 자연의 구조적 체계, 미래 예측 등의 더 큰 패턴을 이해하지 못하고 감각적 인상에 갇혀 자신 주변의 구체적 사실만을 이야기하게 된다고 한다.

범주화가 곧 형성이라는 점에서 범주화를 말하는 뇌과학의 관점과 조건 의존적 형성을 말하는 오온연기의 관점은 다르지 않다. 뇌과학이 설명하는 인식 메커니즘과 오온연기를 비교하면 다음과 같다.

| 구분 | 연기론 | 뇌신경과학 |
|---|---|---|
| 색온色蘊 | 접촉의 재료 | 내부, 외부로부터의 자극 |
| 수온受蘊 | 접촉의 발생 | 전기적·생화학적 감각신호의 생성 |
| 상온想蘊 | 상想(형색, 느낌)의 형성 | 인상印象의 범주화 |
| 행온行蘊 | 상相(존재성, 인과)의 형성 | 개념의 범주화 |
| 식온識蘊 | 대상을 분별하는 자아의 형성 | 대상을 분별하는 자의식의 생성 |

## 인식 메커니즘에 대한 가설

뇌과학이 설명하는 인식 메커니즘은 감각세포로부터 전기적, 화학적 신호가 뇌의 시상, 감각피질, 신피질 등의 신경망으로 전달되고, 피질의 신경망은 이 신호들을 재료로 인식의 현상(이미지와 개념)을 생산하는 것이다.

그런데 전기적, 화학적 신호로 통신하는 신경망이 어떻게 형색, 소리, 냄새, 맛, 감촉 등을 현상하는가? 감각기관들에서 홍수처럼 쏟아지는 신호들은 어떻게 의미 있는 모습으로 정리, 편집, 수정되는가? 단편적 자극이 어떻게 추리 연상을 일으킬 수 있는가? 예를 들어 어두운 곳에서 어떤 것에 부딪혔을 때 어떻게 전체적 상황이 연상되고 또 추론될 수 있는가? 어떻게 부분적 음이나 찰나적 장면만으로도 전체 음악이나 연관된 상황, 기억 들을 연상할 수 있는가?

인식의 메커니즘을 묻는 위 질문들의 검토에서 영혼이 외부를 지각한다거나 정신이 물질을 인식한다는 등의 중세적 사고방식은 제외하는 것이 좋다. 알려진 임상적 사실들에서 인식은 뇌신경망에서 감각자극을 기호로 변환하고 통합하며 경험(기억)과 비교·편집함으로써 현상을 형성하는 과정임이 판명되었다. 그러므로 우리는 정신적 존재 없이 뇌신경망만으로 인식작용과 과정을 설명할 수 있어야 한다. 질문들에 답하기 위해 우선 알려진 과학적 가설들부터 살펴보자.

### 1) 첫 번째 가설 홀로그램 이론

첫 번째 가설은 홀로그램(홀로무브먼트) 이론이다. 이론물리학자 데이비드 봄은 현상(인식)하는 세상을 펼쳐진 질서, 현상(인식) 이전의 세계를 접힌 질서라고 정의하는데, 봄의 펼쳐진 질서는 스탠퍼드 대학교 신경생리학과 교수 칼 프리브램Karl Pribram에게서 '뇌신경망에서 현상하는 홀로무브먼트 우주Holomovement Universe'로 구체화된다.

뇌의 신경전달 메커니즘을 연구하던 프리브램이 홀로그램에 착안한 계기는 기억이 국소적인 것이 아니라는 임상 결과 때문이다. 뇌피질의 측두엽을 자극하는 것만으로도 환자는 기억을 온전하게 되살렸으며, 뇌의 일부를 제거한 환자에게서도 기억의 상실은 일어나지 않았다. 프리브램이 고려할 수 있는 한 가지 대답은 기억이 뇌의 피질 전체에 퍼져 있다는 것이다. 홀로그램은 파형波形 에너지의 간섭무늬로부터 발생하는 3차원 입체상立體像으로, 파편적 부분만으로도 전체 입체상의 재현이 가능하다. 이는 단편적 자극에서 복합적 연상작용(기억작용)이 가능한 뇌의 기능과 유사한 것이다.

뇌가 홀로그램적 기제機制라면 파형 신호를 인식할 수 있어야 할 것이다. 1979년 버클리 대학교의 러셀과 카렌 드발루아Russell and Karen DeValois

부부는 격자무늬를 주파수 파형의 전기적 신호로 변환한 실험에서 시각피질의 뇌세포가 파형 신호를 인식한다는 사실을 발견하였다. 프리브램 또한 뇌의 운동영역 피질이 주파수 신호에 반응한다는 사실을 발견하였으며, 1970~1980년대의 신경과학자들의 연구에서 후각, 촉각, 미각의 감각피질들 역시 주파수 파형의 신호를 인식한다는 사실이 잇따라 밝혀졌다.[330]

뇌가 파형 신호를 인식하는 홀로그램 기作라는 사실을 확신한 프리브램에게 남은 문제는 홀로그램적 인식을 성립시키는 세계의 실제에 대한 것이었다. 여기서 프리브램은 데이비드 봄의 초양자장 우주와 만나게 된다. 초양자장의 우주에서 정보는 접촉에서 형성되는 것이고, 정보가 접촉에서 형성되는 우주는 접혀진 질서(불확정성의 세계)가 접촉(인식적 접촉, 뇌신경망에서의 접촉)에서 펼쳐진 질서(인식의존적 세상)로 현상하는 우주였다. 즉 프리브램에게 홀로그램 우주는 초양자장 우주가 뇌신경망에서 현상하는 메커니즘이었던 것이다.

하지만 홀로그램 이론이 뇌신경망의 인식 메커니즘을 설명하는 이론이 되기에는 문제가 있다. 우선 지적할 문제는 홀로그램론의 현상과 뇌과학에서 설명하는 현상이 다르다는 것이다. 더구나 홀로그램 이론은 '상태의 생성(형성)'이 아니라 '상태의 변환'을 설명하는 개념이다. 변환을 설명하는 개념이 접촉의존적 형성의 인식을 설명하는 이론이 될 수는 없다.

### 2) 두 번째 가설 시뮬레이션 맵 이론

정식 이론으로 발표된 것은 아니지만 뇌과학이나 신경과학, 인지과학의

---

330  마이클 탤보트, 《홀로그램 우주》, 이균형 역, 정신세계사, 1999.

학술적, 임상적 설명에서 통용되는 이론이 시뮬레이션 맵simulation map이론, 즉 뇌신경망이 세계상世界相의 모형(맵map)을 구축하고 접수된 신호(감각자극)들을 이 모형에서 시뮬레이션(범주화範疇化)함으로써 인식의 상想, 상相을 생성한다는 이론이다.

시뮬레이션 맵 이론의 장점은 뇌신경망이 인식의 현상을 형성하는 방식은 물론 왜 그런 느낌, 의미가 발생하는지도 훌륭하게 설명한다는 것이다. 팔이나 다리를 절단한 환자들 중에 잘라내어 없는 부위의 가려움이나 아픔, 마비 증상 등을 호소하는 경우가 있다. 의사疑似 수족증 혹은 환지幻肢 증상[331]으로 불리는 이 증세는 시뮬레이션 맵 이론으로 잘 설명될 수 있다. 즉 실제로는 없지만 뇌신경망이 운영하는 지도에는 아직 팔, 다리가 있어서 근접한 부분의 자극이 지도에 있는 팔, 다리의 환지 증상을 일으키는 것이다.

일상에서도 유사한 경험들을 발견할 수 있다. 다른 사람이 넘어지거나 주사를 맞는 장면을 보면서 마치 자신이 넘어지거나 주사를 맞는 것처럼 연결된 근육들이 긴장하는 경우가 있다.[332] 긴장하지만 신체의 해당 부위(다리, 엉덩이)에서 충격에 해당하는 추가 자극이 발생하지 않으면서 뇌는 자신의 몸에 일어난 일이 아니라는 사실을 알고 긴장의 신호를 해제한다.

교감신경계의 차원만이 아니다. 단편적 정보만으로도 장면의 연결된 정보들을 연상하는 작용이나 상상, 꿈을 꾸는 일, 또는 실질적인 감각적 접촉이 없는 상황에서도 세상의 이미지(형색)를 발생시키는 일 등이 가능한 이

---

331  수족이 절단된 환자가 손발이 있다고 느끼는 증상.
332  심리학에서는 이런 증상을 본능적인 공감능력으로 설명한다. 그러나 이는 뇌신경망의 시뮬레이션 인식과 그 결과로 설명되어야 옳은 것이다.

유 역시 시뮬레이션 맵 이론으로 잘 설명될 수 있다.

### 3) 뇌신경망의 인식 프로세스

뇌신경망에서 일어나는 일을 오온연기로 정리·요약하면 다음과 같다.

첫 번째(색온色蘊)는 뇌신경망이 감각자극과 연결되는 것이다. 연결 이전은 신경망이 꺼져 있는 상태다. 감각자극들에 연결되면서 뉴런들의 네트워크는 통신하는 신경망으로서 작동하기 시작한다. 말하자면 방송 시작(On Air)이다.

두 번째(수온受蘊)는 감각자극들을 수신한 네트워크 통신의 형성이다. 통신 언어는 점, 선, 면, 색채 등의 이미지 패턴들이다. 뉴런들의 집단(계界)들이 생산하는 이미지 패턴들은 네트워크 통신에서 인식 가능한 모습(상想)으로 형성될 것이다.

세 번째(상온想蘊)는 색, 성, 향, 미, 촉의 모습(상想)을 형성하는 일(인상印象의 범주화)이다.

네 번째(행온行蘊)는 상想의 행行을 형성하는 일, 즉 상想의 인과를 형성하는 일(개념의 범주화)이다. 자아 없는 상想이기에 상想의 인과를 형성하는 일은 유위로 조작하는 일이다.

다섯 번째(식온識蘊)는 상想의 인과(행行)를 상대하는 의식(자아)을 형성하는 일이다.

여섯 번째 일어나는 일은 오온을 취하는 오취온(중생상衆生相)의 유전流轉이다. 다섯 번째까지가 오온연기의 연생이라면, 여섯 번째는 오취온의 연생, 즉 십이연기의 연생이다.

## 뇌과학의 시뮬레이션 맵 이론

정식 이론으로 발표된 것은 아니지만 뇌과학이나 신경과학, 인지과학의 학술적, 임상적 설명에서 통용되는 이론이 시뮬레이션 맵simulation map 이론, 즉 뇌신경망이 세계상世界相의 모형(맵map)을 구축하고 접수된 신호(감각자극)들을 이 모형에서 시뮬레이션(범주화範疇化)함으로써 인식의 상想, 상相을 생성한다는 이론이다.

시뮬레이션 맵 이론의 장점은 뇌신경망이 인식의 현상을 형성하는 방식은 물론, 왜 그런 느낌과 의미가 발생하는지도 훌륭하게 설명한다는 것이다. 팔이나 다리를 절단한 환자들 중에 잘라내어 없는 부위의 가려움이나 아픔, 마비 증상 등을 호소하는 경우가 있다. 의사疑似 수족증 혹은 환지幻肢 증상[333]으로 불리는 이 증세는 시뮬레이션 맵 이론으로 잘 설명될 수 있다. 즉 실제로는 없지만 뇌신경망이 운영하는 지도에는 아직 팔, 다리가 있어서 근접한 부분의 자극이 지도에 있는 팔, 다리의 환지 증상을 일으키는 것이다.

일상에서도 유사한 경험들을 발견할 수 있다. 다른 사람이 넘어지거나 주사를 맞는 장면을 보면서 마치 자신이 넘어지거나 주사를 맞는 것처럼 연결된 근육들이 긴장하는 경우가 있다.[334] 긴장하지만 신체의 해당 부위(다리, 엉덩이)에서 충격에 해당하는 추가 자극이 발생하지 않으면서 뇌는 자신의 몸에 일어난 일이 아니라는 사실을 알고 긴장의 신호를 해제한다.

---

333 수족이 절단된 환자가 손발이 있다고 느끼는 증상.

334 심리학에서는 이런 증상을 본능적인 공감능력으로 설명한다. 그러나 이는 뇌신경망의 시뮬레이션 인식과 그 결과로 설명되어야 옳은 것이다.

교감신경계의 차원만이 아니다. 단편적 정보만으로도 장면의 연결된 정보들을 연상하는 작용이나 상상, 꿈을 꾸는 일, 또는 실질적인 감각적 접촉이 없는 상황에서도 세상의 이미지(형색)를 발생시키는 일 등이 가능한 이유 역시 시뮬레이션 맵 이론으로 잘 설명될 수 있다.

## 시뮬레이션 맵: 뇌신경망의 세계 모형

인간의 뇌를 모델로 인공지능을 설계하는 제프 호킨스Jeffrey Hawkins는 인공지능을 이해하는데 있어 근본적인 문제는 지능이 무엇인지, 무언가를 이해한다는 것이 어떤 의미인지를 제대로 규명하지 못하는 것이라고 지적하면서 뇌가 '지능적'일 수 있는 것은 뇌가 지식을 이해하기 때문이 아니라 자신이 만든 세계모형을 가지고 예측하기 때문이라고 말한다.

> 뇌는 대량의 정보를 이용하여 세계의 모형을 만든다. 우리가 알고 배운 것들이 이 모형에 담겨 있다. 뇌는 기억을 토대로 구축한 이 모형을 이용하여 미래의 사건들을 예측한다. 지능의 핵심은 바로 이런 미래예측능력이다.
>
> 제프 호킨스·샌드라 블레이크슬리,《생각하는 뇌, 생각하는 기계》, 이한음 역, 멘토르, 2010

크리스 프리스Chris Frith는 '인식은 현실을 반영한 환상'이라고 정의한다. 감각에 와 닿는 신호를 토대로 세계에 대한 모형을 만들고 이 모형을 끊임없이 시뮬레이션하는 뇌가 인식하는 세상은 바로 자신이 가지고 있는 모형이라는 것이다. 그렇다면 우리는 우리가 인식하는 '세계의 모형'이 실제의 세계와 같은지를 알 수 있을까? 크리스는 모형이 실제와 같은지 아닌지는 문제되지 않는다고 말한다.

> 우리가 세계에 대해 뭔가를 행할 때는 우리의 모형이 참인지의 여부가 그리
> 중요하지 않다. 중요한 것은 모형이 제대로 작동하느냐는 사실이다. 모형의
> 도움으로 우리가 적절한 행동을 취해 계속 살아남을 수 있는가?[335] 대체로
> 그렇다고 할 수 있다.
>
> 크리스 프리스, 《인문학에게 뇌과학을 말하다》, 장호연 역, 동녘사이언스, 2009

## 시각적 상想의 생성

단순계층으로부터 복잡계층, 연합계층으로 이어지는 여섯 층 계층구조
의 신피질에서 점, 선, 면 등의 단순 패턴들이 공간적·시간적 속성들이 통
합된 모습으로 형상화하는 범주화(인상印象의 범주화) 작업이 일어난다. 제프
호킨스는 감각 자극들이 이미지의 패턴으로, 이미지의 패턴들이 모습(상想)
으로 형성되는 작업의 프로세스를 다음과 같이 설명한다.

뇌의 후두 피질의 약 60퍼센트를 차지하는 시각 영역은 v1, v2, v3, v4,
v5(MT - middle temporal coretex), IT(inferior temporal coretex)의 층들이 연
동하여 작동하는 계층구조이다. v1은 1차 시각피질이며 v2, v3, v4로 진행
할수록 계층은 단순세포 층에서 복합세포의 층으로 이어진다.[336] 망막의
시신경세포로부터 처음 정보를 전달받는 영역은 1차 시각피질, 즉 v1 영

---

335  이는 세상과의 상의적 인과因果가 작동하는지를 묻는 질문과 같다.

336  v5(MT)는 '어디에 물체가 있는지' 판단하는 영역, IT는 '어떤 물체인가' 판단하는 영역이다.

역인데, 이 영역에서는 자극의 패턴화가 이루어진다. 망막은 초당 3회 정도 눈동자가 움직이는 신속운동과 한곳을 주시하는 응시를 보이는데, 이 운동들에서 발생하는 자극들을 재료로 v1은 초당 몇 번씩 새로운 패턴을 형성한다.

v1이 형성하는 패턴은 여러 운동들에서 나타나는 공간 특이성의 작은 특징적 패턴이다. v1 세포들은 특정 파장의 자극에 특이성을 보이는 '선택적 감수 영역'을 특징으로 하는데, 예를 들어 어떤 세포는 감수 영역 내에서 30도로 기울어진 각도를 의미하는 신호(파장)에 격렬하게 발화發火한다. 이들 세포들이 '아는 것'이라고는 전체 시야 중에서 바늘구멍만한 부분뿐이다.

하지만 상위 연합계층의 IT 영역에서는 전혀 다른 일이 벌어진다. 이곳에는 시야 전체에서, 즉 '모습' 전체에서 활성 반응을 유지하는 세포들이 있다. 한 예로 얼굴의 모습에서 강하게 발화하며 활성을 유지하는 세포도 있다. 이들은 작은 특징적 패턴에 신속하게 켜졌다 꺼졌다 하는 v1의 세포들과는 달리 시야의 대부분에 걸쳐 있으며, 얼굴 등의 특정 형상에서 그 발화를 지속적으로 유지한다.

피질의 v1, v2, v3, v4, v5, IT에서 이어지는 계층적 진행은 작은 특징적 패턴에서 신속한 on, off로 반응하는 단순세포 층으로부터 형상적인 모습에서 보다 지속적으로 발화하는 복합세포 층으로 진행하는 과정이다. 즉 망막의 감각 자극이 v1~v4에서 특징적 이미지의 패턴을 형성하고, 그 패턴들이 상위 MT, IT의 연합계층에서 '의미 있는 모습(인상印象)'으로 형성되는 것이다.

잠시 주위를 둘러보라. 망막에서 1차 시각피질로 들어오는 패턴들은 서로 결합되어 짧은 선분들을 이룬다. 선분들은 결합하여 더 복잡한 형상을 이룬다. 이 복잡한 형상들은 결합하여 코 같은 대상을 이룬다. 코는 눈, 입 등과 결합하여 얼굴을 이룬다. 그리고 얼굴은 다른 신체 부위들과 결합하여 당신 앞에 앉아 있는 사람을 이룬다. 이렇듯 세계의 모든 대상들은 일관성 있게 결합되는 소小 대상들로 이루어진다. 그것이 바로 대상의 정의이기도 하다.

제프 호킨스·샌드라 블레이크슬리, 《생각하는 뇌, 생각하는 기계》

망막의 신호는 뇌 중앙에 있는 감각 중계국인 시상을 거쳐 뇌 후두부의 1차 시각피질(v1)에 전달되고, v1의 정보는 다음 단계로 넘어가면서 형태, 색채, 운동 같은 별개의 속성들로 나뉜다. 이들 속성 가운데 하나를 처리하는 뇌 부위가 손상되고 다른 처리 영역들은 멀쩡한 경우가 드물게 일어난다. 만약 색채 영역(v4)이 손상되면 그 사람은 색깔이 빠진 채로 경험한다. 운동 영역 (v5)이 손상된 사람이라면 시시각각 대상의 위치가 달라 보이지만, 그럼에 도 움직이는 것처럼 보이지는 않는다. (형태, 색깔, 운동 등의) 시각적 속성들 의 처리 다음 단계(IT)에 이르면 이들이 다시 결합되어 시각적 광경을 구성 해낸다. 가끔 앞의 과정은 멀쩡한데, 이 과정(IT)을 담당하는 뇌 부위가 손 상되는 경우가 있다. 이런 사람은 사물을 인지하는 데 문제를 드러낸다. 대 상의 속성들을 설명할 수는 있지만, 그 대상이 무엇인지는 모른다. 이런 증 상을 가리켜 '실인증'이라고 한다.

크리스 프리스, 《인문학에게 뇌과학을 말하다》

## 맹점: 뇌신경망이 그려내는 세계

일상에서 경험하는 우리의 세상이 뇌신경망에서 그린 세상이라는 사실을 확인하는 방법이 있다. 우리 눈에는 감각신호가 전혀 들어오지 못하는, '맹점盲點'이라고 불리는 곳이 있다. 눈동자 가운데 검은 부분인 그곳은 망막에서 발생하는 자극을 뇌로 실어 나르는 모든 신경섬유(시신경)들이 한데 모이는 곳으로, 이곳에는 빛 수용체가 있을 자리가 없다.

만약 우리의 인식이 눈이 보는 대로 지각하는 것이라면, 다시 말해 망막에 상像이 맺히는 대로 인식하는 것이라면, 우리는 맹점 이외의 부분만 인식할 수밖에 없고 따라서 우리가 눈으로 보는 세상은 가운데가 시커먼 모습이어야 할 것이다. 그러나 우리는 눈에 맹점의 영역이 있다는 사실조차 인식하지 못한다. 이는 뇌가 맹점의 부분을 포함하여 현상 전체를 '적절하고 교묘한 솜씨로 그려내기' 때문이다.

## 시각피질의 환상

뇌의 시각피질을 직접 자극하는 것으로도 환각을 일으킬 수 있다. 캐나다 몬트리올 신경학 연구소의 윌더 펜필드 박사는 간질환자의 뇌 표면을 아주 작은 전극으로 자극하는 실험을 하였다. 43세의 여성 간질 환자를 발을 뻗은 자세로 병원 침대에 45도 각도로 누워 있게 하고 뇌의 옆과 위쪽 접점에 약한 전기자극을 주었다. 그 결과, 환자는 마치 자신의 몸을 내려다보면서 하강하는 것 같은 느낌이 든다고 했다. 자극을 계속하였더니 환자는 자신의 몸이 공중에 떠서 천장까지 올라가는 느낌이 든다고 했다. 다리를 보라고 하자 다리가 짧아지면서 자기 얼굴로 다가오며 올라오는 것처럼 느낀다고 진술하였으며, 팔을 보라고 하자 팔이 짧아지면서 떠오르는 것처럼 느낀다고 진술하였다.

스위스 로잔 공과대학의 올라프 블랑크Olaf Blanke 교수팀은 유령을 본다는 뇌전증(간질) 환자 열두 명의 자기공명영상MRI을 분석하여 공간 인지, 자아 인식, 주변 움직임 감지 등을 기능하는 뇌의 '섬피질insular cortex' '전두골피질' '측두두정피질' 등 세 부분에 특이한 흐름이 나타나는 것을 발견했다. 연구팀은 이들 부위에서 발생하는 과도한 신호의 작용으로 유령이 보인다는 가설을 세우고, 실험의 의도를 모르는 건강한 사람들을 대상으로 이들 부위를 혼란시키는 실험을 진행했다. 실험 참가자들 대부분은 극도의 공포와 함께 다른 사람이나 유령이 자신을 지켜보거나 만지고 있다고 인식했으며, 당장 실험을 멈추고 자신을 구해줄 것을 호소하는 사람도 있었다.

블랑크 교수는 "실험은 뇌전증 등 정신질환자나 극한 상황에 놓인 건강한 사람이 느끼는 감각을 모방한 것"이라며 "뇌가 자기 몸의 운동 정보와 위치 정보를 처리하는 과정에서 오류를 일으켜 환각 상태에 빠지게 된 것"이라고 설명하였다.

## 의식: 흘러 다니는 시나리오

세상을 분별하는 의식은 세계상世界相의 모형에서 비롯한다. 생물학자에드워드 윌슨Edward Wilson은 뇌신경망이 생산하는 의식을 '이리저리 흘러 다니는 시나리오들'이라고 설명하면서 의식의 발생을 다음과 같이 설명한다.

1초에 40번의 주기로 신경세포의 동기화된 발화를 통해 많은 인상印象의 이미지들을 연결하는 의식은 암호화 네트워크가 병렬 처리되는 과정이다. 몇몇 인상은 신경계 밖의 자극(감각 자극)에 의한 것이지만, 다른 것들은 피질의 기억에서 회상되는 것들이다.[337] 이 모든 것들이 합해져서 시나리오를 창조하는데, 이 시나리오는 실제로 시간에 따라 이리 저리 흘러 다닌다.

시나리오들은 과거를 재창조하고 앞으로 하게 될 생각과 행동을 위한 선택 가능한 대안들을 구축한다. 외부로부터의 입력에 완전히 개방되면 그 시나리오들은 감각기관의 감시를 받는 몸의 활동들까지 포함한 환경의 모든 부분들에 잘 대응한다.

뇌 안에서 누가 혹은 무엇이 이 모든 활동을 감시하는가? 어떤 이도, 어떤 것도 그렇게 하지 않는다. 뇌의 어떤 영역도 그 시나리오를 볼 수는 없다. 그것들은 '그저 존재할 뿐'이다. 의식은 이 시나리오들로 구성된 가상세계다. '데카르트의 극장' 같은 것은 없다. 시나리오들이 정합적(아날로그적)인 형태로 출연하는 무대와 같은 뇌 부위는 존재하지 않는다. 또 그것은 하나도 아니다. 대신에 전체 뇌의 구석구석에서 벌어지는 신경활동의 얽힘만이 존재할 뿐이다.

에드워드 윌슨, 《통섭》, 장대익·최재천 공역, 사이언스북스, 2005

## 네트워크적 맵

연결주의connectionism의 관점에서 뇌의 학습은 뇌신경망의 네트워크적

---

337  색色은 과거에 속하든 미래에 속하든 내적이든 외적이든 의식(뇌신경망)에 부딪히는 것'이라는 불교 경전의 말과 같은 뜻이다.

구성(신경세포와 신경섬유 시냅스의 배열과 구성)의 문제다. 이 관점에 따르면 뇌신경망의 시뮬레이션 맵 역시 네트워크적 구성의 맵으로 이해되어야 하는 것이다.

뇌에 우리가 인식하는 현상과 같은 모습의 맵은 없다. 대신에 신경세포와 시냅스 연결의 계(系)(집단)가 중층적으로 연동하는 네트워크적 특성의 맵이 있다. 아니, 있는 것이 아니라 뇌신경망 자체가 네트워크적 맵[338]이다. 이 네트워크적 맵이 '형성 중의 세계'(무자아의 세계)와 접촉하면서 전개되는 접촉의존적 모습이 바로 우리가 인식하는 형색의 세상이다.

형색이 네트워크적 맵을 조건한 연생이니 형색을 존재론적으로 규정하는 오취온 역시 네트워크적 맵을 조건한 연생이어야 할 것이다. 오취온이 연생하는 네트워크적 맵에는 오취온이 연생하도록 하는 프로그램(오온)도 있을 것이다. 오취온이 연생하는 네트워크적 맵에 오취온이 연생하도록 하는 프로그램이 있으리라는 추론은 합리적이다.[339]

## 생명의 상속

세상에는 생명에서 생명으로 이어지는 태생학적 윤회(상속)가 실재하는 것처럼 보이기도 한다. 동물의 본능적 행태라든지, 아버지를 빼닮은 자식의 행동 양태 등에서 '상속하는 인식습성'을 볼 수 있다. 인식습성은 대상에 대한 행동양태를 결정하는 성질이라는 점에서 개체의 개성(個性)이라고

---

338  시뮬레이션 맵을 네트워크의 구조적 특성(뉴런의 배열과 구성)으로 정의한 것이 '네트워크적 맵'이다.

339  신경과학에서는 뇌에 인식을 형성하는 모듈module의 네트워크가 있다는 식으로 말한다.

도 말하여 지는 것이다.

주변의 일상에서 인식습성의 상속을 확인할 수 있는 사례는 견종犬種의 상속이다. 개는 종種 특유의 구조(모습)와 인식습성의 상속을 보여 준다. 종種의 상속이 인식습성의 상속과 별개가 아님은 임상실험에서도 확인된 바 있다. 1950년대 러시아 유전학자 드미트리 벨라예프는 은여우를 대상으로 성격의 유전적 선택을 실험하였다. 실험은 사람에게 온순한 은여우들을 선택, 교배시키는 방식이었는데, 성격적 유사성의 선택적 교배만으로도 전혀 다른 종이라고 말할 수 있는 은여우들이 생겨났다. 선택 교배된 은여우들은 개처럼 사람의 손길을 찾고 따랐으며 심지어 모습도 귀가 늘어지고 꼬리가 들리며 얼굴이 뭉툭해지는 등, 개에게서 볼 수 있는 특성들이 은여우들에서도 나타났다. 벨레예프는 이런 구조적 특성들을 온순성이라는 성격적 특성이 유전적 우위를 확보하면서 나타난 현상으로 설명하였다.

벨라예프 실험의 의의는 생명의 개체적 인식습성과 그로부터의 행동양태가 유전적 발현이며, 나아가 새로운 모습의 종種으로 이어지는 유전적 요인일 수 있다는 사실을 밝혀낸 것이다. 그렇다면 어떤 메커니즘으로 유전정보에서 인식습성이 상속되는 것일까? 인식습성이 뇌신경망의 네트워크적 특성이라는 점을 이해한다면 유전 정보에서 인식습성(성격)이 상속되는 메커니즘도 이해할 수 있다.[340]

인식습성은 뇌신경망의 네트워크적 배열과 구성이라는 유전자 정보로 상속되고, 상속된 정보에서 생명체의 뇌신경망이 형성되며, 형성된 뇌신경

---

340 뇌질환의 유전은 뇌신경망의 네트워크적 특성이 유전되는 사실을 보여주는 예라 할 수 있다.

망은 생명체의 인식습성으로서 작동할 것이다. 우리가 '본능' 혹은 '타고난 성격'이라고 부르는 상속은 이런 유전적 상속으로 이해할 수 있다. 즉 생명에게는 오취온의 유전적 상속이 있는 것이다. 그렇다면 오취온의 유전적 상속을 태생학적 윤회라고 말할 수 있는 것일까? 아니다. 유전적 상속에 존재는 없다. 생명의 유전적 상속은 있어도 존재의 윤회는 없는 것이다. 더구나 새로운 생명은 남녀의 인연에서 생겨나는 일이어서 인식습성이 태생적으로 결정되는 일도 있을 수 없다. 즉 인식습성 역시 조건의존적 형성의 연생緣生인 것이다.

31

•

# 인식의 실제

## 인식에 대한 세 가지 관점

| 구분 | 인식의 개념 | 인식의 의미 | 현상의 의미 |
|------|-----------|-----------|-----------|
| 존재론 | 지각 | 외부에 실재하는 존재의 지각 | 대상의 상像 |
| 뇌과학 | 표상 | 외부에 실재하는 존재의 표상 | 대상의 표상表象 |
| 연기론 | 형성 | 무자아의 인연에서 생성 | 관계의존성의 상想, 상相 |

'표상'의 철학적 정의는 '지각知覺에 의하여 의식에 나타나는 외부 대상의 상像'이다. 런던 대학교의 크리스 프리스 교수는 뇌신경망이 형성하는 이미지를 '표상'으로 정의한다. 크리스는 저서《인문학에게 뇌과학을 말하다》에서 표상의 의미를 다음과 같이 소개한다.

> "신경생리학자들은 뉴런의 활동이 물리적 세계에 존재하는 '무엇'인가를 '표상'한다는 식으로 말하기 좋아한다. 예컨대 눈이 빨간색 빛을 받을 때에만 활성화되는 뉴런을 찾을 수 있다. 그런 뉴런의 활동을 가리켜 학자들은 빨간색을 표상한다고 말한다."

그런데 크리스는 우리의 인식이 외부의 실재를 아는 것은 아니라고 말하지 않았던가? 뉴런의 활성화(발화發火)를 크리스와는 다른 방식으로 설명할 수 있다. 뉴런이 외부세계로부터의 '특정 자극'에 반응하여 '빨간색으로 발화發火'한다는 설명이다. 우리는 뉴런을 발화하게 하는 특정 자극이 어떤 것인지를 말할 수 없다. 우리가 말할 수 있는 것은 오직 뉴런이 발화하는 현상뿐이다. 그러므로 우리는 특정 자극을 '빨간색'이라고 단정할 수 없으며 단정해서도 안 된다. 인식의 현상을 표상으로 말하는 것은 존재의 외부 실재를 실제 사실로서 전제하는 형이상학적 독단에 다름 아니다. 형이상학적 독단을 과학의 용어, 개념으로 사용하는 것은 현명한 일이 아니다.

## 나의 뇌는 어떻게 물리적 세계에 대해 아는가?

제목의 질문은 크리스 교수가 제시한 '우리가 우리에게 물어야 할 질문'
이다. 자신을 유물론자로 분류하는 크리스에게 의식은 뇌 활동의 산물이
다. 뇌의 작동 방식을 설명하는 과정에서 '정신'이라는 이름을 사용하지만,
한편으로 그는 그가 사용하는 '정신'이라는 단어가 현실적으로 규명되지
않은 문제[341]를 논쟁화하지 않기 위한 방편이라는 점을 분명히 한다.

크리스에게서 위의 질문이 나온 이유, 그리고 그가 '정신'이라는 불편한
단어와 동거해야 하는 이유는 그가 표상(지각)이라는 개념에 집착하기 때
문이다. 뇌에 지각의 개념을 부여하면 당연히 '지각하는 자'의 개념도 동반
될 수밖에 없다. '나'는 물론 모든 의식현상이 뇌신경망의 작용이라는 것을
확신하는 크리스에게 지각하는 자, 즉 정신은 어쩔 수 없이 채용하는 임시
적 방편이다.

하지만 크리스의 문제는 전적으로 자신에게서 기인한 것이다. 만일 그
가 '인식 = 지각'이라는 관념으로부터 자유로웠다면 '정신'이라는 방편적
단어를 사용할 필요조차 없었을 것이다. 만일 그가 '인식 = 값의 관계의존
적 형성'이라는 사실을 알았다면 위의 질문, 즉 "뇌가 어떻게 물리적 세계
를 지각하는가?"라는 질문을 제기할 필요조차 없었을 것이다.

---

341 뇌가 어떻게 현상을 경험하는 인식자일 수 있는지의 문제. 크리스는 인식자에 대한 그의 설명이 당분
간은 주관적 사변에 그칠 것이라고 말한다.

연기론에서 형색(상想)이나 개념(상相)은 지각되는 것이 아니라 형성되는 것이고, 따라서 연기론에는 지각하는 인식자나 객관의 물리적 세계를 아는 인식자 같은 것은 필요하지 않다. 심지어 지각할 수 있는 값을 소유한 물리적 세계[342]라는 것은 실재하지도 않는다.

## 접촉의존적 형성과 인식자

붓다가 식識은 조건에 의존한 연생緣生이라고 누누이 설법하셨음에도 부파불교들이나 견성불교에서 '마음이 있다'는 생각을 버리지 못했던 것은 '알아차리는 식識'이 있어야 한다는 생각 때문이었다. 뇌과학이 뇌신경망에서 형성되는 현상을 설명하면서도 정신(의식)의 문제로부터 자유롭지 못한 것은 '알아차리는(경험하는) 식識'이 있어야 한다는 생각 때문이다. 문제를 요약하면 다음의 질문이다. "무엇이 아는가(경험하는가)?"

그런데 이 질문은 잘못된 것이다. 질문이 잘못된 것임을 이해하기 위해서는 '인식의 현상은 접촉의존적 정보'라는 생각에 철저하여야 한다. 접촉의존적 정보(현상)는 접촉에서 형성된(연기한) 것이기에 존재론적으로 분리할 수 없는 정보, 즉 인식대상과 인식자로 분리할 수 없는 정보다.[343] 분리할 수 없음에도 불구하고 분리하여 인식하는 것은 무자아의 세상(불확정성의 세상)에서 생존(존재함)을 모색해야 하는 생명의 필요(의도)때문이다. 즉 실제는 분리할 수 없는 정보(현상)임에도 불구하고 생명이 육체적 생존을

---

342  자신의 값을 확정적으로 갖춘 결정론적 세계.

343  후설의 '현상학적 환원', 즉 현상의 분리할 수 없음을 설명하는 괄호치기(x+y)를 참조하자.

위한 필요(의도)로 조작하여(존재론적으로 분리하여) 인식하는 것이다.

붓다는 〈삼켜버림 경〉(S22:79)에서 '존재론적으로 분리하는 인식'을 '유위로 조작하는 행行'이라고 정의하셨다.[344] 오온연기의 행온, 식온은 접촉의존적 모습(상想)에서 인식대상과 인식자가 나누어지는(연생하는) '개념적 형성'의 과정을 설명한 것이다. 인식대상은 상想이 '대상의 존재'로서 개념화한 것이고, 인식자는 '대상의 존재에 대한 상대자'로서 개념화한 것이다. 즉 인식자는 개념(대상의 존재)에 상대한 개념(대상의 상대자)인 것이다. 이는 우리가 인식자를 생각하면서 제기하는 '무엇이 경험하는가?'와 같은 질문들, 특히 마음, 정신, 불성 등의 형이상학적 실재를 염두에 두고 제기하는 '무엇이 아는가?'와 같은 질문들이 사실은 조작된 개념을 향한 허망한(쓸모 없는) 질문이라는 뜻이다.[345]

---

## 뇌과학에의 고언苦言

-----------------------------------------------------------------------

### 1) 유기체적 관점의 지향

비국소성, 연결주의, 네트워크적 형성과 저장 등의 현대 뇌과학을 규정하는 개념들, 그리고 신경계를 인식 기제로 간주하는 현대 뇌과학의 관점은 분명히 유기체적이다.

유기체적 관점에 바르게 서려면 인식에서 존재의 개념을 배제할 수 있

---

344  인식대상과 인식자의 분리를 없애는 상수멸想受滅의 사마디를 조작 이전의 인식이라고 말할 수 있다. 상수멸의 인식이 있다는 것은 상想의 존재론적 분리가 조작이라는 사실을 반증反證하는 것이다.

345  붓다의 관점에서 보면 무기無記해야 마땅한 질문들이다.

어야 한다. 즉 인식자 없는 인식의 개념을 수용할 수 있어야 하는 것이다. 굳이 인식자를 표시한다면 그것은 설명을 위한 방편적 가명이어야 한다.

### 2) 인식의 정의

뇌과학의 목표는 인식에서 의식으로 이어지는 과정을 온전히 그려내는 것이다. 이 목표를 위해 뇌과학은 뇌에서 무슨 일이 일어나는지를 밝히고 그것을 해석하려 한다. 그런데 목표를 성취하려면 먼저 인식에 대한 정의부터 선행할 필요가 있다.

인식이 '값의 지각'이라면 뇌과학은 '지각하는 자<sub>者</sub>'라는 존재로부터 결코 자유로울 수 없을 것이다. 그러나 인식이 '값의 관계의존적 형성'이라면 뇌과학은 더 이상 '지각하는 자'를 고려할 필요가 없다. 뇌과학은 상想, 상相을 형성하는 뇌신경망만으로도 인식과 의식의 제반 현상을 온전히 설명할 수 있기 때문이다.

---

## 인식이 지각이 아님을 논증하다 1

① '본다' 등의 지각작용이 성립하려면 인식대상은 지각할 수 있는 존재값(존재성)을 갖춘 존재이어야 한다.

② 존재값을 갖춘 존재를 지각하는 인식에서 존재로부터 존재값을 분리하는 인식은 성립하지 않는다.

③ 우리가 경험하는 인식은 형상에 대한 느낌, 의미, 인과의 존재값을 탐색하는 인식이다. 형상의 존재값을 탐색하는 인식은 형상에서 존재값을 분리한 인식이고, 형상에서 존재값을 분리한 인식은 형상을 지각

하는 인식이 아니다.

---

## 인식이 지각이 아님을 논증하다 2

① 보는 자(존재)가 있으려면 보는 작용(존재성)이 있어야 하고, 보는 작용이 있으려면 보는 자가 있어야 한다.

② 서로를 존재하게 하는 조건인 보는 자, 보는 작용은 서로에 앞서 존재하여야 한다.

③ 그러나 보는 작용 없는 보는 자, 보는 자 없는 보는 작용은 성립하지 않는다.

④ 보는 자, 보는 작용이 성립하지 않는 인식에서 보는 자, 보는 작용은 존재하지 않는다.

⑤ 보는 자, 보는 작용이 존재하지 않는 인식은 지각하는 인식이 아니다.

---

## 인식이 지각이 아님을 논증하다 3

① 인식이 대상을 지각하는 것이라면 지각하는 자가 존재하여야 한다.

② 지각하는 자가 존재한다면 그는 자신을 지각할 수 있어야 한다. 자신의 존재성으로서 존재하는 자가 자신의 존재성을 부정하는 일은 있을 수 없기에 지각하는 자의 지각하는 작용은 대상은 물론 지각하는 자신도 지각할 수 있어야 하는 것이다.

③ 나는 나 자신을 알지(지각하지) 못한다.

④ 자신을 지각하지 못하는 나는 지각하는 작용이 없는 자다. 지각하는 작용이 없는 나는 대상도 지각하지 못한다.

⑤ 대상을 지각하지 못하는 인식은 지각하는 인식이 아니다.

## 인식이 지각이 아님을 논증하다 4

① 인식자와 인식대상에게 인식이 성립하고 또 연속할 수 있으려면 인식(해석, 행위, 작용)에서 인식자와 인식대상은 상의적相依的 사실(존재성, 인과)이어야 한다.

② 인식자와 인식대상이 상의적 사실이려면 인식자, 인식대상은 자신의 고유한 사실(존재성, 인과)이 없어야 한다.

③ 자신의 고유한 사실이 없는 인식대상의 인식은 지각하는 인식이 아니다.

## 상想: 접촉의존적 형성의 모습

'존재하는 세상(결정론의 세상)'에서 모습은 절대적 사실(물리적 실재)이나, '형성 중인 세상(비결정론의 세상)'에서 모습은 접촉의존적 사실, 즉 인식 기제機制(감각과 뇌신경망)를 조건한 인식의존적 사실이다.

어떤 이는 사진을 예로 들며 사진의 모습으로 찍히는 형상은 물리적 실재의 형상이라고 주장한다. 그곳에서 그 모습으로 실재하는 형상(자체로 실재하는 형상)이기에 그 형상을 찍는 사진의 모습이 있을 수 있다는 것이다.

그러나 사진의 모습으로 찍힌 형상이 자체로 실재하는 것이 아님은 다음의 두 가지 사실로 논증할 수 있다.

① 형상은 빛의 조건에 의존하는 조건의존성이다. 가시광선일 때의 모습과 엑스선이나 감마선일 때의 모습은 다르다. 과학이 물질 및 생명체의 질료質料로 정의하는 원자의 99.999%는 공간이다. 물론, 아무것도 없는 공간이 아니라 전자의 전자기력이 작용하는 에너지 장場이다. 따라서 우리가 인식하는 몸이나 물질은 전자기장의 존재상태라고 말할 수 있다. 전자기장의 상태를 형상의 모습으로 인식하는 것은 인식의 매개체인 가시광선이 전자기장을 통과하지 못하고 반사되기 때문이다. 즉 우리가 인식하는 형상의 실제는 전자기장에 반사된 가시광선인 것이다. 그런데 엑스선이나 감마선과 같이 파장이 짧은 빛(에너지가 큰 빛)은 전자기장을 통과해 버린다. 즉 가시광선에서 존재하던 몸, 머리 등의 형상은 엑스선이나 감마선에서는 존재하지 않는 것이다. 이는 우리가 인식하는 형상이 빛을 조건하여 형성되는 '조건의존적(접촉의존적) 모습'이라는 뜻이다.

② 만일 사진의 모습으로 찍힌 형상이 자체로 실재하는 형상(존재의 형상)이라면 형상은 상주부동의 것이어야 한다. 존재의 존재값(형상)은 관계에도 부동不動으로 상주常住하는 것이어야 존재의 존재값(형상)일 수 있는 까닭이다. 그러나 세상의 모든 형상들은 관계에 의존하여 생, 변, 멸하는 '관계의존적(접촉의존적) 모습'이다.

## 세상의 모습에 대한 정의

① 세상의 모든 모습은 관계(접촉)에 의존하여 형성된다(연기한다).
② 의존하여 형성된 모습은 자아(존재)가 없다.
③ 자아(존재) 없는 모습은 인식의존적 사실, 즉 상想이다.
④ 세상의 모습이 상想이라는 것은 이 세상에서 인식과 무관하게 실재하는 모습(물리적 실재의 형상)은 없다는 뜻이다.

## 동참하는 우주

'물리학의 거인' 또는 '물리학자들의 물리학자'로 불리는 존 아치볼드 휠러John A. Wheeler는 '어떻게 존재가 있는가' '왜 양자인가' '동참하는 우주' '비트에서 존재로(it from bit)' 등을 물리학자가 제기해야 할 '큰 질문들'로 제시하였다. 이 중 '동참하는 우주?'는 휠러의 우주관을 상징하는 캐치프레이즈와 같은 질문으로, '비트에서 존재로(it from bit)?'는 정보를 물리적 실재로 검토하는 사람들에게서 회자膾炙되는 질문으로 잘 알려져 있다.

'동참하는 우주?'는 이 우주가 우리에게 '발견되는 우주'가 아니라 우리가 묻는 질문과 그 질문의 답으로 제시되는 정보들로써 '형성되는 우주'인가를 묻는 질문이고, '비트에서 존재로?'는 우리가 물리적 실재로 다루는 모든 존재(입자로부터 시공 연속체에 이르기까지)가 뇌의 '예-아니오'라는 비트 정보로부터 형성되는 것인가를 묻는 질문이다. 휠러는 '우주를 이해하는 것'에 대하여 다음과 같이 말한다.

물리학만 다루는 물리학 이론은 결코 물리를 설명할 수 없다. 나는 우주를 이해하려는 노력이 인간을 이해하려는 노력과 같다고 믿는다. 물리적인 세계는 어떤 깊은 의미에서 인간과 묶여 있는 것이다.

한스 크리스천 폰베이어, 《과학의 새로운 언어, 정보》

## 올바르게 인식하기 1

올바른 인식은 "나와 세상은 지금 지각된다"가 아니라 "나와 세상은 지금 서로에 의존하여 형성된다(연기한다)"라고 아는 것이다. 인식이 연기임을 현실적으로 실감하려면 세상이 연기한 법이라는 사실부터 이해하여야 한다. 세상이 연기한 상相이라는 사실을 이해하면 '지각하는 자'라고 생각했던 자신 역시 '연기한 상相'이라는 사실을 이해할 수 있다.

세상을 연기한 상相이라고 보는 실효적인 방법 중에 몸을 연기한 상相으로 보는 방법이 있다. 손, 발, 얼굴, 몸을 자신이나 자신의 것이 아니라 연기한 상相이라고 봄으로써 이들의 배경인 세상 역시 연기한 상相이라는 사실을 쉽게 이해할 수 있다. 이렇게 자신의 몸을 보는 것은 현상 전체를 대자적對自的으로 관찰하는 사띠sati[346]의 확립에도 도움이 된다.

---

346 붓다는 소치는 자의 비유로써 현상을 대자적으로 관찰하는 사띠를 설명하신다.

아무리 현상을 자아 없는 연생緣生(공한 오온)으로 보려 하여도 의식이 인식하는 것은 존재의 느낌과 개념이다. 〈법에 머무는 자 경 1〉(A5:73)에서 "사유하고 고찰하고 숙고하는 것으로 하루 종일을 보내더라도 사띠의 확립에 정진하지 않는다면 이 비구는 교학을 많이 하지만 법에 머무는 자라고 하지는 않는다"라고 설명하는 것도 의식의 인식이 '존재를 위한 인식'이기 때문이다.

그러므로 존재를 벗어나려면 의식에서 벗어나야 한다. 의식을 벗어난 사띠의 상태이지 않으면 존재에서 벗어나기는 어렵다. 하지만 의식적으로 '존재를 벗어난 인식(공한 오온)'을 이해하려고 노력할 수는 있다. 존재로부터 벗어난 인식을 이해하려면 '인식은 형성 중'이라는 생각에 철저하여야 한다. 형성하는 인식에서 '본다'는 일은 없다. 만약 당신이 '보는 중'이라고 생각한다면 그 생각을 '형성하는 중'이라고 고쳐야 한다. 즉 지금 경험하는 색(형색), 성(소리), 향(냄새), 미(맛), 촉(감촉), 법(존재성, 인과)은 '접촉에서 형성되는(연기하는) 중'이라고 알아야 하는 것이다.

## 의식의 삶

의식의 삶은 유위(존재)로 조작하는 감정, 개념의 삶이다. 그런데 이렇게 말하는 사람도 있다. 인간(중생)의 세상에서 인간들이 생산하는 감정과 개념에 휩쓸려 사는 것도 나쁘지 않다고. 그럴 수 있다. 하지만 역시 문제는 '살아가는 자'다. 세상과 더불어 살아가려면 '살아가는 자'가 있어야 한다.

의식을 신뢰하려 하지만 의식의 실제는 조건에 따라 이러 저리 유전流轉하는 시나리오의 오취온이다. 조건에 따라 유전한다는 것은 그것에 의지할 만한 존재방식이 없다는 뜻이고, 의지할만한 존재방식이 없다는 것은 조건에 따라 언제라도 무너질 수 있다는 뜻이다. 실제로 우리가 경험하는 의식은 너무나 신뢰할 수 없는 것이다. 정체불명의 조건들에 의존하는 의식의 생각은 예측할 수 없는 것이며, 심지어 아무리 반성해도 납득할 수 없을 정도로 어리석은 것일 수도 있다. 사람들이 자신을 후회하고 의심하며 심지어 부정하기까지 하는 것은 이런 이유다.

## 의식과 무의식

내가 아는 감정, 개념이 의식이라면, 내가 아는 감정, 개념이 현상하도록 하는 잠재적 감정, 개념은 무의식이다. 오온연기로 말하면 식온 이전의 느낌(감정), 생각(개념)은 무의식이고 식온 이후의 느낌, 생각들은 의식이다. 그러므로 이렇게 말할 수 있다. 의식과 무의식의 구분은 '감정, 개념들에 대한 나의 자각' 여부다.

그런데 '나의 자각'은 이미 생겨난 감정, 개념에 의존한 것이다. 무의식적 결정이 의식적 판단으로 이어지기까지는 시간지연이 있다는 벤자민 리벳의 임상실험 결과에서 감정과 개념에 대한 나의 자각이 감정과 개념이 생겨나는 동시에 생겨나는 것이 아니라 이미 생겨난 감정과 개념을 조건하여 생겨나는 것이라는 사실을 확인할 수 있다.

대상을 형성하는 감정, 생각이 일어나고[행온行蘊] 일어난 감정, 생각을 조건하여 그 감정, 생각을 자각하는 의식이 일어난다는[식온識蘊] 것은 무의식과 의식에 선후만 있을 뿐 실질적 경계는 없다는 뜻이다. 즉 의식은 식온의 형성 이후의 일(식취온)이고 무의식은 이전의 일이다.

정신분석학이나 심리학 등에서 무의식을 실재화 하는 까닭은 의식이 항상 존재한다는 생각(의식의 자아가 있다는 생각) 때문이다. 말하자면, 항상 존재하는 실재의 의식이 자각하지 못하는 감정, 개념들을 설명하기 위해 의식에 대칭하는 또 다른 실재의 개념으로 제시된 것이 무의식이다. 그러나 의식은 항상 존재하는 실재가 아니다. 의식은 행온을 조건한 식온(자아 없는 연생)일 뿐이다.

후순위 발생의 의식에서는 심지어 일어났던 일들이 은폐되기도 한다. 의식의 존재(나)에 위협이 되거나, 편입될 수 없는 혹은 해석되지 않는 감정, 개념들은 의식의 형성에서 아예 제외되어버리기도 하는 것이다.[347] 심리치료나 최면회상에서 자신이 몰랐던 느낌이나 생각들이 상기想起되는 것은 이런 까닭이다.

"무의식은 의식의 토대다."
– 정신분석학


"오온은 중생(오취온)의 자양분(음식)이다."
– 연기법


"의식은 뇌신경망에서 벌어지는 시뮬레이션 작업의 산물이다."
– 뇌과학

---

**347** 이런 증상을 정신분석학에서는 '방어기제'라는 이름으로 설명한다.

위 말들을 종합하면 다음의 등식을 확인할 수 있다.

- **무의식** = 오온 = 뇌신경망의 시뮬레이션 맵 = 인식습성.
- **의식** = 오취온 = 시뮬레이션 맵의 작업 결과 = 대상을 분별하는 인식.

## 불교 수행의 의의

인간(생명) = 오온.

대상(세상)과 자신을 색, 수, 상, 행, 식으로 분별하는 오온은 인간(생명)의 인식 메커니즘이다. 그런데 오온은 지각의 메커니즘이 아니라 생존의 메커니즘이다. 더 정확하게 말하면 오온은 '몸의 존재'로서 생존하려는 습성의 메커니즘이다.

인지과학에서 인식을 묻는 첫 번째 질문은 "인간은 어떻게 대상(세상)의 사실을 지각할 수 있는가?"다. 그러나 이 질문은 애초에 틀렸다. 인간(생명)의 인식은 지각하는 인식이 아니라 몸의 존재를 조건한 조건의존적 사실(존재)을 형성하는 인식이기 때문이다. 몸의 생존을 위해 '자아 없는 연기'를 '자아 있는 존재'로 왜곡하는 습성(오온)에서 '존재의 고苦(오취온)'는 필연적이다.

'존재의 고'에서 벗어나려면 '존재의 습성(오온)'에서 벗어나야 한다. 하지만 이는 쉽지 않다. 오온은 생명에 화인火印처럼 새겨져 유전遺傳하는 습성이기 때문이다. 다른 모든 생명들처럼, 인간도 오온의 습성을 본능처럼 몸에 새기고 살아가는 것이다.

불교 수행의 의의는 종種의 유전(윤회)하는 습성으로부터 벗어나 실상(연기)을 바르게 인식하기 위함이다. 말하자면, 사실을 왜곡하는 생존습성(오온)에서 벗어나 연기하는 나와 세상의 사실을 자각하는 것이다. 불교의 사마디 수행은 이런 자각을 위한 인식습성의 리셋reset이다. 그리고 사띠가 바로 리셋을 위한 장치다.

32
·

나와 세상

- 나와 세상
- 전체상과 개별상
- 자아의 문제
- 자아실현과 공감
- 인식의 프레임: 세계상
- 이타성
- 세계상: 생명과 생명의 네트워크

## 나와 세상

나는 태어나겠다는 의도를 가지고 태어난 것도 아니고, 어떻게 존재하는지의 앎을 가지고 존재하는 것도 아니다. 그래서 하이데거Martin Heidegger는 인간을 세상에 던져졌다는 뜻의 '피투성被投性의 존재'[348]로 정의하였다. 의도가 없이, 앎도 없이 세상에 존재하게 된 내가 존재하는 방식은 세상을 해석하는 것이다. 즉 세상을 해석함으로써 세상에서의 존재함을 모색하는 것이다.

세상의 해석에 의존하는 존재함에서 '존재하는 삶'은 없다. 세상과의 인연에서 '형성되는 삶', 즉 색, 수, 상, 행, 식으로 '연생緣生하는 삶'이 있을 뿐이다. 그런데 나의 존재함만 연생이 아니다. 세상의 존재함도 연생이다. 왜냐하면 세상은 나에게 해석됨으로써 존재하는 세상, 즉 나에 의존하는 존재함의 세상이기 때문이다. 세상과 나가 서로에 의존하여 연생하기에(형성되기에) 세상과 나의 상의적 존재성, 인과가 성립한다. 상의성의 세상과 나는 공히 자아가 없다. 자아 없는 식識(나), 상相(세상)은 공히 가명이다. 다만 논하기 위하여 때로 식識, 때로 상相이라 지칭할 뿐이다.

## 전체상과 개별상

행온은 의식의 상相이고, 식온은 자의식의 상相이다. 의식의 상은 세계

---

348 그런데 진실은 내가 세상에 던져진 것이 아니라 세상이 나에게 던져진 것이다. 왜냐하면 해석되어야 하는 것은 내가 아니라 세상이기 때문이다.

상世界相을 말하는 것이고, 자의식의 상은 자아상自我相을 말하는 것이다.

세계상에는 개별상個別相과 전체상全體相이 있다. 개별상이 개별 대상의 상이라면, 전체상은 개별상을 아우르는 환경의 상, 즉 가정, 단체, 지역, 사회, 세상, 우주, 종교 등의 상이다.

개별상의 의미가 규정되는 방식은 두 가지다. 하나는 전체상과의 관계에서 규정되는 의미 방식이고, 다른 하나는 자아상과의 관계에서 규정되는 의미 방식이다. 전자의 경우에는 세계 속에서의 의미로서 대상을 판단한다. 후자의 경우에는 자신과 작용하는 이익 관계의 의미로서 대상을 판단한다.

자아상 역시 개별상과 전체상이 있다. 개별상의 자아가 개별 대상과의 관계에서 규정되는 상이라면, 전체상의 자아는 세계와의 관계에서 규정되는 상이다. 전체상의 자아를 사람들은 철학적 자아, 종교적 자아, 이념적 자아라고 말하기도 한다.

| 구분 | 오온의 항목 | 식識 | 상相의 내용 | 상相의 종류 |
|---|---|---|---|---|
| 인식대상 | 행온行蘊 | 의식 | 세계상 | 개별상, 전체상 |
| 인식자 | 식온識蘊 | 자의식 | 자아상 | 개별상, 전체상 |

## 자아의 문제

자아를 취하지 않는 분별은 세계상世界相에 기준한 것일 수밖에 없다. 세상이 화창하고 평화로우면 분별상分別相 역시 화창하고 평화롭다. 비가 오고 천둥 번개가 내려치면 분별상은 참고 인내하는 것이다.

하지만 자아를 취하는 분별은 세계상에 전적으로 의존하지 않는다. 자아상은 이미 자신의 개별 존재성을 구축하고 있기 때문이다. 그래서 세상이 화창하고 평화롭더라도 자아상은 비참하고 우울한 것일 수 있다. 세상이 자신을 부당하게 소외시킨다고 생각하는 경우, 자아상은 밝은 세상에 대해 오히려 어두운 분노와 복수의 적대감을 불태울 수도 있다.

이런 병적 증상은 세상과 별개로 자신의 존재를 주장하는 자아상에 기인한 것이다. 역사에서 자아와 관련한 철학적 혹은 종교적 성취를 들여다보면 공통적이면서도 일관된 언급을 발견할 수 있다. 바로 협소한 자아의 알을 깨고 나와야 한다는 말이다. 자아를 세상으로 확장시켜 대아大我가 되는 것이 도道라는 말도 있다.

## 자아실현과 공감

노르웨이를 대표하는 철학자이자 '심층생태론'의 창시자인 아르네 네스Arne Naess는 '모든 생명은 하나'라고 표현한다. 네스에게 자아실현은 '세상(모든 생명)에 대한 더 많은 파악과 공감'이다. 즉 네스의 자아실현은 개적個的 몰아沒我에 의한 전체성(자연, 생명)의 통합적 실현이다.

이와 달리, '욕구 5단계설'을 주장한 미국의 심리학자 에이브러햄 매슬로Abraham H. Maslow와 같이 자신을 주변 환경에서 독립시키는 개아個我의 실현, 즉 보다 탁월한 존재의 실현을 자아실현이라고 보는 입장도 있다.

철학의 역사에서도 자아실현의 두 가지 길에 대한 선택과 논쟁은 이어져왔다. 개아個我의 실현인가? 아니면 세상에 대한 공감인가? 답은 세상에 대한 공감이다. 왜냐하면 개아는 허상이기 때문이다. 그런데 무작정 공감도 문제다. 심리학자 마틴 호프만Martin Hoffman이나 제레미 리프킨Jeremy

Rifkin처럼 공감 능력은 불쌍한 사람이나 힘없는 약자를 돕고 사회공동체적 정의를 추구하는 도덕적 동기라고 주장하는 학자들이 있는가 하면, 미국 예일대학의 심리학 교수 폴 블룸Paul Bloom처럼 공감 능력은 인간이 겪어 온 집단적 폭력이나 전쟁을 일으키는 파괴적 동기라고 주장하는 학자도 있다. 물론 집단주의나 전체주의가 아니더라도 그가 개인적으로 추종하는 세상이 악마나 범죄의 세상이라면 그의 공감은 도덕적 동기가 아니라 파괴적 동기로 분류되어야 한다. 결국 공감도 지혜의 문제, 즉 자아 없음을 바르게 알아야 하는 관념적 문제다.

## 인식의 프레임: 세계상

우리는 대상을 해석한다. 이는 우리가 인식하는 대상의 상相이 '어떤 시뮬레이션'의 결과물이라는 뜻이다. 어떤 시뮬레이션인가? 대상의 상想이 환경(세상)과 관계하는 특성을 해석하는 시뮬레이션이다. 이는 자아의 상相에서도 마찬가지다. 때로 자아의 상相이 개별 대상에 의존하는 경우도 있으나 그 개별상 역시 세계의 전체상에서 기인하는 것임을 고려한다면 자아의 상이 세계상世界相에서 비롯하는 것이라는 정의는 합당하다.

자아상에게 세계상은 모태이자 양식과 같다. 세계상과 단절된 자아상은 엄마를 잃고 홀로 살아갈 양식을 구해야 하는 '버려진 아이'와 다르지 않다. 세계상에 기대어 존재함의 값을 얻던 자아상에게 세계상과의 단절이란 '존재의 상실'과 직결되는 것이다.

정신질환 중에 폐쇄, 부정, 소외 등의 증상이 있다. 이들 증상은 세계로부터 단절, 고립된 자아의 증상이다. 세계상에 대한 부정, 절망은 세계상에 대한 분노, 증오로 이어지고, 이런 과정이 증폭되면 불특정 다수를 상대로 '묻지마 테러' 같은 욕망의 폭발이 일어나기도 한다. 이들 증상의 시작점은 자아상과 세계상의 단절이다. 세계상이 자신의 모태이자 양식이라는 것을 알지 못하고 세상과 자신을 별개로 분리하는 존재론적 무명이 그 시작점인 것이다.[349]

---

## 이타성

자아상보다는 세계상이 본질적이라고 말할 수 있는 예시 중에 이타성利他性이 있다. 이타성은 진화론을 곤란하게 하는 현상이다. 연기론은 진화론을 반대하지 않는다. 관계의존성을 말하는 연기론과 환경의존성을 말하는 진화론은 서로 어긋나는 주장들이 아니다. 다만 연기론은 진화론의 개체주의와 그로 인한 방향성을 찬성하지 않는다.

연기론에서 생명의 변화는 환경과 생명의 상의적 관계성에 기인하는 것이다. 그러나 진화론의 개체주의적 관점은 전적으로 개체의 생존 우월적 관점에서 생명의 변화를 정의하려 한다. 진화론이 진화의 방향성에서 약육강식, 적자생존 등의 패러다임을 생산하는 것도 바로 이런 개체주의적 관점에 기인한 것이다.[350]

---

349 세계상이 자아상의 모태이자 양식이라는 점에서, 세상의 뭇 삶들의 고통 없음을 기도하는 티벳불교의 기도방식이야말로 불교 신자들의 현명한 기도방식이라 할 것이다.

350 움베르토 마투라나는 일방향성의 '자연선택'을 대체하는 용어로 무방향성의 '자연표류'라는 개념을 제시한다. 그는 "자연선택이라는 개념은 기만적이다. 우리는 생물을 개체와 환경의 재귀적再歸的 관점에서 파악해야만 한다"라고 말한다.

하지만 진화론의 개체주의적 관점과 생명의 이타성은 전혀 조합되지 않는다. 오직 생존에 우월한 조건의 확보만이 선善인 개체에게서 자신의 것을 희생하여 남을 배려하는 이타심을 어떻게 설명할 수 있을까? 이를 설명하기 위해 개체를 넘어 종種(유전자)의 차원에서 이타성을 설명하려는 시도도 있다. 종의 번성을 위해 이타성은 유전자에 내장된 합목적적 도구일 수 있다는 것이다.

그러나 이런 설명은 아무래도 억지스럽다. 유전자에 내장된 도구의 이타성은 본능적 양태로 정의할 수 있는 것이어야 하지만 세상에서 본능적 양태로 규정할 수 있는 이타성이라는 것은 없다. 이타성은 상황에 따라 여기저기서 예측할 수 없는 모습으로 나타나고, 심지어 다른 사람들의 경험을 듣는 것만으로 감동적 눈물을 짓는 감성적 이타심의 경우들도 있다. 이런 갖가지 모습의 예측할 수 없는 이타성을 진화론적 관점에서 합당하게 설명하는 이론은 아직도 없다.

하지만 이렇게 진화론을 곤란하게 하는 이타성은 자아상을 세계상의 파생으로 해석하는 연기론에서는 지극히 자연스러운 현상이다. 사람들이 세계관, 역사관, 생명관, 가치관 등의 세계상을 위하여 자아상을 희생하는 일은 허다하다.[351] 삶의 주변에서도 도덕, 윤리, 양심, 선한 마음, 사랑 등의 이름으로 자아(개체)의 이익을 희생하는 일은 빈번히 일어난다. 이렇게 세계상을 위하여 자아상을 희생하는 까닭은 세계상이 자아상의 존재 근거이자 프레임frame이기 때문이다.

자아상의 희생만이 아니다. 자아상의 안정, 평화를 위해서 세계상의 안

---

351  세계상의 파생인 자아상에게 세계를 위한 희생은 세계상과 자아상을 함께 지키는 희생이다.

녕을 도모하는 경우도 있다. 봉사의 예를 들어 보자. 어려운 사람들을 돕는 자발적 봉사자들은 이렇게 봉사할 기회를 가짐으로써 삶의 보람을 느낀다며 오히려 감사하다고 말한다. 이런 인터뷰가 소수이고 또 형식적 치례에 지나지 않는다고 말할 수도 있을 것이다. 그러나 자아상이 세계상에서 파생한 상대성이자 의존성이라는 사실을 분명히 이해한다면, 봉사자들의 말이 겉치레만은 아니라는 사실에 동의할 수 있을 것이다. 위선적 봉사가 아닌 자발적 봉사자들에게 가난하고 어려운 사람들은 '함께 삶을 정당하게 누려야 할 사람들'이다. 그런 공생의 세계상에서 경쟁과 적대, 차별을 염두에 둔 자아상이 겪어야 할 불안, 두려움, 좌절은 최소화될 것이다. 즉 세계상에의 봉사를 통해서 자아상의 무분별한 존재 욕망은 가라앉고 정화되며 또한 보상받는 것이다.

## 세계상: 생명과 생명의 네트워크

연기론에서 생명과 세상은 별개가 아니다. 생명들은 각자의 세계상世界想을 조건으로 각자의 세계상世界相을 운영한다. 그러므로 생명과 생명의 네트워크는 세상과 세상의 네트워크로 정의될 수 있다.

사람들은 자신(자아)을 세상 속의 존재라고 생각한다. 하지만 이는 틀린 생각이다. 자아는 세상에 의존한 연생緣生이다.[352] 그러므로 사람들의 존재성은 자아상이 아니라 세계상에 근거하는 것이라고 말하는 것이 옳다.

---

352  이야말로 "나와 남을 이롭게 하는 것이 선한 법"이라는 설법의 뜻하는 바다.

내가 당신과 충돌하는 것은 나의 세계상이 당신의 세계상과 충돌하는 것이다. 내가 좋아하는 당신은 당신의 세계상이 그리는 모습이다. 모든 이들은 자아상이 아니라 세계상으로서 살아간다. 하지만 문제는 역시 자신이 어떤 상相으로서 살아가는지조차 알지 못하는 무지다. 세계상으로 살아가면서도 자신의 자아상에 취착하는 탐욕과 분노로 세계상을 배척·배반하는 모순적 존재성이 바로 중생의 존재성이다.

33
·

# 연기론의 사회학

## 공空의 문제

연기법에서 세상의 실상은 공空이다. 따라서 세상을 어떻게 사느냐의 문제는 공을 어떻게 이해하느냐에 직결된 문제라 할 수 있다. 공에 대한 사람들의 일반적 이해는 '없음'이다. 사람들의 이런 이해는 대개 세상에 대한 허무나 무관심으로 이어지는 것이다. 하지만 이는 연기법을 알지 못한 무지로 인한 오해다.

연기법의 공은 '없음'을 말하기 위한 것이 아니라 '자아 없음'을 말하기 위한 것이다. 즉 '배타적 나(개인의 존재)'라고 부를 것이 없음을 말하는 공이다. 붓다는 공空을 적정寂靜과 연민憐愍으로 말씀하셨다. 적정은 사띠가 경험하는 공을 말씀하신 것이요, 연민은 의식으로 헤아리는 공을 말씀하신 것이다. 세상의 삶은 의식으로 사는 삶이니, 세상을 어떻게 살아야 하느냐는 질문에 대한 붓다의 답은 연민이라 할 수 있겠다. 붓다가 말씀하신 연민com-passion[353]은 동정pity이 아니다. 동병상련sympathy의 연민이다. 즉 나와 세상(대상)을 관계의존적 형성(연생緣生)의 공생共生으로 이해하는 연민이다.

## 연기론의 사회학

사회를 이해하려면 사회가 무엇인지부터 정의되어야 한다. 자본주의 사회에서 사회는 개인의 집합으로 정의된다. 그러나 개인은 세계상世界相에

---

353  com(함께) + passion(고통) = compassion(함께 고통을 겪다)

의존하는 자아상自我相을 지칭하는 가명이다. 즉 사회는 세계상의 네트워크로 이해되어야 하는 것이다.

자아상이 사람의 내적 관계라면 세계상은 사람의 외적 관계라 하겠다. 이는 자아상의 개인과 세계상의 사회가 연동된 구조, 즉 개인의 고苦와 사회의 고苦가 연동된 구조라는 뜻이다. 따라서 연기론에서 사회의 고를 논하는 것은 개인의 고를 논하는 것만큼 당연한 일이다.

## 사람의 우열優劣

신神의 존재를 믿는 자들은 신 앞에 만인이 평등하다고 말한다. 불성佛性의 존재를 믿는 자들은 만물이 불성 앞에 평등하다고 말한다. 이렇게 평등을 말하는 자들에게 사람의 우열은 논할 수 없는 문제다. 그러나 연기법에서는 다르다. 자신의 이기적 욕망을 위해 세상을 해치는 삶을 자랑으로 여기는 자는 습성이 열등한 자고, 자신의 이기적 욕망보다는 세상과 더불어 사는 삶을 보람으로 여기는 이들은 습성이 우등한 자다.

사람들은 지식의 천재가 인간의 세상을 이끌어간다고 생각한다. 이런 생각은 틀렸다. 지식을 분별할 능력(지혜)이 없는 천재는 인간의 세상을 지옥으로 만들 수도 있다. 인간의 세상이 인간의 세상일 수 있는 것은 다른 생명, 사람, 사회, 세상, 자연과 함께일 수 있는 인과因果를 생각하고 실천하는 지혜가 작동하기 때문이다. 즉 인간의 세상은 우등한 습성이 열등한 습성들을 이끌고 가는 것이다.

세상에서 열등한 자들은 우등한 자들의 희생 위에서 서식한다. 인간의 세상을 지속하기 위하여 우등한 이들은 자신의 희생을 마다하지 않고, 열등한 이들은 그렇게 지속하는 세상에서 기생충처럼 서식하는 것이다. 이들의 문제는 사람들이 왜 양심을 지키려 하고 삶을 사색하려 하고 자신을 반성하려 하는지를 이해하지 못한다는 것이다. 왜냐하면 그들의 습성이 우등을 이해하지 못하는 열등이기 때문이다. 우등을 이해하지 못하는 열등은 우등이 사양할 수밖에 없는 일을 서슴지 않으면서 그런 자신을 세상에서 우월하다고 여긴다.

## 이익을 위한 공덕

"비구들이여, 세상에는 네 부류의 사람들이 있다. 무엇이 네 부류의 사람인가? 자신의 이익을 위해서도 남의 이익을 위해서도 도를 닦지 않는 사람, 남의 이익을 위해서 도를 닦지만 자신의 이익을 위해서는 도를 닦지 않는 사람, 자신의 이익을 위해서 도를 닦지만 남의 이익을 위해서는 도를 닦지 않는 사람, 자신과 남의 이익 둘 다를 위해 도를 닦는 사람이다.

비구들이여, 자신의 이익을 위해서도 남의 이익을 위해서도 도를 닦지 않는 사람은 마치 화장터에서 사용한 양 끝은 불타고 중간은 악취가 나는 그런 나무토막과 같다. 이 가운데 남의 이익을 위해서 도를 닦지만 자신의 이익을 위해서는 도를 닦지 않는 사람은 앞의 사람보다는 뛰어나고 수승하다. 이 가운데 자신의 이익을 위해서 도를 닦지만 남의 이익을 위해서 도를 닦지 않는 사람은 앞의 두 사람보다 뛰어나고 수승하다. 이 가운데 자신의 이익과 남의 이익 둘 다를 위해서 도를 닦는 사람은 네 사람 가운데 으뜸이고 가장 뛰어나고 가장 훌륭하고 가장 탁월하다."

《앙굿따라 니까야》〈화장터 나무토막의 경〉(A:4:95), 각묵 역

33. 연기론의 사회학 • **587**

자신의 이익을 위해서도 남의 이익을 위해서도 도를 닦지 않는 사람은 자신과 남을 해치는 무지한 사람이다. 남의 이익을 위해서 도를 닦지만 자신의 이익을 위해서는 도를 닦지 않는 사람은 남을 해치는 무지한 사람이다. 자신의 이익을 위해서 도를 닦지만 남의 이익을 위해서 도를 닦지 않는 사람은 자신을 해치는 무지한 사람이다. 자신의 이익과 남의 이익을 위해 도를 닦는 사람은 실존實存(무자아無自我)의 이치, 실상實狀(자아 없음)의 이치를 바르게 이해하는 이라서 자신이나 남을 해치는 무지한 일에 삶을 소모하지 않는다.

이 경은 무지(무명)에 대한 붓다의 관점이 적시된 설법이다. 설법에서 자신이나 남을 해치는 원인은 무지다. 무지하지 않다면 남을 해치지 않고 자신도 해치지 않는다. 인과를 모르는 무지한 자이기에 의도적이든 의도적이지 않든 남을 해치고 자신을 해치는 일을 만드는 것이다.

자신의 이익을 위한 도는 닦지 않으면서 남의 이익을 위한 도를 닦는다고 나서는 자는 아상我相이 넘치는 자라서 반드시 남을 해치게 된다. 때로 사람을 돕는다는 핑계로 무수한 사람들을 해치거나 혹은 세상의 무명을 더욱 짙게 만들어 모든 사람들을 해치는 경우도 있다.

이와 달리 자신의 이익을 위한 도는 닦으면서 남의 이익을 위한 도는 닦지 않는 사람은 남을 돕는다고 나대지 않아서 남을 해치지는 않지만 반대로 자신을 해치는 경우다. 세상과 절연絶緣된 자신이라는 것은 없다. 남의 이익을 닦지 않고 자신의 이익만을 닦으려는 것은 결국 거짓된 자신을 키우는 짓이어서 자신을 해치는 일과 다르지 않다.

위의 세 경우보다 비교할 수 없이 수승한 자는 자신의 이익과 남의 이익을 위해 도를 닦는 자다. 이렇게 닦는 자는 자신과 남의 자아 없는 진실을 아는 자다. 이렇게 알고 도를 닦는 자들은 연기를 이해하는 자들이다. 진실을 알고 도를 닦기에 남을 해치지 않고 자신도 해치지 않는다.

붓다에게 죄송하지만 세상에는 한 부류가 더 있다고 말하고 싶다. 자아상의 탐욕으로 세상을 해치기를 마다하지 않는 사람들이 있다. 살아본 경험으로는 이런 자들이야말로 세상에서 가장 저열하고 비참하다.

---

## 보살의 공덕

대승불교에서 참조할 것은 세상과 나를 나누지 않는 보살bodhissattva의 선언이다. 이는 나와 남의 이익을 위해서 도를 닦아야 한다는 붓다의 말씀에 부응하는 선언이다.

상좌부파가 삼세三世의 인연법을 내세우며 개인의 해탈에 치중하는 모습을 본 대중부파는 '함께 가는 수레'라는 이름의 대승으로 자신들을 차별화하였다. 비록 후대의 유식唯識이 세상을 환幻으로 취급함으로써 그들이 비판했던 상좌부와 다름없어진 오류가 생겼지만, 그래도 초기 대중부가 대승의 선언으로 세상에 보여준 기개는 본받을 만한 것이다.

문제는 보살의 의의다. 자신을 향한 수행의 의의가 무명 - 고의 소멸에 있듯이 세상을 향한 보살의 의의도 무명 - 고의 소멸에 있어야 할 것이다. 칼을 쥔 자가 세상을 통제하는 왕정시대에는 보살의 의의도 세상의 고통을 위안하는 정도였다. 하지만 법과 제도가 사람과 사회를 규정하는 현대에서는 사정이 다르다. 어려운 사람들에 대한 위로와 시혜도 바람직하지만, 보다 중요한 의의는 고苦를 부르는 사회의 무명을 눈 부릅뜨고 살펴보는 것이다.

자신이 성취해야 할 일에 대한 꿈과 야망으로 들떠 있는 사람들은 사회를 향한 비판보다는 사회에 편승해야 할 일들로 바쁘다. 하지만 붓다의 법을 따르는 보살이라면 사회에서 강제되는 무명 – 고품에 보다 주목하여야 하지 않겠는가? 보살의 보시는 보살의 수행이다. '나'는 항상 세상에서 규정되는 것이기에, 세상의 무명을 파사하는 보시는 세상을 향한 공덕이면서 나를 향한 수행이기도 하다.

## 현명한 길

중생과 보살의 일상은 공히 의식의 분별상分別相이다. 다른 점이라면 중생은 존재를 취하려 분별하지만 보살은 존재를 버리려 분별하는 것이다. 중생은 취착하려 분별하지만 보살은 취착하지 않으려 분별한다. 분별상에 취착하지 않는 분별상分別相이려면 취착의 단초가 될 일체의 선입견을 제거하여야 한다. 선입견을 제거하고 상황에 가장 효율적인 방편(나와 남에게 이익이 되는 선한 법)을 구하는 것은 붓다께서 말씀하신 현명한 길에 해당한다.

문제는 어떻게 현명한 길을 판단할 것인가이다. 그래서 우리는 지성인들의 한결 같은 지적처럼, 패러다임의 문제를 거론하지 않을 수 없다. 세계에 대한 통합적 지식 개념의 패러다임은 세상에 대한 가치 판단, 의미 판단의 약식略式 기준이기도 하다. 생겨날 수 있는 가지각색의 상황에서 나와 남에게 이익이 되는 현명한 길을 찾기란 쉬운 일이 아니다. 그럴 때 모두가 공감하는 패러다임은 큰 도움이자 기준일 수 있다.

무명한 세상에서 모든 이가 현명할 수는 없는 노릇이고, 세상의 무명이 스러지기를 기대하는 것 또한 무망無望한 일이다. 하지만 보다 많은 사람들이 실상의 패러다임에 공감하고 의지한다면 세상(사회)의 고품 또한 줄어들 것임은 분명한 사실이다.

## 불교의 현실화

불교인에게 가장 가치 있는 일은 불교의 현실화다. 어떻게 현실세계의 보편적 지침일 수 있는 불교의 모습을 제시할 수 있을까? 불교의 어떤 모습으로 불교의 세계적 현실화를 기획할 수 있을까?

문제는 불교인들이 그런 일을 도모할 수 있는 불교의 상相을 알지 못한다는 것이다. 불교인들이 불교의 상을 알지 못한다고? 역설적이나 현실이 그러하다. 망상의 실재론으로 인해 불교는 난잡해지고, 실존을 다루는 연기법은 꾸어다 놓은 보릿자루처럼 내처져 있는 것이 지금의 상황이다.

불교인이 세계에 제시할 불교의 상相이라면 그것은 존재와 세계의 실존을 다루는 연기의 법상法相, 즉 상의성相依性이어야 할 것이다. 인간과 인간, 인간과 사회, 인간과 자연의 의존적 공생을 말하는 상의성은 연기의 법상들 중에서도 불교의 현실화를 도모할 수 있는 가장 실존적인 가르침이라 할 수 있다.

세상의 갖가지 학문적 이론들이 자본적·물질적 문명의 문제를 풀기 위해 공생의 필요성을 주창主唱하지만 공생의 실존적 타당성은 여전히 모색 중이다. 세계의 지성들이 견인하는 유기체 철학은 그런 모색의 과정이라 할 것이다. 그런데 불교에는 자신과 남을 함께 이롭게 하고 함께 해치지 않아야 한다는 공생共生의 존재양식이 이미 붓다의 가르침으로 전승되어오고 있다. 그리고 그 가르침은 실존의 존재성에 바탕한다. 바로 무자아의 관계의존성이다. 당신이 그런 존재성(관계의존성)이기에 그런 존재양식

(공생)으로 살아야 한다는 이치만큼 실존적·실천적인 이론을 다른 어디에서 구할 수 있겠는가?

## 공생: 유기체 세계의 패러다임

연기론은 시대의 철학자들이 제창하는 유기체론에 공감한다. 유기체 세계에서 변화를 이끄는 것은 환경(자연)과 생명의 상의성이다. 진화론은 생명의 다양성이 돌연변이에 의한 개체의 생존우월적 특성에서 기인한다고 주장하지만 이는 세계의 관계의존적 성상性狀을 제대로 이해하지 못한 소치다. 관계의존성의 세계에서 생명의 변화와 다양성의 원인은 환경과 생명의 상의적 의존성에서 찾아야 하는 것이다.

개체주의의 진화론은 필연적으로 개체 중심의 패러다임, 즉 약육강식과 적자생존의 세계관으로 귀결한다. 지금의 세상이 보여주는 자원독점, 물질만능, 자본지상주의와 같은 가치관들은 전적으로 약육강식이나 적자생존 세계관의 파생물로 보아야 할 것들이다. 붓다는 고苦를 없애려면 무명을 멸하여야 한다고 말씀하셨다. 현대 문명의 고를 제거하려면 망상의 패러다임을 멸하고 실상實狀의 패러다임을 모색하여야 한다.

실상實狀은 모든 존재하는 것들의 관계의존성이고, 관계의존성의 패러다임은 공생이다. 기득권자들이 탐욕의 습성으로 가지지 못한 자들을 착취하려고만 하는 세계는 서로를 파괴하는 분쟁으로 점철될 뿐이다. 자본만능의 인간들에 의해 자연은 이미 해체의 붕괴로 향하고 있다. 다양성의 생명들이 형성해온 자연의 생명 유지 시스템은 다양성이 사라지면 함께 사라지고 말 것이다. 자신을 위하여 다른 모든 것을 해치는 세계는 필연코 파괴되기 마련이다. 길이 끊어진 줄 알면 그 길을 가지 말아야 한다.

## 법상과 패러다임

붓다는 고苦의 실상과 고의 소멸에 이르는 길을 가르치기 위하여 무아, 무상, 중도, 공 등의 법상法相을 설하셨다. 공생 역시 법상의 관점에서 이해 될 필요가 있다. 무자아, 무상, 중도, 공이 개인적 법상이라면 공생은 사회 공동체적 법상이다. 무자아, 무상, 중도, 공이 개인의 존재론적 관념을 파 사하듯이, 공생은 사회의 존재론적 패러다임들을 파사破邪할 것이다.

## 선과 악

세상에는 선善과 악惡을 정의定義하는 무수한 주장, 이론, 도덕, 윤리가 있다. 이들을 섭렵하다 보면 선과 악을 규정하거나 분리하는 일은 불가능 한 것처럼 보이기도 한다. 하지만 연기법에서 선과 악의 척도는 간명하다. 자아 없는 삶을 이해하는 실천이면 선이고 그렇지 못하면 악이다.

서로에 의존적인 세상과 사람이기에 사람이 무지하면 세상 역시 무지하 다. 무지한 세상에서 인정받는 것은 탐욕이다. 무지한 사람들은 세상을 배 려하는 양심의 소리를 잠재우면서 기회주의적 탐욕을 과시하나, 지혜로운 사람들은 세상을 배려하는 양심의 소리에 귀 기울이면서 기회주의적 탐욕 을 경계한다.

탐욕의 중생들이 득세하는 세상에서 지혜는 무능력으로 비추어질 수도 있다. 하지만 결국 세상을 이끄는 이들은 지혜로운 사람들이다. 세상의 부와 권력에 뒤처지더라도 삶을 이해하려는 이들은 세상에서 따뜻함과 공감을 확대 재생산하면서 사람들을 일깨운다. 이들은 비록 수는 적으나 마치 소금과도 같이 세상을 지켜낸다. '사람다움'을 보여주는 이들이 없다면 중생들이 짐승처럼 각축하는 이 세상에 '인간적'이라고 부를 모습이 남아 있을 수 있을까? 세상의 안녕을 위해 자신의 이익까지도 희생하는 이들이 없다면 중생의 이 세상을 어떻게 위안할 수 있을까?

34

·

연기법의 의의

## 불교의 종교적 의의 1

신성神聖, 제1원인, 궁극적 실체, 본성 등은 세계 각양각색의 종교들이 추구하는 형이상학적(정신적) 이상理想이다. 하지만 불교는 이 모든 형이상학적 추구를 부정하며, 형이상학적 추구를 부정하면서도 자신을 종교라고 당당하게 지시한다.

불교가 자신을 종교라고 지시하는 이유는 분명하다. 교조인 붓다의 교敎, 즉 연기법의 가르침이 존재와 세계의 실상을 밝히는 근본 가르침이기 때문이다. '근본의 가르침'이라는 종교의 의미를 그대로 따르면 불교는 종교로서 부족함이 없다.

'초자연적 존재에 대한 숭배와 의례 등의 행위'를 의미하는 라틴어 'religio'에서 기원한 'religion'을 종교로 이해하는 서양의 관점에서 불교가 'religion'에 해당한다는 것은 낯설 수도 있다. 하지만 불교의 언어인 '종교宗敎'의 관점에서는 존재와 세상의 의의를 의심 없도록 명시하는 불교야말로 완벽한 종교다.

## 불교의 종교적 의의 2

세상을 창조한 신神을 제시하는 종교의 주장은 신성과의 직결이다. 자연 속 개체일 뿐인 다른 피조물들과는 달리, 창조주를 생각하고 신앙할 수 있는 이성과 의지를 부여받은 인간은 은총에 감사하면서 신과의 직접적 연결을 삶의 가치이자 의무로 알아야 한다는 것이다.

이와 달리 과학은 물질만을 실재로 간주한다.[354] 물질과학에게 우주는 물질의 집합체에 지나지 않는 것이고, 인간은 우주에서 티끌과 같은 존재에 지나지 않는 것이며, 생명이나 인간의 지성은 물질로부터 생겨난 우연적 산물에 지나지 않는 것이다. 물질과학에서 인간의 특별한 의미는 과대망상일 뿐이다.

이런 양단兩端의 견해들 사이에서 연기법의 불교는 특별한 위상을 가진다. 불교에서 인간은 세상과 의존적 동격이다. 아니, 인간만이 아니라 인식하는 모든 생명체들이 그러하다. 이는 세계라는 이름조차 가명인 연기법계의 특성이다. 세계가 가명이기에 모든 생명, 인간은 자신들이 형성하는 우주상宇宙相, 세계상世界相에 의존적 동격일 수밖에 없다.

인간의 역사에서 불교는 인간과 세상을 상의성相依性으로 이해하는 유일한 종교다. 유사한 종교로 범아일여梵我一如의 힌두교를 꼽으나, 힌두교의 인간은 견성하기 전에는 윤회의 법칙에 속박되는 존재일 뿐이다. 그러나 무자아의 불교에는 세상과 상의성이기 위한 아무런 필요조건이 없다. 무자아의 '존재함' 자체가 세상과의 상의성인 까닭이다.

세상과 상의성의 '존재함'에서 세상과 해결해야 할 문제는 없다. 세상과의 분리를 주장하는 자신에게 연유하는 문제(고苦)만 있을 뿐이다.《상윳따니까야》〈올가미 경〉(S4:5)에서 붓다는 말씀하신다. "비구들이여, 나는 신들과 인간들의 모든 덫에서 벗어났다.[355] 비구들이여, 그대들도 신들과 인간들의 모든 덫에서 벗어났다."

---

354 사실, 물질을 주장하는 과학도 물질이 무엇인지를 정의하지는 못한다.

355 당시의 바라문교 사제들은 자신들이 진실의 만뜨라로 제사를 주관하기에 세상(우주)이 바른 질서로 작동한다고 주장하며 사람들을 4가지 계급으로 나누어 지배하였다.

믿음의 종교와 그 사제들은 신성神性에의 갖은 의무와 법칙(구원)에의 속박을 인간에게 강제하여 왔다. 하지만 불교는 인간에게 강제되었던 의무, 속박들을 모조리 해체한다. 인간의 구속을 해체하는 종교, 세상을 극복이나 초월의 대상으로 보지 않는 종교, 진리와 현실을 대립시키지 않는 종교, 붓다의 교教는 바로 그런 가르침이다.

## 연기법의 철학적 의의

인간의 철학적 역사는 '존재'를 형상화하기 위해 부단한 노력을 이어온 역사라고 해도 과언이 아니다. 노력의 동기는 특별한 존재가 되고 싶은 인간의 욕망이다. 변멸하는 현상들을 초월한 존재, 자연보다 탁월한 존재, 사라지지 않고 영속하는 존재를 추구한 욕망의 역사가 플라톤의 이데아로부터 헤겔의 정신으로 이어진 서구 철학의 역사다.

하지만 붓다의 연기법에서 이런 추구는 부질없는 망상이다. 자아 없는 연생緣生의 현상에서 독립적이고 차별적인 '개적個的 존재'는 탐진치 습성의 관념일 뿐이다. 역사에서 철학은 실재론자들의 주장을 실증주의 혹은 실존주의라는 이름으로 불러왔다. 하지만 이 이름들의 의의는 모든 실재론적 관념들을 제거하는 연기법을 위한 것이어야 마땅하다. 왜냐하면 '자아 없음'이야말로 인간의 진정한 실증이자 실존인 까닭이다.

## 세상에서 가장 연약한 종교

불교는 이치를 논증하는 철학을 넘어 세상의 진실(반야 지혜)[356]을 수습修習하는 수행을 가르치는 종교다. 세상의 진실을 체득하는 불교는 세상에서 가장 연약하다. 탐진치로 취착하는 중생의 세상에서 중생이 취착할 것들을 모조리 부정하고 삭제하는 종교이기에 가장 연약한 것이다.

붓다는 신神(종교 사제들)이 강제한 덫으로부터 벗어나라고 가르치셨지만, 대부분의 사람들은 인간을 강제하는 심판과 구원으로 편입되는 것을 더 선호한다. 사람들은 신의 존재가 결코 이성적이지 않다는 사실을 잘 안다. 잘 알면서도 사람들은 중생의 세상에 편입되기 위해 스스로를 믿음의 엔진으로 세뇌한다. 이렇게 무명을 찾아서 세뇌하는 중생들의 세상에서 붓다의 가르침은 세상에서 가장 연약하다.

## 연기법의 전법

비실재론의 불교에서 경지, 본성, 진아, 법신 등의 형이상학적 망상들이 끊이지 않는 이유는 접착할 수 있는 존재를 소망하는 중생들의 염원 때문이다. 형이상학적 존재들이 번성하는 불교는 그만큼 무명한 것이고, 무명한 불교에서 연기법이 바르게 이해되기를 기대하는 것은 난망難望한 일이다. 자아 없는 진실을 천명하는 연기법이 불교에서 정당하게 이해되지 못

---

356  자아 없는 청정한 연기.

할 상황이라면 연기법은 세상으로 나와야 할 필요가 있다.

연기법을 세상의 법으로 현실화하는 일에서 무엇보다 필요한 것은 인식의 전환이다. 연기법을 개인적 수행의 법이 아니라 세상의 진실을 드러내는 법으로 이해하는 인식의 전환이다. 연기법의 도 닦음에 대하여 붓다는 자신의 이익과 남의 이익 둘 다를 위하는 것이어야 한다고 말씀하셨다. 나와 남은 자아상과 세계상의 가명이니, 붓다의 말씀은 자아상과 세계상의 이익 둘 다를 위한 도 닦음이어야 한다는 뜻이다. 자아상을 위한 도 닦음은 자신의 탐진치 습성을 청소하는 종교적 수행이지만, 세계상을 위한 도 닦음은 공생의 세상을 도모하는 사회적 실천이다. '중간의 길'을 제시한 마투라나는 세상에 대한 우리의 마땅한 태도를 이렇게 말한다. "우리가 타인들과 함께 산출한 유의미한 현실적 실재로서의 이 세상에 대해서 우리는 함께 책임질 수 있어야 한다."